职业教育汽车专业课程改革创新教材

U0887458

汽车发动机维修

Maintenance of Automobile Engine

李兴瑞 ◎ 主编

杨中兵 杨秀强 ◎ 副主编

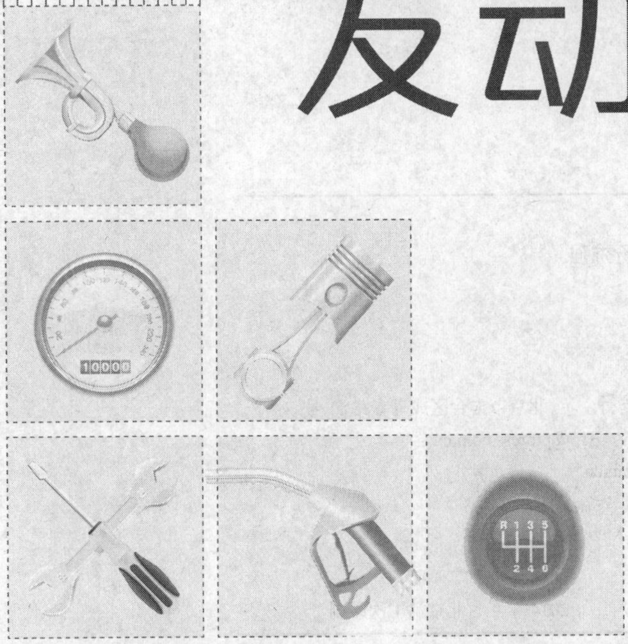

人民邮电出版社

北京

图书在版编目（CIP）数据

汽车发动机维修 / 李兴瑞主编. -- 北京 : 人民邮电出版社, 2014.9
职业教育汽车专业课程改革创新教材
ISBN 978-7-115-35941-4

Ⅰ. ①汽… Ⅱ. ①李… Ⅲ. ①汽车－发动机－车辆修理－职业教育－教材 Ⅳ. ①U472.43

中国版本图书馆CIP数据核字(2014)第122316号

内 容 提 要

《汽车发动机维修》是根据国家中等职业教育改革发展示范学校建设指导精神，以培养汽车维修专业学生综合职业能力为出发点，同时参考汽车维修高级工职业资格标准编写而成的。

本书主要内容包括汽车发动机总体构造、曲柄连杆机构、配气机构、电控汽油喷射系统、柴油机燃料供给系、发动机冷却系、发动机润滑系、发动机的装配与调试。

本书可作为中等职业学校汽车维修专业的教材，也可作为职业技能岗位培训教材和其他从事汽车相关专业人员的参考书。

◆ 主　　编　李兴瑞
副 主 编　杨中兵　杨秀强
责任编辑　刘盛平
执行编辑　王丽美
责任印制　焦志炜

◆ 人民邮电出版社出版发行　　北京市丰台区成寿寺路 11 号
邮编　100164　　电子邮件　315@ptpress.com.cn
网址　http://www.ptpress.com.cn
北京中新伟业印刷有限公司印刷

◆ 开本：787×1092　1/16
印张：16.5　　2014 年 9 月第 1 版
字数：424 千字　　2014 年 9 月北京第 1 次印刷

定价：36.00 元

读者服务热线：(010)81055256　印装质量热线：(010)81055316
反盗版热线：(010)81055315
广告经营许可证：京崇工商广字第 0021 号

前言 PREFACE

2013 年我国的汽车年产量超过 2000 万辆，汽车保有量居全球第二，仅次于美国。汽车产业的快速发展、消费的增长，对国民经济产生了巨大的拉动作用。同时，社会对汽车专业人才也提出了更高的要求。进一步深化人才培养模式、课程体系改革，提高办学质量和教学水平，培养更多适合企业需求的高技能和高素养的人才，是汽车专业教育改革的当务之选。

职业教育教材应该针对学生自身特点，按照人才培养模式的特点，以岗位需求为中心，以培养学生能力、技能实训为本位，与职业资格认证内容相衔接，打造与“功能模块化、理实一体化”的课程体系相适应的教材。

本书基于汽车维修工作过程，指导学生的学习工作，使学生通过“汽车发动机维修”这门课程的学习，认识汽车发动机的构造和工作原理，学会对汽车发动机主要零部件的拆装和维修，使学生在学习的过程中逐渐形成职业能力。本书主要内容为汽车发动机总体构造、曲柄连杆机构、配气机构、电控汽油喷射系统、柴油机燃料供给系、发动机冷却系、发动机润滑系、发动机的装配与调试等 8 个项目。

本书由江苏省徐州技师学院李兴瑞任主编，杨中兵、杨秀强任副主编。项目一、项目二由李兴瑞编写，项目三由杨中兵编写，项目四由杨秀强编写，项目五由宋朋编写，项目六、项目七由吕佳佳编写，项目八由叶梅编写，全书由徐州上海大众 4S 店段世强审核。本书的编写得到了徐州市汽车协会、江苏省徐州技师学院国家中等职业教育改革发展示范学校创建办和汽车工程系相关领导的大力支持，在此表示衷心的感谢。

由于本书篇幅有限，内容上不可能做到面面俱到，加上编者的水平有限，书中可能存在疏漏和不足之处，敬请读者批评指正。

编者

2014 年 3 月

目录 CONTENTS

项目一 1 汽车发动机总体构造

知识目标

- ◎ 掌握发动机的作用、类型和型号编制规则。
- ◎ 了解汽车发动机的发展史。
- ◎ 熟悉发动机的主要性能指标。

能力目标

- ◎ 理解柴油机与汽油机的区别，掌握四冲程发动机的工作原理。
- ◎ 能正确描述发动机的基本构造与发动机的常用术语。

发动机是汽车动力源，是将其他形式的能量转变为机械能的一种机械装置。其中，将燃料与空气混合后，输入气缸内部燃烧而产生热量，再转换成机械能的热机称为内燃机，如汽油机、柴油机。内燃机具有热效率高，体积小，质量轻，容易起动等优点。

现代汽车广泛采用往复活塞式内燃机。本项目主要介绍四冲程汽油发动机和柴油发动机的总体构造、基本术语、工作原理、发动机基本理论、型号编制规则。

任务一 发动机的总体构造

相关知识

一、发动机概述

1．汽车发动机发展简史

1886 年，德国工程师卡尔·本茨制造出世界上第一辆汽油发动机。

1897 年，德国工程师鲁道夫·迪赛尔研制成功四冲程压燃式柴油机。

1934 年，德国成功研制汽油喷射发动机，应用于军用飞机上。

1954 年，德国人汪克尔发明了三角转子旋转活塞发动机。

1967 年，德国博世公司推出电控空燃油喷射装置，于 1968 年应用在德国大众汽车上。

2．发动机的类型

现代汽车主要采用往复活塞式内燃机，它是将燃料在气缸内燃烧，使热能直接转换成机械能的机器。本书所提及的汽车发动机，无特别说明，都是指往复活塞式内燃机。

往复活塞式内燃机具有单机功率范围大（0.6～16860kW），热效率高（汽油机略高于 0.3，柴油机达 0.4），结构紧凑，体积小，质量轻，操作简单，便于起动等优点，广泛使用于汽车动力，同时广泛应用于船舶、拖拉机、工程机械等。

汽车发动机可以根据不同的特征来分类。

（1）按活塞的运动形式分类。按活塞运动方式的不同，活塞式内燃机可分为往复活塞式和旋转活塞式两种。前者活塞在气缸内做往复直线运动，后者活塞在气缸内做旋转运动。

（2）按所用的燃料种类分类。根据所用燃料的不同，发动机主要分为汽油发动机（简称汽油机）、柴油发动机（简称柴油机）和气体燃料发动机 3 类。汽油机以汽油为燃料，柴油机以柴油为燃料，而使用天然气、液化石油气和其他气体燃料的发动机称为气体燃料发动机。

（3）按点火方式分类。按照点火方式的不同，发动机可分为点燃式和压燃式两种。点燃式发动机利用电火花使可燃混合气着火，如汽油机。压燃式发动机则是通过喷油泵和喷油器，利用燃油直接喷入气缸，使其在气缸内压缩后，与升温的空气混合，使之在高温下自燃，如柴油机。

（4）按冷却方式分类。按照冷却方式不同，发动机可分为水冷式和风冷式两种。水冷式发动机以水或冷却液为冷却介质，风冷式发动机以空气为冷却介质。汽车发动机多采用水冷式。

（5）按活塞的行程数分类。在发动机气缸内进行的每一次将燃料燃烧产生的热能转变成机械能的一系列连续过程（进气、压缩、做功、排气）称为发动机的一个工作循环。对于往复活塞式发动机，可以根据每一个工作循环所需的活塞行程数分类：凡活塞往复 4 个行程完成一个工作循环的称为四冲程发动机；活塞往复两个行程完成一个工作循环的称为两冲程发动机。汽车发动机多采用四冲程发动机。

（6）按气缸数分类。发动机只有一个气缸的称单缸发动机，有两个以上气缸的称为多缸发动机。多缸发动机还可根据气缸的具体数目及其排列方式进一步分类。

（7）按进气系统是否采用增压方式分类。发动机按进气系统是否采用增压方式可以分为自然吸气式（非增压式）发动机和强制进气式（增压式）发动机。若进气是在接近大气压力状态下的，则为自然吸气式发动机；若利用增压器将进气压力增高，进气密度增大，则为增压式发动机。

二、发动机总体构造

汽油机通常由两大机构、五大系统组成，柴油机则由两大机构、四大系统组成。两大机构：曲柄连杆机构、配气机构；五大系统：燃料供给系、冷却系、润滑系、点火系（柴油机无点火系）、起动系。

1．两大机构

（1）曲柄连杆机构。该机构由机体组、活塞连杆组、曲轴飞轮组组成，如图 1-1 所示。作用是将燃料燃烧时产生的热量转变为活塞往复运动的机械能，再通过连杆将活塞往复运动变为曲轴的旋转运动而对外输出动力。

（2）配气机构。配气机构包括气门组（见图 1-2（a））、气门传动组（见图 1-2（b））。其作用是使可燃混合气及时充入气缸，并及时从气缸中排出废气。

2．五大系统

（1）燃料供给系。汽油机的燃料供给系由汽油箱、汽油滤清器、汽油泵、化油器（节气门体）、喷油器、供油管（燃油喷射式发动机）、空气滤清器、进气歧管等组成，其作用是向气缸内供给可燃混合气（缸内喷射式发动机向缸内供给的是空气），并控制进入气缸内的可燃混合气的数量，以调节发动机输出的功率和转速，最后将燃烧后的废气排出气缸。

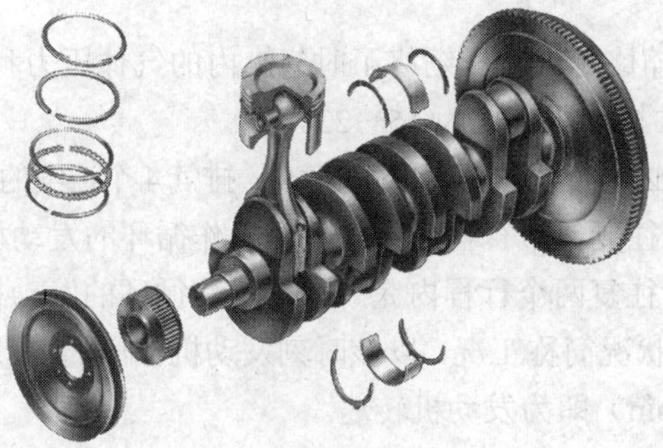

图 1-1　曲柄连杆机构

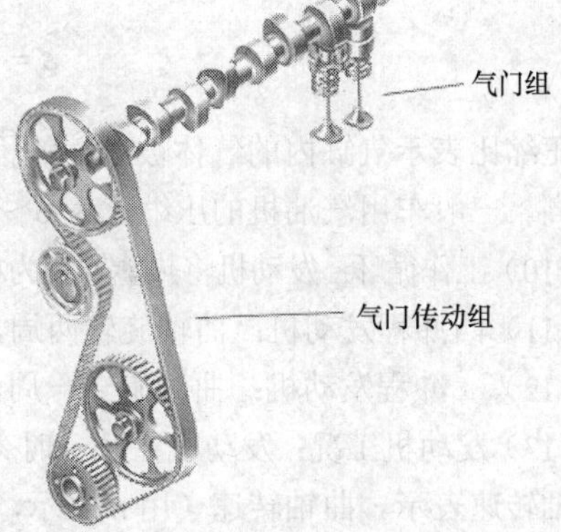

图 1-2　配气机构

柴油机燃料供给系由柴油箱、输油泵、喷油泵、柴油滤清器、喷油器、进排气管、排气消声器等组成。其作用是定时向气缸内输送一定数量和压力的柴油，以调节发动机输出的功率和转速，最后将燃烧后的废气排出气缸。

（2）冷却系。现代汽车一般采用水冷式冷却系。水冷式冷却系由水泵、散热器、风扇、节温器、水套组成，其作用是利用冷却水冷却高温零件，并通过散热器将热量散发到大气中去，从而保证发动机在最适宜的温度范围内工作。

（3）润滑系。润滑系由机油泵、集滤器、油道、油底壳、调压阀、安全阀组成，其作用是将润滑油分送到各个润滑零件的摩擦面，以减少摩擦力，减缓机件磨损，并清洗、冷却摩擦表面，从而延长发动机的使用寿命。

（4）点火系。汽油机的传统点火系包括电源（蓄电池、发电机）、分电器、点火线圈、火花塞等，其作用是按一定时刻向气缸内提供电火花，以点燃缸内的可燃混合气。

（5）起动系。起动系由起动机及附属设备组成，其作用是带动飞轮旋转，以获得必要的动力，使发动机起动，并转入自动运行状态。

三、发动机基本术语

发动机基本术语，如图 1-3 所示。

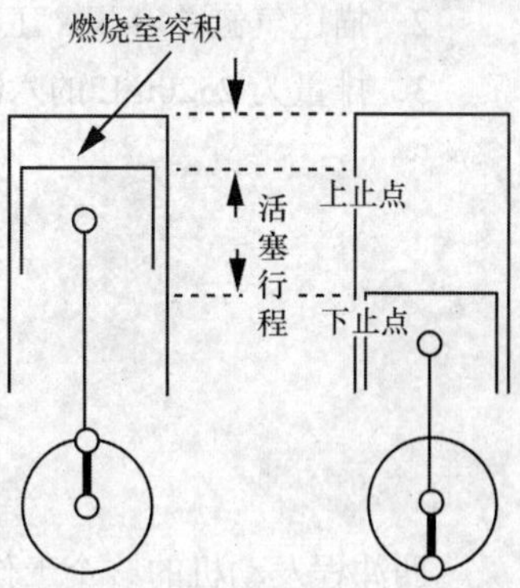

图 1-3　发动机基本术语示意图

（1）上止点：活塞顶离曲轴回转中心最远处即活塞上行到达的最高位置。

（2）下止点：活塞顶离曲轴回转中心最近处即活塞下行到达的最低位置。

（3）活塞行程（S）：上、下两止点间的距离（mm），S=2R。

（4）冲程：活塞由一个止点到另一个止点运动一次的过程。

（5）气缸工作容积（V_h）：活塞从上止点到下止点所让出的空间的容积（L）。

（6）发动机工作容积（V_l）：发动机所有气缸工作容积之和，也叫发动机的排量。

（7）燃烧室容积（V_c）：活塞在上止点时，活塞顶上面的空间容积。

（8）气缸总容积（V_a）：活塞在下止点时，活塞顶上面的空间容积。

（9）压缩比（ε）：气缸总容积与燃烧室容积的比值。

$$\varepsilon=\frac{V_a}{V_c}=\frac{V_h+V_c}{V_c}=1+\frac{V_h}{V_c}$$

压缩比表示气缸内的气体被压缩的程度。压缩比越大，压缩终了时气缸内的气体压力和温度就越高。一般车用汽油机的压缩比为6～10，柴油机的压缩比为15～22。

（10）工作循环：发动机将热能转变为机械能而必须经过进气、压缩、做功、排气4个连续的过程。

（11）四冲程发动机：曲轴旋转两周，活塞在往复4个行程内完成一个工作循环的发动机。

（12）二冲程发动机：曲轴旋转一周，活塞在往复两个行程内完成一个工作循环的发动机。

（13）发动机工况：发动机在某一时刻的运行状况简称工况，以该时刻发动机输出的有效功率和曲轴转速表示。曲轴转速（用n表示，单位r/min）即为发动机转速。

思考与练习

（一）选择题

1．上止点是指活塞离曲轴回转中心（　　）。

A．最远　　B．最近　　C．最高　　D．最低

2．压缩比是指气缸（　　）容积与（　　）容积之比。

A．工作……燃烧室　　B．总……燃烧室　　C．总……工作　　D．燃烧室……工作

（二）简答题

1．发动机由哪些机构组成？它们各有哪些作用？

2．描述气缸总容积、工作容积、燃烧室容积的含义，并简述它们的关系。

3．排量为2520mL的六缸发动机，其燃烧室容积为60mL，求压缩比是多少？

任务二 发动机的工作原理

相关知识

四冲程发动机的一个工作循环包括进气、压缩、做功、排气4个行程。每个气缸都进行工作循环，为保证发动机输出功率连续平稳，各气缸的做功行程要均匀错开。

一、四冲程汽油机的工作原理

1．工作原理

（1）进气行程。如图1-4所示，进气门打开，排气门关闭，活塞由曲轴带动从上止点向下止点运动，活塞上方的容积增大，气缸内的气体压力降到大气压以下，形成一定的真空度，从而将可燃混合气吸入气缸。至活塞运动到下止点时，进气门关闭，停止进气，进气行程结束。由于进气系统的阻力，进气终了时，缸内气体的压力略低于大气压力，为0.075～0.09MPa，温度为370～400K。

（2）压缩行程。为了使吸入气缸的可燃混合气迅速燃烧，放出更多的热量，使发动机发出更大的功率，必须在混合气燃烧前对其进行压缩，使其容积变小，温度升高。为此，在进气终了时便立即进入压缩过程，如图 1-5 所示。在压缩行程中，进、排气门均关闭，曲轴推动活塞由下止点向上止点运动，至活塞到达上止点时，压缩行程结束。压缩终了时气缸内的气体压力为 0.8～1.5MPa，温度为 600～750K。

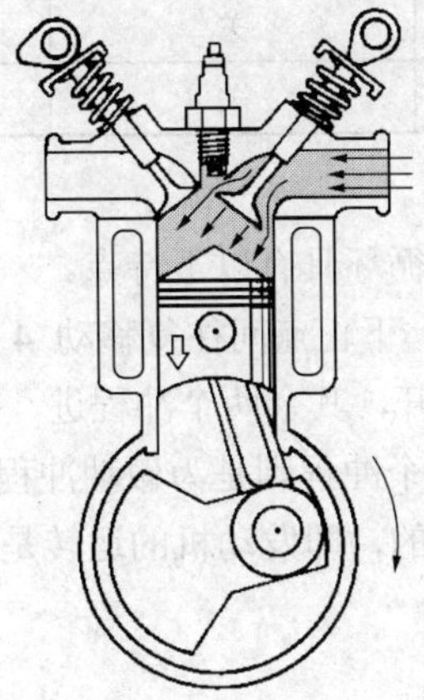

图 1-4　进气行程

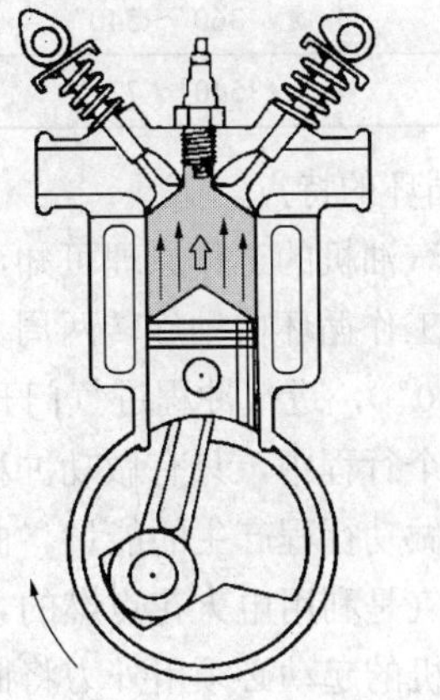

图 1-5　压缩行程

（3）做功行程。在压缩行程接近终了时，火花塞产生电火花，点燃气缸内的可燃混合气。此时，进、排气门仍关闭。混合气迅速燃烧，使缸内气体的温度和压力迅速升高，最高压力可达到 3～5MPa，最高温度可达 2200～2800K。缸内的高压气体推动活塞向下移动，通过连杆驱动曲轴旋转，对外做功，如图 1-6 所示。至活塞到达下止点时，做功行程结束。

（4）排气行程。混合气燃烧后变成废气，应该从气缸内排出，以便为下一个循环做准备。因此，在做功行程接近终了时，排气门打开，进气门仍关闭，活塞在曲轴的带动下，由下止点向上止点运动，废气在缸内的剩余压力和活塞的驱动下，经排气门排出气缸，如图 1-7 所示。至活塞到达上止点时，排气门关闭，排气行程结束。

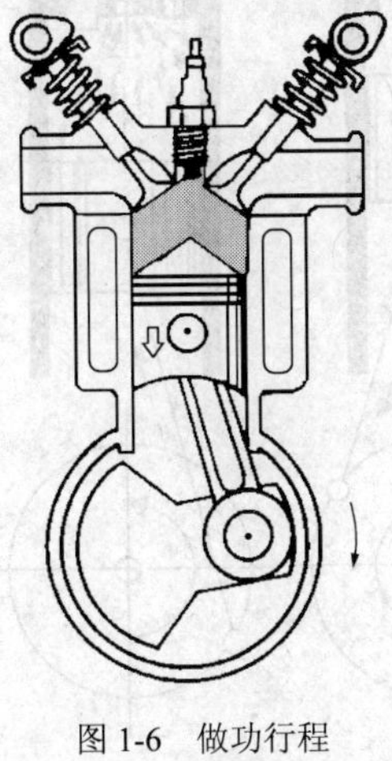

图 1-6　做功行程

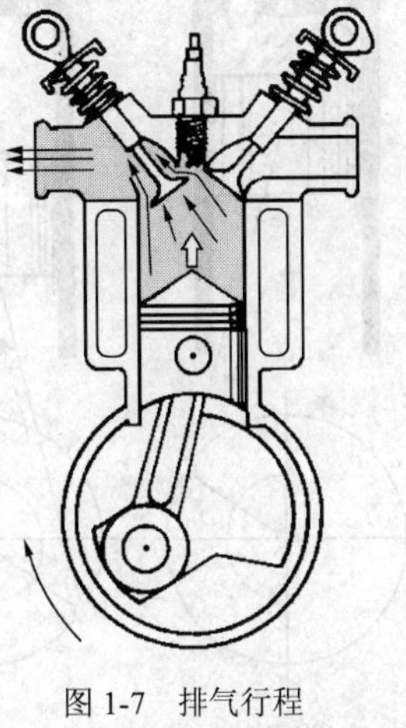

图 1-7　排气行程

排气行程结束后，进气门再次开启，又开始下一个工作循环，周而复始，发动机就能连续运转，四冲程汽油机的工作过程见表 1-1。

表 1-1 四冲程汽油机的工作过程

行　程	曲 轴 转 角	活塞运动方向	进 气 门	排 气 门
进气	0°～180°	下行	开	关
压缩	180°～360°	上行	关	关
做功	360°～540°	下行	关	关
排气	540°～720°	上行	关	开

2．工作循环的特点

从四冲程汽油机的工作原理可知，四冲程汽油机工作循环具有以下特点。

（1）每个工作循环曲轴旋转两周（720°），活塞在上、下止点间往复移动 4 次（即每一冲程曲轴转半周 180°），进气冲程进气门开，排气冲程排气门开，其余两个冲程进、排气门均关。

（2）在 4 个行程中，只有做功冲程产生动力，其余 3 个冲程则是为做功冲程做准备的辅助行程，还要消耗做功行程产生的能量。曲轴的转速是不均匀的，即发动机的运转是不平稳的。

（3）混合气是利用电火花点燃的。

（4）发动机的起动必须用外力将曲轴带动。

二、四冲程柴油机的工作过程

四冲程柴油机和四冲程汽油机一样，每个工作循环都是由进气、压缩、做功、排气 4 个行程组成，如图 1-8 所示。但是柴油机在可燃混合气的形成、着火方式上，与汽油机有较大的区别，这里主要介绍柴油机与汽油机的工作原理的不同之处。

（1）进气行程：活塞由曲轴带动从上止点向下止点运动，吸入气缸的是纯空气，而不是可燃混合气。进气终了时，压力为 0.085～0.095MPa，温度为 310～340K。

（2）压缩行程：活塞由曲轴带动从下止点向上止点运动，纯空气被压缩。柴油机的压缩比大，压缩终了时的压力和温度都比汽油机高。其压力可达 3～5MPa，温度可达 750～1000K。

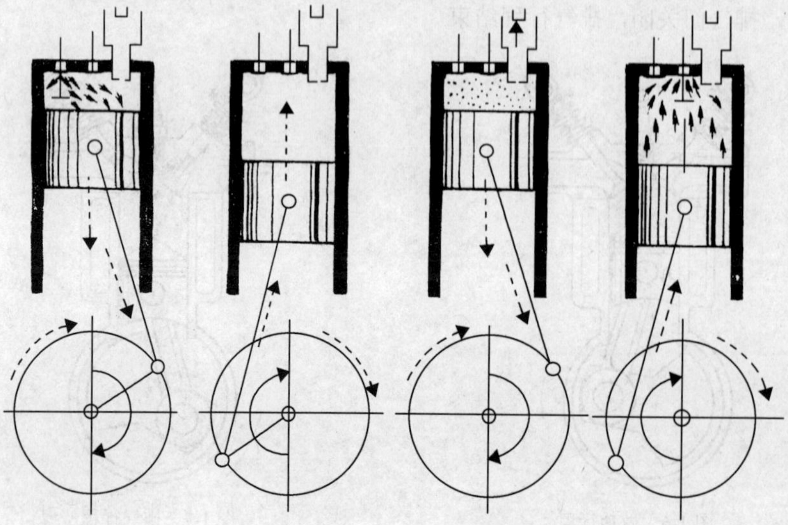

(a) 进气行程　(b) 压缩行程　(c) 做功行程　(d) 排气行程

图 1-8 四冲程柴油机的工作原理

（3）做功行程：压缩行程末，雾状柴油经喷油器喷入气缸内的高压空气中，迅速气化，与空气形成可燃混合气。由于缸内温度高于柴油自燃温度（约 360℃），柴油混合气自行着火燃烧，推动活塞下行，对外做功。此行程中，瞬间压力可达 6～9MPa，温度可达 1800～2000K。做功终了时，压力为 1.2～1.5MPa，温度为 1000～1200K。

（4）排气行程：此行程与汽油机基本相同。排气终了时，气缸内残余废气的压力为 0.105～0.12MPa，温度为 700～900K。

三、汽油机与柴油机的比较

汽油机与柴油机的比较，各有特点，见表 1-2。

表 1-2　　汽油机与柴油机的比较

比较项目	汽油机	柴油机
燃料	汽油	柴油
混合气形成	多为气缸外	缸内
点火方式	点燃式	压燃式
热效率	30%左右	40%左右
燃油消耗率	高	低
升功率	大	小
转速	大	小
工作平稳性	柔和	粗暴
起动性	易	难
排放	CO、CH 多，NO_x、黑烟少	CO、CH 少，NO_x、黑烟多
结构	紧凑	欠紧凑
制造成本	低	高
使用寿命	短	长

四、内燃机型号

1．内燃机型号

为了便于内燃机的生产管理和使用，我国于 1991 年对内燃机的名称和型号编制方法重新审定，并颁布了国家标准（GB 725—91）。该标准的主要内容如下。

（1）内燃机名称：按所使用的燃料命名，例如汽油机、柴油机等。

（2）内燃机型号由 4 部分内容组成。

首部：产品系列代号、换代符号和地方、企业代号，由制造厂根据需要自选相应字母表示，但需行业标准化归口单位核准、备案。

中部：由缸数符号、气缸排列形式符号、冲程符号和缸径符号等组成。

后部：结构特征和用途特征符号，以字母表示。

尾部：区分符号。同一系列产品因改进等原因需要区分时，由制造厂选用适当符号表示。后部用“—”分隔。

我国内燃机符号的排列顺序及符号所代表的意义如图 1-9 所示。

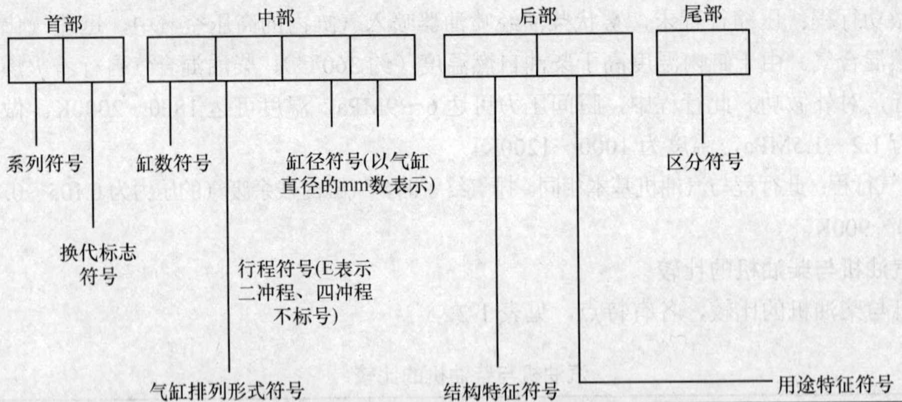

符号	含义
无符号	直列及单缸卧式
V	V形
P	平卧形

符号	结构特征
无符号	水冷
F	风冷
N	凝气冷却
S	十字头式
D_z	可倒转(直接换向)
Z	增压

符号	用途
无符号	通用型
T	拖拉机
M	摩托车
G	工程机械
Q	车用
J	铁路机车
D	发电机组
C	船用主机，右机基本型
C_1	船用主机，左机基本型

图 1-9 内燃机型号表示方法及其含义

2. 内燃机型号举例

（1）汽油机。

1E65F：表示单缸，直列，二冲程，缸径 65mm，风冷，通用型汽油机。

CA6102Q：表示第一汽车制造厂制造，六缸，直列，四冲程，缸径 102mm，水冷，汽车用。

8V100：表示八缸，四行程，缸径 100mm，V 形，水冷，通用型。

（2）柴油机。

165F：表示单缸，四行程，缸径 65mm，风冷，通用型。

X4105：表示四缸，四行程，缸径 105mm，水冷，通用型，X 表示系列代号。

12V135Z：十二缸，V 形，四冲程，缸径 135mm，水冷，增压，通用型。

思考与练习

（一）选择题

1. 四冲程发动机在压缩行程时，进气门（　　），排气门（　　）。

A. 开……开　　B. 开……关　　C. 关……关　　D. 关……开

2．二冲程发动机的一个工作循环，活塞在上、下止点间往复移动共（　　）。

A．4 次　　B．3 次　　C．2 次　　D．1 次

3．汽油机 4100Q 型发动机中 Q 字代表该发动机是（　　）。

A．工程机械用　　B．车用　　C．拖拉机用　　D．摩托车用

（二）简答题

1．叙述四冲程发动机的工作原理。

2．柴油机 12V135Z、汽油机 EQ6100-1 的含义。

3．排量为 2520mL 的六缸发动机，其燃烧室容积为 60mL，求压缩比是多少。

项目二 2 曲柄连杆机构

知识目标

- ◎ 掌握曲柄连杆机构的作用和组成。
- ◎ 了解曲柄连杆机构的受力分析。
- ◎ 掌握机体组、活塞连杆组、曲轴飞轮组主要零件的构造和装配连接关系。
- ◎ 了解连杆衬套的铰削方法。
- ◎ 掌握发动机的工作顺序。

能力目标

- ◎ 掌握机体组、活塞连杆组、曲轴飞轮组主要零件的检测和维修方法。
- ◎ 学会曲柄连杆机构的装配与调整。

任务一 曲柄连杆机构的概述

相关知识

一、曲柄连杆机构的作用和组成

曲柄连杆机构是往复活塞式发动机实现能量转换的主要机构。其作用是将燃气作用在活塞顶上的压力转变为曲轴的转矩，使曲轴产生旋转运动而对外输出动力。

曲柄连杆机构由 3 部分组成。

1．机体组

主要包括气缸体、曲轴箱、气缸盖、气缸套及气缸垫等不动件，如图 2-1（a）所示。

2．活塞连杆组

主要包括活塞、活塞环、活塞销及连杆等运动件，如图 2-1（b）所示。

3．曲轴飞轮组

主要包括曲轴飞轮等机件，如图 2-1（c）所示。

在发动机工作过程中，燃料燃烧产生的气体压力直接作用在活塞顶上，推动活塞作往复直线运动，经活塞销、连杆和曲轴，将活塞的往复直线运动转换为曲轴的旋转运动。发动机产生的动力，大部分经曲轴后端的飞轮输出，还有一部分通过曲轴前端的齿轮和带轮驱动发动机其他机构和系统。

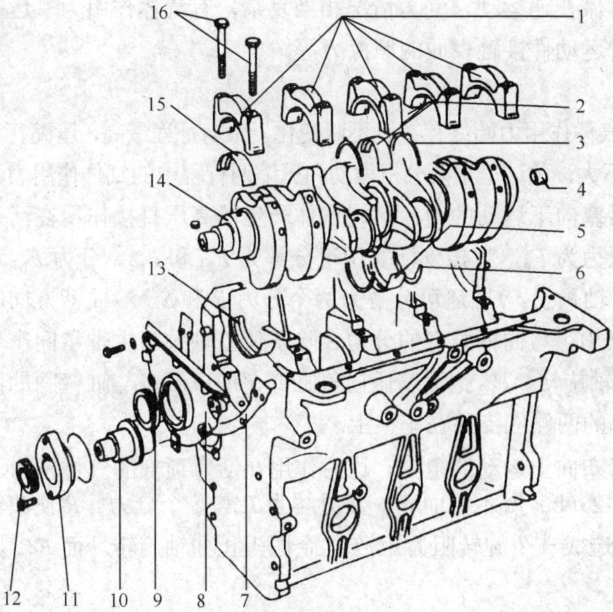

(a) 机体组

1—主轴承盖；2、5—3 号主轴承；3、6—半圆形止推环；　4—滚针轴承；
7—衬垫；8—前油封凸缘；9—油封；10—中间轴；11—密封凸缘；
12—油封；13、15—1、2、4 和 5 号主轴承；14—曲轴；
16—曲轴主轴承盖螺栓（拧紧力矩 65N·m）

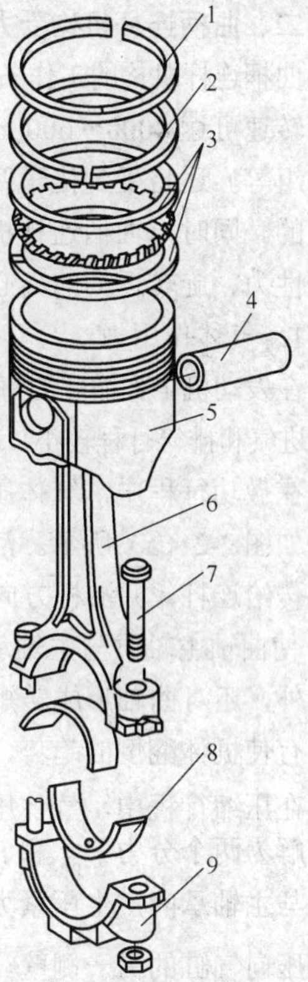

(b) 活塞连杆组

1—第一道气环；2—第二道气环；
3—组合油环；4—活塞销；5—活塞；
6—连杆；7—连杆螺栓；
8—连杆轴瓦；9—连杆轴承盖

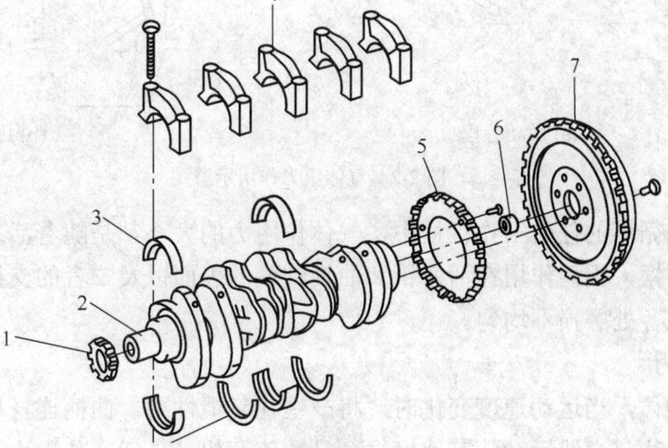

(c) 曲轴飞轮组

1—机油泵链轮；2—曲轴；3—曲轴瓦；4—轴承盖；5—脉冲轮；6—滚针轴承；7—飞轮

图 2-1　AJR 型发动机曲柄连杆组的组成

二、曲柄连杆机构受力分析

曲柄连杆机构的工作条件十分恶劣。气缸内最高温度可达 2500K 以上，最高压力可达 5～9MPa，最高转速可达 4000～6000r/min，此外，与可燃混合气和燃烧废气接触的机件（如气缸、气缸盖和活塞组等）还将受到化学腐蚀，因此，曲柄连杆机构是在高温、高压、高速和化学腐蚀的条件下工作的。同时，曲柄连杆机构在工作时做变速运动，受力情况相当复杂，有气体作用力、运动质量惯性力、旋转运动的离心力以及相对运动件接触表面的摩擦力等。

1．气体作用力

在发动机工作循环的每个行程中，气体作用力始终存在且不断变化。做功行程最高，压缩行程次之，进气和排气行程较小，对机件影响不大，故这里主要分析做功和压缩两行程中的气体作用力。

在做功行程中，气体压力是推动活塞向下运动的力，燃烧气体产生的高压直接作用在活塞顶部，如图 2-2（a）所示。活塞所受总压力为 F_p，它传到活塞销可分解为 F_{p1} 和 F_{p2}。分力 F_{p1} 通过活塞传给连杆，并沿杆方向作用在连杆轴颈上。F_{p1} 还可分解为两个分力 R 和 S。沿曲柄方向的分力 R 使曲轴主轴颈与主轴承间产生压紧力；与曲柄垂直的分力 S 除了使主轴颈与主轴承间产生压紧力外，还对曲轴形成转矩 T，推动曲轴旋转。F_{p2} 把活塞压向气缸壁，形成活塞与缸壁间的侧压力，有使机体翻倒的趋势，故机体下部的两侧应支撑在车架上。

在压缩行程中，气体压力是阻碍活塞向上运动的阻力。这时作用在活塞顶部的气体压力，也可分解为两个分力 F'_{p1} 和 F'_{p2}，如图 2-2（b）所示。而 F'_{p1} 又分解为 R'和 S'个分力。R'使曲轴主轴颈与主轴承间产生压紧力；S'对曲轴造成一个旋转阻力矩 T'，企图阻止曲轴旋转。而 F'_{p2} 则将活塞压向气缸的另一侧壁。

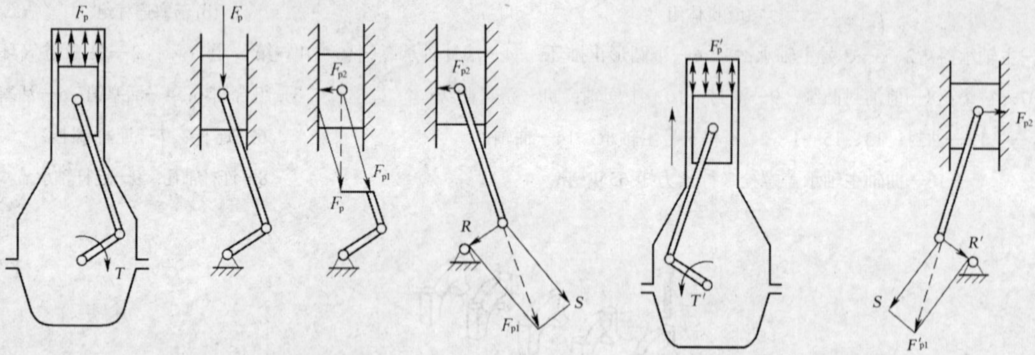

(a) 做功行程　　(b) 压缩行程

图 2-2　气体压力作用示意图

在发动机工作循环的任何工作行程中，气体作用力的大小都是随着活塞的位移而变化的。再加上连杆的左右摇摆，因而作用在活塞销和曲轴轴颈的表面以及二者的支撑表面上的压力和作用点不断变化，造成各处磨损不均匀。

2．往复惯性力

往复运动的物体，当运动速度变化时，将产生往复惯性力。曲柄连杆机构中的活塞组件和连杆小头在气缸中做往复直线运动，其速度很高且数值变化。当活塞从上止点向下止点运动时，速度变化规律是：从零开始，逐渐增大，临近中间达最大值，然后又逐渐减小至零。即前半行程是加速运动，惯性力向上，以 F_c 表示，如图 2-3（a）所示。后半行程是减速运动，惯性力向下，以 F'_c 表示，如图 2-3（b）所示。同理，当活塞向上运动时，前半行程是加速运动，惯性力向下，后半行程是减速运动，惯性力向上。

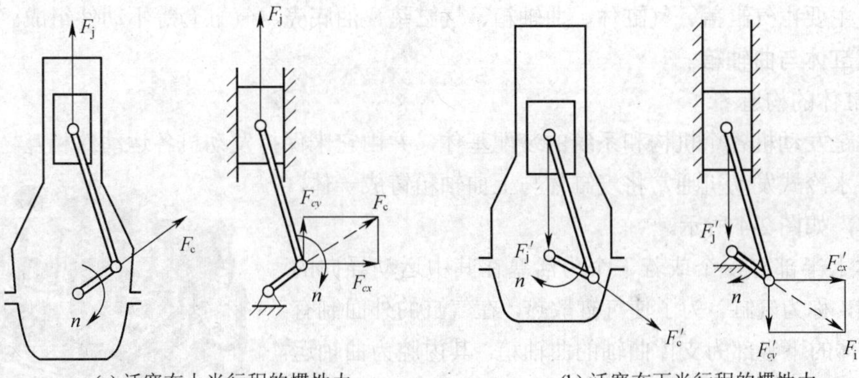

(a) 活塞在上半行程的惯性力　　(b) 活塞在下半行程的惯性力

图 2-3　往复惯性力和离心力作用情况示意图

惯性力使曲柄连杆机构的各零件和所有轴颈承受周期性的附加载荷，加快轴承磨损；未被平衡的变化的惯性力传到气缸体后，还会引起发动机振动。

3．离心力

物体绕某一中心做旋转运动时，就会产生离心力。在曲柄连杆机构中，偏离曲轴轴线的曲柄、连杆轴颈、连杆大头在绕曲轴轴线旋转时，将产生离心力 F_c，其方向沿曲柄向外，如图 2-3 所示。离心力在垂直方向上的分力 F_{cy}，与惯性力 F_j 的方向总是一致的，因而加剧了发动机的上、下振动。而水平方向的分力 F_{cx} 则使发动机产生水平方向的振动。此外，离心力使连杆大头的轴承和轴颈受到又一附加载荷，增加了它们的变形和磨损。

4．摩擦力

任何一对互相压紧并做相对运动的零件表面之间都存在摩擦力。在曲柄连杆机构中，活塞、活塞环、气缸壁之间；曲轴、连杆轴承与轴颈之间都存在摩擦力，这是造成零件配合表面磨损的根源。

上述各种力作用在曲柄连杆机构和机体的各有关零件上，使它们受到压缩、拉伸、弯曲和扭转等不同形式的载荷。为保证发动机工作可靠，减少磨损，在结构上应采取相应措施。

思考与练习

1．曲柄连杆机构的作用是什么？由哪些零件组成？

2．曲柄连杆机构工作时有哪些力影响其工作？简述之。

任务二　机体组的构造与维修

相关知识

机体是发动机的骨架和外壳，许多零部件和辅助系统的元件都安装在机体上。它是发动机的固定件，是发动机形状尺寸的主要决定因素。

机体组主要由气缸盖、气缸体、曲轴箱、气缸垫、油底壳、气缸套等不动件组成。

一、气缸体与曲轴箱

1．气缸体的构造

气缸体是发动机各个机构和系统的装配基体，并由它来保持发动机各运动件相互之间的准确位置关系。水冷式发动机通常将气缸体与上曲轴箱铸成一体，简称气缸体，如图 2-4 所示。

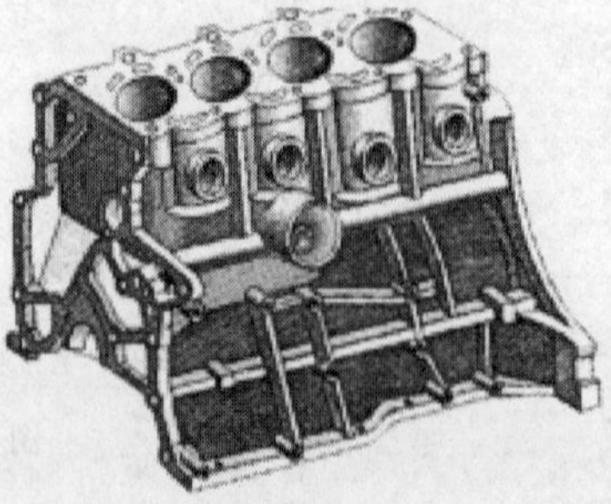

图 2-4 气缸体

气缸体上半部有一个或若干个为活塞在其中运动导向的圆柱形空腔，称为气缸。为了使气缸散热，在气缸的外面制有水套。气缸体的下半部为支撑曲轴的曲轴箱，其内腔为曲轴运动的空间。曲轴箱有前后壁和中间隔板，其上制有曲轴主轴承座孔，有的发动机在气缸体上还制有凸轮轴轴承座孔。为了这些轴承的润滑，在气缸体侧壁上钻有润滑系主油道，前后壁和中间隔板上钻有分油道。

气缸体有上下 2 个平面，上平面用来安装气缸盖，下平面用来安装油底壳。这 2 个平面也往往是气缸修理的加工基准，因此在拆装时应注意保护。气缸体的上下平面用以安装气缸盖和下曲轴箱。气缸体是发动机各个机构和系统的装配基体，并由它来保持发动机各运动件相互之间的准确位置关系。

（1）工作条件和材料。在发动机工作时，气缸体要承受较大的机械负荷和较复杂的热负荷，气缸体的变形会破坏各运动件之间准确的位置关系，导致发动机技术状况变坏，使用寿命缩短。因而要求气缸体具有足够的刚度、强度和良好的耐热、耐腐蚀性。一般气缸体采用灰铸铁、球墨铸铁或合金铸铁制造，有些发动机为了减轻质量、加强散热而采用铝合金制造气缸体。

（2）气缸的排列方式。发动机气缸排列方式基本上有 3 种：直列式、V 形和水平对置式，如图 2-5 所示。

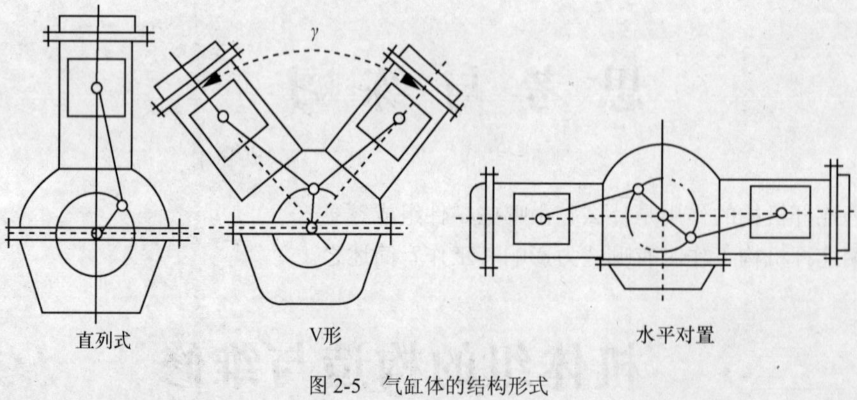

图 2-5 气缸体的结构形式

直列式发动机的各个气缸排成一到，所有气缸共用一根曲轴和一个缸盖，气缸一般垂直布置。直列式结构简单，易于制造，从而在一定程度上降低了成本，但长度和高度较大，故有些发动机为了降低高度，也把气缸布置成倾斜的。一般六缸以下发动机多采用直列式。

V 形发动机将气缸排成两列，其气缸中心线的夹角 $\gamma<180°$，最常见的是 60°～90°。这种设计采用一根曲轴驱动两列气缸中的活塞运动，曲轴上每个连杆轴颈上连接两个连杆，发动机必须有两个缸盖。V 形结构缩短了发动机的长度，降低了发动机的高度，改善了车辆外部空气动力学特性，且增加了气缸体的刚度。但发动机宽度增大，形状复杂，加工困难，一般多用于气缸数多的大功率发动机上。

一些制造厂设计了一种特殊类型的 V 形结构，称作 W 形发动机。它看上去与 V 形结构很相像，但与 V 形结构相比，每一侧的活塞数增加 1 倍。这种发动机结构非常紧凑，较小的尺寸却有较大的动力。W 形结构用在负荷较重的车辆上，这些车辆需要 10 缸或 12 缸的动力，但却要求尺寸较小。

水平对置式发动机两列气缸之间的夹角为 180°，一根曲轴、两个缸盖，曲轴的每个轴颈上连接两个连杆。这种发动机高度最小，用在发动机垂直空间很小的车辆上。

（3）曲轴箱的排列形式。曲轴箱的主要功用是保护和安装曲轴，有 3 种结构形式。

① 平分式气缸体的发动机曲轴轴线与气缸体下平面在同一平面上。其特点是便于机械加工，但刚度较差，曲轴前后端的密封性较差，多用于中小型发动机，如图 2-6（a）所示，富康 ZX 轿车的 TU32K 发动机、夏利 376Q 型发动机的气缸体属于这种结构。

② 龙门式气缸体的发动机曲轴轴线高于气缸体下平面。其特点是结构刚度和强度较好，密封简单可靠，维修方便，但工艺性较差，多为大中型发动机采用，如图 2-6（b）所示。桑塔纳、捷达和奥迪等发动机属于这种结构。

③ 隧道式气缸体的主轴承孔不分开，其特点是结构刚度最大，其质量也最大，主轴承的同轴度易保证。但其拆装比较麻烦，多用于主轴承采用滚动轴承的组合式曲轴，如图 2-6（c）所示。黄河 JN1181C13 型汽车 6135Q 型发动机采用这种结构。

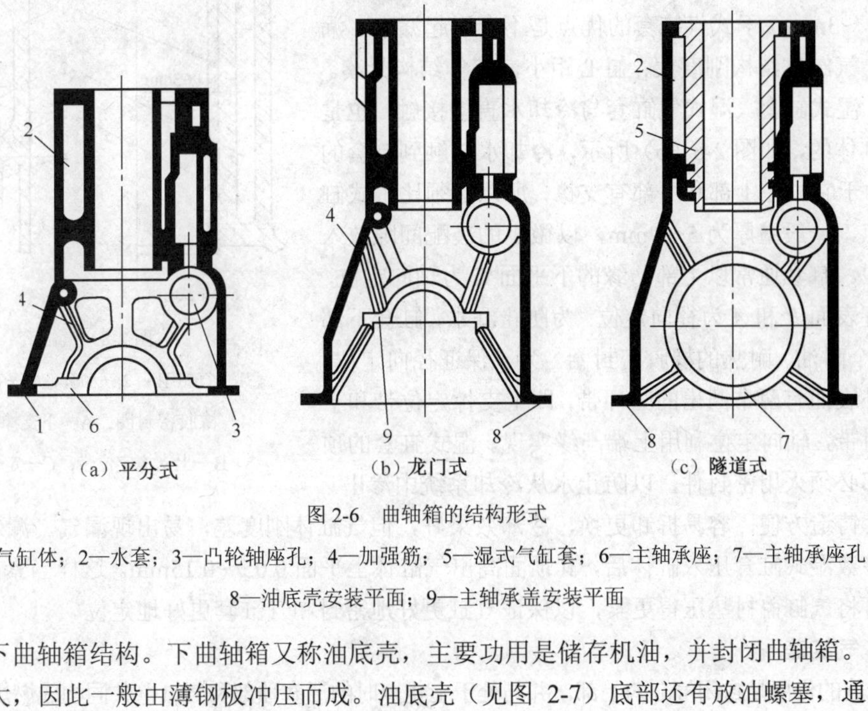

（a）平分式　　（b）龙门式　　（c）隧道式

图 2-6　曲轴箱的结构形式

1—气缸体；2—水套；3—凸轮轴座孔；4—加强筋；5—湿式气缸套；6—主轴承座；7—主轴承座孔；8—油底壳安装平面；9—主轴承盖安装平面

（4）下曲轴箱结构。下曲轴箱又称油底壳，主要功用是储存机油，并封闭曲轴箱。由于油底壳受力不大，因此一般由薄钢板冲压而成。油底壳（见图 2-7）底部还有放油螺塞，通常在放油螺塞上装有永久磁铁，以吸附润滑油中的金属屑，减少发动机的磨损。

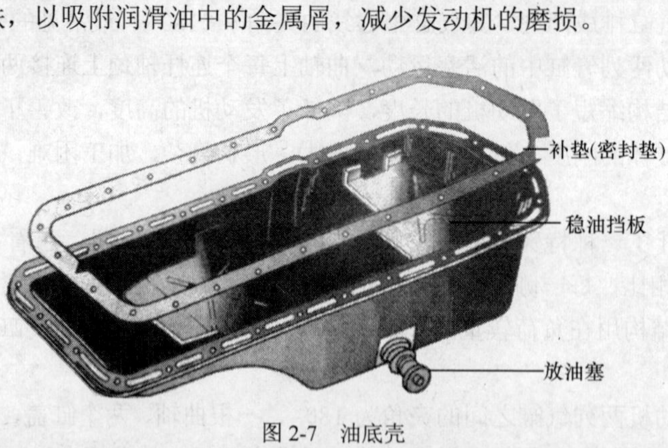

图 2-7 油底壳

2．气缸与气缸套

气缸体内引导活塞做往复运动的圆柱形空腔称为气缸。气缸工作表面承受燃气的高温、高压作用，且活塞在其中做高速运动，因此要求其耐高温、耐高压、耐磨损和耐腐蚀。为了提高耐磨性，有时在铸铁中加入一些合金元素如镍、钼、铬和磷等。如果气缸体全部采用优质耐磨材料，则成本太高，因为除与活塞配合的气缸壁表面外，气缸的其他部分对耐磨性要求并不高，所以现代汽车发动机广泛采用在气缸体内镶入气缸套，形成气缸工作表面的形式。这样，气缸套可用耐磨性较好的合金铸铁或合金钢制造，而气缸体则可用价格较低的普通铸铁或铝合金等材料制造。

根据气缸套是否直接与冷却液接触，气缸套有两种结构，即干式和湿式。

（1）干式缸套。干式气缸套不直接与冷却水接触，如图 2-8（a）所示。干式缸套是被压入缸体孔中的，由于缸套自上而下都支撑在缸体上，所以可以加工得很薄，壁厚一般为 1～3mm。干式气缸套的优点是不会引起漏水、漏气现象，气缸体结构刚度大、缸心距小，整体结构紧凑。

（2）湿式缸套。湿式气缸套与冷却水直接接触，也是被压入缸体的，如图 2-8（b）所示，冷却水接触到缸套的中部。由于它只在上部和下部有支撑，所以必须比干式缸套厚一点，一般壁厚为 5～9mm，以微小的装配间隙放入气缸孔中。缸套通常以上部凸缘的下平面 *C* 为轴向定位，以外圆柱表面 *B* 和 *A* 为径向定位。为防止漏水，缸套下部设 1～2 个耐油、耐热的橡胶密封圈。为了保证径向定位，气缸套外表面有两个凸出的圆环带，即上支撑定位带和下支撑密封带，轴向定位利用上端凸缘实现。湿式缸套的顶部和底部必须采用密封件，以防止水从冷却系统中渗出。湿式缸套铸造方便，容易拆卸更换，冷却效果好，但气缸体刚度差，易出现漏气、漏水。

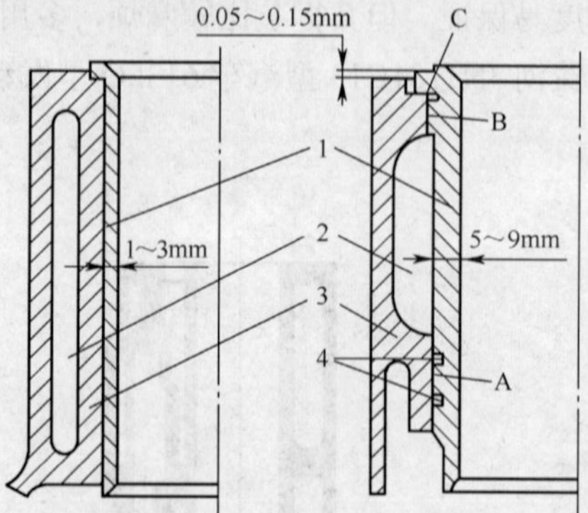

（a）干式　（b）湿式

图 2-8 气缸套

1—气缸套；2—水套；3—气缸体；4—橡胶密封圈；A—下支撑定位带；B—上支撑定位带；C—定位凸缘

大多数湿式缸套压入缸体后，其顶面高出气缸体上平面 0.05～0.15mm。这样当紧固气缸盖螺栓时，可将气缸盖衬垫压得更紧，以保证气缸更好地密封和气缸套更好地定位。

二、气缸盖

气缸盖的作用是封闭气缸的上部，并与处于上止点时的活塞顶部和气缸壁共同构成燃烧室。同时，气缸盖也是某些零件的装配机体，如图 2-9 所示，并与发动机的某些零件和系统发生一定的相互关系。它经常与高温、高压燃气相接触，因此要承受很大的热负荷和机械负荷。水冷发动机的气缸盖内部制有冷却水套，缸盖下端面的冷却水孔与缸体的冷却水孔相通，利用循环水来冷却燃烧室等高温部分。

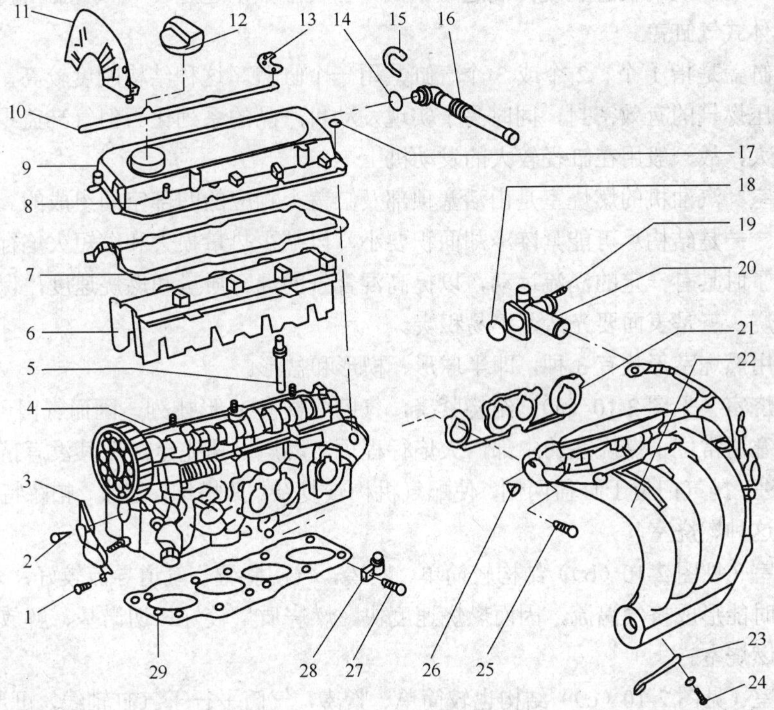

图 2-9　AJR 发动机气缸盖分解图

1—螺栓（拧紧力矩 15N · m）；2、25、27—螺栓（拧紧力矩 20N · m）；3—正时齿带后护板；4—气缸盖总成；5—气缸盖螺栓；6—机油反射罩；7—气门罩盖衬垫；8—紧固压条 9—气门罩盖；10—压条；11—正时齿带后上罩；12—加机油口盖；13—支架；14—密封圈；15—夹箍；16—曲轴箱通气软管；17—螺母（拧紧力矩 12N · m）；18—密封圈；19—螺栓（拧紧力矩 10N · m）；20—凸缘；21—进气歧管衬垫；22—进气歧管；23—进气歧管支架；24—进气歧管支架紧固螺栓；26—螺母（拧紧力矩 20N · m）；28—吊耳；29—气缸盖衬垫

气缸盖是发动机上最复杂的零件之一。气缸盖内部有与气缸体相通的冷却水套；有进、排气门座及气门导管孔和进、排气通道；有燃烧室、火花塞座孔或喷油器座孔；上置凸轮轴式发动机的气缸盖上还有用以安装凸轮轴的轴承座，如图 2-9 所示。

气缸盖由于形状复杂，一般都采用灰铸铁或合金铸铁铸成，CA6102 型发动机采用铜钼低合金铸铁铸造的整体式气缸盖。目前，铝合金铸造的气缸盖，正在逐步推广，有取代铸铁的趋势，桑塔纳、捷达、富康等轿车发动机均采用铝合金的气缸盖，如捷达 EA113 型发动机采用铝合金材料 AlSi10Mn 铸造而成的整体式气缸盖。铝的导热性比铸铁好，有利于提高压缩比，以适应高速高负荷强化汽油机散热及提高压缩比的需要。铝合金气缸盖的缺点是刚度低，使用中容易变形。

汽油机的燃烧室是由活塞顶部及缸盖上相应的凹部空间组成的。燃烧室的形状对发动机的工作影响很大。所以对燃烧室有如下基本要求：一是结构尽可能紧凑，充气效率要高，以减小热量损失及缩短火焰行程；二是使混合气在压缩终了时具有一定涡流运动，以提高混合气燃烧速度，保证混合气得到及时和充分燃烧；三是表面要光滑，不易积炭、排气净化好。

（1）气缸盖的结构形式。汽车发动机气缸盖的结构形式有两种：整体式和分开式。

整体式气缸盖是指多缸发动机的多个气缸共用一个缸盖。整体式缸盖结构紧凑，零件数少，可缩短气缸中心距和发动机总长度，制造成本低。当气缸数不超过 6 个，气缸直径小于 105mm 时，均采用整体式气缸盖。

分开式气缸盖是指 1 个、2 个或 3 个气缸共用一个缸盖。这种结构刚度较高，变形小，易于实现对高温高压燃气的有效密封，同时易于实现发动机产品的系列化。但气缸盖零件数增多会使气缸中心距增大，故一般用在缸径较大的发动机上。

（2）燃烧室。汽油机的燃烧室是由活塞顶部及缸盖上相应的凹部空间组成的。对燃烧室的基本要求有包括：一是结构尽可能紧凑冷却面积要小，以减少热量损失和缩短火焰行程；二是使混合气在压缩终了时具有一定的涡流运动，以提高混合气的混合质量和燃烧速度，保证混合气得到及时和充分燃烧；三是表面要光滑，不易积炭。

汽油机常用燃烧室形状有 3 种，即半球形、楔形和盆形。

半球形燃烧室（见图 2-10（a））结构紧凑，气门成横向 V 形排列，因而气门可以做得较大，换气好。火花塞通常位于燃烧室的中部，火焰行程短，燃烧迅速完全。但其没有挤气涡流，低速性能较差，因进、排气门位于缸盖两侧，使配气机构较复杂。桑塔纳、富康、帕萨特 B5 轿车 ANQ 发动机采用了这种燃烧室。

楔形燃烧室（见图 2-10（b））结构较简单、紧凑，气门斜置，气道导流较好，充气效率较高。它在压缩终了时能形成挤气涡流，因而燃烧速度快，燃烧质量较好。切诺基、解放 CA6102 型发动机采用楔形燃烧室。

盆形燃烧室（见图 2-10（c））结构也较简单、紧凑，气门平行于气缸轴线，可形成挤气窝流。但其气门尺寸受到限制，影响换气质量，因而燃烧速度稍差，燃烧质量稍低。奥迪、捷达 EA113 型发动机采用盆形燃烧室。

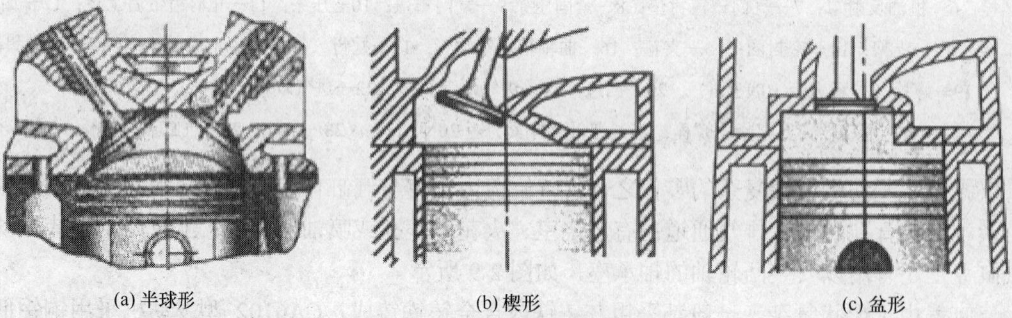

(a) 半球形 (b) 楔形 (c) 盆形

图 2-10 汽油机燃烧室形状

（3）气道。现代汽车发动机采用顶置式气门，进排气道都布置在气缸盖上。如果每个气门都有一个气道是最理想的，但由于空间的问题有时只能将气道合并。这些气道被称为叉形气道，如图 2-11 所示。

（4）气缸盖罩。气缸盖罩密封配气机构等零部件，可防止灰尘污染润滑油或灰尘进入加快气门传动机构的磨损。有的罩盖上有加机油口和曲轴箱通风管接口。

气缸盖罩用铝合金铸造或薄钢板冲压制成，与气缸盖结合面加上橡胶衬垫。

三、气缸垫

气缸垫用来保证气缸体与气缸盖结合面间的密封，防止漏气、漏水、漏油。

气缸垫接触高温、高压气体和冷却水，在使用中很容易被烧蚀，特别是在缸口卷边周围。因此要求气缸垫应具有足够的强度、耐热；不易烧损或变质，耐腐蚀；具有一定的弹性，能弥补接合面的不平度，以保证密封；使用寿命长。

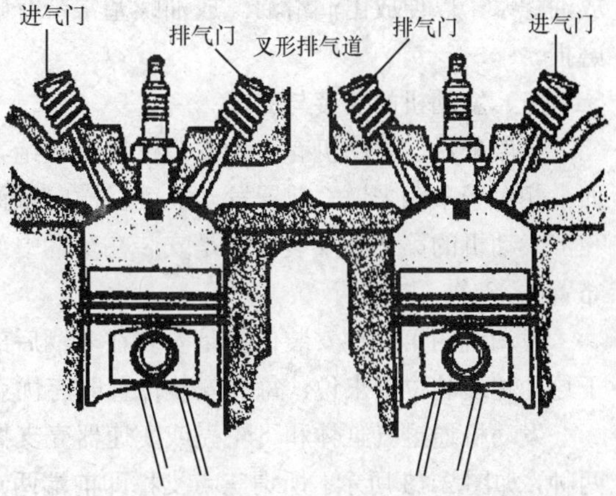

图 2-11　气缸盖上的气道

目前应用较多的有以下几种气缸垫。

（1）金属—石棉气缸垫。它是在石棉中间掺入铜屑或钢丝制成的，以加强导热、平衡气缸体与气缸盖的温度。石棉外包铜皮和钢皮，且在气缸口、水道孔、油道口周围用金属包边予以加强，以防被高温燃气烧坏。这种衬垫压紧厚度为 1.2～2.0mm，有很好的弹性和耐热性，能重复使用，但厚度和质量的均一性较差，使用时注意光滑面朝气缸体，否则容易被燃气或冷却水冲坏。

（2）金属骨架—石棉垫。这是用编织的钢丝网或冲孔钢片为骨架，外覆石棉及橡胶黏结剂压成的垫片，只在缸口、油道口及水孔处用金属包边。这种缸垫弹性更好，但易粘结，只能一次性使用。

（3）金属片式气缸垫。这种气缸垫多用在强化发动机上，轿车和赛车上采用较多。它需要在密封的气缸孔、水孔和油道口周围冲压出一定高度的凸纹，利用凸纹的弹性变形实现密封，如图 2-12 所示。

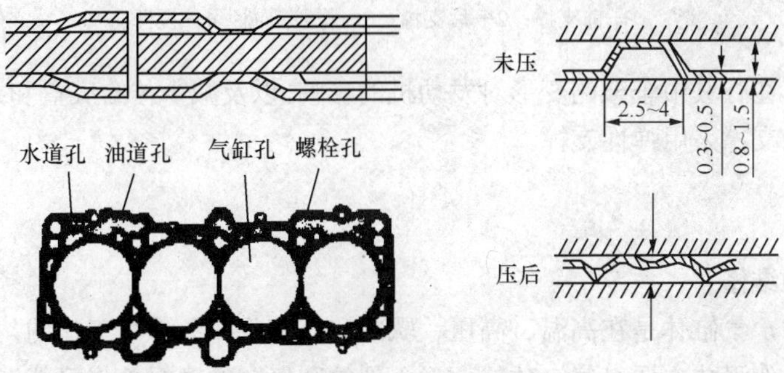

图 2-12　金属式气缸垫

四、油底壳

1．作用

油底壳的主要作用是储存、冷却机油并封闭曲轴箱。

2．材料

油底壳受力很小，油底壳的形状取决于发动机的总体布置和机油的容量。它一般用薄钢板冲压而成，如 AFE 发动机的油底壳。有的发动机的油底壳则采用铝合金铸造（有散热片）。

3．结构

为了防止汽车振动时润滑油过分激荡，在油底壳内部设有稳油挡板。在油底壳的最低处设有放油螺塞，以便放出润滑油。放油螺塞常带有磁性，可吸附润滑油中的金属屑，以减小发动机的磨损。

五、发动机的安装与支撑

一般来说，发动机有 3 种安装位置。在绝大多数车辆上，发动机安装在车辆前部，乘客室前面。相对于车辆来说，前置发动机可以横向布置，也可以纵向布置。

发动机的第 2 种安装位置是安装在车辆中部，乘客室和后悬架之间。中置发动机通常是横向布置的。

发动机的第 3 种安装位置是安装在车辆后部。在这种情况下一般使用水平对置式发动机。对于这几种安装位置来说，每种安装位置既有优点又有缺点。

发动机通过气缸体和飞轮壳或变速器壳支撑在车架上。一般支撑方法有三点支撑和四点支撑两种，如图 2-13 所示。所谓三点支撑即前端两点通过曲轴箱支撑在车架上，后端一点通过变速器壳支撑在车架上。四点支撑则为前端两点通过曲轴箱支撑在车架上，后端两点通过飞轮壳支撑在车架上。

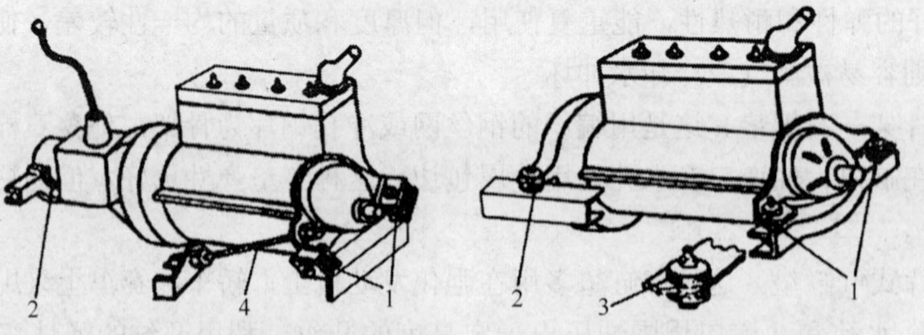

图 2-13 发动机支撑

1—前支撑；2—后支撑；3—橡胶垫圈；4—拉杆

为了消除汽车在行驶中车架的变形对发动机的影响，以及减少传给底盘和乘员的振动和噪声，发动机在车架上的支撑采用弹性支撑。

任务实施

一、气缸体的维修

发动机运转时，气缸体是在高温、高压、骤冷和交变载荷条件下工作的，在使用中容易发生损伤。气缸体的损伤形式主要有气缸体的变形、裂纹和气缸的磨损；也可能发生螺纹孔损坏和水道边缘处的腐蚀等。这些损伤将破坏零件的正确几何形状，造成漏气、漏水，影响发动机的装配质量和工作能力。

1．气缸体变形的检修

气缸体在使用过程中发生变形是普遍存在的。拆装螺栓时力矩过大或不均，不按顺序拧紧螺栓，高温下拆卸气缸盖等都会引起气缸体与气缸盖结合平面的翘曲变形。

气缸体变形主要表现为上平面、下平面、端面的翘曲和配合表面的相对位置误差增加。

（1）气缸体变形的检验。气缸体的翘曲变形可用平板作接触检验，也可用刀形样板尺（或直尺）和塞尺（厚薄规）检测。用刀形样板尺和塞尺检测气缸体平面翘曲的方法：将等于或大于被测平面全长的刀形样板尺放到气缸体平面上、沿气缸体平面的纵向、横向和对角线方向，用塞尺进行多处测量，求得其平面度误差。

（2）气缸体变形的修理。气缸体变形后，可根据变形程度采取不同的修理方法。平面度误差在整个平面上不大于 0.05mm。仅有局部不平时，可用刮刀刮平；平面度误差较大时可采用平面磨床进行磨削加工修复，但加工量不能过大，0.24～0.50mm，否则会影响压缩比。

2．气缸体裂纹的检修

气缸体产生裂纹的部位与结构、工作条件和使用操作有关：如水套的冰冻裂纹；曲轴箱共振裂纹；气缸套修理尺寸级数过多和镶装气缸套过盈量过大，压装工艺不当等造成的裂纹；气缸体各处壁厚不均匀造成应力，在一些薄弱部位出现裂纹；发动机长时间在超负荷条件下工作，造成气缸体内应力过大产生裂纹；拆卸和搬运不慎，使气缸体受震动、碰撞而致裂等。

裂纹会引起发动机漏气、漏水和漏油，影响发动机正常工作，必须及时检修。

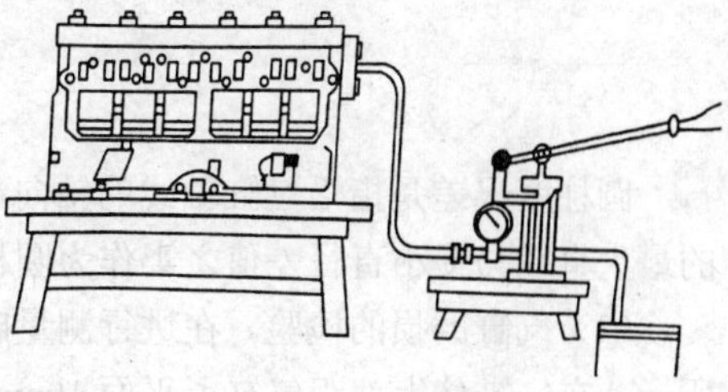

图 2-14　气缸体、气缸盖水压试验

（1）气缸体裂纹的检验。气缸体外部明显的裂纹，可直接观察。而对于细微裂纹和内部裂纹，一般采用气缸盖装合后进行水压试验的方法检验，如图 2-14 所示。接头与气缸前端水泵入水口处连接好，并封闭所有水道口。然后将水压入水套，要求在 0.3～0.4MPa 的压力下，保持约 5min，应没有任何渗漏现象。如有水珠渗出，则表明该处有裂纹。

（2）气缸体裂纹的修理。气缸体上的裂纹可根据裂纹的部位不同，采用不同的修理方法。凡涉及漏水、漏油、漏气的零件，一般予以更换。对尚未影响到燃烧室、水道、油道的裂纹，可以在裂纹末端处钻一小孔，将集中在裂纹末端的应力分散，避免裂纹向纵深发展。水套或其他非重要部位的裂纹可用环氧树脂粘补。水道裂纹可用堵漏剂加注在水道里的方法进行修补。

3．气缸磨损的检修

活塞在气缸中做高速运动，长时间工作后会产生磨损，当磨损达到一定程度后，将引起发动机动力性、经济性明显下降。

（1）气缸的磨损规律。气缸正常磨损的特征是不均匀磨损，如图 2-15 所示，气缸孔沿高度方向磨损成上大下小的倒锥形，最大磨损部位是活塞处于上止点时第一道活塞环对应的气缸壁位置，而该位置以上几乎无磨损形成明显的“缸肩”。气缸沿圆周方向的磨损形成不规则的椭圆形，其最大磨损部位一般是前后或左右方向。

造成上述不均匀磨损的原因是：活塞在上止点附近时各道环的背压最大，其中又以第一道环为最大，以下逐道减小；加之气缸上部温度高，润滑条件差，进气中的灰尘附着量多，废气中的酸性物质引起的腐蚀等，造成了气缸上部磨损较大。而圆周方向的最大磨损部位主要是侧向力、曲轴的轴向窜动等造成的，如图 2-16 所示。

多缸发动机中，不同气缸之间的磨损并不一样。发动机采用冷却液冷却或其他用水冷却的发动机气缸，前部第一缸和后部最后一缸因冷却强度大，其磨损较大。发动机在冷起动等低温条件下工作，气缸磨损会更大。

（2）气缸磨损程度的衡量指标。气缸的磨损程度一般用圆度误差和圆柱度误差表示，也可以标准尺寸和气缸磨损后的最大尺寸之差值来衡量，如桑塔纳、捷达等轿车。

圆度误差是指同一截面上磨损的不均匀性，用同一横截面上不同方向测得的最大直径与最小直径差值之半作为圆度误差。

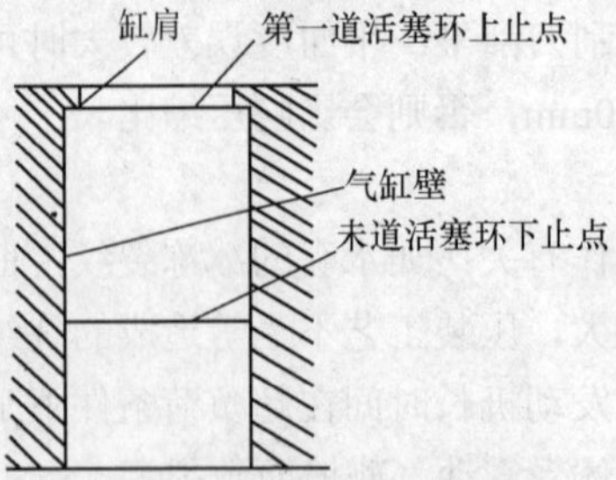

图 2-15 气缸的轴向磨损

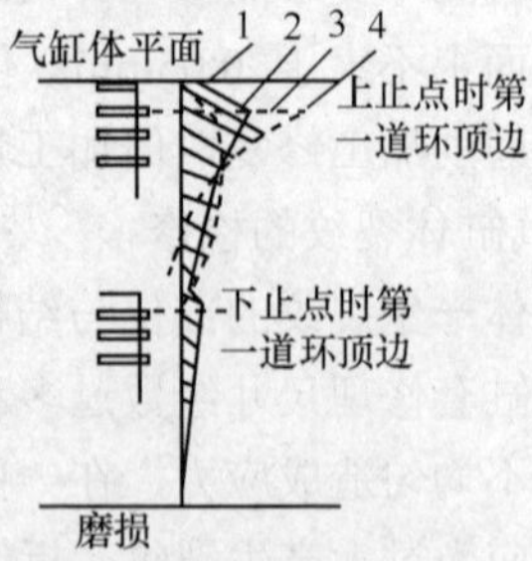

图 2-16 气缸的磨损机理

1—金属屑磨料磨损；2—正常磨损；

3—灰尘磨料磨损；4—酸性腐蚀磨损

圆柱度误差是指沿气缸轴线的轴向截面上磨损的不均匀性，用被测气缸表面任意方向所测得的最大直径与最小直径差值之半作为圆柱度误差。

（3）气缸磨损的检验。在进行测量时，测量部位的选择很重要，气缸的测量部位置如图 2-18 所示，在气缸体上部距气缸上平面 10mm 处，气缸中部和气缸下部距缸套下口 10mm 处的 3 个截面，按 *A*、*B* 两个方向分别测量气缸的直径。

测量时，通常使用量缸表，其方法如下。

① 气缸圆度的测量。

a．根据气缸直径的尺寸，选择合适的接杆，装入量缸表的下端，并使伸缩杆有 1～2mm 的压缩量。

b．将量缸表的测杆伸入到气缸中的相应部位，微微摆动表杆，使测杆与气缸中心线垂直（见图 2-17、图 2-18），量缸表指示的最小读数即为正确的气缸直径。用量缸表在上部 *A* 向测量，旋转表盘，使"0"刻度对准大表针，然后将测杆在此截面上旋转 90°。此时表针所指刻度与"0"位刻度之差的 1/2 即为该截面的圆度误差。

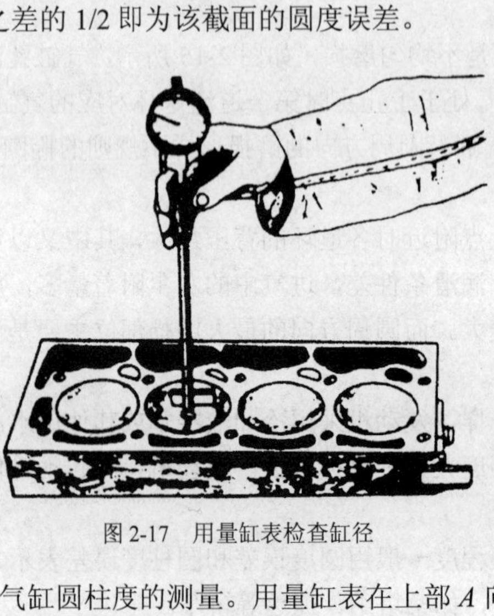

图 2-17 用量缸表检查缸径

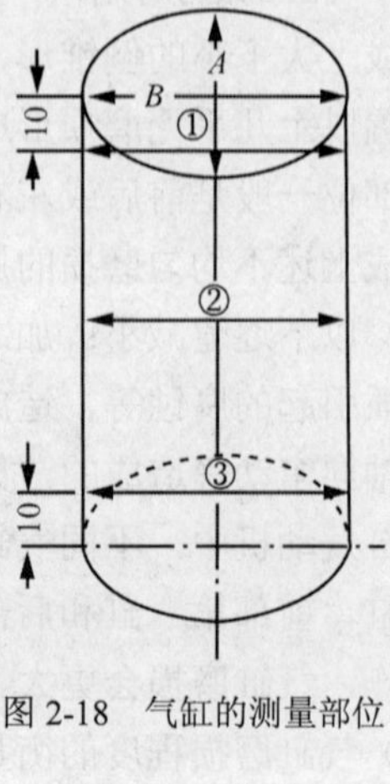

图 2-18 气缸的测量部位

② 气缸圆柱度的测量。用量缸表在上部 *A* 向测量并找出正确的直径位置，旋转表盘使"0"刻度对准大表针。然后依次测出其他 5 个数值，取 6 个数值中最大差值的 1/2 作为该气缸的圆柱

度误差。

③ 气缸磨损尺寸的测量。一般发动机最大磨损尺寸在前后两缸的上部测量。用量缸表在上部A向测量并找出正确的气缸直径位置，旋转表盘使“0”刻度对准大表针，并记住小表针所指位置。取出量缸表，将测杆放置于外径千分尺的两测头之间，旋转外径千分尺的活动测头，使量缸表的大指针指向“0”，且小指针指向原来的位置（在气缸中所指示的位置）。此时，外径千分尺的尺寸即为气缸的磨损尺寸。

（4）气缸的修理。当发动机中磨损量最大的气缸的磨损程度衡量指标，超过规定标准时，应进行修理。

气缸的修理通常采用机械加工的方法，即修理尺寸法和镶套修复法。

修理尺寸法是指在零件结构、强度和强化层允许的条件下，将配合副中主要件的磨损部位经过机械加工至规定尺寸，恢复其正确的几何形状和精度，然后更换相应的配合件，得到尺寸改变而配合性质不变的修理方法。

修复后的尺寸称为修理尺寸，对于孔件是扩大了的，对于轴件是缩小了的。

镶套修复法是对于经多次修理，直径超过最大修理尺寸，或气缸壁上有特殊损伤，对气缸承孔进行加工，用过盈配合的方式镶上新的气缸套，使气缸恢复到原来尺寸的修理方法。

（5）气缸的镗磨加工。

① 确定气缸的修理尺寸。气缸的修理尺寸应按修理级别进行。修理级别一般分为4～6级，每加大0.25mm为一级，即+0.25mm、+0.50mm、+0.75mm、+1.00mm、+1.25mm、+1.50mm，最大不超过1.00mm或1.50mm。现代汽车车型繁多，修理级别应符合原厂规定，常用的气缸修理加大尺寸为+0.50mm、+1.00mm和+1.50mm三级。

气缸经数次维修，加大尺寸超过极限值时，可以通过镶缸套或更换缸套来恢复到标准尺寸。桑塔纳2000型GLi轿车AFE发动机气缸的标准缸径为81.01mm，加大两级修理尺寸为82.01mm。

气缸的修理尺寸=气缸最大直径+镗磨余量

镗磨余量一般取0.10～0.20mm。

计算出的修理尺寸应与修理级别对照。如与修理级别不相符，应调整到下一个修理级别。同一台发动机的各气缸应采用同一级修理尺寸。

② 确定镗削量。气缸修理尺寸确定后，选配同级修理尺寸的活塞，并依次测量每个活塞裙部的尺寸，结合必要的活塞与气缸壁的配合间隙和镗磨余量，分别根据各缸的实际尺寸，计算确定各缸的镗削量。

镗削量=活塞裙部最大直径−气缸最小直径+配合间隙−磨缸余量

磨缸余量一般取0.01～0.05mm。

③ 镗缸。气缸镗削加工质量要求：缸壁表面粗糙度应不大于*Ra* 2.5；干式缸套圆度误差不大于0.005mm，圆柱度不大于0.0075mm；湿式缸套圆柱度误差不大于0.0125mm；气缸轴线对两端主轴承座孔轴线的垂直度不大于0.05mm。

④ 气缸的珩磨。气缸镗后，表面存在螺旋形的细微刀痕，必须进行珩磨加工，使气缸具有合理的表面粗糙度和配合特性，并具有良好的磨合性能。

气缸珩磨后的技术要求是：缸壁表面粗糙度应不大于*Ra* 0.63；气缸的圆度、圆柱度误差及配缸间隙符合规定。

桑塔纳2000型GLi轿车AFE发动机气缸镗磨后的圆度、圆柱度误差应不大于0.11mm，各缸直径之差不超过 0.05mm。气缸和活塞的配合间隙不得超过 0.03～0.05mm，磨损极限值为 0.09mm。

⑤ 镶装气缸套。气缸用修理尺寸法修理超过最后一级时，可用镶套法恢复至原始尺寸。

4．气缸套更换法

（1）干式缸套的更换步骤。

① 取出旧缸套。用专用工具压出旧缸套或拉出旧缸套，如图 2-19 所示。

② 选择新缸套。根据承孔的大小和修理尺寸（四级：标准、+0.05mm、+1.00mm、+1.50mm）的要求选配新缸套。第一次选用标准尺寸的气缸套。

③ 镗削缸套承孔。根据新气缸套的外径尺寸进行镗缸．并留适当的压入过盈量。一般有凸缘的气缸套为 0.05～0.07mm，无凸缘的气缸套为 0.07～0.11mm。另外，有凸缘的气缸套，应在气缸体上端镗出凸缘槽，凸缘与槽口每边应有不小于 0.05mm 的间隙。

④ 压入新缸套。将气缸套放正，并在气缸套外径上涂以机油，用压力机缓缓压入，如图 2-20 所示。

⑤ 进行水压试验。

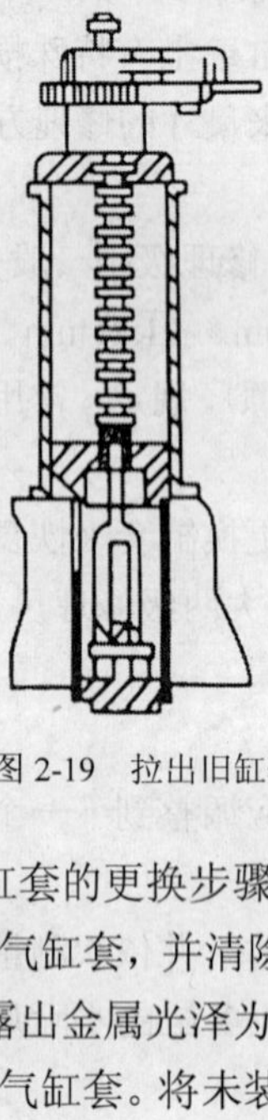

图 2-19 拉出旧缸套

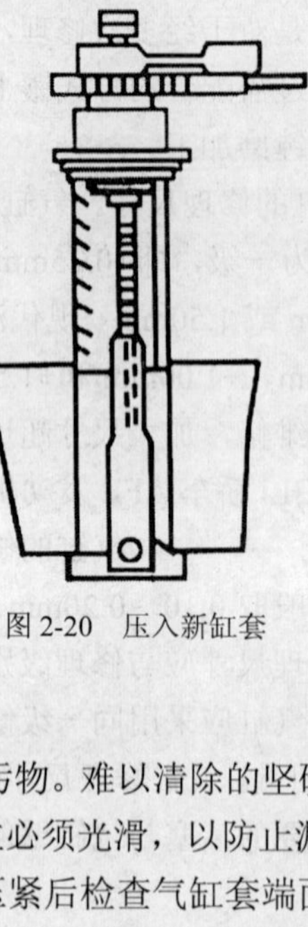

图 2-20 压入新缸套

（2）湿式缸套的更换步骤。

① 拆除旧气缸套，并清除气缸体各个接台面间的铁锈、污物。难以清除的坚硬物质可以用砂纸打磨，直至露出金属光泽为止，特别是与密封圈接触的部位必须光滑，以防止漏水。

② 试装新气缸套。将未装密封圈的气缸套装入气缸内，压紧后检查气缸套端面高出气缸体平面的高度，一般厂家规定为 0.03～0.10mm。若不符合要求，可在气缸套台肩下装入适当厚度的铜质垫片进行调整，相连两缸间的凸出量误差不大于 0.04mm。

③ 装入气缸套。先在新气缸套上装好密封圈，涂上机油或密封胶，然后稍加用力即可将新气缸套装入。

④ 进行水压试验。

5．提高气缸使用寿命的措施

（1）在结构材料方面，用耐磨、耐蚀、抗穴蚀能力强的材料，如用镍铬高锰奥氏体铸铁、含铬高磷铸铁等。从减震、防震着手，在结构上采用不等厚的缸套及合理的间距等，以减少湿式缸套的穴蚀。

（2）在维修方面，研究改善气缸体“整形修理”工艺，提高气缸体主要要素的形状与位置精度；

气缸经过镗磨加工后，应有合理的表面粗糙度，有利于配合副的磨合和润滑油膜的形成；应用激光淬火工艺进行气缸表面强化．以大大降低气缸的磨损率；严格按技术要求检验气缸、活塞、连杆等，保证活塞连杆组的正确安装位置和配合间隙；制定科学的磨合规范，提高气缸抗综合磨损的能力。

（3）在使用方面，应正确选择和使用润滑油，加强“三滤”，做好车辆的日常维护；保证发动机的正确工作温度；正确合理的驾驶操作。

二、桑塔纳 2000 型 GLi 轿车 AFE 型发动机气缸盖的拆卸、检修

（1）拆卸气缸盖附件。拆下进排气管总成，拆下火花塞及其垫圈。

（2）拆下加油口盖。

（3）拆下气门罩盖，按图 2-21（a）所示顺序逐渐松开气缸盖紧固螺栓。

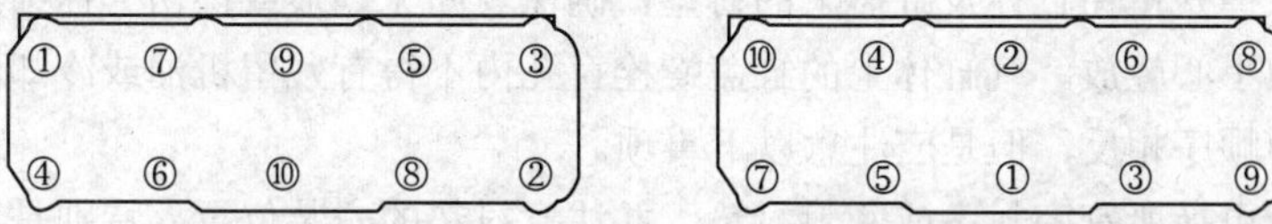

(a) 气缸盖螺栓拆卸顺序　(b) 气缸盖螺栓拧紧顺序

图 2-21　气缸盖螺栓的拆卸和拧紧顺序

（4）取下气门罩盖压条、密封衬条、衬垫。

（5）拆下机油反射罩，取下半圆塞。

（6）拆下凸轮轴前端正时齿带轮的紧固螺栓，取下凸轮轴正时齿带轮。

（7）旋松凸轮轴支撑盖的紧固螺栓，取下支座盖。

（8）拆卸下凸轮轴。取下液压挺杆总成。

（9）用专用工具 2037 压下气门弹簧，取下气门锁夹。

（10）取下气门锁夹座圈、气门内外弹簧。

（11）拆卸气门及气门油封。

三、气缸盖的维修

气缸盖在工作过程中发生的损伤形式主要有变形、裂纹和螺纹孔损坏等。

（1）气缸盖变形的检修。气缸盖变形主要指与气缸体结合的下平面的平面度误差超限。

引起气缸盖变形的主要原因是：气缸盖工作时受热不均匀；装配时气缸盖螺栓拧紧力不均匀且不按规定顺序拧紧；螺纹孔中污物清除不净；高温下拆卸气缸盖；气缸体与气缸垫平面不平等。

① 气缸盖变形的检验。如图 2-22 所示，将气缸盖翻过来，把刀形样板尺放到气缸盖下表面，用塞尺检查气缸盖的平面度。

② AFE 型发动机的气缸盖由铝合金铸造，进、排气道在同一侧分上下两列布置，进气道在上，排气道在下。

气缸盖平面度磨损极限值为 0.1mm。超过极限值时，可进行修磨。但修磨后气缸盖的高度应不小于 132.6mm，否则应更换新件。也可用同样方法，测量气缸体上平面及气缸盖与进排气歧管的接合面的平面度，其平面度均应不大于 0.05mm。

检查气缸盖上所有螺栓、螺纹及螺母有无滑丝现象，若有，视情况轻重进行修理或更换。

③ 燃烧室容积的简易测量方法为：彻底清除燃烧室内的积炭和污垢，将修平的气缸盖放在工作台上，用水平仪找好水平；将火花塞和进、排气门按规定装配好，并保证不泄漏；用量杯加入

80%煤油和20%机油的混合油至燃烧室，记下量杯中液面变化的差值。总注入量即为燃烧室容积。如果活塞顶部有凹坑，还应测量凹坑的容积。若燃烧室容积减少，应采用铣削方法去掉燃烧室内金属较厚的部分，调整合适为止。

（2）气缸盖裂纹的检修。气缸盖的裂纹常出现在气门座及火花塞螺孔之间，气缸盖出现裂纹一般应予以更换。

四、气缸盖的安装

气缸盖在安装前，必须将气缸盖、气缸体、螺栓及螺孔等处的赃物彻底清除掉，这是一项很关键的工作。气缸盖安装的要领如下。

安装组装时，必须更换缸盖螺栓、密封件、衬垫、自锁螺母及有规定拧紧力矩的螺栓。若需修理，须仔细清除掉残留在缸体及缸盖上的衬垫，确保表面无划痕或擦伤。仔细清除掉残余研磨材料，气缸垫必须小心轻放。气缸体上的缸盖螺栓盲孔内不得有残留机油或冷却液。气缸盖的安装顺序基本与拆卸顺序相反，但是应注意以下事项。

（1）安装时应更换所有密封条或密封衬垫，并注意衬垫的安装位置，特别是气缸盖衬垫。标有“OBEN TOP”字样的一面必须朝向气缸盖，如图2-23所示。

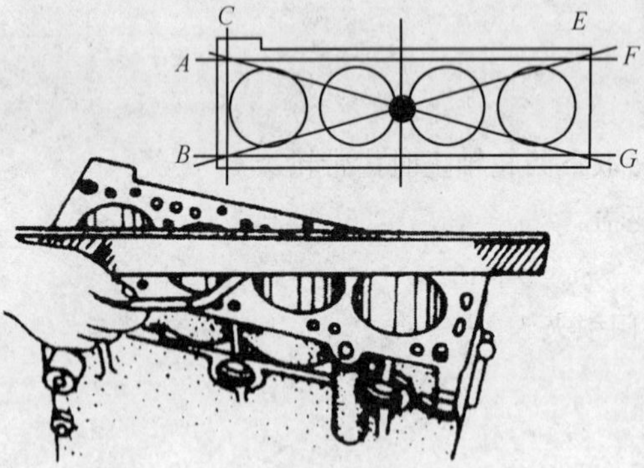

图2-22 检查气缸盖（体）表面平面度

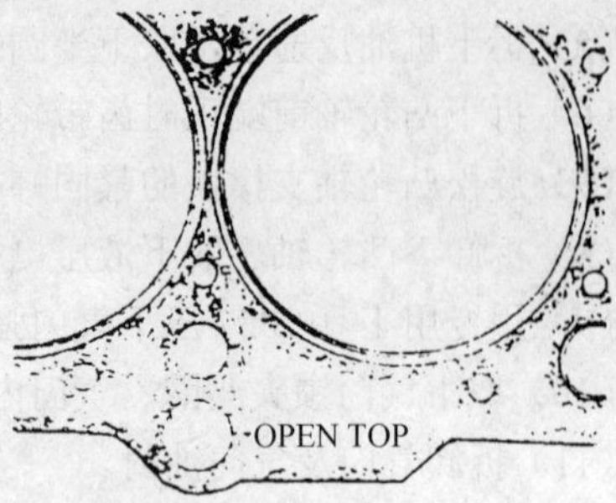

图2-23 气缸盖衬垫的标记

（2）安装气缸盖时，应将专用工具3070定位导向螺栓旋入气缸体第8和第10孔内（见图1-21（b）中第8和第10螺栓孔）。放上气缸盖和其余8个螺栓，并稍微拧紧。

用扳手旋出事先拧入的3070定位导向螺栓，并拧入气缸螺栓。按图2-21（b）所示的顺序，将气缸盖螺栓分4次旋紧。发动机冷态时，气缸盖紧固螺栓的拧紧力矩如表2-1所示。

表2-1 AFE型发动机冷态时气缸盖拧紧力矩

旋紧次数	扭紧力矩/N·m
第1次	40
第2次	60
第3次	75
第4次	再用扳手扭紧1/4圈

（3）在安放气缸盖时，曲轴不可置于上止点位置，否则气门和活塞顶部会损坏。

五、气缸垫的维修

气缸垫常见损伤是烧蚀，部位一般在水道孔、油道孔与气缸孔之间，导致油、水、气相互渗透，致使发动机不能正常工作。气缸垫损坏后只能更换，不能修复。

六、气缸垫的安装

气缸垫安装时，应注意将卷边朝向易修整的接触面或硬平面。如气缸盖和气缸体同为铸铁时，卷边应朝向气缸盖（易修整）；当气缸盖为铝合金，气缸体为铸铁时，卷边应朝向气缸体（硬平面）。换用新的气缸垫时，有标记（“OPEN”“TOP”）的一面朝向气缸盖。

气缸盖与气缸体之间置有气缸盖衬垫，以保证燃烧室的密封。气缸盖衬垫应满足如下要求。

（1）在高温、高压燃气作用下有足够的强度，不易损坏。

（2）耐热和耐腐蚀，即在高温、高压燃气或有压力的机油和冷却液的作用下不烧损或变质。

（3）具有一定弹性，能补偿接合面的不平度，以保证密封。

（4）拆装方便，能重复使用，寿命长。

思考与练习

1．比较干式缸套和湿式缸套有何优缺点。

2．如何检验气缸的磨损并确定其修理尺寸？

3．技能考核题。

检测气缸圆柱度误差，考核要求如下。

（1）能正确使用量缸表，读数准确。

（2）能正确进行气缸圆柱度误差的检测。

（3）检测结果应正确。

（4）能在规定时间内完成检测。

任务三　活塞连杆组的构造与维修

活塞连杆组由活塞、活塞环、活塞销和连杆组等机件组成。AFE 发动机的活塞连杆组零件如图 2-1（b）所示。

相关知识

一、活塞

活塞的作用有两个：一是活塞顶部与气缸盖、气缸壁共同组成燃烧室；二是承受气体压力，并将此力通过活塞销传给连杆，推动曲轴旋转。

活塞的作用是与气缸盖共同构成燃烧室承受气体压力，并将此力通过活塞销传给连杆，以推动曲轴旋转。

（1）活塞的材料。活塞是在高温、高压、高速、润滑不良和散热困难的条件下工作的。恶劣的工作条件要求活塞具有足够的刚度和强度，良好的导热性和耐磨性，质量小，以保持最小的惯性力，热膨胀系数小，活塞与缸壁间较小的摩擦系数等。

汽车发动机目前广泛采用的活塞材料是铝合金，铝合金活塞具有质量小（约为同样结构的铸铁活塞的 50%～70%），导热性好（约为铸铁的 3 倍）的优点。其缺点是热膨胀系数较大，在温度升高时，强度和硬度下降较快。

（2）活塞的结构。活塞由顶部、头部和裙部三部分组成，如图 2-24 所示。

① 活塞顶部。活塞顶部是燃烧室的组成部分，其形状与燃烧室形式有关，一般有平顶、凹顶、凸顶、成型等几种，如图 2-25 所示。有的活塞顶部标有一定的装配记号，如箭头、三角、缺口、“A”字等，安装时应将记号朝前。还有的活塞顶部还刻有缸号和加大尺寸等，活塞顶部有一定标记，安装时应注意记号朝前。

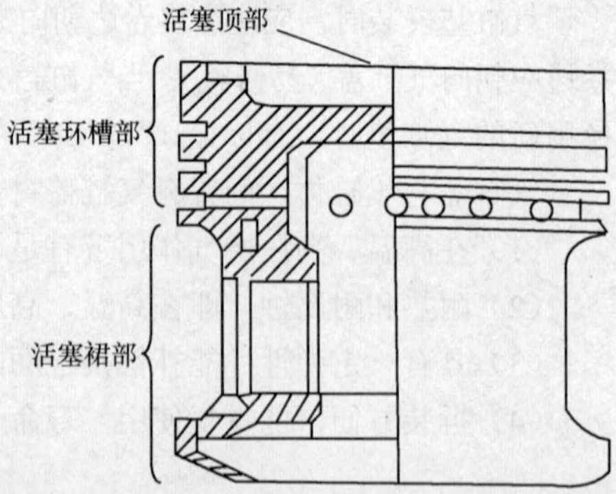

图 2-24　活塞的基本结构

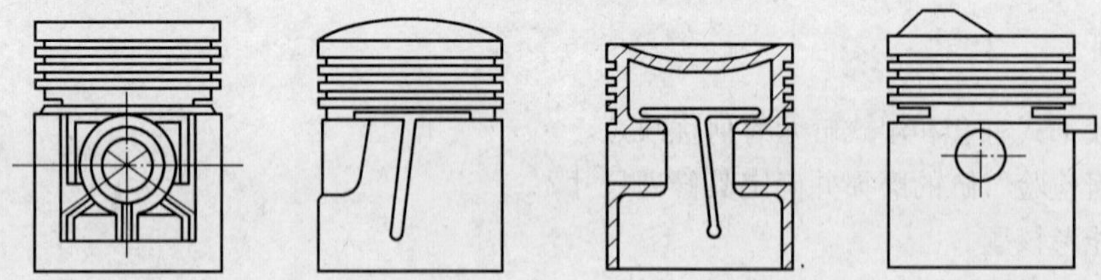

图 2-25　活塞顶部形状

② 活塞头部。活塞头部是活塞环槽以上的部分。其主要作用为：承受气体压力，并传给连杆；与活塞环一起实现气缸的密封；将活塞顶所吸收的热量通过活塞环传导到气缸壁上。头部切有若干道用以安装活塞环的环槽。汽油机一般有 2～3 道环槽，上面 1～2 道用以安装气环，下面 1 道用以安放油环。在油环槽底面上钻有许多径向小孔，使被油环从气缸壁上刮下来的多余机油，得以经过这些小孔流回油底壳。活塞头部一般做得比较厚，以便于热量从活塞顶经活塞环传给气缸的冷却壁面上，从而防止活塞顶部的温度过高。

活塞环槽的磨损常常是影响活塞使用寿命的一个重要因素。在热负荷较高的发动机中，活塞的第一道环槽温度较高。铝合金材料硬度的下降，再加上活塞环与环槽的相对运动，更加速了环槽的磨损。为了保护和加强活塞环槽，可在铝合金活塞环槽部位铸入由耐热材料制造的环槽护圈，如图 2-26 所示。采用奥氏体铸铁护圈后，环槽的寿命可以提高 3～10 倍。

③ 活塞裙部。活塞裙部是指油环槽下端以下的部分。其作用是为活塞在气缸内做往复运动导向和承受侧压力。裙部要有一定的长度和足够的面积，以保证可靠导向和减轻磨损。

裙部的基本形状为一薄壁圆筒，若该圆筒完整即称为全裙式。许多高速发动机为了减小活塞质量，在活塞不受作用力的两侧，即沿销座孔轴线方向的裙部切去一部分，形成拖板式裙部（见图 2-27）。这种结构的活塞裙部弹性较好，可以减小活塞与气缸的装配间隙。

（3）活塞的变形及采取的措施。活塞工作时，燃烧气体压力均布作用在活塞顶上，而活塞销给予的反力则作用在活塞头部的销座处，由此而产生的变形是裙部直径沿活塞销座轴线方向增大。侧压力作用也使活塞裙部直径在同一方向上增大。此外，活塞销座附近的金属堆积，受热后膨胀量大，致使裙部在受热变形时，在沿活塞销座轴线方向的直径增量大于其他方向。所以，活塞工作时产生的机械变形和热变形，使得其裙部断面变成长轴在活塞销垂直方向上的椭圆，如图 2-28 所示。

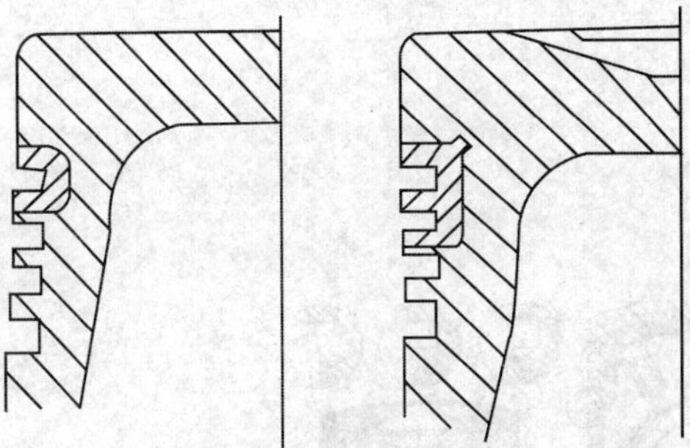

(a) 一道护圈　(b) 两道护圈

图 2-26　活塞环槽护圈

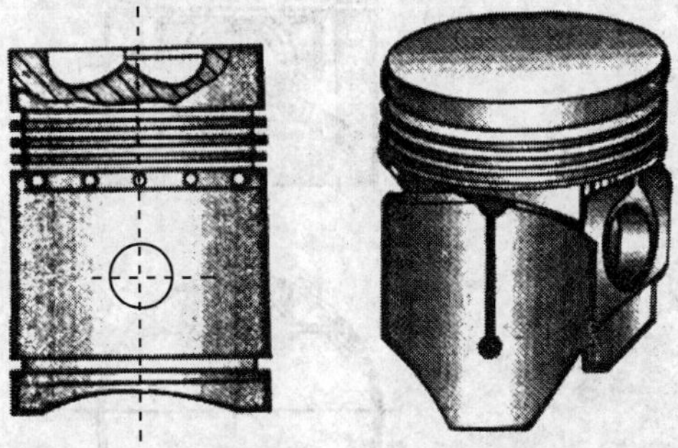

(a) 半拖板式　(b) 拖板式

图 2-27　活塞裙部形式

为了防止或减少活塞变形，在结构设计上，应采取措施加以弥补。

① 活塞制成上小下大的阶梯形或锥形，使活塞在工作时（热态）接近为一个圆柱体。

② 活塞裙部加工成椭圆形，其短轴沿活塞销座孔轴线方向，长轴垂直于活塞销座孔轴线方向，使活塞在工作时（热态）接近为一个圆柱形，如图 2-28（a）所示。将活塞销座孔外端面向内制成凹陷状，或采用拖板式活塞，使销座两处有充分的膨胀余地，不会与气缸壁接触。

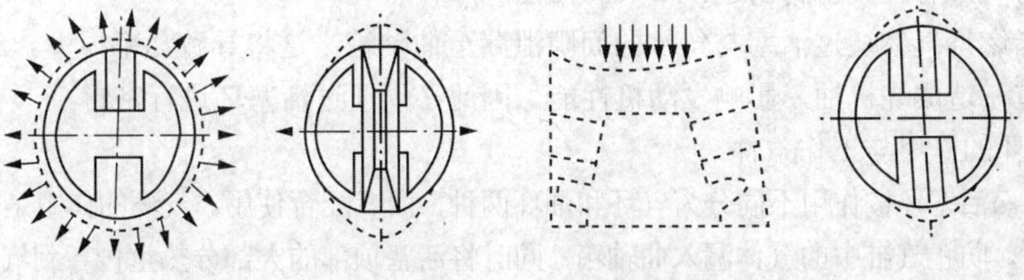

(a) 销座热膨胀　(b) 挤压变形　(c) 弯曲变形　(d) 裙部变形

图 2-28　活塞裙部横截面变形原因

③ 裙部开绝热—膨胀槽，如图 2-29 所示。有的汽油机活塞还开有“Π”形槽或“T”形槽，其中横槽的作用是切断从活塞头部向裙部传输热流的部分通道，以减少从头部到裙部的传热，使热膨胀量减少，横槽还兼做油孔。纵槽使裙部具有弹性，从而使冷态下的装配间隙尽可能的小，而在热态下又因切槽的补偿作用，活塞不至于在气缸中卡死。

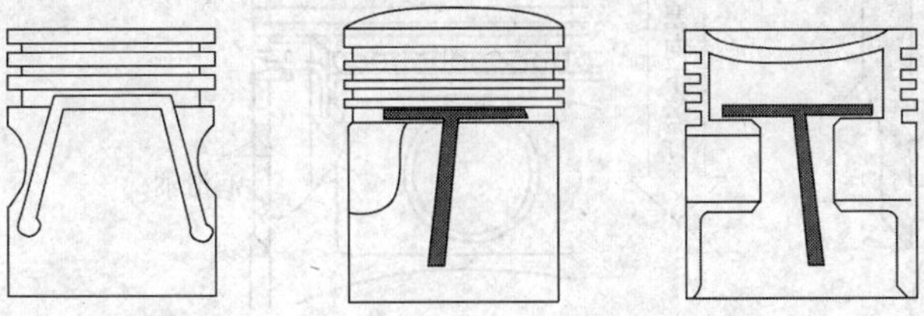

Π 形槽　T形槽

图 2-29　绝热-膨胀槽

④ 采用双金属活塞。为限制活塞裙部的受热膨胀，有些铝合金活塞在活塞销座孔处嵌入线膨

胀系数仅为铝合金 1/10 的“恒范钢片”或“筒形钢片”，如图 2-30 所示。

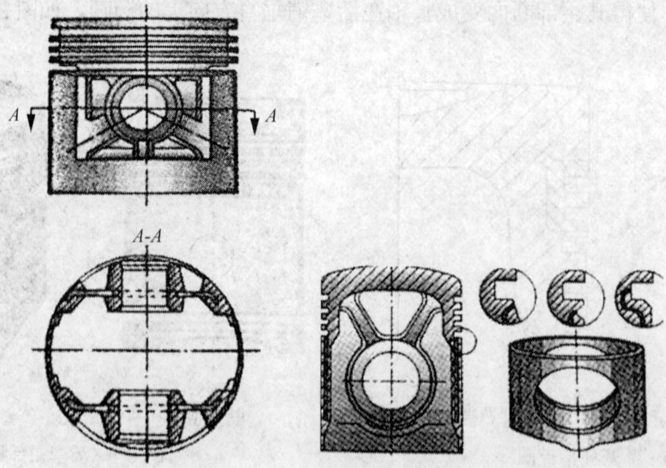

(a) 恒范钢片式活塞　　(b) 筒形钢片式活塞

图 2-30　双金属活塞的形状

活塞采取上述措施之后，在工作状态（热态）下变成接近于正圆柱形，与气缸壁间的间隙比较均匀。在冷态装配时，活塞与气缸壁间的间隙便可减小，可有效防止“冷敲热拉”现象的发生。

二、活塞环

活塞环与气缸有两类密封问题：窜气和窜油。

窜气是指燃烧气体通过活塞与气缸的间隙泄漏至曲轴箱，这将导致功率损失。窜油指润滑油上行至燃烧室，造成烧机油，影响发动机性能。因此必须通过活塞环进行密封。

1. 活塞环的作用与工作条件

（1）作用。活塞环按作用不同分为气环和油环两种，两者配合使用。气环的作用是保证活塞与气缸壁间的密封，防止气缸中的气体漏入曲轴箱，同时将活塞顶部的大部分热量传导到气缸壁（活塞环槽部不和气缸壁直接接触），再由冷却水或空气带走。另外，它还起到刮油、布油的辅助作用。油环用来刮除气缸壁上多余的机油，并在气缸壁上涂覆一层均匀的油膜，这样既可以防止机油窜入气缸燃烧，又可减小活塞、活塞环与气缸壁的磨损和摩擦阻力。此外，油环也起到封气的辅助作用，如图 2-31 所示。桑塔纳轿车 AFE 发动机活塞上共有 3 道环，上面 2 道为气环，最下面 1 道为油环。

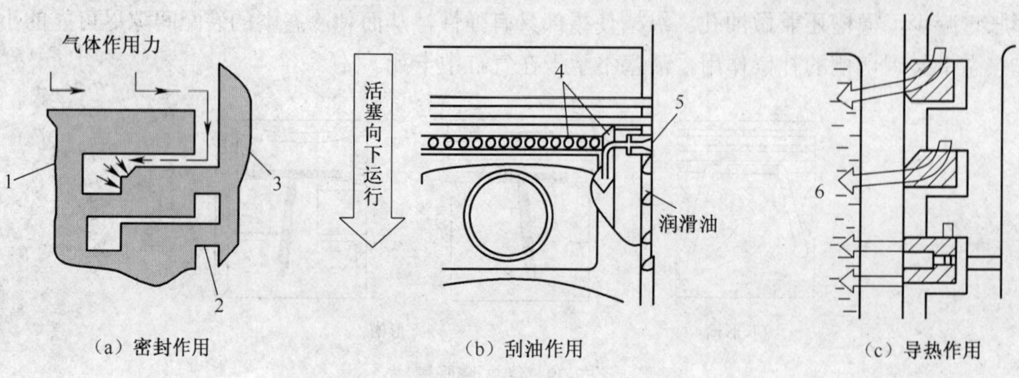

（a）密封作用　　（b）刮油作用　　（c）导热作用

图 2-31　活塞环的作用

1—活塞；2—活塞环；3—气缸壁；4—回油孔；5—油环；6—水套

（2）工作条件。活塞环是在高温、高压、高速以及润滑困难和化学腐蚀严重的条件下工作的。它的运动情况很复杂，既有环与缸壁间相对高速的滑动摩擦，还有环与环槽侧面的上下撞击，以及由于环的径向胀缩而产生的与环槽侧面的相对摩擦。因此，活塞环是发动机中磨损最快的零件之一。

2．活塞环的材料

（1）气环材料。气环一般由耐磨性很好的铸铁制成。因为该材料很脆，所以很容易折断，拆装时要特别注意。为了提高抗断裂性，某些高质量的气环外侧镀有铬层或钼层，如图 2-32 所示。由于镀铬或镀钼层能够降低活塞环与缸壁的磨损，从而大大地延长了气环的使用寿命。某些发动机使用韧性铁作为气环的材料，这种材料强度较大，抗断裂性能好，但成本较高。

（2）油环材料。普通油环一般用耐磨合金铸铁制造。桑塔纳轿车 AFE 发动机采用组合式油环，其合金钢片采用表面镀铬工艺，以减小磨损，提高使用寿命，如图 2-33 所示。

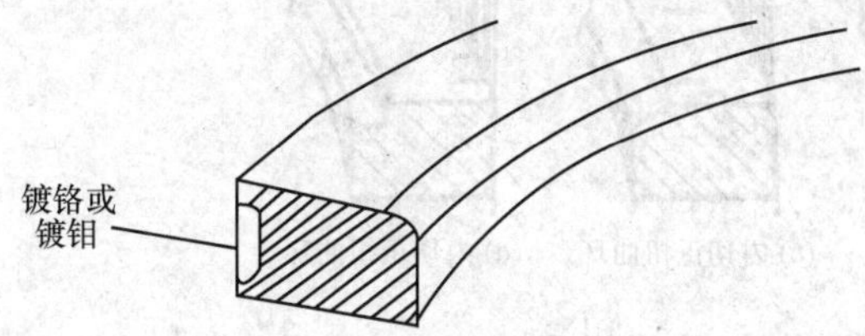

图 2-32 镀有铬层或钼层的气环

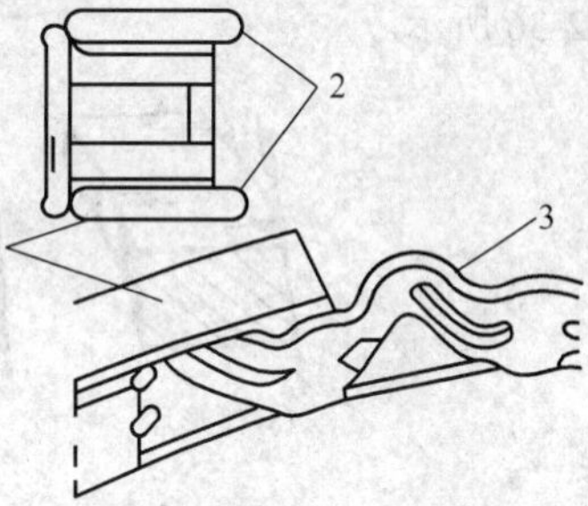

图 2-33 表面镀铬的组合式油环

1—刮片；2—镀铬；3—衬簧

3．活塞环的结构

由于气环和油环的作用不同，其结构形式也不一样。图 2-34 所示为活塞环各部位的名称。

（1）气环。气环为一带有切口的弹性片状圆环，如图 2-34（a）所示。在自由状态下，气环的外径略大于气缸的直径。当环装入气缸后，产生弹力使环紧压在气缸壁上，其切口处具有一定的间隙。汽油机气环一般为 2 道，柴油机气环一般为 3 道。随着发动机转速的不断提高，活塞环的数量在不断减少。

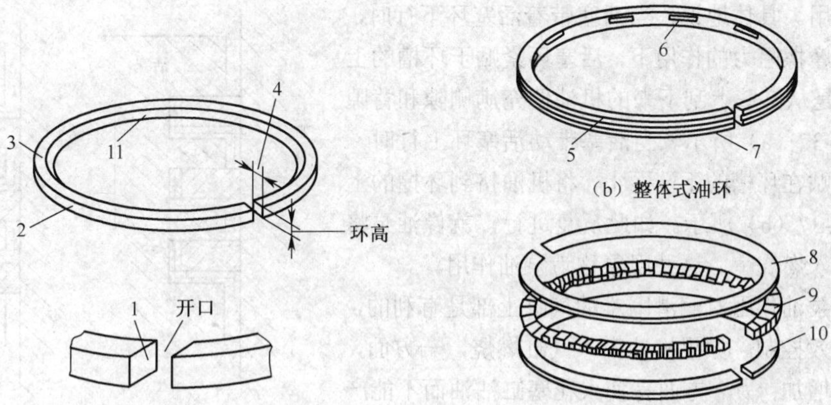

（a）气环　（b）整体式油环　（c）组合式油环

图 2-34 活塞环各部位的名称

1—开口端面；2—外圆面；3—侧面；4—径向厚度；5—上刮油唇；6—回油孔；7—下刮油唇；8—上刮片；9—衬簧；10—下刮片；11—内圆面

① 气环开口形状，如图 2-35 所示。

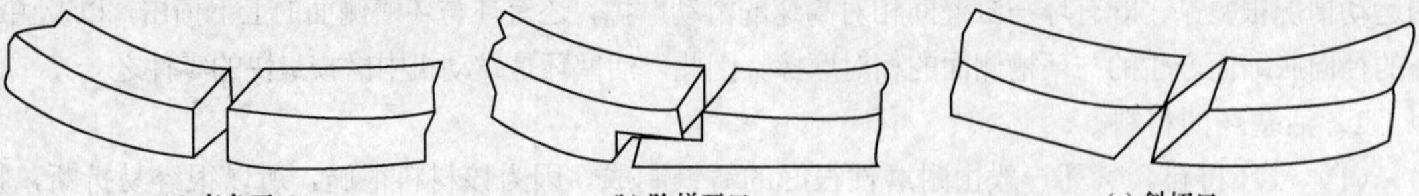

(a) 直角开口　(b) 阶梯开口　(c) 斜切口

图 2-35　气环的开口形状

② 气环的断面形状。气环常按断面形状来命名，常见的有矩形环、锥形环、内切口扭曲环、外切口扭曲环、梯形环和桶形环等。气环的断面形状多种多样，根据发动机的结构特点和强化程度，选择不同断面形状的气环组合，可以得到最好的密封效果和使用性能。常见的气环断面形状如图 2-36 所示。

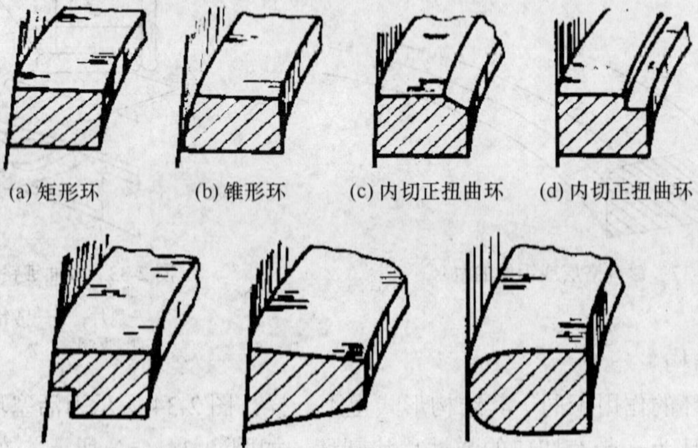

(a) 矩形环　(b) 锥形环　(c) 内切正扭曲环　(d) 内切正扭曲环

(e) 外切反扭曲环　(f) 梯形环　(g) 桶形环

图 2-36　气环的断面形状

③ 矩形气环的泵油作用及危害。由于活塞环侧隙和背隙的存在，发动机工作时，活塞环便产生了泵油作用。具体地说，当活塞带着活塞环下行时，在惯性力和摩擦阻力的作用下，活塞环紧贴于环槽的上端面上，于是从缸壁上刮下来的机油便充满侧隙和背隙处，如图 2-37（a）所示。当活塞带动活塞环上行时，活塞环又紧贴在环槽的下端面上，将机油挤到环槽的上方，如图 2-37（b）所示。如此反复进行，就像油泵将机油不断压入燃烧室，这种现象称为泵油作用。

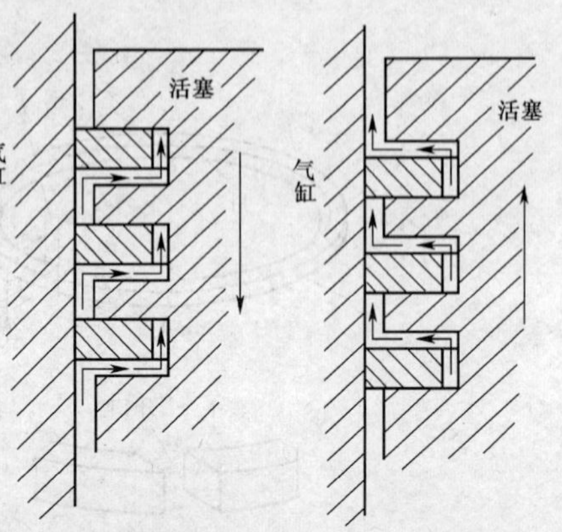

(a) 活塞下行　(b) 活塞上行

图 2-37　矩形环的泵油原理

气环的泵油作用对润滑困难的气缸上部是有利的，但应进行有效控制。如果机油窜入气缸燃烧，一方面，使机油消耗增加；另一方面易使火花塞缸沾油而不能产生电火花，并使燃烧室内积炭增多，造成活塞环卡死在环槽内失去弹性，破坏密封，甚至折断或划伤缸壁。要消除或减小泵油作用，除在气环下面安装刮油环外，可广泛采用非矩形断面气环，如扭曲环。

（2）油环。油环按结构分为整体式和组合式 2 种，如图 2-34 所示。整体式油环外圆柱面的中部切有一道凹槽，凹槽底部开有若干个回油用的小孔或窄槽，有的在其背面加装弹性衬垫，既可保证对气缸壁的弹力，又可有较好的柔性，延长其使用寿命。组合式油环由上、下刮片和衬簧组成。AFE 发动机活塞的油环由上下两片相互独立的刮油钢片和一个弹性良好的钢丝衬簧组成，刮油钢片的刮油作用很强，刮油效果好。

三、活塞销

活塞销的作用是连接活塞和连杆小头，将活塞承受的气体作用力传给连杆。

活塞销工作时承受很大的周期性冲击载荷，且高温，润滑条件差，因而要求活塞销要有足够的刚度和强度，表面耐磨，质量轻。

活塞销一般采用低碳钢或低碳合金钢，经表面渗碳淬火后再精磨加工制成。

1．活塞销的构造

为了减轻质量，活塞销一般做成空心圆柱，空心柱可以是组合形或两段截锥形，如图 2-38 所示。

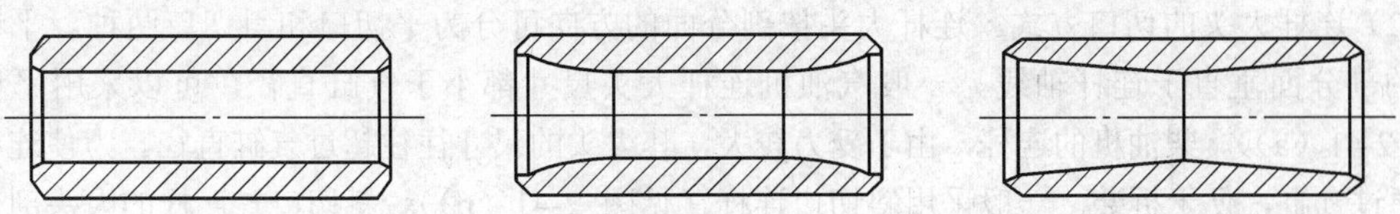

（a）圆柱形　（b）组合形　（c）两段截锥形

图 2-38　活塞销内孔形状

2．活塞销的连接方式

活塞销的连接方式有两种：全浮式和半浮式，如图 2-39 所示。

全浮式连接是指在发动机工作温度时，活塞销与销座、活塞销与连杆小头之间都是间隙配合，可以相互转动。这种连接方式增大了实际接触面积，减小了磨损，且使磨损均匀，被广泛采用。为防止工作时活塞销从孔中滑出，必须用卡环将其固定在销座孔内。

半浮式连接是指销与座孔或销与连杆小头两处，一处固定，一处浮动。其中大多数连杆衬采用销与连杆小头固定的方式。可以将活塞销压配在连杆小头孔内，也可将活塞销中部与连杆小头用紧固螺栓连接。这种方式不需要卡环，也不需要连杆衬套。

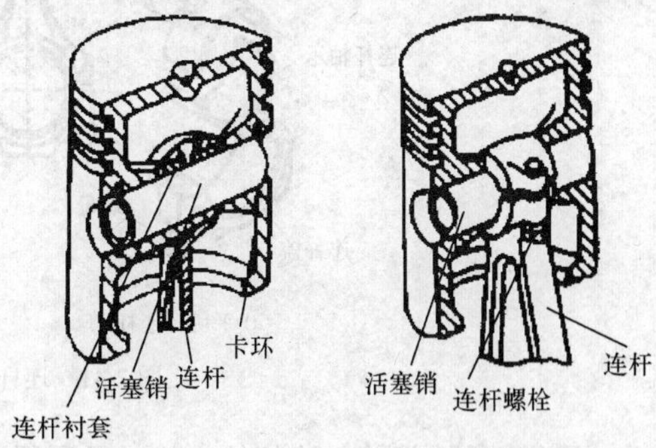

(a) 全浮式　(b) 半浮式

图 2-39　活塞销的连接方式

四、连杆

1．连杆的作用、工作条件、材料

连杆的作用是连接活塞与曲轴，将活塞承受的燃气压力传给曲轴，使活塞的往复直线运动转变为曲轴的旋转运动。

连杆承受压缩、拉伸和弯曲等交变载荷，因此，要求在质量尽可能小的条件下，连杆有足够的刚度、强度。连杆一般用采用优质中碳钢或中碳合金钢材料制造。

2．连杆的结构

（1）连杆体与连杆盖。连杆体与连杆盖的基本结构可分为连杆小头、杆身和连杆大头（连杆盖、连杆轴瓦、连杆螺栓）3 部分，如图 2-40 所示。

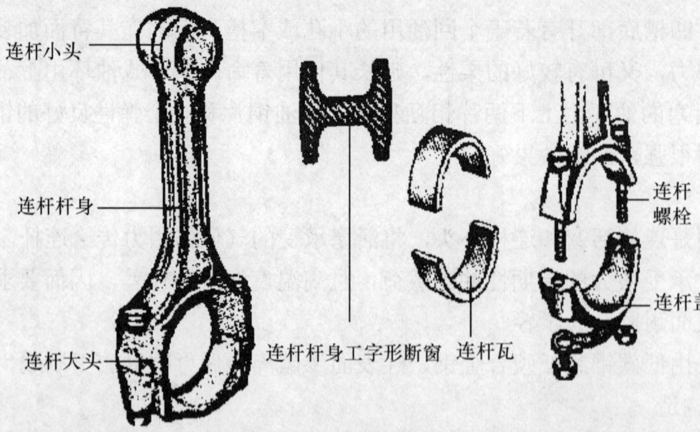

图 2-40 连杆组件

（2）连杆大头的切口方式。连杆大头按剖分面的方向可分为平切口和斜切口两种。平切口连杆的剖分面垂直于连杆轴线。一般汽油机连杆大头尺寸都小于气缸直径，可以采用平切口（见图 2-41（a））。柴油机的连杆，由于受力较大，其大头的尺寸往往超过气缸直径。为使连杆大头能通过气缸，便于拆装。一般采用斜切口连杆（见图 2-41（b））。斜切口式连杆的大头剖分面与连杆轴线成 30°～60°（常用 45°）夹角。

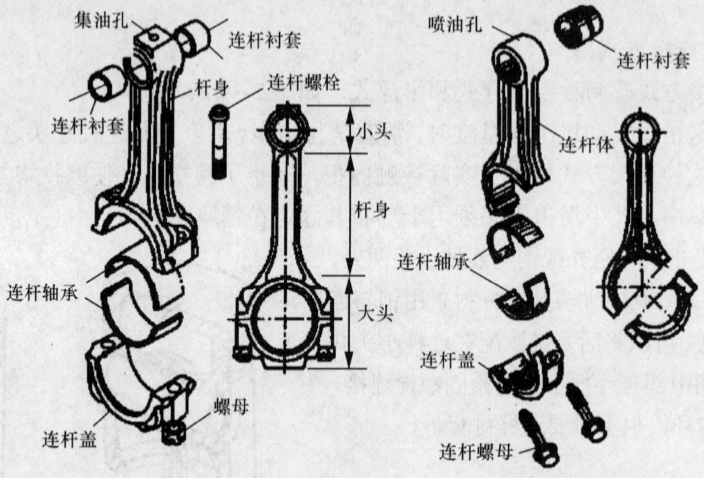

(a) 平切口连杆　　(b) 斜切口连杆

图 2-41 连杆的基本结构和切口形式

平切口的连杆盖与连杆的定位，是利用连杆螺栓上精加工的圆柱凸台或光圆柱部分，与经过精加工的螺栓孔来保证的。

斜切口连杆在工作中受到惯性力的拉伸，在切口方向也有一个较大的横向分力。柴油机的连杆一般采用斜切口连杆。因此在斜切口连杆上必须采用可靠的定位措施。

斜切口连杆常用的定位方法如下。

① 止口定位（见图 2-42（a））。其优点是工艺简单，缺点是定位不大可靠，只能单向定位，对连杆盖止口向外变形或连杆大头止口向内变形均无法防止。

② 套筒定位（见图 2-42（b））。这种方式在连杆盖的每一个螺栓孔中压配一个刚度大，而且

剪切强度高的短套筒，连杆大头有精度很高的配合间隙，故装拆连杆盖时也很方便。它的缺点是定位套筒孔的工艺要求高，若孔距不够准确，则可能因过定位（定位干涉）而造成大头孔严重失圆。此外，连杆大头的横向尺寸也必然因此而加大。

③ 锯齿定位（见图 2-42（c））。这种定位方式的优点是锯齿接触面大，贴合紧密，定位可靠，结构紧凑。缺点是对齿节距公差要求严格，否则连杆盖装在连杆大头上时，中间会有几个齿脱空。这不仅影响连杆组件的刚度，并且会使连杆大头孔立即失圆。

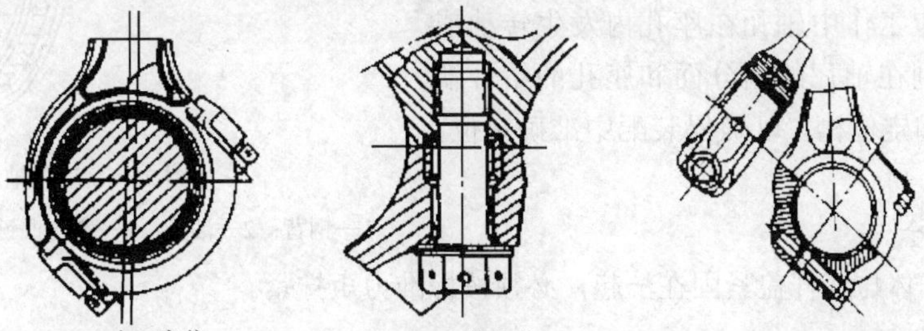

(a) 止口定位　(b) 套筒定位　(c) 锯齿定位

图 2-42　斜切口连杆的定位

（3）V 形发动机连杆。V 形发动机连杆左右两侧对应两气缸的连杆是同支于一个连杆轴颈上，如图 2-43 所示。

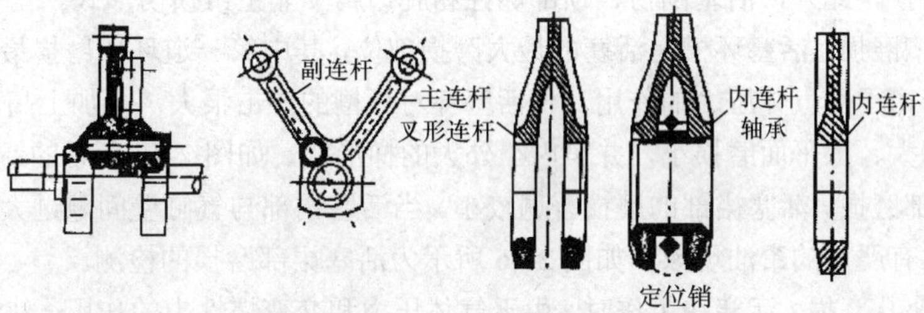

(a) 并列连杆　(b) 主副连杆　(c) 叉形连杆

图 2-43　V 形发动机连杆

① 并列连杆。其对应的 2 个连杆完全相同，一前一后并列地安装在同一个连杆轴颈上。其优点是前后连杆可以通用，左右两列气缸的活塞运动规律相同。缺点是两列气缸沿曲轴纵向须相互错开一段距离，从而增加了曲轴和发动机的长度。

② 主副连杆。一个主连杆、一个副连杆组成主副连杆。副连杆通过销轴铰接在主连杆体或主连杆盖上。一列气缸装主连杆，另一列气缸装副连杆，主连杆大头安装在曲轴的连杆轴颈上。主副连杆不能互换，且副连杆对主连杆作用以附加弯矩。两列气缸中活塞的运动规律和上止点位置均不相同。采用主副连杆的 V 形发动机，其两列气缸不需要相互错开，因而也就不会增加发动机的长度。

③ 叉形连杆。它指一列气缸中的连杆大头为叉形，另一列气缸中的连杆与普通连杆相似，只是大头的宽度较小，一般称其为内连杆。叉形连杆安装在曲轴的连杆轴颈，内连杆则插在叉形连杆大头中。内连杆轴承套在叉形连杆轴承的外圆面上，并绕其摆动。叉形连杆的优点是两列气缸中活塞的运动规律相同，两列气缸无需错开。缺点是叉形连杆大头结构复杂，制造比较困难，维修也不方便，且大头刚度较差。

3．连杆轴承

连杆大头与曲轴连接，大头内孔装有剖成两半的薄壁滑动轴承，称为连杆轴瓦。有些连杆轴承的内表面加工有油槽，与连杆轴颈的圆柱面形成油道；有些连杆轴承加工有径向润滑油孔，与连杆大头的油孔相通，从油孔中喷出的机油可使气缸壁得到更好的润滑。

轴瓦在自由状态下的曲率半径略大于孔座的半径，且轴瓦的背面应具有较高的表面粗糙度，以保证轴瓦装入座孔后靠自身产生的张紧力紧贴座孔。为了防止工作中轴瓦在座孔内发生转动或轴向移动，分别在轴瓦的剖分面和座孔的结合端制有定位凸榫和定位槽，以确保装配中准确定位，如图 2-44 所示。

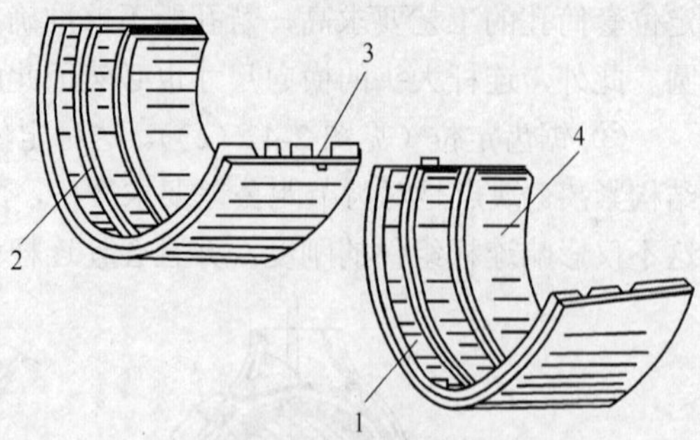

图 2-44 连杆轴承

1—钢背；2—油槽；3—定位凸键；4—减磨合金层

4．连杆螺栓

用于将连杆体与连杆盖紧固在一起，必须按标准力矩拧紧。

任务实施

一、活塞的检修

（1）活塞常见损伤。活塞的常见损伤主要是磨损，包括活塞环槽的磨损、活塞裙部的磨损、活塞销座孔的磨损。此外，活塞刮伤、顶部烧蚀和脱顶属于非正常损伤形式。

① 活塞环槽磨损。活塞环槽是活塞的最大磨损部位，其中第一道环槽磨损最为严重。活塞在高速往复运动，由于受气体压力的作用，使活塞环对环槽的冲击很大，再加上高温的影响，使环槽的下平面磨损大、上平面磨损小，并呈内小外大的梯形状，如图 2-45 所示的箭头。

② 活塞裙部磨损。活塞裙部的磨损普遍较小。当活塞裙部与气缸壁间隙过大时，发动机易出现敲缸故障，并有严重的窜油现象。如图 2-46 所示为活塞裙部磨损的检测。

③ 活塞销座孔磨损。活塞在工作时，由于气体压力和交变惯性力的作用，使活塞销与销孔座之间发生磨损。其最大磨损发生在座孔的上下方向，即垂直于活塞销座孔与活塞轴线平行的方向，导致销与座孔配合松旷，出现活塞销响故障。图 2-47 所示为活塞销座孔的检测。

④ 检查活塞。使用 75～100mm 外径千分尺，在活塞下缘离裙边约 10mm 处与活塞销垂直方向测量，如图 2-46 所示。活塞直径与标准偏差最大为 0.04mm。

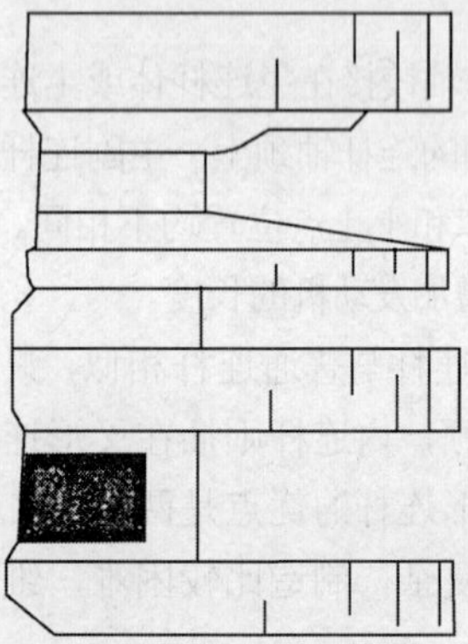
图 2-45 活塞环槽的磨损

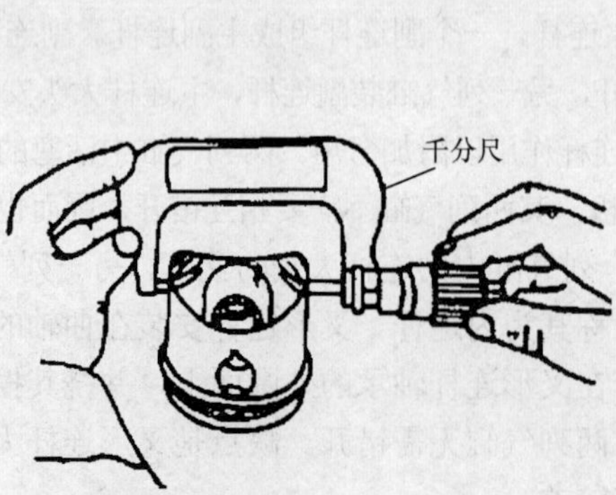

图 2-46 活塞裙部直径的检测

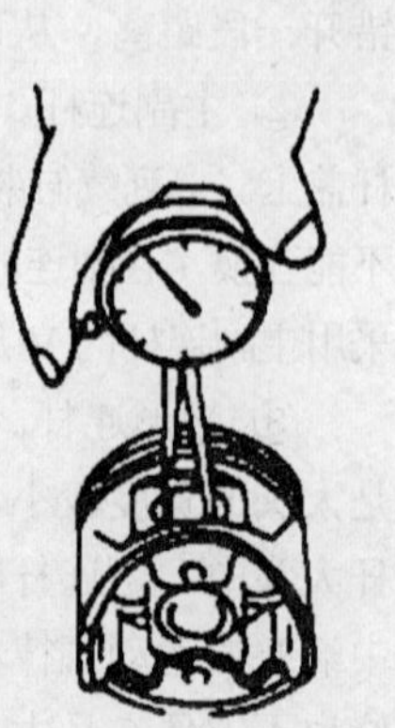
图 2-47 活塞销座孔的检测

（2）活塞非正常损伤的检修。活塞的非正常损伤形式主要有拉伤、烧顶、脱顶、裂纹等，如

图 2-48 和图 2-49 所示。

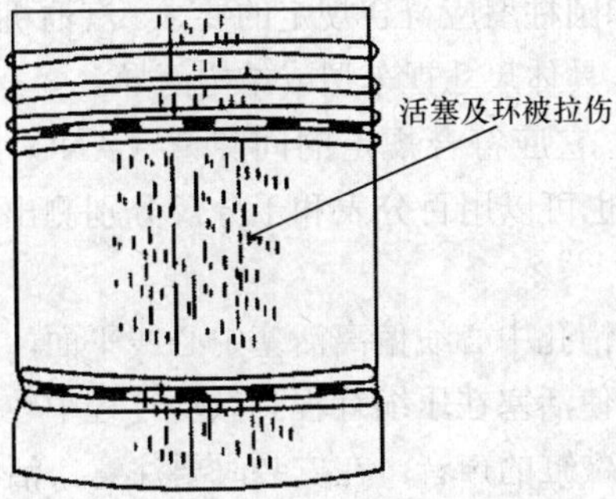

图 2-47 活塞拉伤

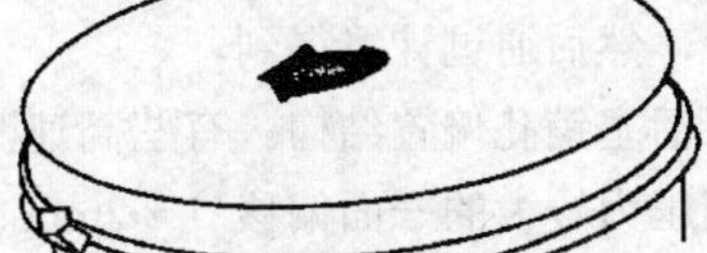

图 2-49 活塞烧顶

① 活塞拉伤。此时一般会形成有明显的痕迹，主要原因是活塞裙部与气缸壁间隙小，不能形成足够的油膜；机械杂质进入气缸表面；活塞销卡簧在活塞销轴向冲击力的作用下冲击环槽，使气缸和活塞损坏。有些机型的活塞容易出现拉缸，主要是活塞选用的材料、设计及制造工艺不当等原因引起的。活塞轻度拉伤，在不影响配合间隙的情况下，允许用细砂布打磨后继续使用。拉伤严重的活塞必须更换。

② 活塞烧顶。其主要原因是发动机在超负荷或爆燃条件下长时间工作。若某一机型容易出现烧顶时，一般还与活塞的材料和设计有关。活塞烧顶，则应予以更换。

③ 活塞脱顶。其主要原因是活塞环间隙过小，高温下活塞卡死，活塞与气缸壁粘结，而裙部受连杆拖动，造成头部与裙部分离；发动机过热，活塞头部卡死在气缸中，而裙部受连杆拖动，造成头部与裙部分离；设计或制造中留下的缺陷。活塞脱顶应予以更换。

④ 活塞裂纹。其主要产生于活塞环槽部和活塞销座孔处。活塞环对活塞槽部的不断上下撞击，活塞销损伤变形以及发动机发生爆燃，活塞的材料和制造中存在缺陷等均可引起活塞产生裂纹，严重时活塞将破裂。

（3）活塞的选配。在发动机大修或更换气缸体（或气缸套）时，应根据气缸的标准尺寸或修理尺寸同时更换活塞，并注意下列要求。

① 活塞的修理尺寸要求。各缸应选用同一修理级别的活塞。检测部位距裙部下缘约 10mm，并与活塞销轴线成 90°。要求与公称尺寸的最大偏差为 0.04mm，桑塔纳轿车 AFE 发动机活塞的修理尺寸见表 2-2。

表 2–2 AFE 发动机活塞与气缸配合尺寸

磨 损 尺 寸	活塞直径/mm	气缸直径/mm
标准尺寸	80.98	81.01
第一次	81.23	81.26
第二次	81.48	81.51
第三次	81.98	82.01

② 活塞的质量要求。同一组活塞中，各活塞的质量应基本一致，中、低转速发动机活塞之间的质量误差应不大于 8g，高速发动机应不大于 5g。

③ 活塞的材质要求。在同一台发动机上应选用同一厂家生产的同一组活塞，以便保证活塞的

材料、性能、质量、尺寸一致。同组活塞直径差应不大于 0.02～0.025mm。

④ 活塞裙部圆度和圆柱度要求。活塞裙部圆度和圆柱度应符合规定的要求。汽油机活塞裙部锥形的圆柱度因设计而异，一般为 0.005～0.030mm，具体尺寸视车型或结构而异。

（4）活塞与气缸的配合间隙（常称配缸间隙）。它应符合规定的间隙值（ANQ 发动机为 0.035～0.045mm）。配缸间隙可以用厚薄规来测量，也可以用百分表和千分尺分别测出气缸与活塞的直径，然后通过计算得到。

（5）活塞销孔偏置结构。有些高速汽油机的活塞销孔中心线偏离活塞中心线平面，向做功行程中受侧压力较大的一面偏移 1～2mm。这种结构可使活塞在压缩行程到做功行程中较为柔和地从压向气缸的一面过渡到压向气缸的另一面，以减小敲缸的声音。在安装时要注意，活塞销偏置的方向不能装反，否则换向敲击力会增大，使裙部受损。

二、活塞环的检修

1．活塞环的拆卸

（1）开口错位 120°。

（2）用活塞环钳拆装，如图 2-50 所示。

（3）“TOP”（向上）标记朝向活塞顶部。

（4）检查开口间隙，如图 2-51 所示，将活塞环沿气缸垂直向下推至离气缸顶约 15mm 处，开口间隙见表 2-3。

（5）检查侧向间隙，如图 2-52 所示。检查前，清洗活塞环槽，侧向间隙见表 2-3。

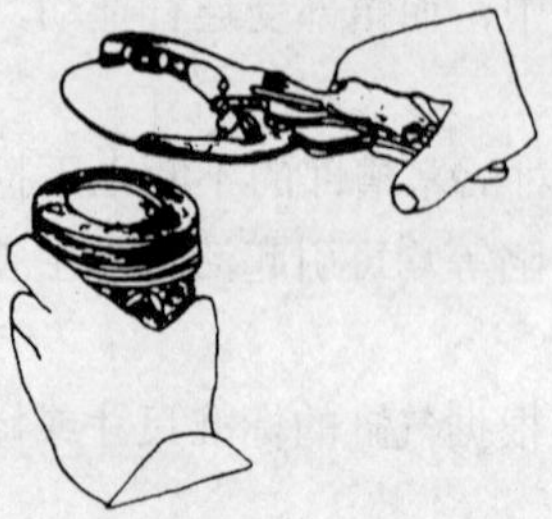

图 2-50 拆装活塞环

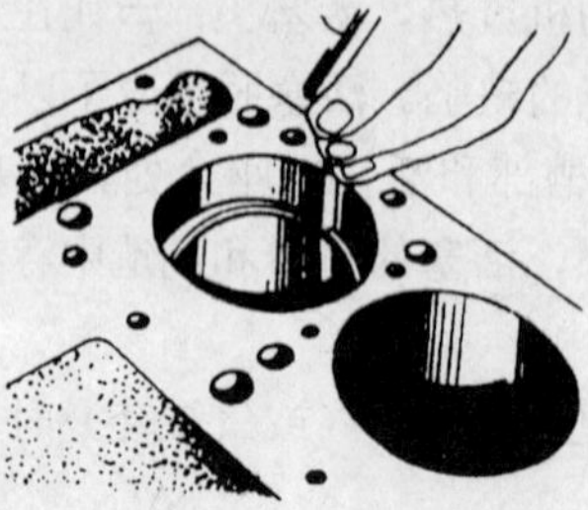

图 2-51 检查活塞环开口间隙

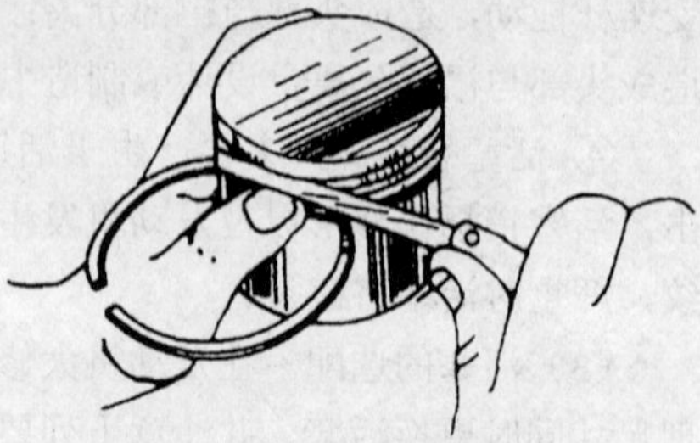

图 2-52 检查活塞环的侧隙

（6）允许装用两件或三件组合式油环。

表 2–3 活塞环的开口间隙和侧隙标准值

间　隙	活塞环名称	标准值/mm	磨损极限值/mm
活塞环开口间隙	第一道气环	0.20～0.40	0.80
	第二道气环	0.20～0.40	0.80
	油环	0.25～0.45	0.80
活塞环侧隙	第一道气环	0.06～0.09	0.20
	第二道气环	0.06～0.09	0.20
	油环	0.03～0.06	0.15

2．活塞环的“三隙”

发动机工作时，活塞、活塞环等都会发生热膨胀。因此，活塞环在安装时应留有端隙、侧隙、背隙 3 处间隙（见图 2-53），以防止活塞环卡死在环槽和气缸中，确保其密封性能。端隙又称开口间隙，一般为 0.25～0.50mm；第一道环因工作温度高，故其端隙比其余几道环大。侧隙又称边隙，第一道环因工作温度高，取值为 0.04～0.10mm；其他气环一般为 0.03～0.07mm。普通油环的侧隙较小，一般为 0.025～0.07mm；组合式油环没有侧隙。背隙一般为 0.30～0.40mm，普通油环的背隙比较大。为了便于测量，维修中以环的厚度与环槽的深度差来表示背隙，此值比理论值小。

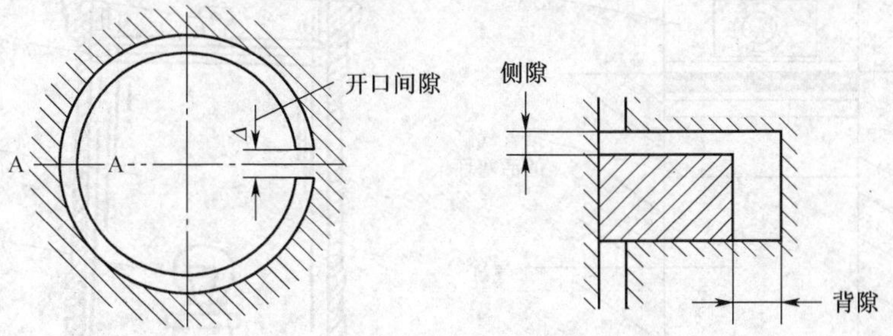

图 2-53　活塞环的“三隙”

3．活塞环的损伤

活塞环的常见损伤主要是活塞环的磨损、弹性减弱和断裂。

（1）活塞环磨损。活塞环长期在高温、高压、高速下工作，且润滑条件较差，其磨损失效比气缸磨损至极限的速度快。随着活塞环磨损的不断加剧，活塞环的弹力也逐渐减弱，端隙、侧隙增大，使气缸密封性变差，造成窜油和漏气，导致发动机动力性和经济性下降。因此，对发动机进行二级维护时，如果气缸的最大圆柱度误差小于使用极限时，可采用更换同一尺寸级别的活塞环的方法来改善发动机的性能，延长发动机的大修间隔里程。

（2）活塞环的减磨措施。影响活塞环磨损的因素很多，而且这些因素往往是交织在一起的；并且，发动机的类型及使用条件不同，活塞环的磨损也有很大差别，因而不能只靠改善活塞环本身的结构和材料来解决问题。还可以从以下几个方面来着手：活塞环和气缸套的材料及良好的匹配，表面处理，结构状态，润滑油及添加剂选择，减小由于装配及运转时受热而导致的气缸套及活塞的变形等。

4．活塞环的检测

为了保证活塞环与活塞环槽及气缸的良好配合，在选配活塞环时，还应注意以下几点。

（1）以气缸的修理尺寸为依据，同一台发动机应选用与气缸和活塞修理尺寸等级相同的活塞环。

（2）活塞环的弹力、漏光度、端隙、侧隙、背隙及平面度应符合要求；当其中任何一项不符合要求时，均应重新选配活塞环。

（3）活塞环的弹力检验。活塞环的弹力是保证气缸密封性的主要条件之一，一般在弹力检测仪上进行检测，如图 2-54 所示。检测时，把活塞环放在弹力检验仪上，使环的开口处于水平位置。移动检验仪上的量块，把活塞的开口间隙压缩到标准值，观察秤杆上的读数，应符合技术

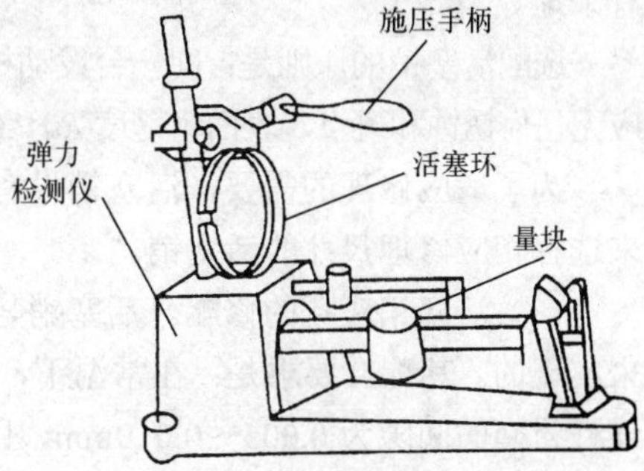

图 2-54　活塞环弹力检测

要求。

（4）活塞环漏光度的检测。活塞环漏光度检测方法如下。

① 将活塞环平放在已修好的气缸内，用活塞顶部推平活塞环，如图 2-55（a）所示。

② 在活塞环上盖一个比气缸直径略小的硬纸板做成的遮光板，在气缸下部放置灯光照明，如图 2-55（b）所示。

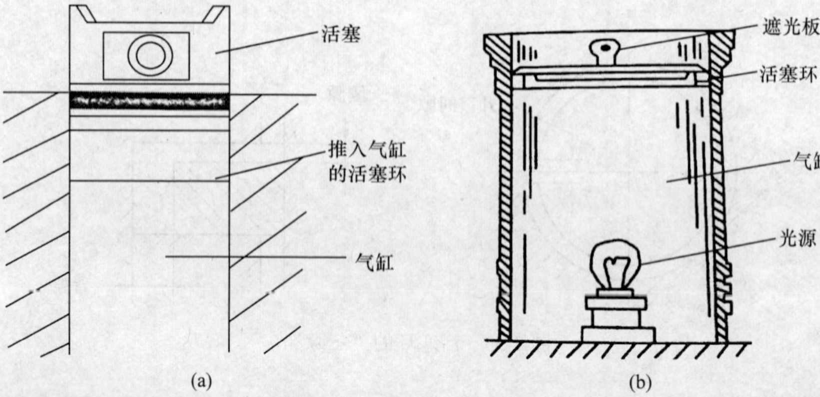

图 2-55 活塞环漏光度检测

③ 观察活塞环外圆与气缸壁之间是否漏光。

④ 用厚薄规和量角器测量其漏光度，应符合技术要求：活塞环开口处左右对应圆心角 30°范围内不允许漏光；同一活塞环上漏光不应多于 2 处，每处漏光弧长所对应的圆心角不得超过 25°；同一活塞环上漏光弧长所对应的圆心角总和不超过 45°；漏光缝隙不大于 0.02mm。

5．活塞销的选配

（1）活塞销的耗损。发动机工作时，活塞销要承受燃烧气体的压力和活塞连杆组惯性力的作用，其负荷的大小和方向是周期性变化的，对活塞销产生很大的冲击作用。活塞销多用浮式连接，与活塞销座的配合精度很高，常温下有微量的过盈。在发动机正常工作时，活塞销与活塞销座和连杆衬套有微小的间隙。因此活塞销可以在销座和连杆衬套内自由转动，使得活塞销的径向磨损比较均匀，磨损速率也较低。

活塞销在工作时，承受较大的冲击载荷，当活塞销与活塞销座和连杆衬套的配合间隙超过一定数值时，就会由于配合的松旷发生异响。

（2）活塞销的选配。发动机大修时，一般应更换活塞销，选配标准尺寸的活塞销，为小修留有余地。

选配活塞销的原则是：同一台发动机应选用同一厂牌、同一修理尺寸的成组活塞销；活塞销表面应无任何锈蚀和斑点，表面粗糙度 $Ra \leqslant 0.201\mu m$，圆柱度误差≤0.0025mm，质量差在 10g 范围内。

为了适应修理的需要，活塞销设有四级修理尺寸，可以根据活塞销座和连杆衬套的磨损程度来选择相应修理尺寸的活塞销。

（3）活塞销座孔的修配。活塞销与活塞销座和连杆衬套的配合一般是通过铰削、镗削或滚压来实现的。其配合要求是：在常温下，汽油机的活塞销与销座配合间隙为 0.0025～0.0075mm，与连杆衬套的间隙为 0.005～0.010mm，且要求活塞销与衬套的接触面积在 75%以上；柴油机活塞销与销座的过盈量较大，过盈量一般为 0.02～0.05mm，与连杆衬套的间隙也比汽油机大，一般为

0.03～0.05mm。

（4）活塞销座的铰削。

活塞销座铰削是通过手工操作进行的，其工艺步骤如下。

① 选择铰刀。应根据活塞销的实际尺寸选择长刃活动铰刀，使两活塞销座能同时进行铰削，以保证两端座孔的同轴度。然后将选好铰刀的刀把夹入虎钳，并与钳口平面保持垂直。

② 调整铰刀。第一刀只做试验性的微量调整，一般调整到铰刀的上刃刚露出销座即可。以后各刀的吃刀量也不可过大，以旋转调整螺母 60°～90°为宜。如感到铰削量过小，则再旋转调整螺母 30°～60°。

③ 铰削。如图 2-56 所示，铰削时要用两手平握活塞，按顺时针方向转动活塞并轻轻向下压进行铰削，掌握要平稳，用力要均匀。为提高铰削质量，每次铰削至刀刃下端与销座平齐时停止铰削。压下活塞从铰刀下方退出，以防止铰偏或起棱，并在不调整铰刀的情况下从反向再铰一次。

④ 试配。如图 2-57 所示，在铰削过程中，每镗削一刀都要用活塞销试配，以防止铰大。当铰削到用手掌力能将活塞销推入一端销座深度的 1/3 时，应停止铰削。然后在活塞销一端垫以阶梯铳轴，用手锤将活塞销敲入衬套内，取下活塞销视其压痕情况用刮刀修刮。销座经刮削后，应能用手掌力将活塞销击入一端销座的 1/2，接触面呈点状均匀分布，轻重一致，面积在 75%以上。

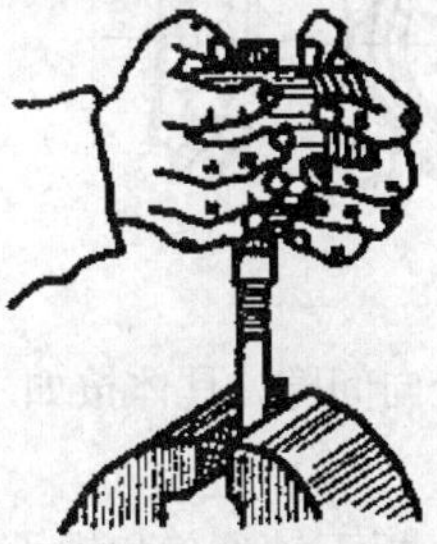
图 2-56　活塞销座孔的铰削

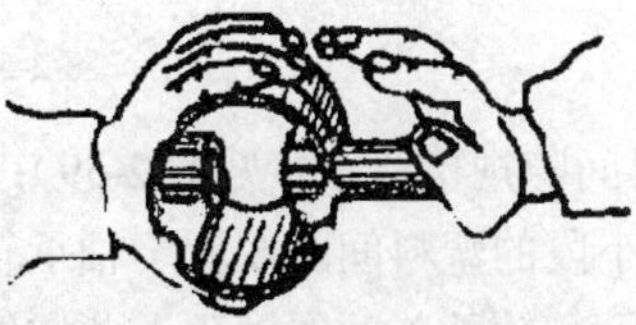
图 2-57　活塞销的试配

三、连杆的检修

1. 连杆的拆卸

（1）连杆拆装及检查的注意事项。

① 必须成套更换连杆。

② 标出所属气缸标记。

③ 安装位置标记指向带轮。

④ 必须带有润滑活塞销的机油孔。

⑤ 连杆螺母每次拆卸均应更换，在螺纹和支撑面涂机油。

（2）连杆轴瓦拆卸检查的注意事项。

① 注意安装位置。

② 用过的轴瓦不能互换。

③ 注意轴瓦定位凸起位置。

④ 新轴瓦轴向间隙为 0.05～0.31mm，磨损极限为 0.37mm。

⑤ 新轴瓦径向间隙为 0.01～0.06mm，磨损极限为 0.12mm，检查前须用 30N·m 的力矩拧紧连杆螺母，用塑料厚薄规进行检测，测量时不得转动曲轴。

2．连杆的检修

（1）连杆裂纹的检修。连杆在工作中受到交变负荷作用，有时会出现裂纹，严重时会导致连杆断裂，一般采用磁力探伤检查。若连杆出现裂纹，应更换。

（2）连杆大头轴承的检修。

① 轴承的选配。现代汽车发动机普遍采用薄型多层合金（3 层、5 层）的轴瓦，其表面有一层很薄的减磨合金镀层。如果用刮削法修配轴承，会把表面减磨合金镀层刮掉。因此，现在都采用直接选配轴承的方法，不再允许"刮瓦"。若连杆轴承磨损超过极限，可先更换连杆轴承，必要时磨小连杆轴颈，使用加厚尺寸的连杆轴承。AFE 发动机连杆轴承的加厚尺寸有+0.25mm、+0.50mm、+0.75mm 3 种，相应减小的连杆轴颈尺寸分别为：ϕ47.55mm、ϕ47.30mm、ϕ47.05mm。

② 轴承径向间隙的检验。其检验方法有通用量具检验法和塑料间隙规检验法。

a．通用量具检验法：分别用千分尺和百分表（见图 2-58）测量出曲轴轴颈和轴承孔径，然后计算出径向间隙值。

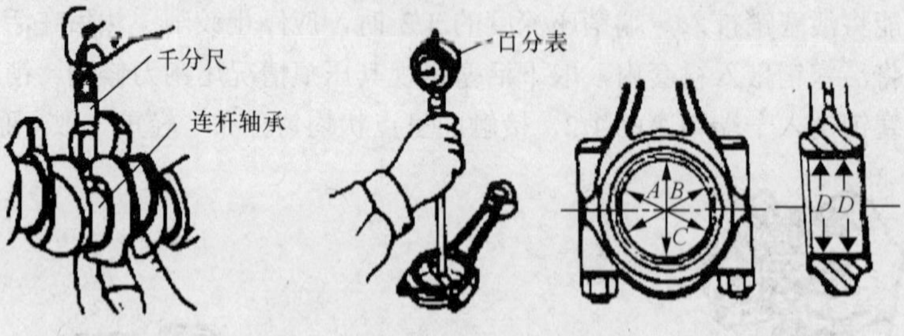

图 2-58 测量曲轴轴颈和轴承孔

b．塑料间隙规检验法（见图 2-59）：用塑料间隙规检查轴承径向间隙，具体按如下步骤进行。

- 将一小段的塑料间隙规置于轴承轴颈上。
- 将轴承和轴承盖放在轴颈上并按维修手册的规范将其拧紧，拆下轴承盖和轴承。
- 测量塑料间隙规压扁后的宽度，该值可使用游标卡尺或者装在塑料间隙规上的计量表来测量。
- 压扁的塑料间隙规宽度就是轴承间隙的测量值。

（3）连杆螺栓损伤检验。连杆螺栓在工作中受到很大的交变负荷作用，常发生拉长、裂纹和丝扣滑牙等损伤，严重时会导致断裂，造成事故。AFE 发动机使用的连杆螺栓是预应力螺栓，螺纹为 M8×1，如图 2-60 所示。此类螺栓在修理中不能重复使用，必须更换。

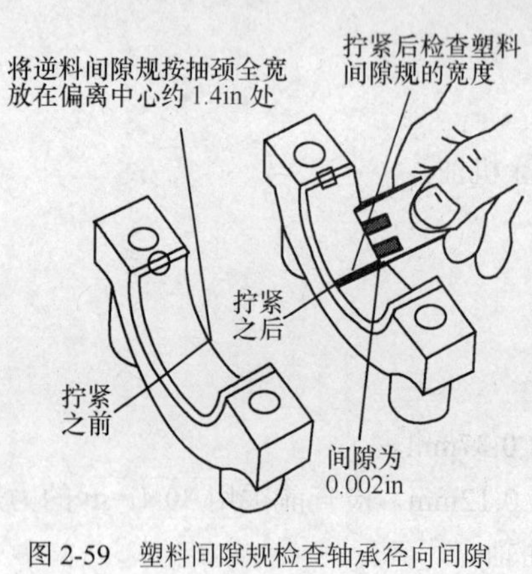

图 2-59 塑料间隙规检查轴承径向间隙

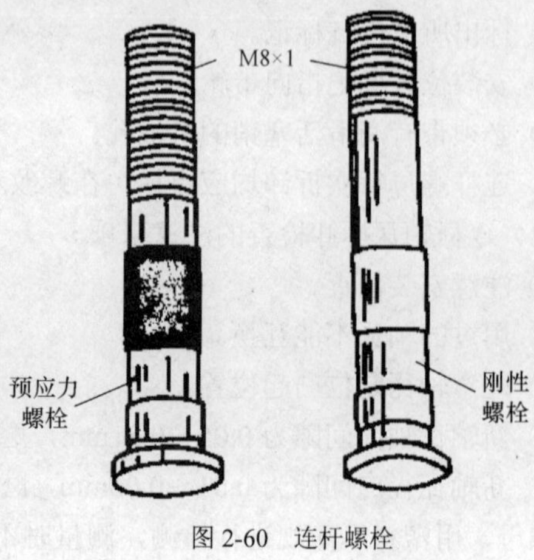

图 2-60 连杆螺栓

（4）连杆变形的检修。连杆发生变形主要是弯曲变形和扭曲变形。其原因主要是连杆在工作中承受气体压力、离心力和惯性力的作用，特别是发动机不正常工作时（如超负荷、爆燃、用汽车惯性起动发动机等）会引起连杆弯曲、扭曲以及双重弯曲。修理过程中镗缸定位不准，也会留下连杆变形的隐患。连杆变形的主要危害是导致发动机活塞偏缸、偏磨，引起气缸敲缸、拉缸等故障。

① 连杆变形的检验。连杆的弯曲、扭曲变形，一般通过连杆检验器检验，如图2-61、图2-62所示。检验时，应将连杆大头轴承取下，将承孔清洁干净，然后将轴承盖装在连杆体上，并按标准力矩拧紧连杆螺栓。连杆大头安装在连杆检验器可调横轴上，拧动调整柄使半圆键向外扩张，并将连杆固定在检验器上。检验工具是带有V形槽的三点规，三点规上的3个测点在同一平面上，并与V形槽相垂直。下面2个测点的距离为100mm。检测时，将三点规放在连杆小头的心轴或活塞销上，使三点规的3个测点与检验器的平板相接触。根据3个测点与平板的接触情况，便可判断连杆有无弯曲、扭曲变形。

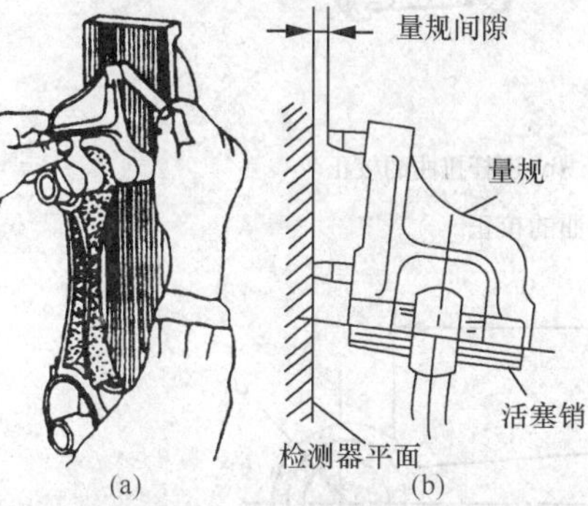

图2-61　连杆弯曲的检验

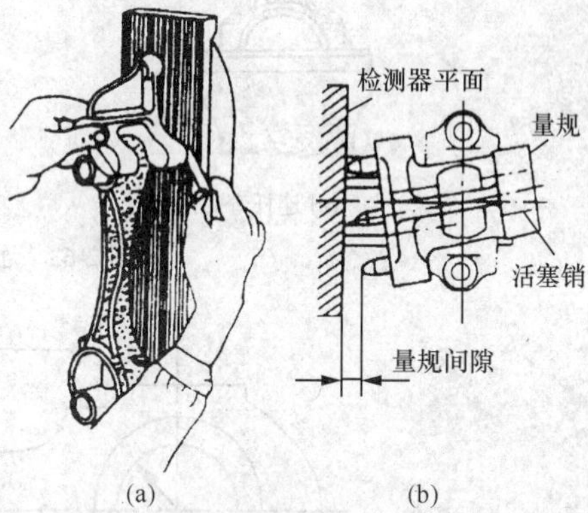

图2-62　连杆扭曲的检验

a．当三点规的3个测点都与检验器的平板相接触，说明连杆无变形。

b．若三点规仅上测点（或2个下测点）与平板接触，且2个下测点与平板间隙相等，说明连杆有弯曲变形。这时，用塞尺测量测点与平板的间隙，即是连杆在100mm度上的弯曲度值。

c．检验时若只有1个下测点与检验平板相接触，且上测点与检验平板的间隙等于另一个测点与平板间隙的一半，则表明连杆发生了扭曲。其下测点与平板的间隙便是连杆在100mm长度上的扭曲度值。

d．检验时若1个下测点与检验平板接触，但上测点与检验平板的间隙不等于另一个测点与平板间隙的一半，则表明连杆同时存在弯曲、扭曲变形。

汽车修理技术标准规定：连杆在100mn长度上弯曲度值不应大于0.03mm扭曲度值不应大于0.06mm。超过允许极限时，应进行校正或更换连杆。

② 连杆变形的校正。连杆的变形一般是利用连杆校正器的附设工具进行校正。当弯曲、扭曲变形并存时，通常是先校正扭曲后校正弯曲。

a．连杆扭曲变形的校正：将连杆大头端轴承盖装好，套在检验器的心轴上，然后用扳钳进行校正，直到合格为止，如图2-63（a）所示。

b．连杆弯曲变形的校正：如图2-63（b）所示，将弯曲的连杆置于压具上，弯曲的部位朝上，施加压力，使连杆向已弯的反方向发生变形，并使连杆变形量达到已弯曲部位变形量的数倍以上，停止一定时间，等金属组织稳定后再去掉外负荷。重新复查校正情况，确定是否需要再校正。连杆的校正通常是在常温下进行冷压校正，卸除压力后，连杆有恢复原状的趋势。因此，在校正弯曲、扭曲变形较大的连杆后，最好进行时效处理，即将连杆加热。连杆经弯曲、扭曲校正后两端座孔轴线的距离变化应不大于 0.15mm，否则会影响气缸的压缩比。可用普通量具对连杆进行测量，如图 2-64 所示。检验时，用游标卡尺测量上、下两轴承孔内侧距离 I，用内径百分表测出上、下两轴承孔直径 D 和 d、两孔轴线中心距 L 便可用下式算出。

$$L=（D+d）/ 2+I（mm）$$

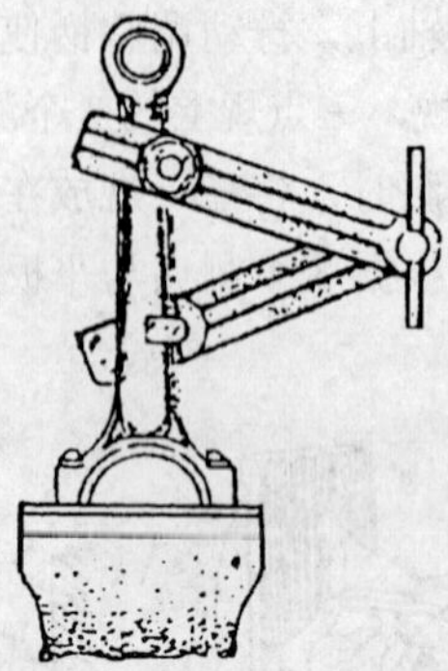
(a) 连杆弯曲的校正

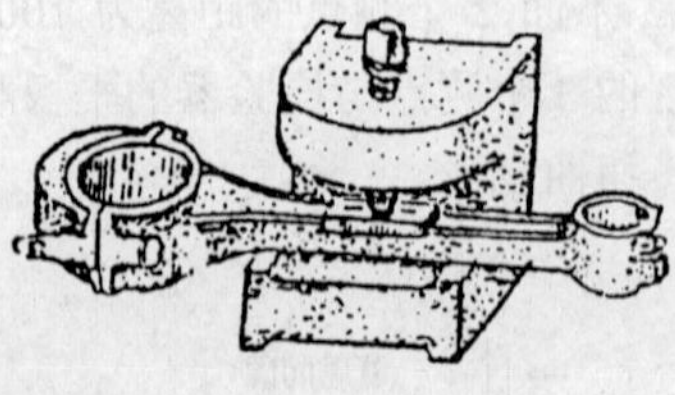
(b) 连杆扭曲的校正

图 2-63 连杆变曲和扭曲的校正

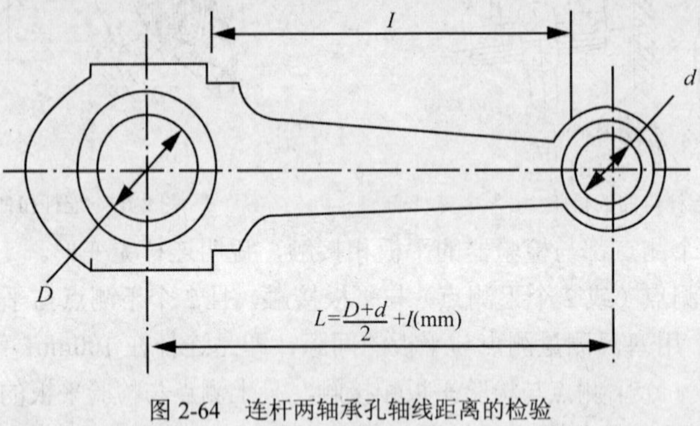

图 2-64 连杆两轴承孔轴线距离的检验

（5）连杆其他损伤检修。连杆的杆身与小端的过渡区应无裂纹、表面无碰伤，必要时采用磁力探伤检验连杆的裂纹。如有裂纹，禁止继续使用，应立即更换。另外，如果连杆下盖损坏或断裂时，也要同时更换连杆组合件。

连杆大端侧面与曲柄之间，一般应有 0.10～0.35mm 的间隙，如超过 0.50mm 时，可堆焊连杆大端侧面后修理平整。

连杆杆身与下盖的结合平面应平整。检验时，使两平面分别与平板平面贴合，其接触面应贴合良好。如有轻微缝隙，不得超过 0.026mm。连杆轴承承孔的圆柱度误差大于 0.025mm，应进行修理或更换连杆。

（6）连杆衬套的修复。在更换活塞销的同时，必须更换连杆衬套，以恢复其正常配合。新衬套的外径应与小端承孔有 0.10～0.20mm 的过盈，以防止衬套在工作中发生转动。过盈量也不可过大，否则会在压装时将衬套压裂。

选择新衬套时，可用量具分别测量连杆小端承孔内径和衬套外径，其差值便是衬套的加工余量。通常多用经验法进行判断，在衬套压装前先将其与活塞销试配，如能勉强套入活塞销则为合适；如套不进或套入感觉松旷，表示其加工余量过大或过小，均应重新选用衬套。

衬套压入后，便可铰削或镗削，使其与活塞销的配合符合规定。

连杆衬套的铰削与活塞销座的方法基本相同。其铰削工艺步骤如下。

① 选择铰刀。按活塞销的实际尺寸选用铰刀，将铰刀的刀把垂直地夹在台钳的钳口上。

② 调整铰刀。将连杆衬套孔套入饺刀，一手托住连杆大端，一手压下连杆小端，以刀刃露出衬套上面 3～5mm 作为第一刀的铰削量为宜。

③ 铰削。铰削时，一手托住连杆大端均匀用力扳转，另一手把持小端并向下略施压力，铰削时应保持连杆轴线垂直于铰刀轴线，以防铰偏（见图 2-65）。当衬套下平面与刀刃相平时停止铰削，将连杆下压退出，以免铰偏或起棱。然后在铰刀量不变的情况下，再将连杆从反向重铰一次，铰刀的铰前量以调整螺母转过 60°～90° 为宜。

④ 试配。每铰削一次都要用相配的活塞销试配，以防铰大。当达到用手掌能将活塞销推入衬套的 1/3～1/2 时停铰，用木锤打入衬套内，并夹持在台钳上左右扳转连杆，如图 2-65 所示。然后压出活塞销，视衬套的压痕适当修刮。

活塞销与连杆衬套的配合通常也有凭感觉判断的，即以拇指力能将涂有机油的活塞销推过衬套为符合要求（见图 2-66）。或将涂有机油的活塞销装入衬套内，连杆与水平面倾斜成 45°，用手轻击活塞销，其能依靠其自重缓缓下滑。此外，活塞销与连杆衬套的接触呈点状分布，面积应在 75%以上。

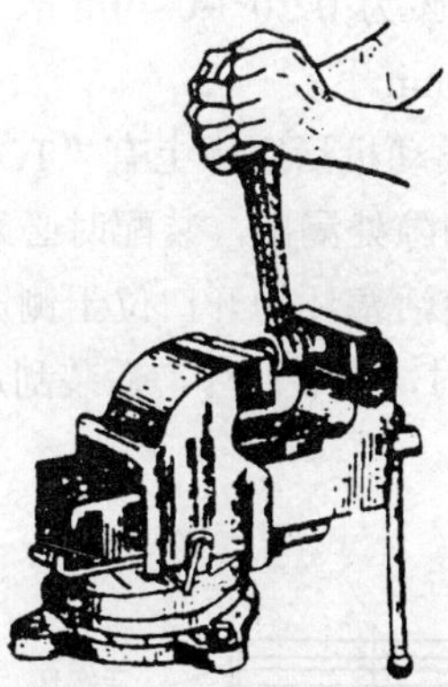

图 2-65　连杆衬套修配质量的检验

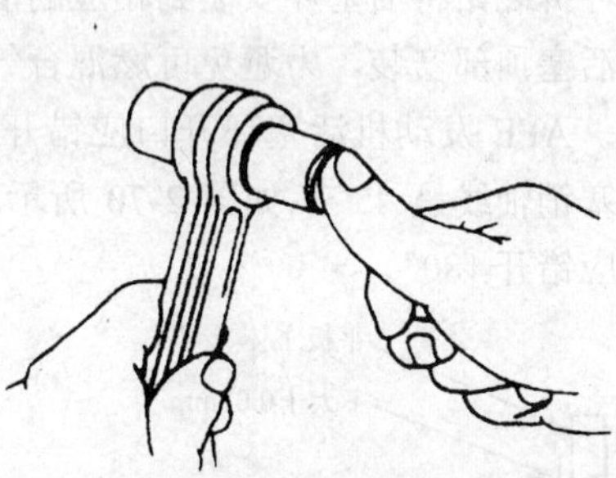

图 2-66　检查活塞销与连杆衬套的配合

四、活塞连杆组的装配

（1）活塞连杆组的检验。活塞椭圆度的检验，许多活塞都制成椭圆形，其短轴在活塞销方向上。活塞椭圆度的检验，应在椭圆度检验仪上进行，椭圆度的值是 0.40mm。

（2）彻底清洗各零件，并用压缩空气吹干净。

（3）将活塞放在水中加热至 60℃后取出，擦拭干净。

（4）安装活塞销。在活塞销座孔、连杆小头衬套孔和活塞销上涂上一层薄薄的机油。AFE 发动机采用全浮式连接的活塞销，安装时先将活塞在温度为 70℃～80℃的水中或机油中加热，然后再用手指将涂有润滑油的活塞销推入座孔，如图 2-67 所示。

（5）安装活塞销两侧的卡簧。如图 2-68 所示，卡簧嵌入环槽中的深度应不小于卡簧直径的

2/3，卡簧与活塞销两端应有 0.10～0.25mm 的间隙。

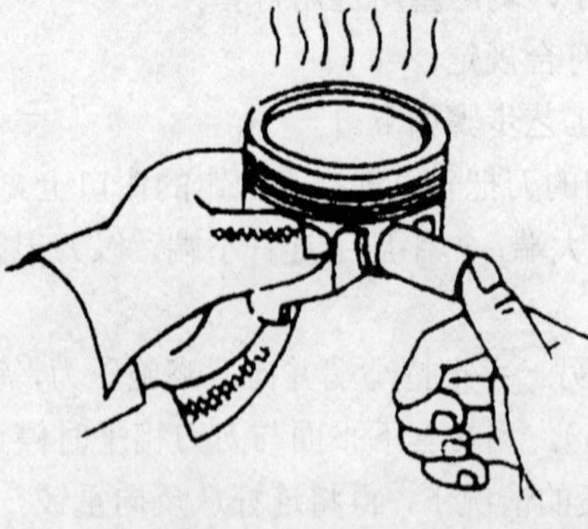

图 2-67　装配活塞销

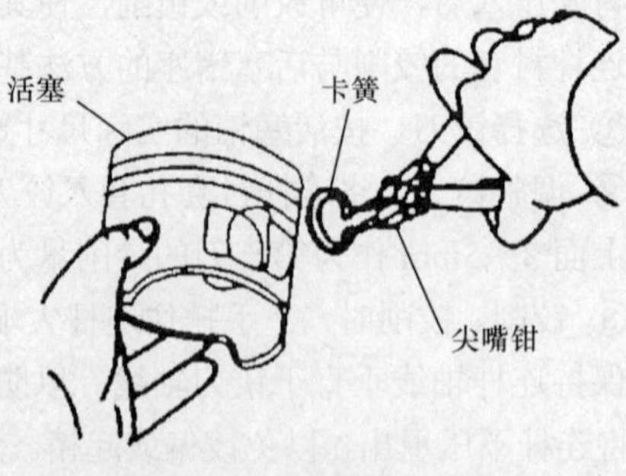

图 2-68　安装活塞销卡簧

（6）检验连杆大头中心线和活塞中心线的垂直度，如图 2-69 所示。

① 用厚薄规测量活塞顶部边缘与平板间的间隙，应不大于 0.03mm。

② 翻转 180°，重新测量一次。

③ 两次测量值之差即为垂直度误差。其值不得大于 0.08mm。达不到要求时，应找出原因，重新校正后再组装。

（7）安装活塞环。首先检验活塞环，用厚薄规检查活塞环与环槽的侧隙，新装时侧隙为 0.06～0.09mm，达到 0.20mm 时必须更换。再用厚薄规检查活塞环与环槽的端隙：将活塞环垂直压进气缸，使其离气缸顶端 15mm，新环第一道气环为 0.20～0.40mm、第二道气环为 0.20～0.40mm，油环为 0.25～0.50mm，磨损极限值为 0.80mm。

用活塞环拆装钳将活塞环安装到相应的活塞环槽内，AFE 发动机活塞环上有“TOP”标记的一面应朝向活塞顶部安装。为避免可燃混合气从活塞环的开口间隙处漏出，装配时必须将环的开口互相错开。AFE 发动机活塞环开口应错开 120°，并使第一道活塞环的开口位于侧压力小的一侧，且与活塞销轴线呈 45°，如图 2-70 所示。组合式油环装配时，先装衬环，后装刮片环，上、下刮片开口应错开 180°。

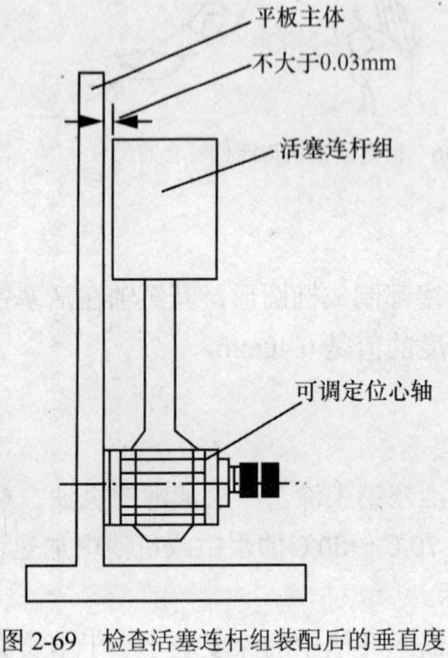

图 2-69　检查活塞连杆组装配后的垂直度

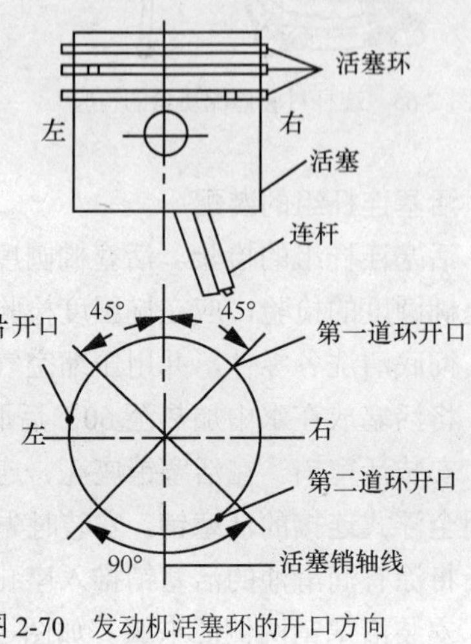

图 2-70　发动机活塞环的开口方向

（8）安装活塞连杆组。在活塞环、活塞裙部、连杆小头两侧及连杆轴承上涂上适量机油。如图 2-71 所示，根据活塞及连杆上的标记，将活塞连杆组自缸体上方装入各气缸中，用活塞环卡箍约束活塞环，用手锤木柄将活塞推入气缸内，使连杆大头落于曲轴连杆轴颈上。盖上轴承盖，用规定力矩拧紧连杆螺栓。AFE 发动机连杆螺栓先以 30N・m 的力矩拧紧后，不再继续拧紧。

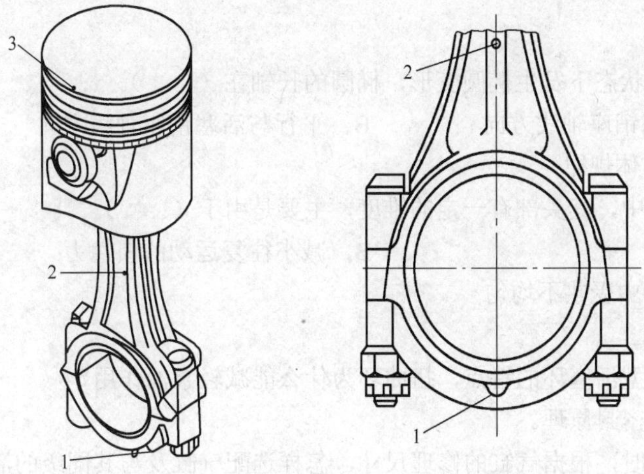

图 2-71　活塞和连杆的安装方向

1—连杆盖朝前记号；2—连杆朝前记号；3—活塞朝前记号

（9）检验连杆的轴向和径向间隙。

① 检查连杆的轴向间隙。用撬棒把曲轴撬向一侧，用百分表测量曲轴的轴向间隙，如图 2-72 所示。

② 检查连杆轴承的径向间隙。将塑料间隙规横放在连杆盖的轴瓦全宽上，拧紧连杆轴承盖螺栓，拆下连杆轴承盖，用间隙对照尺测量压扁的塑料间隙规的宽度，该宽度即为连杆径向间隙，如图 2-73 所示。

图 2-72　检查连杆的轴向间隙

图 2-73　检查连杆的径向间隙

注意

1. 拆卸、安装活塞时一定要注意各缸记号，若无记号必须做标记。
2. 安装活塞销时要用专用工具或加热到 60℃进行。
3. 活塞销挡圈开口要与活塞销孔上的缺口错开。
4. 3 道环的开口要错开。

思考与练习

一、选择题

1．活塞在工作状态下发生椭圆变形，椭圆的长轴在（　　）。

A．垂直与活塞销座轴线方向　　　　B．平行与活塞销座轴线方向

C．没有什么具体规律

2．活塞在制造中，其头部有一定的锥度，主要是由于（　　）。

A．节省材料　　　　B．减小往复运动的惯性力

C．活塞在工作中受热不均匀

二、简答题

1．比较各种类型活塞环的特点，扭曲环为什么能减轻泵油作用？

2．叙述气环的密封原理。

3．发动机大修时，根据气缸的修理尺寸，怎样选配气缸及与其同级的活塞和活塞环？

4．怎样检查活塞环？

5．怎样检查、校正连杆弯曲和扭曲？

6．活塞连杆组装配时必须掌握哪些要点？

任务四 曲轴飞轮组的构造与维修

相关知识

曲轴飞轮组由飞轮、扭转减震器、曲轴主轴承、曲轴带轮以及正时链轮（或齿轮）等组成，图 2-74 所示为桑塔纳轿车 AFE 发动机曲轴飞轮组的组成。

一、曲轴

1．曲轴的功用、工作条件和材料

曲轴的功用是把活塞连杆组传来的气体压力转变为转矩并通过飞轮对外输出。同时，它还驱动发动机的配气机构和其他辅助装置（如发电机、风扇、水泵和转向油泵等）。

曲轴工作时，承受周期性变化的气体压力及活塞连杆等运动件的往复和旋转惯性力作用。这些力及其力矩使曲轴产生弯曲和扭转变形，弯曲和扭转作用还会使曲轴产生振动，因此要求曲轴必须要有足够的刚度、强度、耐磨性和很高的平衡性。

曲轴一般采用优质中碳钢或中碳合金钢模锻，其主轴颈和连杆轴颈表面上均高频淬火或氮化，以提高耐磨性。也有发动机采用球墨铸铁铸造曲轴。

2．曲轴的构造

多缸发动机曲轴一般做成整体式。某些小型汽油机或采用滚动轴承为曲轴主轴承的发动机，采用组合式曲轴，即将曲轴分段加工后组合成整个曲轴。

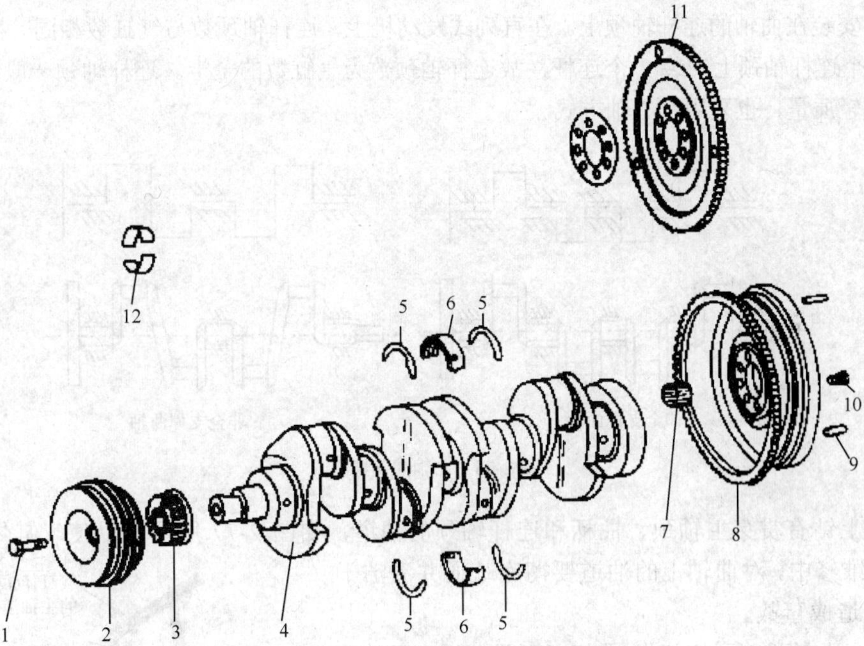

图 2-74 曲轴飞轮组分解图

1—曲轴 V 形带轮、正时齿带轮的轴向紧固螺栓；2—V 形带轮；3—曲轴正时齿带轮；4—曲轴；5—半圆形止推环；6—主轴承；7—滚针轴承；8—飞轮齿圈；9—定位销；10—飞轮紧固螺栓；11—飞轮；12—连杆轴承

曲轴的基本结构包括前端轴、主轴颈、连杆轴颈、曲柄重以及后端凸缘等，如图 2-75 所示。有的发动机还包含平衡重。一个连杆轴颈和它两端的曲柄及相邻的两个主轴颈构成一个曲拐。

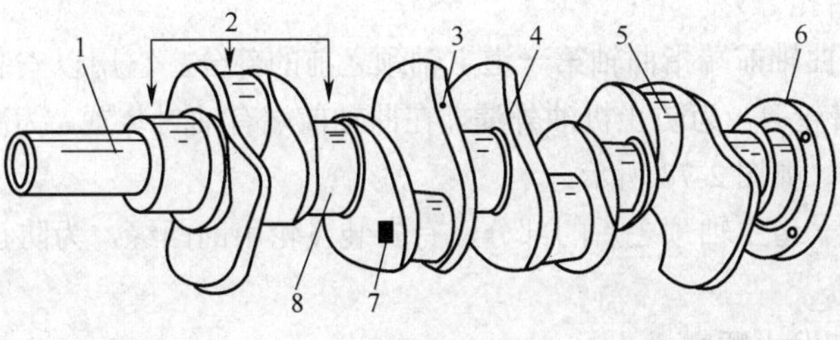

图 2-75 整体式曲轴

1—曲轴前端轴；2—曲拐；3—平衡孔；4—曲柄；5—连杆轴颈；6—后端凸缘；7—平衡重；8—主轴颈

（1）主轴颈、连杆轴颈。主轴颈是曲轴的支撑部分。按曲轴主轴颈的数目，可以把曲轴分为全支撑曲轴和非全支撑曲轴两种。在每个连杆轴颈两边都有一个主轴颈的曲轴，称为全支撑曲轴，否则为非全支撑曲轴。

显然全支撑曲轴的主轴颈数比非全支撑式曲轴连杆轴颈数多一个，这种支撑方式的曲轴刚度好，但长度较长，如图 2-76 所示。由此可见，直列发动机全支撑曲轴的主轴颈数比气缸数多一个；V 形发动机全支撑曲轴的主轴颈数是气缸数的一半加一个。

（2）曲柄、平衡重。曲柄是曲轴轴颈和连杆轴颈相连的部分，曲柄截面形状大多为椭圆形，连杆大头安装在曲轴的连杆轴颈上。在直列式发动机上，连杆轴颈数与气缸数相同。在 V 形发动机上，1 个连杆轴颈上安装 2 个连杆，故连杆轴颈数为气缸数的一半。连杆轴颈一般制成实心，有时为减轻质量，也采用空心轴方式。

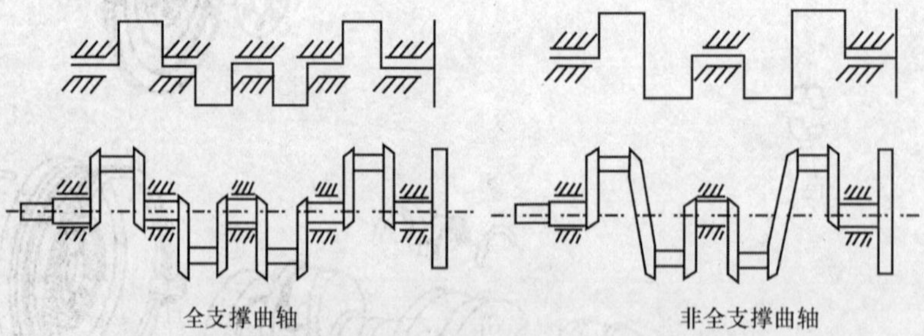

图 2-76　曲轴的支撑方式

曲轴上钻有贯穿主轴颈、曲柄和连杆轴颈的油道，如图 2-77 所示，以使气缸体上的轴颈润滑。在维修中，对曲轴上的油道要彻底疏通并清洁干净，以免造成事故。

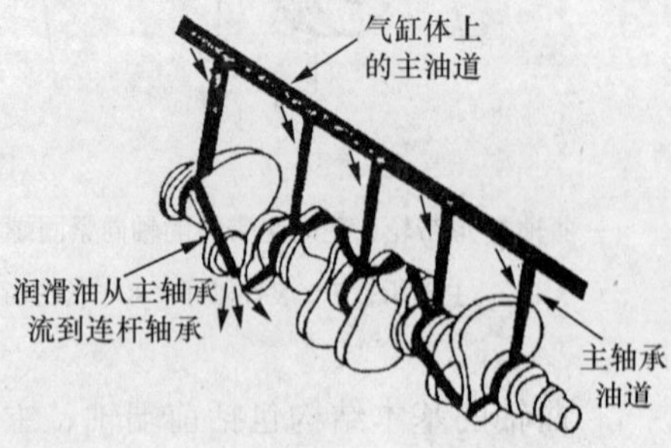

图 2-77　曲轴上的润滑油道

曲柄是曲轴最薄弱的部分，曲柄断裂是曲轴常见的损坏形式。曲柄与轴颈的过渡圆角对应力集中影响很大，在维修时要特别注意。

曲轴平衡重用来平衡旋转惯性力及其力矩，以减轻主轴承负荷、发动机振动和噪声。平衡重可以与曲轴制成一体，也可单独制成后再用螺钉固定于曲柄上。无论有无平衡重，曲轴在装用前必须经过动平衡校验。对不平衡的曲轴，常在其偏重的一侧钻去一部分质量，因此在平衡重外端或曲柄两端处，往往可见到一些不深的钻孔。

（3）其他部分。曲轴前端指曲轴第一道主轴颈之前的部分。它用以安装正时齿轮（或正时齿形带轮、或链轮）、带轮等。为防止机油外漏，在曲轴前端有油封装置。为减小扭转振动，曲轴前端还装有扭转减震器，如图 2-78 所示。

曲轴后端是最后一道主轴颈之后的部分，有安装飞轮用的凸缘，为防止机油从后端泄露，后端也安装有油封装置。

3．曲拐的布置和发火顺序

一个连杆轴颈和它两端的曲柄及相邻两个主轴颈构成一个曲拐，如图 2-79 所示。

曲轴的曲拐数取决于发动机气缸的数目和排列方式。直列式发动机曲拐数等于气缸数；V 形发动机曲拐数等于气缸数的一半。

曲拐的布置（即曲拐的相对位置）除了与气缸数、气缸排列方式有关外，还与发动机工作顺序有关。在安排发动机工作顺序时，应注意使连续做功的两缸相距尽可能远些，以减轻主轴承的载荷，同时避免进气干涉而影响进气量；做功间隔力求均匀，在发动机完成一个工作循环的曲轴转角内，每个气缸应做功一次，以保证发动机运转平稳；曲拐布置尽可能对称、均匀，如多缸发动机气缸数为 i，则发动机做功间隔角为 $720°/i$。

常见几种多缸发动机曲拐的布置和工作顺序如下。

（1）直列四缸四冲程发动机发火顺序、曲拐布置。曲拐对称布置在同一平面内，如图 2-80 所示。

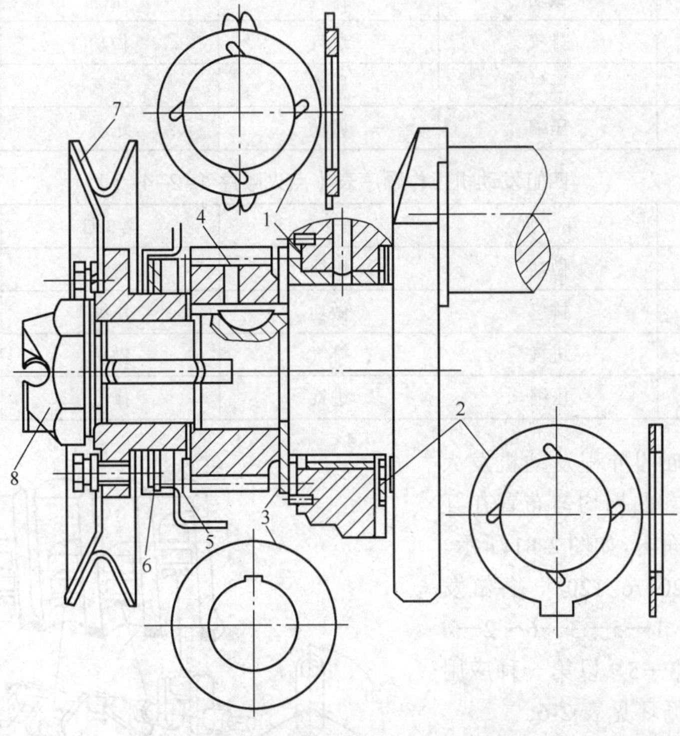

图 2-78　曲轴前端的结构

1、2—止推垫片；3—止推环；4—曲轴正时齿轮；5—挡油盘；6—油封；7—皮带轮；8—起动爪

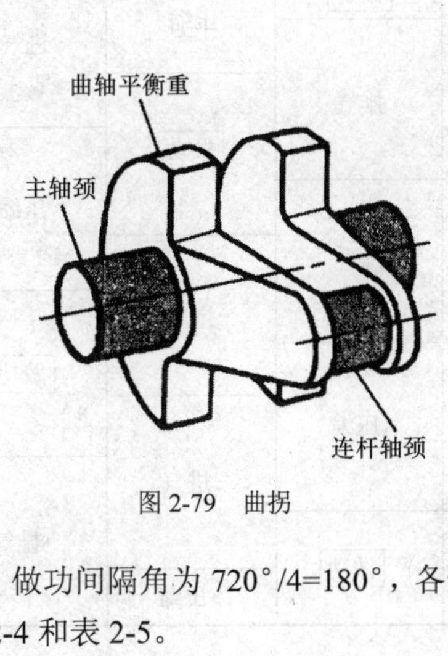

图 2-79　曲拐

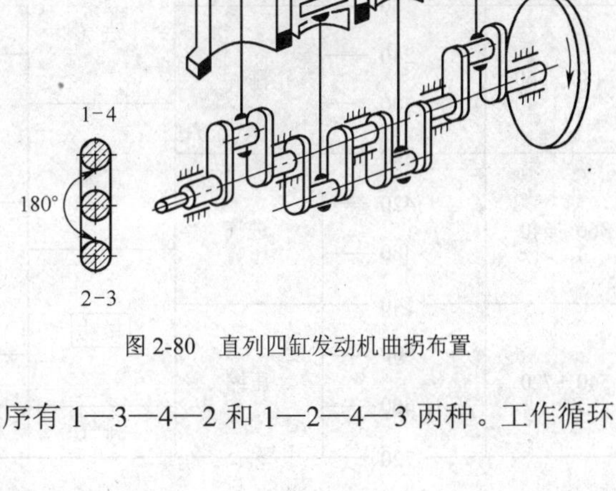

图 2-80　直列四缸发动机曲拐布置

做功间隔角为 720°/4=180°，各缸工作顺序有 1—3—4—2 和 1—2—4—3 两种。工作循环见表 2-4 和表 2-5。

表 2-4　　四缸发动机工作顺序表（点火顺序 1-3-4-2）

曲轴转角（°）	第 1 缸	第 2 缸	第 3 缸	第 4 缸
0°～180°	做功	排气	压缩	进气
180°～360°	排气	进气	做功	压缩
360°～540°	进气	压缩	排气	做功
540°～720°	压缩	做功	进气	排气

表 2-5　　四缸发动机工作顺序表（点火顺序 1-2-4-3）

曲轴转角（°）	第 1 缸	第 2 缸	第 3 缸	第 4 缸
0°～180°	做功	压缩	进气	排气
180°～360°	排气	做功	压缩	进气
360°～540°	进气	排气	做功	压缩
540°～720°	压缩	进气	排气	做功

（2）直列六缸四冲程发动机发火顺序、曲拐布置。曲拐均匀布置在互成 120° 的 3 个平面内，如图 2-81 所示。做功间隔角为 720°/6=120°，各缸发动机工作顺序为 1—5—3—6—2—4 和 1—4—2—6—3—5，以第一种应用较为普遍。工作循环见表 2-6。

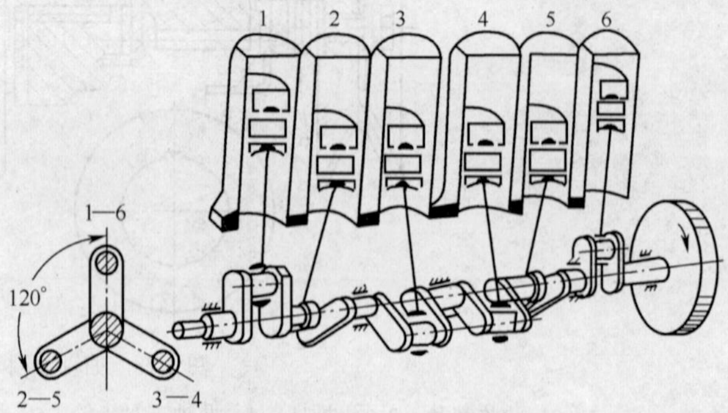

图 2-81　直列六缸发动机曲拐布置

表 2-6　　四冲程直列六缸发动机工作循环表（工作顺序 1-5-3-6-2-4）

<table>
<tr><th colspan="2">曲轴转角（°）</th><th>第1缸</th><th>第2缸</th><th>第3缸</th><th>第4缸</th><th>第5缸</th><th>第6缸</th></tr>
<tr><td rowspan="3">0～180</td><td>0～60</td><td rowspan="3">做功</td><td rowspan="2">排气</td><td>进气</td><td>做功</td><td rowspan="2">压缩</td><td rowspan="3">进气</td></tr>
<tr><td>60～120</td><td rowspan="3">压缩</td><td rowspan="3">排气</td></tr>
<tr><td>120～180</td><td rowspan="3">进气</td><td rowspan="3">做功</td></tr>
<tr><td rowspan="3">180～360</td><td>180～240</td><td rowspan="3">排气</td><td rowspan="3">压缩</td></tr>
<tr><td>240～300</td><td rowspan="3">做功</td><td rowspan="3">进气</td></tr>
<tr><td>300～360</td><td rowspan="3">压缩</td><td rowspan="3">排气</td></tr>
<tr><td rowspan="3">360～540</td><td>360～420</td><td rowspan="3">进气</td><td rowspan="3">做功</td></tr>
<tr><td>420～480</td><td rowspan="3">排气</td><td rowspan="3">压缩</td></tr>
<tr><td>480～540</td><td rowspan="3">做功</td><td rowspan="3">进气</td></tr>
<tr><td rowspan="3">540～720</td><td>540～600</td><td rowspan="3">压缩</td><td rowspan="3">排气</td></tr>
<tr><td>600～660</td><td rowspan="2">进气</td><td rowspan="2">做功</td></tr>
<tr><td>660～720</td><td>排气</td><td>压缩</td></tr>
</table>

（3）八缸发动机发火顺序、曲拐布置。缸数 i=8，做功间隔角应为 720°/8=90°，V 形八缸发动机的曲轴有 4 个曲拐，布置和四缸发动机一样，4 个曲拐可以布置在同一个平面上，也可以布置在 2 个相互错开 90° 的平面内。如图 2-82 所示，这样的布置有利于发动机的平衡性。工作顺序为 1-8-4-3-6-5-7-2，其工作顺序见表 2-7。

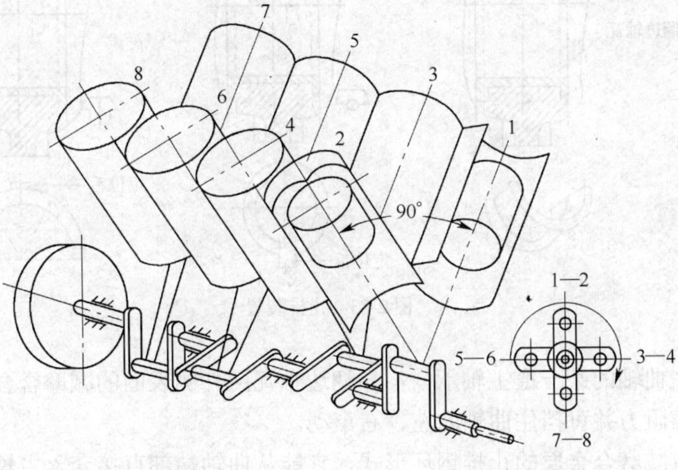

图 2-82　V 形八缸发动机的曲拐布置

表 2-7　　直列 V 型八缸发动机的工作循环表（工作顺序 1-8-4-3-6-5-7-2）

<table>
<tr><th colspan="2">曲轴转角（°）</th><th>第1缸</th><th>第2缸</th><th>第3缸</th><th>第4缸</th><th>第5缸</th><th>第6缸</th><th>第7缸</th><th>第8缸</th></tr>
<tr><td rowspan="2">0～180</td><td>0</td><td rowspan="2">做功</td><td>做功</td><td>进气</td><td rowspan="2">压缩</td><td>排气</td><td rowspan="2">进气</td><td rowspan="2">排气</td><td>压缩</td></tr>
<tr><td>90</td><td rowspan="2">排气</td><td rowspan="2">压缩</td><td rowspan="2">进气</td><td rowspan="2">做功</td></tr>
<tr><td rowspan="2">180～360</td><td>180</td><td rowspan="2">排气</td><td rowspan="2">做功</td><td rowspan="2">压缩</td><td rowspan="2">进气</td></tr>
<tr><td>270</td><td rowspan="2">进气</td><td rowspan="2">做功</td><td rowspan="2">压缩</td><td rowspan="2">排气</td></tr>
<tr><td rowspan="2">360～540</td><td>360</td><td rowspan="2">进气</td><td rowspan="2">排气</td><td rowspan="2">做功</td><td rowspan="2">压缩</td></tr>
<tr><td>450</td><td rowspan="2">压缩</td><td rowspan="2">排气</td><td rowspan="2">做功</td><td rowspan="2">进气</td></tr>
<tr><td rowspan="2">540～720</td><td>540</td><td rowspan="2">压缩</td><td rowspan="2">进气</td><td rowspan="2">排气</td><td rowspan="2">做功</td></tr>
<tr><td>630</td><td>做功</td><td>进气</td><td>排气</td><td>压缩</td></tr>
<tr><td></td><td>720</td><td></td><td></td><td></td><td></td><td></td><td></td><td></td><td></td></tr>
</table>

除上述常见曲轴外，还有许多种类的曲轴，如直列五缸的曲轴，曲拐布置在 5 个纵向平面内，做功间隔角为 720°/5=144°。

4．曲轴的轴向定位

曲轴作为转动件，必须与其固定件之间有一定的轴向间隙。在发动机工作时，曲轴经常受到离合器施加于飞轮的轴向力以及在上、下坡行驶或突然加、减速出现的轴向力作用，因而有轴向窜动的趋势。曲轴的轴向窜动将破坏曲柄连杆机构各零件的正确相对位置，因此曲轴必须有轴向定位措施。而在曲轴受热膨胀时，又应允许它能自由伸长，故曲轴上只能有一处设置轴向定位装置，该装置可设在曲轴的前端、中间或后端。

曲轴的轴向定位是通过止推装置实现的。止推装置有翻边轴瓦、止推环、止推片等多种形式，如图 2-83 所示。

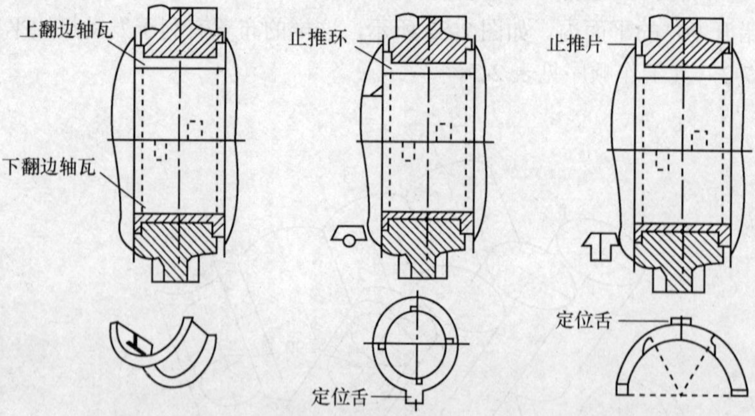

图 2-83 止推装置

翻边轴瓦放在曲轴的某一道主轴承内，靠翻边轴瓦两外侧表面的减摩合金层降低与轴颈端面相对运动时的摩擦阻力并可挡住曲轴的左、右窜动。

止推环是带有减磨合金层的止推钢环形式，它能从曲轴端部直接套入主轴颈，故放置在曲轴第一道主轴颈上。为防止止推环转动，止推环上也有定位舌。

止推片是外侧有减磨层的半圆环钢片，装在机体或主轴承盖的槽内。为防止止推片的转动，止推片上有凸起卡在槽内。

二、曲轴主轴承

曲轴主轴承（俗称大瓦），装于主轴承座孔中，将曲轴支撑在发动机的机体上。主轴承的结构与连杆轴承相同，如图 2-84 所示。为了向连杆轴承输送润滑油，在主轴承上都开有周向油槽和通油孔。有些负荷不大的发动机，为了通用化考虑，上、下两半轴瓦上都开有油槽。有些发动机只在上轴瓦开油槽和通油孔，而负荷较重的下轴瓦不开油槽。而在相应的主轴颈上开径向通孔，这样，主轴承便能不间断地向连杆轴承供给润滑油。注意，后一种主轴瓦上、下片不能互换，否则主轴承的来油通道将被堵塞。

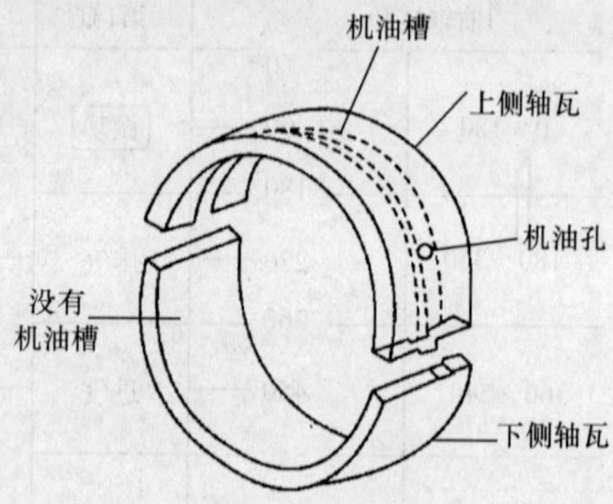

图 2-84 主轴承

三、曲轴扭转减震器

在发动机工作过程中，连杆作用于连杆轴颈的作用力的大小和方向都是周期性变化的，这种周期性变化的激力作用在曲轴上，造成曲拐回转的瞬时角速度也呈周期性变化。由于固装在曲轴上的飞轮转动惯量大，其瞬时角速度基本上可看作是均匀的，这样，曲拐便会忽而比飞轮转得快，忽而又比飞轮转得慢，形成相对于飞轮的扭转摆动，这就是曲轴的扭转振动。当激力频率与曲轴自振频率成整数倍关系时，曲轴扭转振动便因共振而加剧，这将使发动机功率受到损失，正时齿轮或链条磨损增加，严重时甚至将曲轴扭断。为了消减曲轴的扭转振动，有的发动机在曲轴前端装有扭转减震器。

上海桑塔纳、一汽奥迪 100 型轿车发动机的曲轴上都采用了橡胶扭转减震，如图 2-85

所示，转动惯量较大的惯性盘 5 用一层橡胶垫和由薄钢片冲压制成的盘相连。盘和惯性盘都同橡胶垫硫化粘接。盘的毂部用螺钉固定在装于曲轴前端的风扇皮带轮上。当曲轴发生扭转振动时，曲轴前端的角振幅最大，而且通过皮带轮毂带动圆盘一起振动。惯性盘则因转动惯量较大而实际上相当于一个小型的飞轮，其转动瞬时角速度也就比圆盘均匀得多。这样，惯性盘就同圆盘有了相对角振动，而使橡胶垫产生正反方向交替变化的扭转变形。这时由于橡胶垫变形而产生的橡胶内部分子摩擦，消耗了扭转振动能量，从而整个曲轴的扭转振幅将减小，把曲轴共振转速移向更高的转速区域内，从而避免在常用转速内出现共振。

四、飞轮

1. 飞轮的作用

飞轮的作用是通过储存和释放能量来提高发动机运转的均匀性和改善发动机克服短时的超载能力，与此同时，将发动机的动力传递给离合器。

2. 飞轮的构造

飞轮是一个转动惯量很大的圆盘，多用灰铸铁制造，外缘上压有齿环，可与起动机的驱动齿轮啮合，供起动发动机用。在保证有足够转动惯量的前提下，为尽可能减少飞轮的质量，应使飞轮的大部分质量集中在轮缘上，因此，轮缘做的宽而厚。

飞轮上通常刻有第一缸点火正时记号，以便校准点火时间，如图 2-86 所示。如 CA6102 型发动机的正时记号是“上止点 1—6”，当这个记号与飞轮壳上的刻线对正时，即表示 1—6 缸活塞处于上止点位置。EQ6100—1 型发动机飞轮上的这一记号为一个镶嵌的钢球，当钢球与飞轮壳上的刻线对准时，为 1—6 缸活塞处于上止点位置。

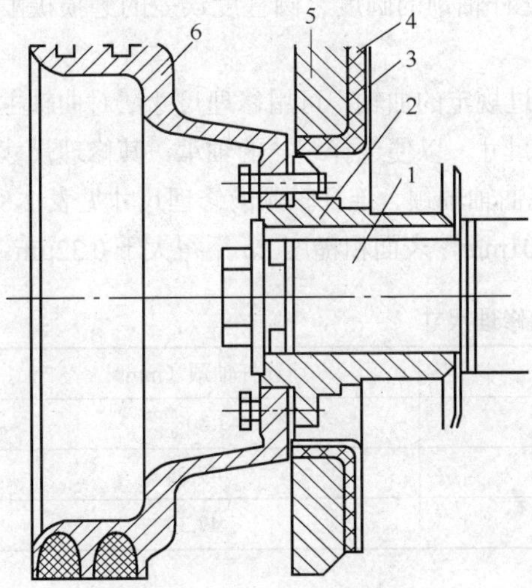

图 2-85　橡胶式扭转减震器

1—曲轴前端；2—带轮轮毂；3—减震器圆盘；4—橡胶层；5—惯性盘；6—皮带轮

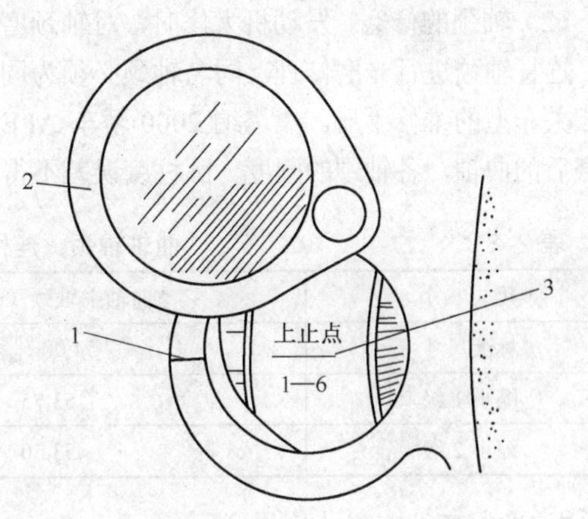

图 2-86　发动机点火正时记号

1—飞轮壳上的标记；2—观察孔盖；3—飞轮上的标记

飞轮与曲轴装配后应进行动平衡。为了拆装时不破坏它们的平衡状态，飞轮与曲轴之间应有严格的相对位置，用定位销或不对称布置的螺栓予以保证。

任务实施

一、曲轴的维修

曲轴的损伤形式主要有：磨损、变形、裂纹甚至断裂。

磨损主要发生在曲轴主轴颈和连杆轴颈的部位，且磨损是不均匀的，有一定规律性的。主轴颈和连杆轴颈径向最大磨损部位相互对应，即各主轴颈的最大磨损靠近连杆轴颈一侧；而连杆轴颈的最大磨损部位在主轴颈一侧。另外，曲轴轴颈沿轴向还有锥形磨损，与连杆轴颈油道的油流相反的一侧磨损严重。各轴颈不同方向的磨损，导致主轴颈同轴度破坏，容易造成曲轴断裂。

变形的方式主要是弯曲和扭曲。弯曲变形是由于使用和修理不当造成的，如发动机在爆燃和超负荷等条件下工作；个别气缸不工作或工作不均衡；各道主轴承松紧度不一致等，都会造成曲轴承载后的弯曲变形。扭曲变形主要是烧瓦和个别活塞卡缸造成的。

裂纹多发生在曲柄与轴颈之间的过渡圆角处以及油孔处，多由应力集中引起。前者是横向裂纹，危害极大，严重时造成曲轴断裂；后者为轴向裂纹，沿斜置油孔的锐边轴向发展，必要时也应更换曲轴。

1．曲轴磨损的检修

（1）轴颈磨损的检验。曲轴轴颈磨损情况的检验，主要是用外径千分尺测量轴颈的直径、圆度误差和圆柱度误差。一般根据圆度误差和圆柱度误差确定轴颈是否需要修磨，同时也可确定修理尺寸。

测量通常是按磨损规律进行，先在轴颈磨损最大的部位测量，找出最小直径；然后在轴颈磨损最小的部位测量，找到最大直径。主轴颈和连杆轴颈磨损后，其圆度、圆柱度误差超出标准要求时（如桑塔纳 2000 轿车 AFE 发动机曲轴主轴颈和连杆轴颈的圆度、圆柱度误差的磨损极限为 0.02mm），应进行曲轴的光磨修理。

（2）轴颈的修磨。发动机大修时，对轴颈磨损已超过规定的曲轴，可用修理尺寸法对曲轴主轴颈、连杆轴颈进行光磨修理。同名轴颈必须为同级修理尺寸，以便选择统一的轴承，其修理尺寸查阅相关车型的维修手册。桑塔纳 2000 轿车 AFE 发动机曲轴轴颈、连杆轴颈的修理尺寸见表 2-8。修磨后的曲轴，各轴颈的圆度、圆柱度误差不得大于 0.01mm，表面粗糙度 *Ra* 不得大于 0.32μm。

表 2-8　　曲轴轴颈、连杆轴颈的修理尺寸

尺　寸	曲轴主轴颈（mm）	连杆轴颈（mm）
标准尺寸	$54.00_{-0.042}^{-0.022}$	$47.80_{-0.042}^{-0.022}$
缩小 1 级	53.75	47.55
缩小 2 级	53.50	47.30

2．曲轴弯曲变形的检修

（1）弯曲变形的检验。检验弯曲变形应以两端主轴颈的公共轴线为基准，检查中间主轴颈的径向圆跳动误差，如图 2-87 所示。检验时，将曲轴两端主轴颈分别放置在检验平板的 V 形架上，将百分表触头垂直地抵在中间主轴颈上，慢慢转动曲轴一圈，百分表指针所指示的最大读数与最小读数之差，即为中间主轴颈的径向圆跳动误差值。

（2）弯曲变形的校正。曲轴的径向圆跳动误差不得大于 0.15mm，否则应进行校正。

曲轴弯曲变形的校正，一般采用冷压校正或敲击校正法。当变形量不大时，可采用敲击校正法，即用锤子敲击曲柄边缘的非工作表面，使被敲击表面产生塑性残余变形达到要求。当曲轴弯曲变形量较大时，校正必须分步、反复多次进行，直到符合要求为止。校正后的曲轴径向圆跳动误差不得大于 0.05mm。

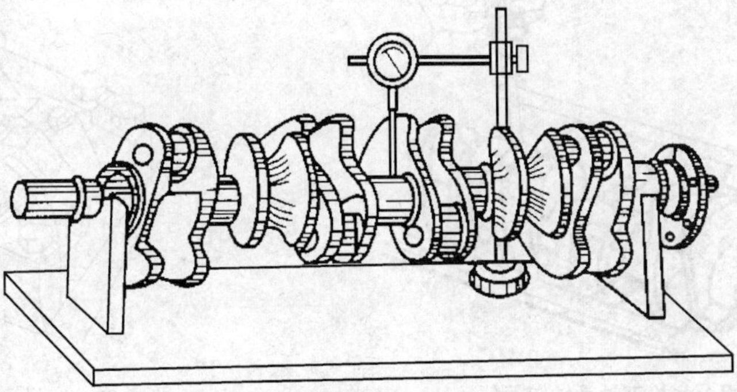

图 2-87　曲轴弯曲的检测

3．曲轴扭曲变形的检修

（1）扭曲变形的检验。曲轴扭曲变形检验的支撑方法和弯曲检验一样。将曲轴两端主轴颈分别放置在检验平板的 V 形块上，保持曲轴水平，使两端同一曲柄平面内的两个连杆轴颈位于水平位置，用百分表测量两轴颈最高点至平板的高度差ΔA，据此求得曲轴主轴线的扭曲角θ。

$$\theta=360\Delta A/2\pi R=57\Delta A/R$$

式中，R 为曲柄半径，mm。

（2）扭曲变形的校正。曲轴扭曲变形量一般很小，可直接在曲轴磨床上进行修正，修正时应结合对连杆轴颈的磨削。

4．曲轴裂纹的检修

裂纹的检验方法有磁力探伤法和浸油敲击法。

磁力探伤的原理是：当磁力线通过被检零件时，零件被磁化。如果零件表面有裂纹，在裂纹部位的磁力线就会因裂纹不导磁而被中断，使磁力线偏散而形成磁极。此时，在零件表面撒上磁性铁粉，铁粉便被磁化而吸附在裂纹处，从而显现出裂纹的部位和大小。

浸油敲击法是将曲轴置于煤油中浸一会，取出后擦净表面煤油并撒上白粉，然后分段用小锤轻轻敲击，如有明显的油迹出现，即该处有裂纹。曲轴出现裂纹，一般应更换曲轴。

5．曲轴轴向间隙和径向间隙的检查与调整

（1）轴向间隙的检查与调整。为了适应发动机机件正常工作的需要，曲轴必须留有合适的轴向间隙，间隙过小，会使机件易受热膨胀而卡死；轴向间隙过大，曲轴工作时将产生轴向窜动，加速气缸的磨损，活塞连杆组也会出现不正常磨损，还会影响配气相位和离合器的正常工作。因此，曲轴装到气缸体上之后，应检查其轴向间隙。

曲轴轴向间隙的检查可采用百分表或塞尺进行。检查时，将曲轴装入缸体轴承座，将百分表触头顶在曲轴平衡轴上，用撬棍前后撬动曲轴，观察表针摆动数值，表针的最大摆差即为曲轴的轴向间隙，如图 2-88 所示。或用撬棒将曲轴撬向一端，再用塞尺检查止推轴承和曲轴止推面之间的间隙即为曲轴的轴向间隙，如图 2-89 所示。

此间隙应符合规定，桑塔纳 2000 轿车 AFE 发动机曲轴的轴向间隙为 0.08～0.18mm。轴向间隙过小或过大时，应更换不同厚度的止推垫片进行调整。

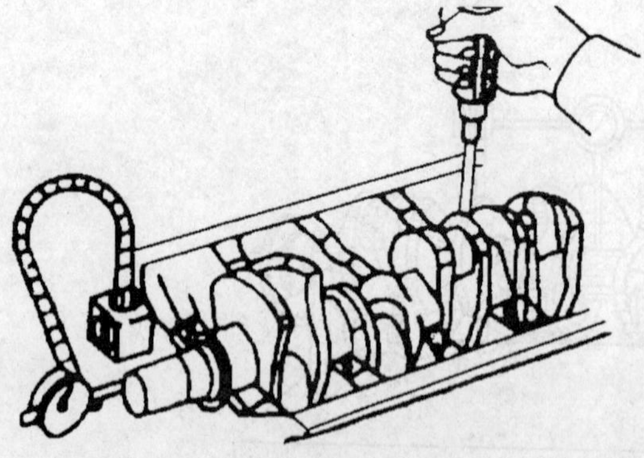

图 2-88 百分表检查轴承轴向间隙

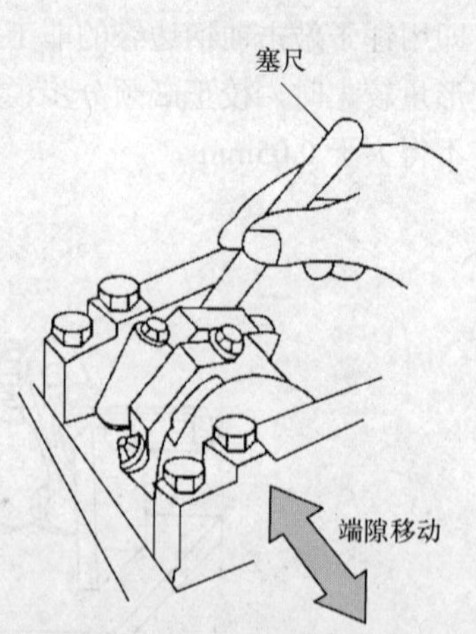

图 2-89 塞尺检查轴承轴向间隙

（2）径向间隙的检查与调整。

① 检查方法。

a．用专用塑料线规检验。

b．手感检视法。技术熟练的工人，多用手感法来检视轴承的径向间隙：将轴承盖螺栓按规定顺序和扭矩拧紧后，用适当的扭矩转动，试其松紧度。

连杆轴承的检查与曲轴轴承方法相似。若采用经验法，则将连杆按规定装在轴颈上，然后用手用力甩动连杆小头，连杆应能转动 1.25～1.75 转为合适。

② 调整方法。

可通过改变轴承盖的垫片厚度来达到间隙要求。

现代汽车轴瓦表面通常有一层很薄的减磨合金，以保护轴瓦减磨层和轴颈表面不被划伤，减缓磨损，使配合间隙变化不大。因此，轴承盖与轴承座间无须调整垫片。轴颈与轴承的油膜间隙通常是通过精确的轴颈磨削加工和轴承的直接选配来达到的。

二、曲轴主轴承的选配

曲轴主轴承在工作中会发生磨损、合金层疲劳剥落和黏着咬死等；轴承的径向间隙的使用限度超限后，因轴承对润滑油流动阻尼能力减弱，可使主油道压力降低而破坏轴承的正常润滑；发生上述情况应更换轴承。发动机总成修理时，也应更换全部轴承。

轴承的选配包括选择合适内径的轴承，以及检验轴承的高出量、自由弹开量、定位凸点和轴承钢背表面质量等内容。

（1）选择轴承内径。根据曲轴轴承的直径和规定的径向间隙选择合适内径的轴承。现代发动机曲轴轴承制造时，根据选配的需要，其内径直径已制成一个尺寸系列。

（2）检验轴承钢背质量。要求定位凸点完整，轴承钢背光整无损。

（3）检验轴承自由弹开量。要求轴承在自由状态下的曲率半径大于座孔的曲率半径，保证轴承压入座孔后，可借轴承自身的弹力作用与轴承座贴合紧密，如图 2-90 所示。

（4）检验轴承的高出量。轴承装入座孔内，上、下两片的每端均应高出轴承座平面 0.03～0.05mm，称为高出量 P（见图 2-90）。轴承高出座孔，以保证轴承与座孔紧密贴合，提高散热效果。

三、飞轮的维修

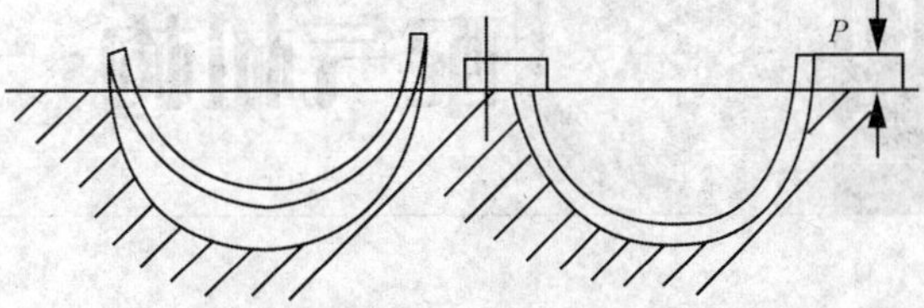

图 2-90 轴承的检验

1．飞轮齿常见损伤及原因

（1）飞轮齿圈的磨损和轮齿折断。原因：在起动发动机时，起动机与飞轮齿圈产生碰撞或两齿轮啮合不良。

（2）飞轮工作面的磨损。飞轮工作面的磨损易造成轮齿的磨损和轮齿折断。这种损伤经常集中在压缩行程终点前对应的一段齿圈上。

飞轮工作面即离合器摩擦片接合面。工作时，由于离合器在分离和接合时与飞轮平面存在转速差，产生相对滑动摩擦，使飞轮工作面正常磨损。由于操作不当，有时飞轮平面还会因高速摩擦时的高温而产生烧灼印痕，甚至在飞轮表面形成裂纹使动力传递能力下降。

2．飞轮的检修

（1）更换齿圈。飞轮齿圈有断齿或齿端冲击耗损，与起动机齿轮啮合状况发生变化时，应更换齿圈或飞轮组件。齿圈与飞轮配合过盈为 0.30～0.60mm，更换时。应先将齿圈加热至 623～673K，再进行热压配合。

（2）修整飞轮工作平面。飞轮工作面磨损形成波浪形槽，应用油石磨平，深度超过 0.5mm 时或平面度误差大于 0.15mm 时，应车削或磨削加工。飞轮加工后，其总厚度一般不得减少 1.2mm，工作面允许有 1～2 道环形沟痕。

飞轮端面圆跳动误差的检查方法是：将百分表架装在飞轮壳上，表头靠在飞轮的光滑端面上，旋转表盘，使“0”对正指针，转动飞轮一圈，百分表的读数差即为端面圆跳动误差。修整并与曲轴装配后的飞轮端面圆跳动误差不得大于 0.15mm，飞轮厚度极限减薄量为 1mm。

（3）飞轮修复后的检验。飞轮修复后，工作表面应平整、无裂纹，其平面度误差应小于 0.10mm。飞轮的厚度一般不得小于标准尺寸 1.2mm。飞轮与曲轴装合后，飞轮平面对曲轴轴线的端面全跳动应小于 0.20mm。飞轮与曲轴装合后，同时应在平衡机上进行平衡试验，所允许的动不平衡量应符合原厂规定。

思 考 与 练 习

1．什么是发动机的做功间隔角？常见四缸、六缸、八缸发动机的做功间隔角是多少？

2．请填写直列四缸发动机的工作顺序表（发火次序 1—3—4—2）。

曲轴转角（°）	第 1 缸	第 2 缸	第 3 缸	第 4 缸
0°～180°				
180°～360°				
360°～540°				
540°～720°				

3．曲轴的主要损伤形式是什么？

4．飞轮的功用是什么？

项目三 3 配气机构

知识目标

- ◎ 了解发动机的换气过程及影响充气效率的因素。
- ◎ 掌握配气相位的定义。
- ◎ 掌握配气机构的组成、作用、分类、工作过程。
- ◎ 掌握配气机构的主要零部件构造的检测与维修方法。
- ◎ 熟悉可变配气相位。

能力目标

- ◎ 会进行配气机构主要零部件的正确检修。
- ◎ 能进行配气机构的装配和调整。
- ◎ 会进行气门间隙的调整。

配气机构是发动机的两大机构之一，是控制发动机进气和排气的装置，它应能保证发动机进气充分、排气（废气）干净，对现代汽车发动机转速的提高、性能的改善有着重要意义。配气机构包括气门组、气门传动组。配气机构的作用是按各缸工作顺序和每一缸工作循环的要求，定时地将各缸进气门与排气门打开、关闭，以便发动机进行换气过程。现代轿车发动机多采用多气门、凸轮轴上置、齿形带传动式结构。一些高性能轿车发动机采用可变配气相位和气门升程电子控制系统，它能根据发动机的运行状况而改变发动机的配气相位和气门升程，使发动机在所有工作转速下都能获得较佳的配气相位和气门升程，从而提高发动机的动力性和经济性。

本项目主要介绍配气机构的类型、组成、工作过程、配气相位、故障诊断检修等内容。

任务一 配气机构概述

相关知识

一、配气机构的作用和组成

1．配气机构的作用

配气机构是控制发动机进气和排气的装置。其作用是根据发动机的工作顺序和各缸工作循环的要求，定时开启和关闭进、排气门，使新鲜可燃混合气（汽油机）或空气（柴油机）准时进入气缸，废气得以及时排出气缸。

2．配气机构的组成

发动机配气机构基本可分成两部分：气门组和气门传动组。

气门组主要包括气门、气门座、气门弹簧和气门导管等。气门组的组成与配气机构的形式基本无关，但结构大致相同。

气门传动组包含从正时齿轮开始至推动气门动作的所有零件，作用是使气门定时开启、关闭，它的组成视配气机构的形式不同而异，主要零件包括正时齿轮（正时链轮和链条或正时带轮和正时带）、凸轮轴、液压挺柱、挺杆、推杆、摇臂轴和摇臂等。

二、配气机构的分类和工作原理

1．配气机构的分类

发动机配气机构形式多种多样，其主要区别是气门布置形式和数量、凸轮轴布置形式和驱动方式。

（1）按气门布置形式分类。配气机构按气门布置形式分类可分为侧置气门式和顶置气门式，其中顶置气门式应用最为广泛，侧置气门式已被淘汰。以下配气机构如果不特别加以说明，都为顶置气门式。

（2）按凸轮轴的传动方式分类。配气机构按凸轮轴的传动方式分类可分为齿轮传动式、链条传动式和齿形带传动式，如图 3-1 所示。由于四冲程发动机每完成一个工作循环，曲轴旋转 2 圈，而各缸只进、排气 1 次，即凸轮轴只需转 1 圈，所以曲轴与凸轮轴的传动比为 2:1。

① 齿轮传动式。凸轮轴下置式、中置式配气机构大多采用圆柱形正时齿轮传动。一般凸轮轴正时齿轮大，曲轴正时齿轮小，通常采用斜齿，以保证传动平稳。如图 3-1（a）所示。安装时，齿轮上的正时记号必须对准，确保配气正时。采用这种传动方式时，若齿轮直径过大，可在中间加装一个惰轮。

② 链条传动式。凸轮轴上置式配气机构的凸轮轴离曲轴较远时，采用链条传动或齿形带传动。采用链条传动时，在曲轴和凸轮轴上装有链轮，曲轴通过链条驱动凸轮轴，在链条侧面有张紧机构和链条导板，利用张紧机构调整链条张力，如图 3-1（b）所示。其特点是工作可靠，使用寿命长，但工作噪声大，润滑、维修较麻烦。

③ 齿形带传动式。从 20 世纪 80 年代初开始，齿形带传动逐渐得到广泛使用。与链条传动相似，采用齿形带传动时，曲轴上的齿形带轮通过齿形带驱动凸轮轴上的齿形带轮，并用张紧轮调整齿形带张力，如图 3-1（c）所示。齿形带由纤维和橡胶制成，一面具有齿形，另一向是平面。齿形带传动噪声小，不需要润滑。桑塔纳等轿车均采用这种传动。安装时和齿轮传动式一样，在主动轮和被动轮上都有正时记号，必须按要求对准正时记号，以确保配气正时。

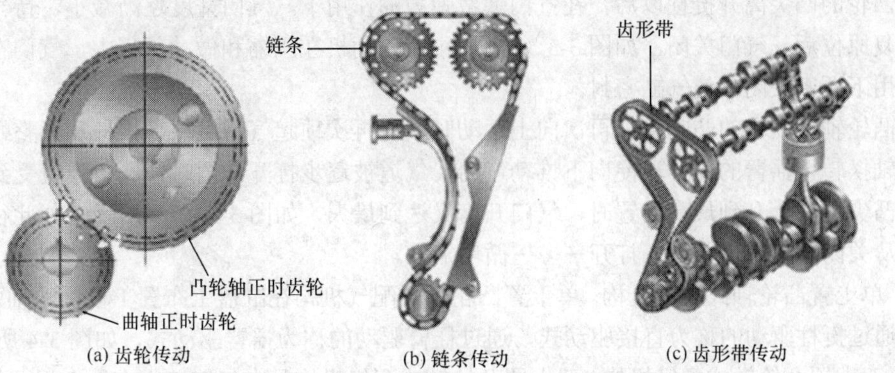

图 3-1　凸轮轴的传动方式

（3）按凸轮轴布置形式和驱动方式分类。

① 凸轮轴下置式。大多数载货汽车和大中型客车发动机都采用这种结构形式，如图 3-2（a）所示。气门组由气门、气门导管、气门弹簧、气门弹簧座和气门锁片等组成，气门传动组由凸轮轴、凸轮轴正时齿轮、挺柱、推杆、摇臂和摇臂轴等组成。

② 凸轮轴中置式。一些速度较高的柴油机将凸轮轴位置抬高到缸体上部，如图 3-2（b）所示。配气机构工作原理如图 3-3（b）所示。

③ 凸轮轴上置式。现代轿车使用的高速发动机大多采用这种结构形式，如图 3-2（c）所示。凸轮轴仍与曲轴平行布置，但位于气门组上方，凸轮轴直接通过摇臂来驱动气门开启和关闭，省去了推杆，使往复运动质量大大减小。但此种布置使凸轮轴距离曲轴较远，因此，不方便使用齿轮传动，现多采用同步齿形带传动，这种结构形式的气门传动组主要由凸轮轴、同步齿形带、挺柱等组成。凸轮轴上置式配气机构有单上置和双上置之分。

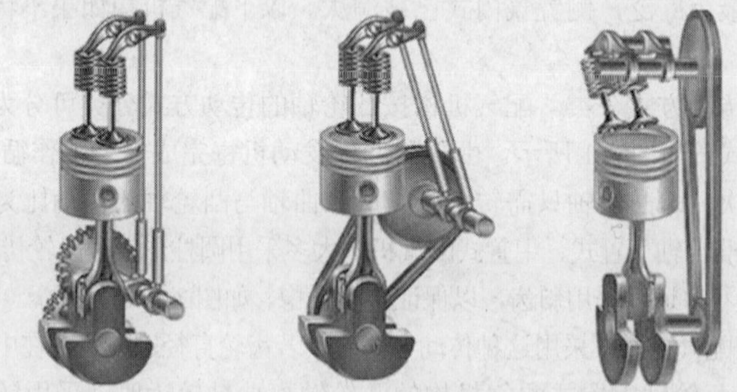
(a) 凸轮轴下置式　(b) 凸轮轴中置式　(c) 凸轮轴上置式

图 3-2　凸轮轴的布置位置

2．工作原理

凸轮轴下置式配气机构的工作情况如图 3-3 所示。发动机工作时，曲轴通过正时齿轮带动凸轮轴旋转。

当凸轮轴上凸轮的凸起部分向上运动时，依次顶起气门挺柱、推杆和调整螺钉，使摇臂绕其轴摆转，摇臂的另一端便向下推动气门，气道被逐步打开，同时使气门弹簧受到压缩。当凸轮的凸尖上升到最高位置时，气门开度最大，如图 3-3（a）所示。

当凸轮的凸尖离开挺柱以后，在气门弹簧弹力的作用下，气门开度逐渐减小，待气门及其传动件恢复原位后，气门关闭，如图 3-3（b）所示。发动机在压缩和做功行程中，气门在其弹簧张力的作用下严密关闭，使气缸密封。

当凸轮轴上凸轮的凸起部分再次向上运动时，将再次顶起气门挺柱、推杆和调整螺钉，使摇臂绕其轴摆转，摇臂的另一端便向下推动气门，气道被逐步打开，同时使气门弹簧受到压缩。当凸轮的凸尖再次上升到最高位置时，气门开度又达到最大，如图 3-3（a）所示。如此往复运动，气门将从关闭→打开→关闭→打开→……循环下去。

① 单上置凸轮轴式配气机构。单上置凸轮轴式配气机构在缸盖上布置 1 根凸轮轴驱动进、排气门。通过挺柱驱动的称为直接驱动式，通过摇臂驱动的称为摇臂驱动式，如图 3-4 所示。

② 双上置凸轮轴式配气机构。双上置凸轮轴式配气机构是在气缸盖上布置 2 根凸轮轴，一根驱动进气门，一根驱动排气门，如图 3-5 所示。这种结构有利于多气门的布置。

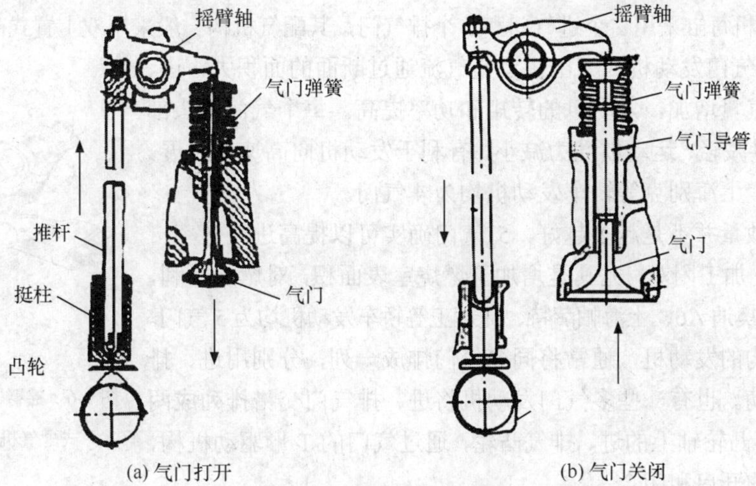

图 3-3 下置式凸轮轴配气机构结构和工作过程

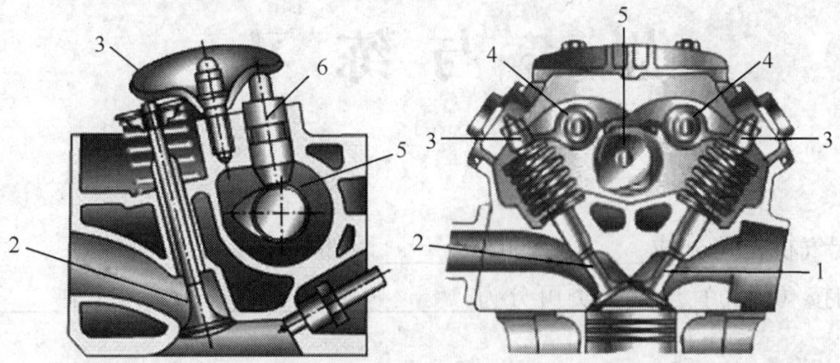

图 3-4 摇臂驱动、单凸轮轴上置式配气机构

1—进气门；2—排气门；3—摇臂；4—摇臂轴；5—凸轮轴；6—液力挺柱

由上述工作过程可知：传动组的运转使气门开启，气门弹簧释放张力使气门关闭；凸轮的轮廓曲线则决定了气门的开闭时刻与规律。每次打开气门时摇臂压缩气门弹簧，为关闭气门积蓄能量。

3．多气门发动机

进排气的效率是决定发动机性能好坏的重要因素。当发动机正常运转时，活塞的往复运动速度是非常快的，在 3000r/min 的转速下，发动机完成每一个进气或排气行程的时间只有约 0.04s。要想在这么短的时间内吸进或排出更多的气体就要增大进、排气的有效面积，于是有的发动机便采用了多气门技术。

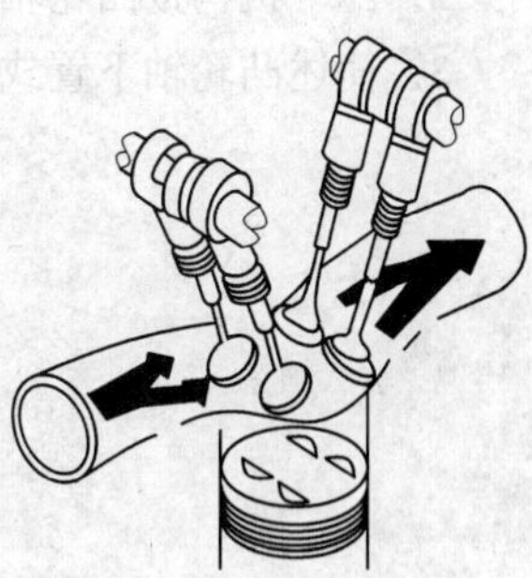

图 3-5 摇臂驱动、双凸轮上置式配气机构（4 气门）

由于人们对发动机性能指标的要求越来越高以及尾气排放法规日益严格，每缸 2 气门（即 1 个进气门，1 个排气门）的结构已经显得有些落伍了，现在越来越多的发动机采用每缸 3 气门结构（2 个进气门，1 个排气门）；或者每缸 4 气门结构（即 2 个进气门，2 个排气门）；有的采用每缸 5 气门结构，即 3 个进气门，2 个排气门。

3 气门发动机每缸采用 2 个进气门和 1 个排气门，目前已很少采用。

4 气门发动机每缸采用 2 个进气门和 2 个排气门，其配气机构一般采用双上置式凸轮轴结构，如图 3-5 所示。4 气门发动机的突出优点是气流通过断面的面积大，进、排气充分，进气量增加，发动机的转矩和功率提高。每个气门的头部直径较小、质量减轻、运动惯性力减小，有利于发动机向高速化发展。广州本田雅阁、上海别克等轿车发动机均为 4 气门。

但是气门数量并不是越多越好，5 气门确实可以提高进气效率，但是结构复杂，加工困难，尤其是增加了燃烧室表面积，对燃烧不利，如图 3-6 所示。奥迪 A6、上海帕萨特、捷达王等轿车发动机均为 5 气门。

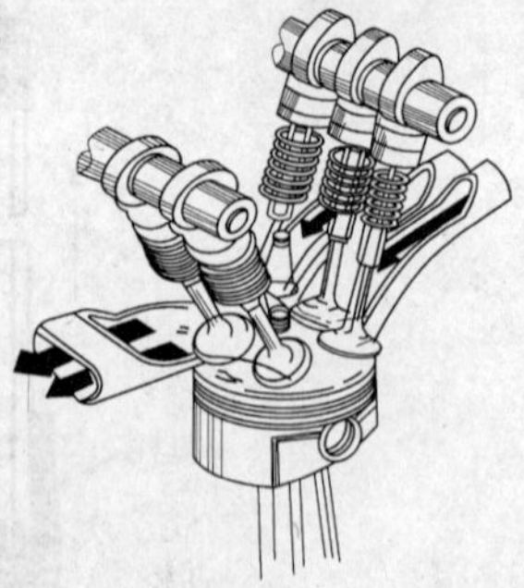

图 3-6 摇臂驱动、双凸轮上置式配气机构（5 气门）

多气门结构的发动机，通常将同名气门排成一列，分别用进、排气凸轮直接驱动。也有一些多气门发动机将进、排气门交错排列成两列，工作时，由凸轮轴上的进、排气凸轮，通过气门的 T 形驱动机构，控制同名气门的开启和闭合。

思考与练习

一、填空题

1. 发动机配气机构可分成________和________两部分。

2. 配气机构按气门布置形式分类可分为________式和________式，其中________式应用最为广泛。

3. 配气机构按凸轮轴的传动方式分为________式、________式和________式。

二、简答题

1. 配气机构的作用是什么？由哪几部分组成？

2. 配气机构按凸轮轴布置形式和驱动方式可分为几种？有什么特点？

3. 简述凸轮轴下置式配气机构的工作原理。

任务二 气门组的构造与维修

相关知识

气门组在配气机构中相当于一个阀门，作用是准时接通和切断进排气系统与气缸之间的通道。气门组一般由气门、气门导管、气门油封、气门弹簧、气门弹簧座及锁片（锁销）等组成，如图 3-7 所示。

气门组应保证气门能够实现气缸的密封，因此要求：气门头部与气门座贴合严密；气门导管与气门杆的上下运动有良好的导向；气门弹簧的两端面与气门杆的中心线相垂直，以保证气门头在气门座上不偏斜；气门弹簧的弹力足以克服气门及其传动件的运动惯性力，使气门能迅速开闭，并保证气门紧压在气门座上。

一、气门

气门的作用是封闭进、排气通道。气门的工作条件十分恶劣：气门头部的工作温度很高，进气门可达 570K～670K；排气门更高，可达 1050K～1200K；气门头部要承受气体压力、气门弹簧力及传动组零件惯性力的作用；气门冷却和润滑条件差；还要接触气缸内燃烧生成物中的腐蚀介质。因此，要求气门必须具有足够的强度、刚度、耐热、耐腐蚀和耐磨能力。但是由于进、排气门的工作条件有所不同，因此使用的材料也有所区别。进气门的材料一般采用合金钢（如铬钢或镍铬钢等），排气门由于热负荷大，一般采用耐热合金钢（硅铬钢、硅铬钼钢等）；有的排气门为了降低成本，头部采用耐热钢，而杆部用铬钢，然后将二者焊在一起。

气门由头部和杆部两部分组成，如图 3-8 所示，气门头部与气门座配合实现密封气缸的进、排气通道的作用，气门杆部则主要为气门的运动进行导向。

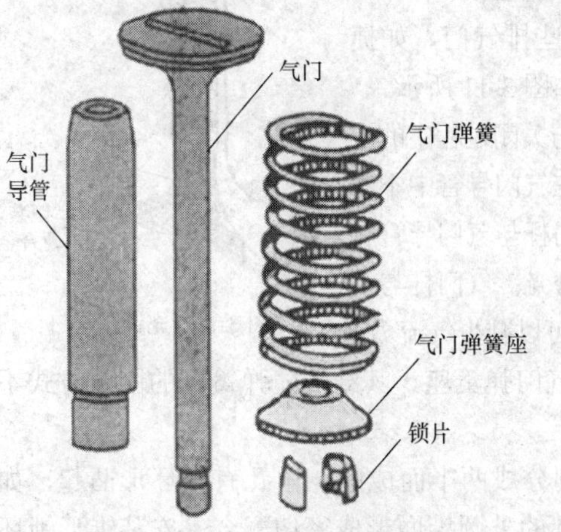

图 3-7　气门组的组成与结构

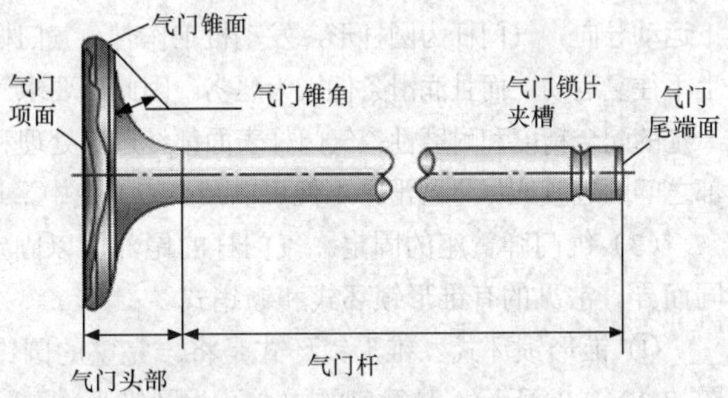

图 3-8　气门的结构

（1）气门头部。气门头部由顶部和密封锥面组成。图 3-9 所示为气门头部形状。

① 气门顶部。平顶是大多数发动机采用的一种方式，它吸热面积小，结构简单，制造方便，质量小，进、排气门均可采用。

喇叭形顶与杆身的过渡部分具有流线型，气体流动阻力小，且质量轻，惯性小。但其顶部受热面积大，适合做进气门，不宜做排气门。

球面顶的强度高，排气阻力小，废气清除效果好，适合做排气门。但球面顶形状受热面积大，质量和惯性力大，加工也复杂。

② 气门密封锥面。气门密封锥面是与杆身同心的圆锥面，用来与气门座接触，起到密封气道的作用。密封锥面的特点有：密封性和导热性好；气门落座时，有自定位作用；避免气流拐弯过大而降低流速；能挤掉接触面的沉淀物，起到自洁作用等。

气门密封锥面与顶平面之间的夹角，称为气门锥角，如图 3-10 所示。在气门升程相同的情况下，减小气门锥角，可获得较大的气流通过截面，进气阻力较小。但气门锥角过小，其头部边缘变薄，刚度降低，致使气门头部与气门座的密封性和导热性均变差。气门锥角一般有 45°、30°两种。排气门温度高，导热要求也高，其锥角大多为 45°。

一般气门锥角比气门座或气门座圆锥角稍小一些，其作用是使二者不以锥面的全宽接触，这样可增加密封锥面的接触压力，加速磨合，并能切断和挤出二者之间的任何积垢或积炭，以保持锥面良好密封性。

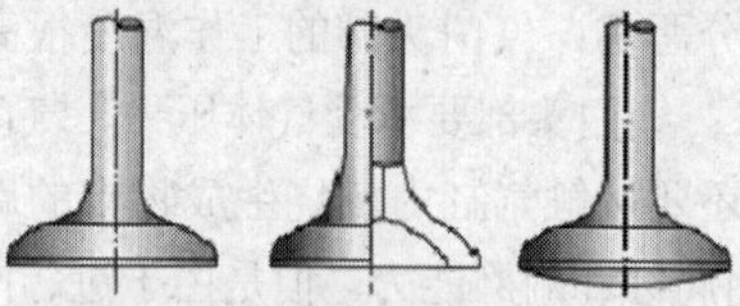

图 3-9 气门头部的形状

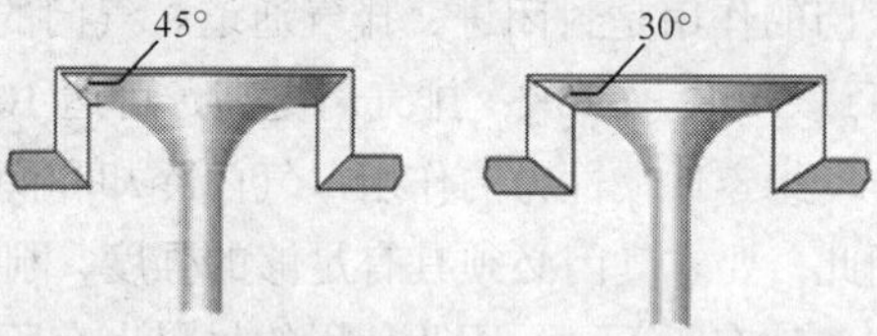

图 3-10 气门锥角

气门顶边缘与气门密封锥面之间的厚度，一般为 1～3mm，以防止在工作中受冲击损坏或被高温气体烧坏。为了减少进气阻力，提高气缸的充气效率，多数发动机进气门的头部直径比排气门的大。为保证良好密合，装配前应将气门头与气门座二者的密封锥面互相研磨，研磨好的零件不能互换。

排气门热负荷特别高，为了改善其导热性能，有些排气门，如捷达 EA113 五气门发动机的排气门，采用了充钠技术，如图 3-11 所示。

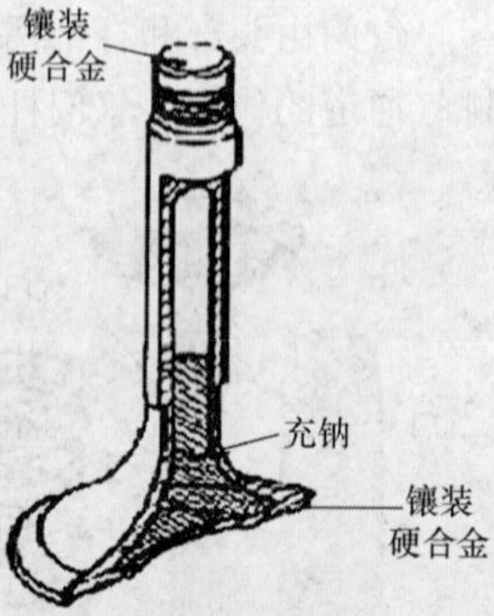

图 3-11 充钠排气门

（2）气门杆。气门杆与气门导管配合，为气门开启与关闭过程中的上下运动导向。气门杆为圆柱形，发动机工作时，气门杆在气门导管中不断上下往复运动，而且润滑条件极为恶劣。因此，要求气门杆与气门导管有一定的配合精度和耐磨性：气门杆表面都经过热处理和磨光；气门杆与头部之间的过渡应尽量圆滑，不但可以减小应力集中，还可以减少气流力。

（3）气门弹簧座的固定。气门杆的尾部用以固定气门弹簧座，其结构随弹簧座的固定方式不同而异。常见的有锥形锁环式和锁销式。

① 锥形锁环式。锥形锁环式是将一完整的圆锥剖分成两半而成的，内孔有一环形凸起，如图 3-12（a）所示。弹簧座的中心孔为圆锥形，与锁环的外圆锥面形成密切配合。安装锥形锁环式时，需用专用工具将弹簧座连同气门弹簧压下，将两片锁环套于气门杆尾部，使锁环内孔的环状凸起正好位于气门杆尾端的环形槽内。放松弹簧座，在气门弹簧的弹力作用下，弹簧座的圆锥孔与锁环的圆锥面紧紧地贴合在一起，不会脱落。

② 锁销式。其结构如图 3-12（b）所示。它的固定方法比较简单，将弹簧座连同弹簧一起压下后，把锁销插入气门杆尾部的径向孔内，放松弹簧座后，锁销正好位于弹簧座的外侧面的凹穴内，防止了弹簧座的脱出。

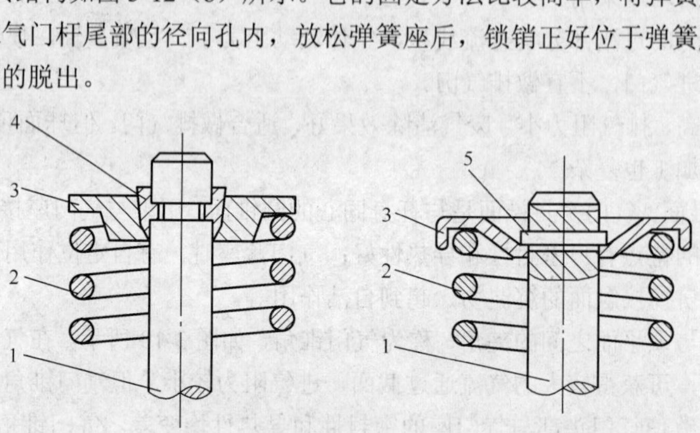

（a）锁片式 （b）锁销式

图 3-12 弹簧座的固定方式

1—气门杆；2—气门弹簧；3—气门弹簧座；4—锁环；5—锁销

（4）气门油封。它是气门机油（润滑油）防漏装置。适量的机油进入气门导管与气门之间的间隙，对于气门杆的润滑是必要的。但如果进入的机油过多，将会在气缸内造成积炭和在气门上产生沉积物。因此，有的发动机在气门杆上装有机油防漏装置，如图 3-13 所示。

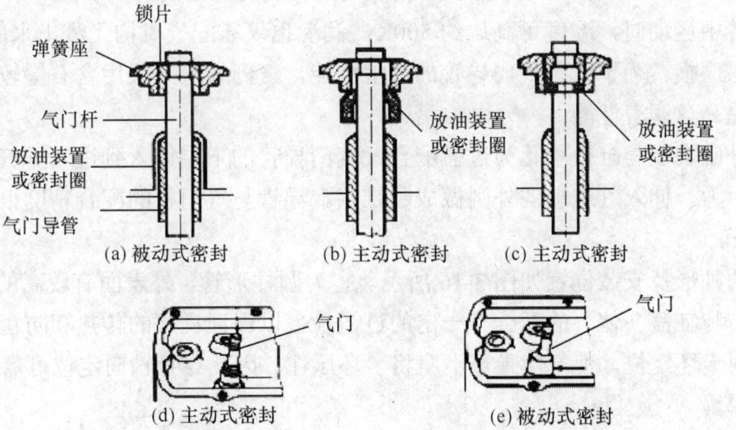

图 3-13　气门机油防漏装置

气门油封损坏，会使润滑油由气门处进入燃烧室燃烧，出现排气管冒蓝烟，机油消耗异常等现象。气门油封多为一次性产品，拆卸后应更换新品。

二、气门座

进、排气道口与气门密封锥面直接贴合的部位称为气门座。其作用是与气门头部一起对气缸起密封作用，同时接受气门头部传来的热量，起到对气门散热的作用。

气门座的形式有两种：一是直接在气缸盖上镗出；二是单独制成气门座圈，镶嵌在气缸盖上，如图 3-14 所示。直接在气缸盖上镗出的气门座散热效果好，但不耐高温，不耐磨损，不便于修理更换。气门座圈用耐热合金钢或耐热合金铸铁制成，镶嵌在气缸盖上，有易于更换等特点；缺点是导热性差，加工精度要求高，气门座圈与缸盖上的座孔配合精度不当，有可能发生气门座圈脱落事故。镶装气门座圈时，应根据配合过盈量采用温差法、压力法，即压装前先将气门座圈冷冻、或将气门座圈局部加热、或直接将气门座圈压入座孔。

气门座的锥角由 3 部分组成，如图 3-15 所示。其中 45°（或 30°）锥面与气门座形成密封锥面，为使密封更可靠，同时又有一定的散热面积，密封锥面的宽度不小于 1～3mm。15°和 75°锥角，是用来修正工作（即密封）锥面的宽度和上、下位置的。

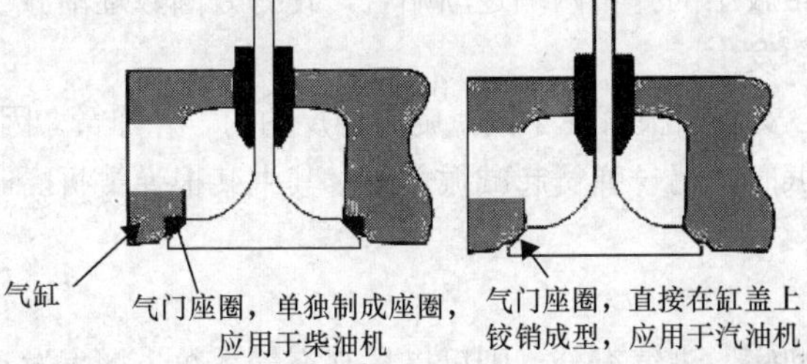

图 3-14　气门座的结构形式

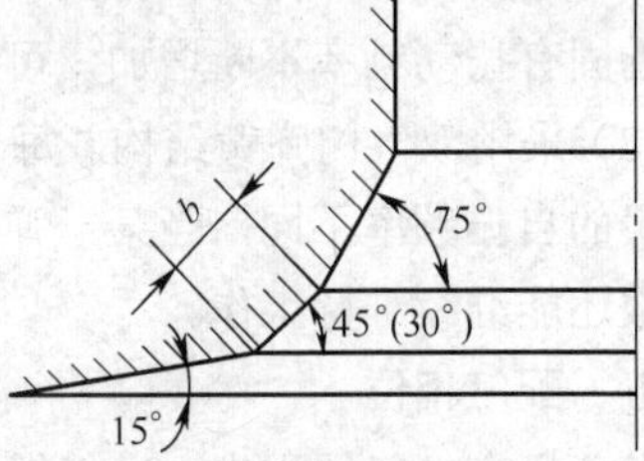

图 3-15　气门座锥角结构

某些发动机的气门锥角比气门座锥角小 0.5°～1°，该角称为密封干涉角。干涉角有利于走合期的磨合。走合期结束，干涉角逐渐消失，恢复全锥面接触。

三、气门导管

气门导管的作用是给气门的运动导向，保证气门和气门座锥面的精确配合，并为气门杆散热。当气门杆在导管中运动时，温度可高达约 500K，润滑也仅靠配气机构飞溅出来的机油进行润滑，因此气门导管易磨损。为了改善气门导管的润滑性能，气门导管一般用含石墨较多的铸铁或粉末冶金制成，以提高自润滑性能。

气门导管外圆表面与缸盖承孔为过盈配合，气门导管的下端伸入到进、排气道内。为减小对进、排气流的阻力，伸入气道端的外圆做成圆锥状。导管与气门杆的配合精度很高，配合间隙仅有 0.05～0.12mm。

气门导管的外形及安装位置如图 3-16 所示。它为圆柱形管，外表面有较高的加工精度、较低的表面粗糙度，与缸盖（体）的配合有一定的过盈量，以保证良好的传热和防止松脱。有的发动机对气门导管用卡环定位，使气门弹簧下座将卡环压住，因此导管轴向定位可靠。

四、气门弹簧

气门弹簧的作用是使气门自动复位关闭，保证气门与气门座的座合压力；吸收气门关闭过程中各传动零件产生的惯性力；防止各个传动件彼此分离而破坏配气机构正常工作。为确保上述功能，气门弹簧的刚度一般都很大，且安装时须进行预紧压缩，因预紧力很大，需用专用工具方可完成对气门弹簧的拆装。

气门弹簧为圆柱形螺旋弹簧，其结构如图 3-17 所示。弹簧两端磨平，安装时，气门弹簧的一端支撑在气缸盖上，而另一端则压靠在气门杆尾端的弹簧座上，一般弹簧座用锁片固定在气门杆的末端。桑塔纳轿车发动机均采用双气门弹簧。

图 3-16 气门导管

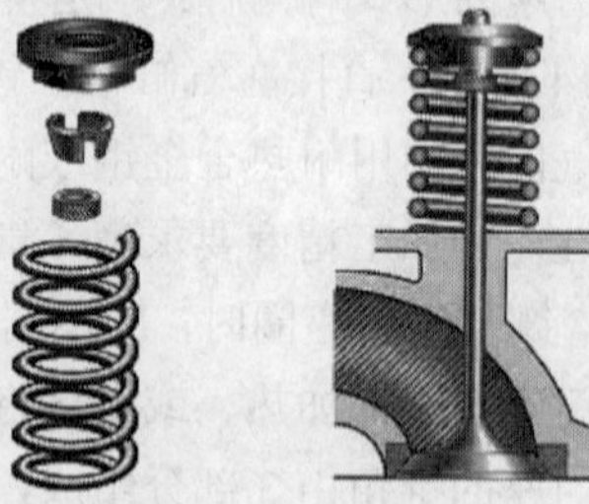
图 3-17 气门弹簧

为避免气门弹簧在工作时因共振导致弹簧折断，常采用以下结构措施。

（1）提高弹簧刚度。如加粗簧丝直径，减小弹簧直径。

（2）采用变螺距弹簧。弹簧压缩时，螺距较小的弹簧两端逐渐贴合，使有效圈数逐渐减少，弹簧的固有振动频率不断增加，可避免共振的发生。

（3）采用双气门弹簧结构。每个气门同心安装两根直径不同、旋向相反的内、外弹簧。因内、外弹簧的自振频率不同，当某一弹簧发生共振时，另一弹簧起减振作用；其中某根弹簧折断时，另一根还能继续维持工作。

五、配气相位

发动机在换气行程中，若能够做到排气彻底、进气充分，则可以提高充气系数，增大发动机输出的功率。如上海桑塔纳的四冲程发动机，在最大功率时的发动机转速达到 5600r/min，一个行程的时间只有 0.0054s，在如此短的进气和排气行程中，很难达到进气充分、排气彻底。为改善换气行程，提高发动机性能，实际发动机的气门开启和关闭并不在上下止点，而是适当提前或滞后，即气门开启过程都大于 180°。

用曲轴转角表示气门开启与关闭时刻和开启的持续时间，称为配气相位，如用曲轴转角的环形图来表示配气相位，这种图形即称为配气相位图，如图 3-18 所示。

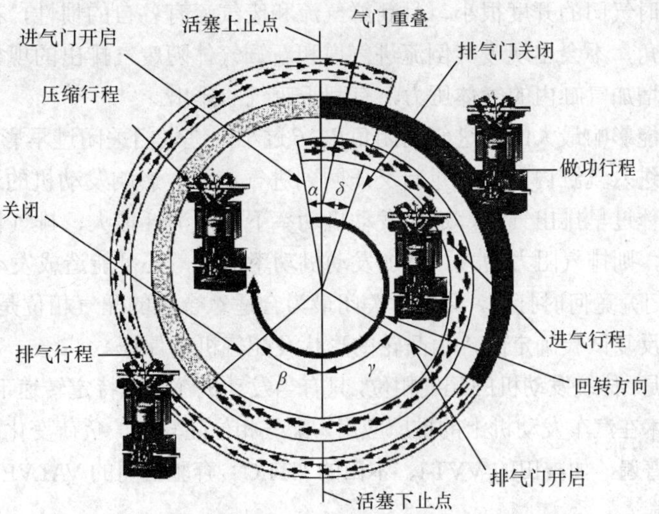

图 3-18　配气相位图

1．进气提前角α

在排气行程接近完成时，活塞到达上止点之前，进气门便开始开启。从进气门开始开启到活塞到达上止点所对应的曲轴转角称为进气提前角，用α表示。一般α值为 10°～30°。

2．进气迟闭角β

在进气行程到达下止点时，进气门并未关闭，而是在活塞上行一段距离后才关闭。从活塞位于下止点到进气门完全关闭时对应的曲轴转角称为进气迟闭角，用β表示。一般β值为 40°～80°。进气门开启持续时间内的曲轴转角，即进气持续角为α+180°+β，为 230°～290°。

进气门早开和迟关的目的是：进气门早开，则活塞到达上止点开始向下止点运动时，进气门已有一定开度，使新鲜气体顺利进入气缸；进气门迟关可充分利用气流的惯性和缸内外的压力差继续进气；进气门早开和迟关增加了进气时间。由此可见，进气门早开、迟关能增加气缸的充气量。

3．排气提前角γ

在做功行程的后期，活塞到达下止点前，排气门便开始开启。从排气门开始开启到活塞到达下止点时所对应的曲轴转角称为排气提前角，用γ表示。一般γ值为 40°～80°。

4．排气迟闭角δ

排气门是在活塞到达上止点后，又开始下行一段距离后才关闭的。从活塞位于上止点到排气门关闭称为排气迟闭角，用δ表示。一般δ值为 10°～30°。活塞到达上止点时，气缸内的压力仍高于大气压，由于气流有一定的惯性，排气门适当延迟关闭可使废气排得更干净。排气门开启持续时间内的曲轴转角，即排气持续角为γ+180°+δ，为 230°～290°。

排气门早开和迟关的目的是：排气门早开，使废气能利用自身压力迅速、自由地排出气缸，减小排气行程活塞上行的阻力，可缩短废气在气缸内的停留时间，防止发动机过热；排气门迟关，可利用废气压力和废气流的惯性继续排气；排气门早开和迟关延长了排气时间。所以，排气门早开、迟关可以使气缸内的废气排除得更为干净。

5．气门叠开与气门叠开角

由于进气门早开和排气门晚关，在活塞位于排气上止点附近，出现一段进、排气门同时开启的现象，称为气门叠开。同时开启的角度，即进气门提前角α与排气门迟闭角 δ 之和称为气门重叠角。气门叠开时气门的开度很小，且新鲜气流和废气流有各自的惯性，在短时间内不会改变流向，适当的叠开角，不会出现废气倒流进气道和新鲜气体随废气排出的现象。相反，进入气缸内部的新鲜气体可增加气缸内的气体压力，有利于废气的排出。

对发动机性能影响最大的是进气迟闭角β。β过小，进气门关闭过早影响进气量；β过大，进气门关闭过晚，进入气缸内的气体重新又压回到进气道内，影响发动机的进气量。排气提前角 γ 大，高温高压气体过早排出气缸，造成发动机功率下降，油耗增大，排气管产生放炮等现象。但排气提前角过小，则排气阻力增大，增加发动机功率消耗，还可能造成发动机过热。

实际中，气门究竟何时打开，又何时关闭最为合适？合理的配气相位是根据发动机结构形式、转速等因素通过反复试验确定的，由凸轮的形状及配气机构保证。

需要指出的是，传统发动机的配气相位，只有当发动机在某一特定转速下运转时才是最合适的。随着电子控制技术在汽车发动机上的推广应用，配气相位随转速、负荷变化而自动调整的可变配气发动机也越来越普遍，如丰田的VVT-i、本田的VTEC、奔驰公司的VALVETRONIC装置等。

6．气门间隙

（1）气门间隙的含义。发动机工作时，气门将因温度升高膨胀，如果气门及其传动件之间在冷态时无间隙或间隙过小，则在热态时气门及其传动件的受热膨胀势必引起气门关闭不严，造成发动机在压缩和做功行程中漏气，而使功率下降，严重时甚至不易起动。为了消除这种现象，通常在发动机冷态装配（气门完全关闭）时，在气门与其传动机构中留有适当的间隙，以补偿气门受热后的膨胀量，这一间隙通常称为气门间隙，如图3-19所示。

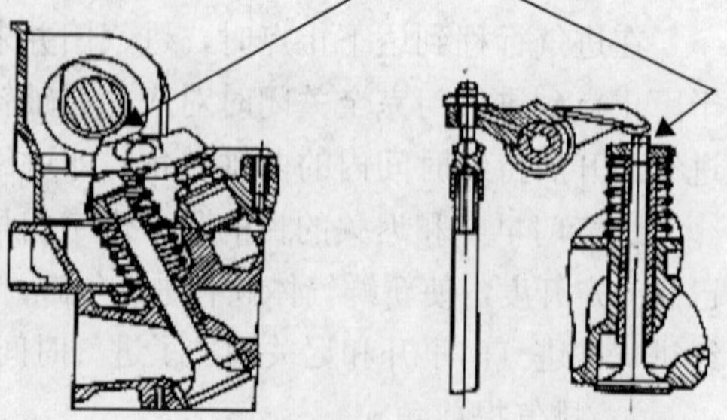

图3-19 气门间隙

气门间隙的具体部位：凸轮轴下置式配气机构的气门间隙是指气门杆端与摇臂之间的间隙，它用摇臂上的调整螺钉进行调整。

凸轮轴上置式配气机构的气门间隙的检查和调整部位的随气门的驱动力方式不同而异。对于摇臂驱动式，气门间隙是指凸轮基圆与摇臂之间的间隙，它用摇臂上的调整螺钉进行调整；对于直接驱动式，气门间隙是指凸轮与挺柱之间的间隙，它用装在挺柱头部凹槽内的垫片来调整。

气门间隙的大小由发动机制造厂根据试验确定。一般在冷态时，进气门间隙为0.25～0.35mm，排气门间隙为0.30～0.35mm。在使用和维修中，必须将气门间隙调整到合乎标准值范围内。

对采用液力挺柱的发动机，由于挺柱的长度能自动变化，以随时补偿气门的热膨胀量，故不需要预留气门间隙。

（2）气门隙的调整。气门间隙的调整是发动机维修中必须进行的一项作业。其调整方有逐缸调整法和两次调整法（也称快速调整法）两种，调整时，挺柱（或摇臂）必须落在凸轮的基圆上，在其他情况下调整出来的气门间隙是不正确的。

① 逐缸调整法。逐缸调整气门间隙的要领（以凸轮轴下置式配气机构为例）如下。

a．使第 1 缸活塞处于压缩行程的上止点位置。

b．调整第 1 缸的进、排气门隙。先松开调整螺钉的锁紧螺母，一边用螺丝刀转动调整螺钉，一边将厚薄规插入气门杆与摇臂之间（厚薄规的厚度与所调气门的规定间隙值相同），一直调到能轻轻拔出厚薄规的程度后拧紧锁紧螺母，以防发动机工作中因调整螺钉松动而改变气门间隙。

c．其余各缸气门间隙的调整按以上方法进行。

② 两次测整法。由于逐缸调整法的效率低，故在生产实践中普遍采用两次调整法调整气门间隙，即当第 1 缸活塞处于压缩行程上止点时，调整所有气门的半数，再摇转曲轴一周（指四冲程发动机），便可调整其余的半数气门。

如工作顺序为 1—3—4—2 的直列四缸发动机，当第 1 缸处于压缩行程上止点时，能同时调整气门间隙的气门是：第 1 缸的进、排气门，第 2 缸的进气门，第 3 缸的排气门；当转动曲轴一周，使第 4 缸处于压缩行程上止点位置时，可以调整余下的半数气门，见表 3-1。对工作顺序为 1—5—3—6—2—4 的直列六缸发动机，当第 1 缸处于压缩行程上止点时，能同时调整的气门为：第 1 缸的进、排气门，第 2、4 缸的进气门，第 3、5 缸的排气门；当转动曲轴一周，使第 6 缸处压缩行程上止点时，余下的半数气门即可调整，见表 3-2。

两次调整法调整气门间隙的具体操作方法与逐缸调整法相同。

表 3–1　　四缸发动机可调气门的排列

工作顺序	1	3	4	2
	1	2	4	3
第一遍（1 缸在压缩行程上止点）	双	排	不	进
第二遍（4 缸在压缩行程上止点）	不	进	双	排

表 3–2　　六缸发动机可调气门的排列

工作顺序	1	5	3	6	2	4
	1	4	2	6	3	5
第一遍（1 缸在压缩行程上止点）	双	排		不	进	
第二遍（6 缸在压缩行程上止点）	不	进		双	排	

任务实施

一、气门的检修

气门的耗损主要有：气门工作面起槽、变宽，甚至烧蚀后出现斑点和凹陷，气门杆及尾端的磨损，气门杆的弯曲变形等。

1．外观检验

当发现气门有裂纹、破损或熔蚀烧损时，须更换气门。

2．测量气门尺寸

如果气门尺寸超过磨损极限，应更换气门。

3．气门的检测

检测气门损耗达到下列情形之一时，应予以修校或换新。

（1）轿车气门杆磨损量大于 0.05mm，载货汽车气门杆磨损量大于 0.10mm，或有明显的台阶形磨损。

（2）气门头圆柱面的厚度小 1.0mm。

（3）气门尾端的磨损量大于 0.05mm。

（4）气门杆直线度误差大于 0.05mm 时，应予更换或校直，校直后的直线度误差不得大于 0.02mm。图 3-20 所示为气门杆直线度的检测。将气门架在检测台上，转动气门杆一圈，百分表的摆差即为直线度误差。

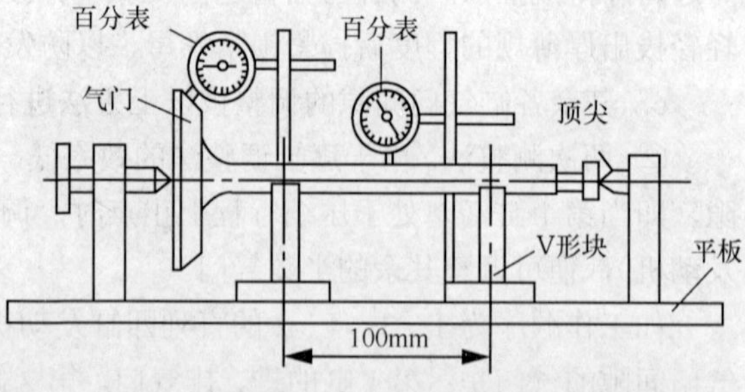

图 3-20 气门杆直线度误差测量

4．气门的修理

气门工作锥面起槽、变宽，甚至烧蚀后出现斑点和凹陷时，应更换。

二、气门座的检修

气门座的耗损主要是磨料磨损和由于冲击载荷造成的硬化层脱落，以及受高温气体的腐蚀使得密封带变宽，气门与气门座关闭不严，气缸密封性降低。如果出现这些现象，一般应检修气门座。

气门座检修的技术要求是：气门座表面不得有任何损伤，气门座固定可靠；工作锥面正确，表面粗糙度 *Ra* 取值为 1.25～6.3μm；气门座圈工作面宽度为 1.2～2.5mm；气门下陷量符合要求。

1．气门座的镶换

如气门座有裂纹、松动、烧蚀或磨损严重；或经多次加工修理，使新气门装入后，气门头部顶平面仍低于气缸盖燃烧室平面 2mm 以上，应镶换新的气门座，其工艺要点如下。

（1）拆卸旧气门座。注意，不要损伤气门座承孔。

（2）选择新气门座。用外径千分尺测量气门座外径，用内径量表测量气门座承孔内径，并根据气门座和缸盖承孔的材质选择合适过盈量（一般在 0.07～0.17mm）。

（3）气门座的镶换。将检查合格的新气门座进行冷却，时间不少于 10min，同时加热气门座承孔，然后在气门座外侧涂上一层密封胶，将气门座压入承孔中。

修复气门座所需专用工具有深度仪、气门座加工铰刀。如果气门有泄漏，仅更换或修复气门座和气门是不够的，尤其是在运行很长时间以后的发动机上，必须检查气门导管有无泄漏和磨损情况。

2．气门座的铰削

镶入的新座圈应进行铰削加工（或虽未更换座圈，若气门座烧蚀严重，或密封环带过宽时，也应对气门座圈进行铰削加工）。气门座的铰削通常是手工进行的，如图 3-21 所示，其铰削工艺如下。

（1）根据气门头直径和工作锥面选择一组合适的铰刀，再根据气门直径选择刀杆。每组铰刀有 45°（或 30°）、15°和 75°三种不同角度。其中 45°（或 30°）铰刀又分为粗铰刀和精铰刀两种。

（2）检查气门导管，若未更换气门导管，应检查气门导管的磨损程度，检查方法可参看本任务中“气门导管的更换”。

（3）砂磨硬化层。若未更换气门座，铰削前先将砂布垫在铰刀下，磨除硬化层，以防止铰刀打滑和延长铰刀的使用寿命。

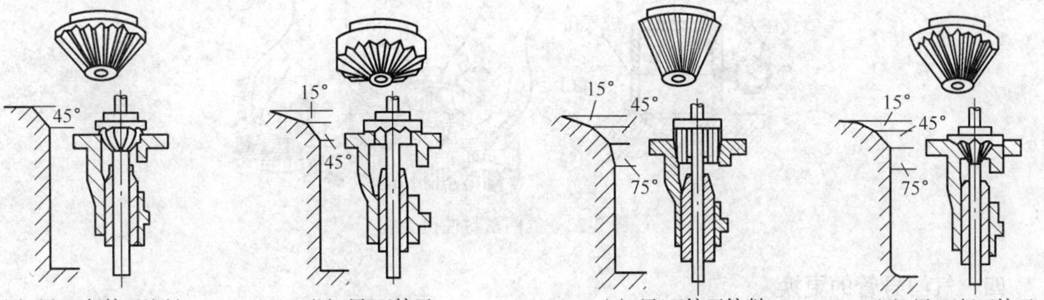

(a) 用45°粗铰刀铰削45°斜面硬表层　(b) 用75°铰刀铰削上斜面　(c) 用15°铰刀铰削75°下斜面　(d) 用45°细刃铰刀铰削45°斜面

图 3-21　气门座铰削

（4）粗铰工作面。用 45° 粗铰刀铰削气门座工作面，直至消除磨损和烧蚀痕迹（对于新座圈，则要求铰削出宽度适当的工作锥面）。

（5）用深度游标卡尺检查气门下陷量。

（6）调整环带位置和宽度。密封环带应处于工作锥面中部。若偏向气门杆部，选用 15° 铰刀（斜面与刀杆中心线夹角）铰刀修整；若偏向气门头部，则选用 75° 铰刀修整。若环带过宽，用 15° 和 75° 两种铰刀分别铰削。

（7）用精铰刀铰削气门座工作面，降低表面粗糙度，或用细砂布包在刀刃上，将气门座工作面磨光。

3．气门与气门座的研磨

若气门和气门座圈仅有轻微磨损和烧蚀，可研磨气门与气门座来恢复其密封性。气门与气门座经铰削加工后，也应研磨。研磨方法有机器研磨和手工研磨两种。

4．气门密封性检验

（1）渗油法。将气门放入相配的气门座中，用煤油浇在气门顶面上，观察其有无渗漏现象。如无渗漏表明密封良好。

（2）画线法。用软铅笔在气门工作面上每隔 4mm 画若干条分布均匀的线。然后将气门插入气门导管内，轻敲或转动，取出气门观察所画线条是否均匀切断。如果有线条未被切断则表明密封不严，需重新研磨。

（3）拍打法。将气门在相配气门座上轻拍数次，然后观察气门与气门座工作面，如有明亮又完整的光环，表明已达到密封要求。

（4）用检验仪器检查。采用带有气压表的气门密封性检验仪进行检验，如图 3-22 所示。先将检验仪的空气筒紧紧地压在有气门的气门座上，捏动橡皮气囊，使空气筒内具有 60～70kPa 的压力时，停留 30s，如气压表指示压力不下降，即密封性合格。

三、气门导管的检修

检查气门导管与气门杆之间的配合间隙。将气缸盖倒置在工作台上，将气门顶升至高出座口约 10mm 左右，安装磁性百分表座，使百分表的触头触及气门头边缘，侧向推动气门头，同时观察百分表指针的摆动，其摆动量即为实测的近似间隙，如图 3-23 所示。

如换上新气门，其间隙值仍超过允许值，则应更换气门导管。气门杆与气门导管的配合间隙超过限度，应予以更换。

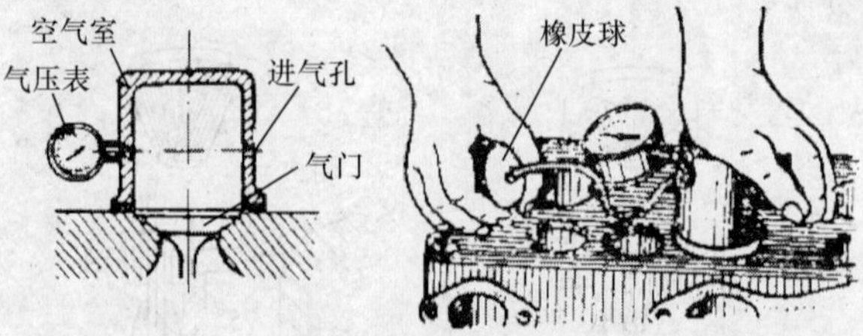

图 3-22　气门密封性检验

四、气门导管的更换

更换气门导管的工艺步骤如下。

（1）用外径略小于气门导管内孔的阶梯轴捅出原气门导管。

（2）选择外径尺寸符合要求的新气门导管。

（3）安装新气门导管。用细砂布打磨气门导管承孔口，在承孔内壁与导管外表面涂少许机油，并放正气门导管，垫上铜质的阶梯轴用压力机或手锤将导管装入承孔内。

（4）气门导管的铰削如图 3-24 所示。采用成型专用气门导管铰刀铰削，进刀量不宜过大，铰刀保持垂直，边铰边试，直至间隙合适。

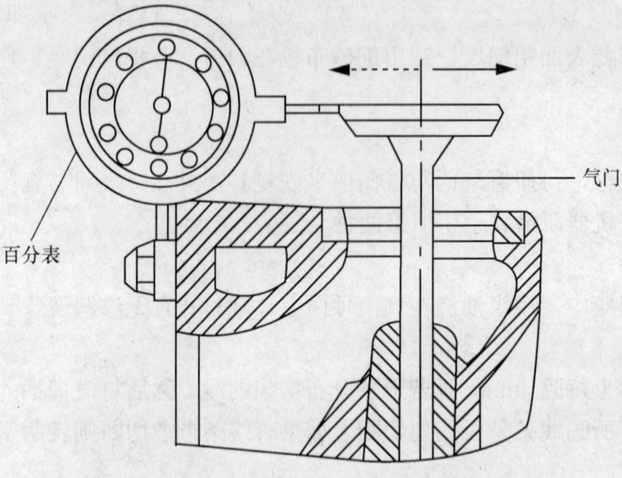

图 3-23　气门杆与气门导管间隙的测量

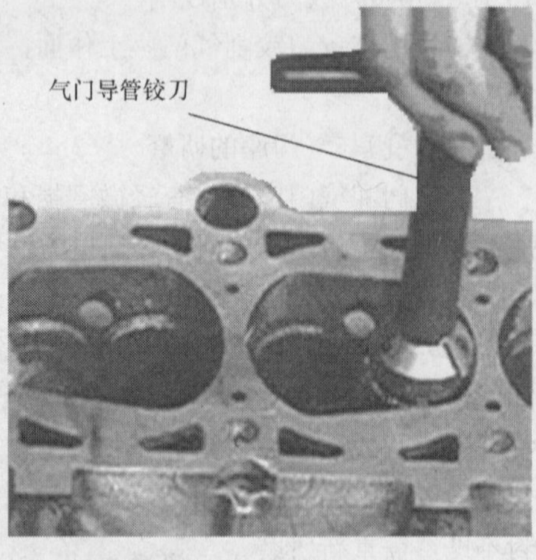

图 3-24　气门导管的铰销

气门杆与气门导管间隙的经验检查方法为：将气门杆和气门导管擦干净，在气门杆上涂一层薄机油，将气门放置在气门导管内，上下拉动数次后，气门在自身重力下能徐徐下落，表示气门杆与导管的配合间隙适当。

五、气门弹簧的检修

气门弹簧常见的缺陷有：弯曲变形、弹力减弱、擦伤、端面不平、裂纹和折断等。气门弹簧的检修方法如下。

1．检视法

观察洗净后的气门弹簧外表有无变形、裂纹等缺陷，如有则应更换。

2．气门弹簧自由长度检查

（1）新旧对比法。将一标准弹簧与被测弹簧置于同一平板上，比较其长度是否一致，如不一致，则应更换。

（2）游标卡尺测量法。如不符合规定尺寸，应予更换。

3．弹簧弹力测量

用检测仪测量弹力，将弹簧压至规定长度，台秤上所示弹力大小即为所测弹簧弹力。

4．气门弹簧弯曲和扭曲变形的检验方法

将气门弹簧放至平板上，用直角尺检查其弯曲和扭曲变形。当直尺与气门弹簧自由不超过1.5mm 时，弹簧轴线偏移小于 2° 时为合格，否则应更换。

5．气门弹簧出现断裂、歪斜以及弹力减弱现象时，应予以更换

气门弹簧的弹力在弹簧检验仪上进行测量。弹力小于原厂规定的 10%时，应予以更换。无弹簧检验仪时，可用对比新旧弹簧的自由长度判断，自由长度差超过 2mm 时，应予以更换。对气门弹簧进行垂直度测量，如有歪斜，应予以更换。气门弹簧的检测如图 3-25 所示。

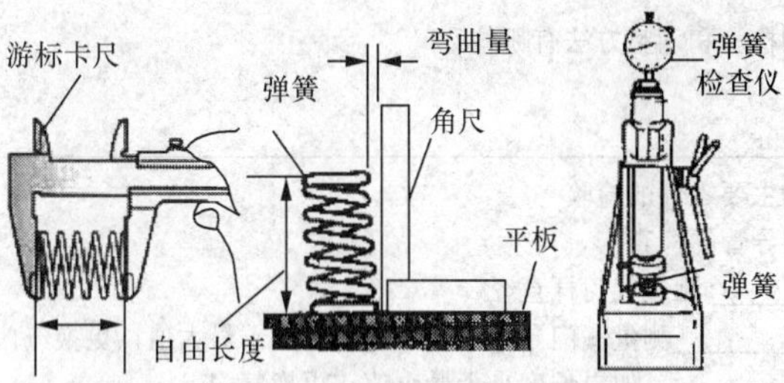

图 3-25 气门弹簧的测量

思考与练习

一、填空题

1．气门组一般由________、________、________、________、________及________等组成。

2．气门由________和________两部分组成，气门头部与气门座配合实现密封气缸的进、排气通道的作用，气门杆部则主要为气门的运动进行________。

3．气门弹簧的作用是使气门自动复位________，保证气门与气门座的座合压力；吸收气门关闭过程中各传动零件产生的________；防止各个传动件彼此分离而破坏配气机构正常工作。

4．凸轮轴下置式配气机构的气门间隙是指________与________之间的间隙，它用摇臂上的调整螺钉进行调整。

5．气门间隙的调整是发动机维修中必须进行的一项作业。其调整方法有________和________两种。

二、简答题

1．为什么有的发动机气门要采用两个气门弹簧？采用双气门弹簧时应如何安装？

2．什么叫配气相位？什么叫气门叠开？什么叫气门叠开角？

3．为什么要有气门间隙？气门间隙过大或过小会有何危害？

三、学生依据学习手册的要求及操作步骤，在教师的指导下完成本工作任务，并填写任务工单

<table>
<tr><td>任务名称</td><td colspan="5">气门组的构造与检修</td></tr>
<tr><td>任务目的</td><td colspan="5">1．掌握气门组主要零件的检验方法。
2．掌握气门座铰销和研磨的方法；气门密封性检查的方法。
3．熟悉气门、气门座修理设备、仪具的结构和使用。</td></tr>
<tr><td>实训设备</td><td colspan="5">发动机、气门研磨膏，电动气门研磨机，手工研磨工具，气门座铰刀等。
气门弹簧拆装工具，V 形铁，平台，百分表，卡尺。</td></tr>
<tr><td>姓名</td><td></td><td>学号</td><td></td><td>班级</td><td></td></tr>
<tr><td>实训地点</td><td colspan="3"></td><td>日期</td><td></td></tr>
<tr><td>咨询</td><td colspan="5">1．配气机构由哪几部分组成？

2．气门间隙的检验和调整方法有哪些？</td></tr>
<tr><td>决策与计划</td><td colspan="5">（一）配气机构主要零件的检验
1．气门及气门导管的检查
（1）用________测量气门杆直径。
（2）利用________测量气门导管内径。如间隙大于最大值，更换气门和气门导管。
（3）测量________，如果长度小于最小值，更换气门。
2．气门座的检验
（1）在气门面上涂一层________（或白铅），轻轻将气门压向气门座，不要转动气门。如果围绕气门座蓝色呈现________°，则导管与气门面是同心的，如果不是，重修气门座。
（2）检查气门座接触带是否在气门面的________，若气门面上密封带过高或过低，修正气门座。
3．气门弹簧的检查
（1）用________测量气门弹簧的垂直度。若垂直度大于最大值，更换气门弹簧。
（2）用________测量气门弹簧自由长度。若自由长度不符合规定，更换气门弹簧。
（3）利用________测量气门弹簧在规定安装长度时的弹力。如果安装力不符合规定，更换气门弹簧。
4．凸轮轴的检查
（1）将凸轮轴放到________上，用________测量中间轴径的圆跳动。
（2）用________测量凸轮高度。
（3）利用________测量凸轮轴径直径。
（4）安装凸轮轴，使凸轮轴向前向后移动，同时用________测量轴向间隙。
（二）气门的铰销、研磨和密封检查
1．气门铰削步骤
（1）修理气门座前，应检查________，若不符合要求应先更换或修理气门导管，以便保证气门座与气门导管的中心线重合。
（2）选择________：铰削气门座时，利用________作为定位基准。根据气门导管的内径选择相适应的定心杆直径，导杆以轻易插入气门导管内，无旷动量为宜；调整定心杆，使它与导管内孔密切接触不活动，保证铰削的气门座与气门导管中心线重合。
（3）________：选用与气门工作面锥角相同的________，置于导杆上，把砂布垫在铰刀下，要磨除座口硬化层，以防止铰刀打滑和延长铰刀使用寿命；直到凹陷、斑点全部去除并形成________mm 以上的完整锥面为止。铰削时两手用力要均衡并保持顺时针方向转动。一般先用________°的粗铰刀加工气门座工作锥面，直到工作面全部露出金属光泽。
注意：铰削时，两手握住手柄________用力，并只作________时针方向转动，不允许倒转或只在小范围内转动。</td></tr>
</table>

<table>
<tr><td>决策与计划</td><td colspan="5">（4）________：然后用修理好的气门或新气门进行________，根据气门密封锥面接触环带的位置和宽度进行调整铰削。接触环带偏向气门杆部，应用________°的铰刀铰削；接触环带偏向气门顶部，应用________°的铰刀修正。铰削好的气门座工作面宽度应符合规定，接触环带应处在气门密封锥面中部偏气门顶的位置。
（5）________：最后用________°的细铰刀精铰气门座工作锥面，并在铰刀下面垫上细砂布修磨。
2．气门研磨
（1）用________清洗气门、气门座和气门导管，将气门按顺序排列或在气门头部打上________，以免错乱。
（2）在气门工作锥面上涂薄薄一层________，同时在气门杆上涂以________，插入气门导管内，然后利用橡皮捻子将气门作往复和旋转运动，使气门与气门座进行研磨，注意旋转角度不宜过大，并不时地提起和转动气门，变换气门与座相对位置，以保证研磨均匀。在研磨中不要过分用力，也不要提起气门在气门座上用力拍击。
（3）当气门工作面与气门座工作面磨出一条较完整且无斑痕的接触环带时，可以将粗研磨砂洗去，换用________，继续研磨。当工作面出现一条整齐的灰色的环带时，再洗去细研磨砂，涂上________，继续研磨几分钟即可。
3．气门密封性检查
（1）锥面铅笔画道法：即用软铅笔在气门密封锥面上每隔________mm 划一条线，将气门装入气门导管，用手将气门与气门座压紧并往复转动________圈，然后取下气门检查，若所有划线均被切断，说明气门与气门座密封良好，否则应继续研磨。
（2）煤油试验法。将组装好气门组的气缸盖侧置，在气门内倒入煤油至接触环带上缘，在________分钟内其封面上不得有渗漏现象发生。</td></tr>
<tr><td rowspan="10">考核评价</td><td colspan="2">考评项目</td><td>自我评价</td><td>小组评价</td><td>教师评价</td></tr>
<tr><td rowspan="2">素质考评（20 分）</td><td>劳动纪律（10 分）</td><td></td><td></td><td></td></tr>
<tr><td>工位整理（10 分）</td><td></td><td></td><td></td></tr>
<tr><td colspan="2">工单考评（20 分）</td><td></td><td></td><td></td></tr>
<tr><td rowspan="4">实操考评（60 分）</td><td>工具使用（10 分）</td><td></td><td></td><td></td></tr>
<tr><td>任务方案（10 分）</td><td></td><td></td><td></td></tr>
<tr><td>实施过程（30 分）</td><td></td><td></td><td></td></tr>
<tr><td>完成情况（10 分）</td><td></td><td></td><td></td></tr>
<tr><td colspan="2">合计</td><td></td><td></td><td></td></tr>
<tr><td colspan="2">综合评价</td><td colspan="3"></td></tr>
</table>

任务三　气门传动组的构造与维修

相关知识

气门传动组由凸轮轴和凸轮轴正时齿轮、挺柱、挺柱导管、摇臂总成和推杆等零部件组成。气门传动组的作用是按规定的配气相位定时地驱动气门开启和关闭，并保证气门有足够的开度和适当的气门间隙。其结构如图 3-26 所示。

一、凸轮轴

凸轮轴的作用是驱动和控制发动机各缸气门的开启和关闭，使其符合发动机的工作顺序、配气相位及气门开度的变化规律等要求。此外，有些汽油发动机还用它来驱动汽油泵、机油泵和分电器等。它是气门传动组件中最主要的零件。

1．凸轮轴的构造

凸轮轴主要由凸轮和凸轮轴轴颈组成，凸轮轴上的凸轮分为进气凸轮和排气凸轮两种，用来驱动与控制进、排气门的开闭。凸轮与挺柱或摇臂、气门呈线接触，接触面积很小，接触应力很大，工作中接触处为滑动摩擦，因此凸轮表面应有足够的硬度和耐磨性。否则，凸轮的磨损与变形会导致配气相位改变，气门升程降低，影响发动机正常工作。如图 3-27 所示为下置式凸轮轴的结构，其上有进气凸轮、排气凸轮、轴颈、驱动机油泵及分电器的齿轮和推动汽油泵摇臂的偏心轮。有些发动机利用凸轮轴后端驱动分电器。凸轮轴的前端通过键装有凸轮轴正时齿轮、链轮或同步齿形带轮。

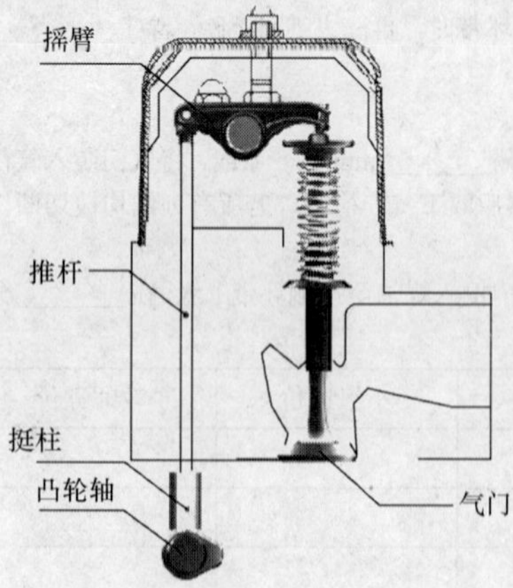

图 3-26 配气机构

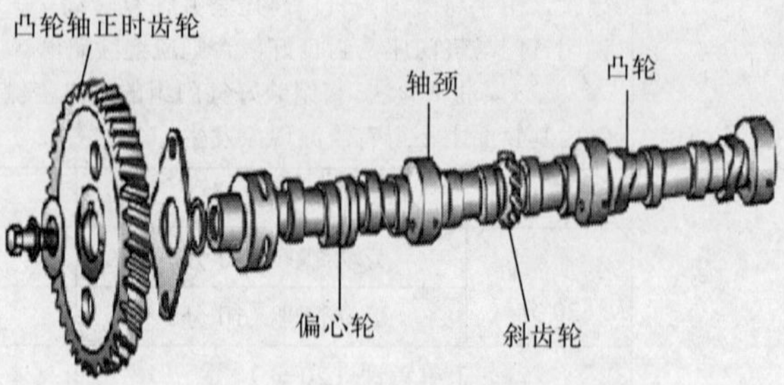

图 3-27 下置式凸轮轴构造

凸轮轴一般采用优质钢模锻或用合金铸铁、球墨铸铁铸造而成。凸轮与轴颈表面经过热处理，使其具有足够的硬度和耐磨性。

凸轮是凸轮轴上最重要的组成部分，其轮廓曲线直接影响了气门开启和关闭时刻、开启高度和开启关闭过程的运动规律。凸轮轮廓曲线组成如图 3-28 所示。*O* 为凸轮轴旋转中心，曲线 *AF* 圆弧，其径向恒为基圆半径，挺柱与 *AF* 圆弧接触时，气门处 *GF* 完全关闭状态。曲线 *AC* 对应为气门升程（气门开启）段，从 *A* 点开始，凸轮径向大于基圆半径，随着凸轮轴的转动，挺柱开始升起，对于普通发动机，由于存在有气门间隙，气门不能打开。凸轮转至 *B* 点，气门间隙消除，气门开始打开；凸轮转至 *C* 点，气门开度最大，曲线 *CD* 的径向恒等于基圆半径加气门最大开启高度，凸轮转动，挺柱“静止”不动，气门保持最大开度。曲线 *DE* 其径向逐渐减小，凸轮转过 *D* 点，挺柱开始下移，气门在气门弹簧的作用下开始关闭。当凸轮转到 *E* 点，挺柱“静止”不动。停止下移，气门完全关闭，至 *F* 点恢复气门间隙。

图 3-28 中角ϕ为气门开启持续角，ρ_1和 ρ_2是消除气门间隙和恢复气门间隙所需的凸轮转角。凸轮轮廓曲线 *BCE* 的形状，决定了气门打开与关闭过程的运动规律。工作时，气门开启对凸轮的压力大于气门关闭时对凸轮的压力，曲线 *AC* 的磨损大于曲线 *DE*，凸轮轮廓线磨损后，将导致气门开启时刻推迟，关闭时刻提前，开启持续角减小，最大开度降低，发动机的充气系数下降。

大多数发动机凸轮轴上的一个凸轮驱动一个气门。对于双气门（每缸一个进气门、一个排气门）发动机，凸轮轴上凸轮的数量是缸数的两倍。

同一缸的进、排气凸轮称为异名凸轮。理论上，两异名凸轮在凸轮轴之间的夹角为 90°。实际中进、排气门都是早开晚关的，所以两异名凸轮间的夹角大于 90°。凸轮轴上各缸的进气凸轮（或者排气凸轮）称为同名凸轮。从凸轮轴的前端来看，各缸同名凸轮的相对位置按发动机做功顺序、逆凸轮轴转动方向排列，如图 3-29 所示，同名凸轮的夹角为做功间隔角的 1/2，如四缸发动机同名凸轮间夹角为 180°/2=90°，六缸发动机同名凸轮间夹角为 120°/2=60°。

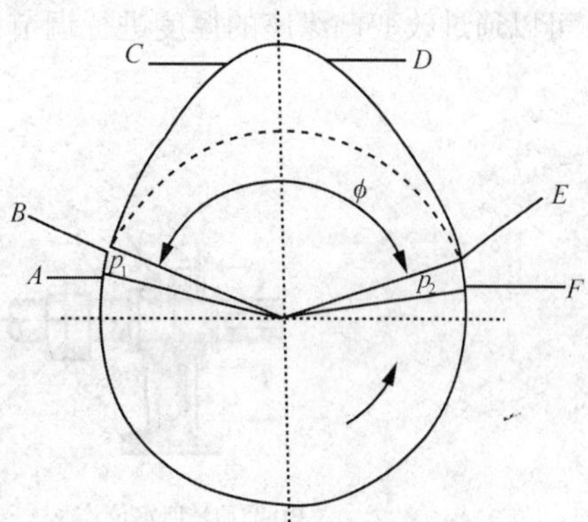

图 3-28　凸轮轴的轮廓曲线

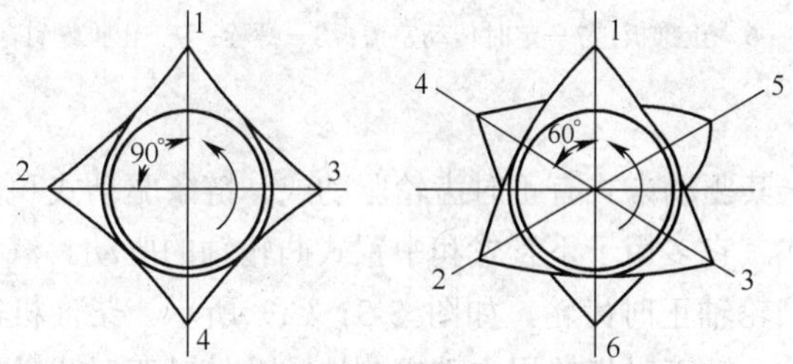

(a) 四缸发动机　(b) 六缸发动机

图 3-29　同名凸轮的相对角位置

凸轮轴的旋转方向取决于凸轮轴的布置位置和传动方式，下置式凸轮轴采用一对正时齿轮传动，凸轮轴的旋转方向与曲轴的旋转方向相反；顶置凸轮轴采用链传动或同步齿形带传动，凸轮轴旋转方向与曲轴的旋转方向相同，凸轮轴的轴承大多数采用衬套式。衬套的材料多用铜套或粉末冶金衬套，或采用低碳合金钢，其钢背内圈浇轴承合金制成。某些顶置凸轮轴式发动机，不采用衬套，凸轮轴颈即安装在缸盖上，与镗出的座孔配合。

凸轮轴的轴颈采用压力润滑，缸体或缸盖上钻有油道与轴承相通，凸轮与挺柱间采用飞溅润滑，换装凸轮衬套时，应确保油道与油孔相对。凸轮轴各道轴颈的直径有的相等，但也有的从前往后逐渐减小，以便于安装。有些凸轮轴轴颈上有些特殊形状的油槽或油孔。有的在轴承座孔处开泄油孔，以使经轴承间隙流到轴颈后端空腔中的润滑油流回油底壳，防止空腔中产生油压压开油堵而漏油。有些发动机其摇臂轴的润滑是靠凸轮轴轴承处通过缸体上的油道输送润滑油。维护发动机时，应检查凸轮衬套油孔，保持润滑油路的畅通。

凸轮轴的前端安装有正时齿轮或皮带轮、正时链轮，在装配曲轴与凸轮轴时，应将曲轴正时轮与凸轮轴的正时轮（对应为正时齿轮、皮带轮或链轮）的正时标记对齐，否则，轻者影响发动机的正常工作，严重时将导致发动机无法起动。

为了限制凸轮轴在工作中随发动机转速变化产生轴向窜动，必须有轴向定位。发动机常用的凸轮轴限位装置，如图 3-30 所示。止推凸缘式凸轮轴定位装置，如图 3-30（b）所示。

钢制止推凸缘装在正时齿轮轮毂和凸轮第一道轴颈之间，并用螺栓固定在发动机体上。在止推凸缘内孔中，安装有止推凸缘座，止推凸缘座的厚度大于止推凸缘。这样，止推凸缘与正时齿轮轮毂（或凸轮轴第一道轴颈）端面之间就形成了一定间隙 $\varDelta$（$\varDelta$ 为 0.08～0.20mm）。间隙的大小，可以通过改变凸缘座的厚度进行调节。

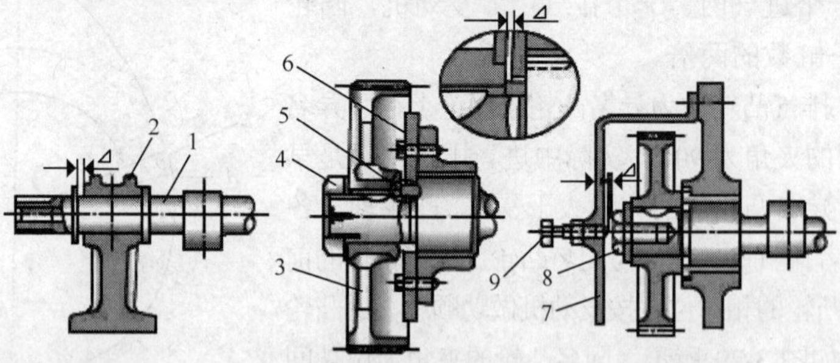

图 3-30 凸轮轴轴向定位装置

1—凸轮轴；2—凸轮轴承盖；3—凸轮轴定时齿轮；4—螺母；5—调整环；6—止推板；7—定时传动室盖；8—螺栓；9—止推螺钉

2．凸轮轴的驱动

凸轮轴由曲轴驱动，其驱动方式有正时齿轮驱动式、链条驱动式和齿形正时带驱动式。

（1）正时齿轮驱动式。它多用于下置式和中置式凸轮轴的驱动。汽油机一般只用一对正时齿轮，即曲轴正时齿轮和凸轮轴正时齿轮，如图 3-31（a）所示。柴油机需要同时驱动喷油泵，所以增加了一个中间齿轮。曲轴正时齿轮用中碳钢制造，凸轮轴正时齿轮则多用夹布胶木。为保证配气和点火正时，齿轮上都有正时记号，装配时必须要将记号对齐。

（2）链条驱动式。它多用于上置式凸轮轴的驱动，如图 3-31（b）所示，链条一般为滚子链，工作时，应保持一定的张紧度，不易产生振动和噪声，为此，在链传动机构中装有导链板并在链条松边装有张紧器。

（3）齿形正时带驱动式。它多用于上置式凸轮轴的传动，如图 3-31（c）所示，齿形带式驱动与齿轮和链条传动相比，具有噪声低、质量轻、成本低、工作可靠和不需要润滑等优点。另外，其齿形伸缩小，适合精度高的传动。因此，现代轿车高速发动机大多采用齿形正时带传动式。为了确保传动可靠，齿形带要保持一定张紧力，为此，在齿形带传动机构中也设置张紧器。

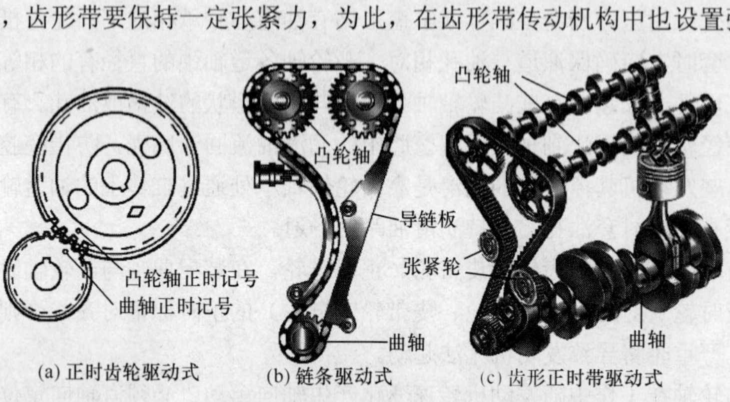

图 3-31 凸轮轴驱动方式

二、挺柱

挺柱的作用是将凸轮的推力传给推杆或气门。它安装在气缸体或气缸盖上相应处镗出的导向孔中，常用镍铬合金铸铁或冷激合金铸铁制造。

挺柱常用的有：机械式挺柱和液力式挺柱。

（1）机械式挺柱。如图 3-32 所示，菌式挺柱多用于侧置式气门的配气机构，大多数发动机采用球面或滚轮式挺柱，可显著减少摩擦力和侧向力。

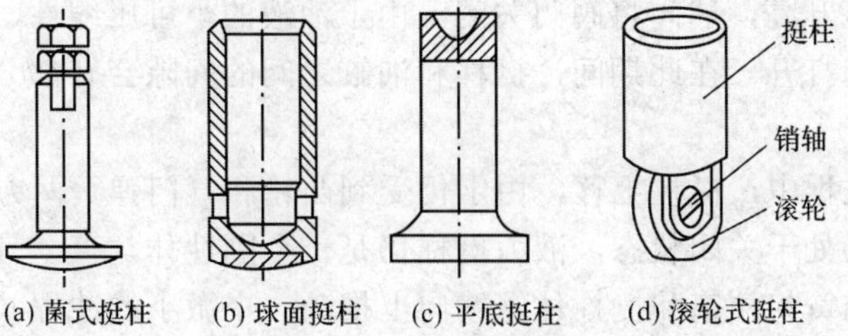

图 3-32　机械式挺柱的形式

凸轮在旋转中对挺柱推力的方向是固定不变的，为使挺柱底部与凸轮接触面的磨损均匀，避免挺柱外圆表面与导向孔之间形成单面磨损，在设计上采取了如图 3-33 所示的结构措施。将挺柱底面做成一定的锥度形状，使凸轮与挺柱的接触点偏离挺柱中心轴线，如图 3-33（a）所示；或挺柱中心轴线偏离凸轮对称轴线布置，如图 3-33（b）所示。这样，挺柱在凸轮的推力作用下，沿导向孔上升的同时，挺柱还绕其中心轴线旋转，使挺柱底面与凸轮表面、挺柱外圆表面与导向孔内表面磨损均匀。采用滚轮式挺柱，如图 3-32（d）所示，则将凸轮与挺柱的滑动摩擦变为滚动摩擦，进一步降低了凸轮、挺柱的摩擦磨损。

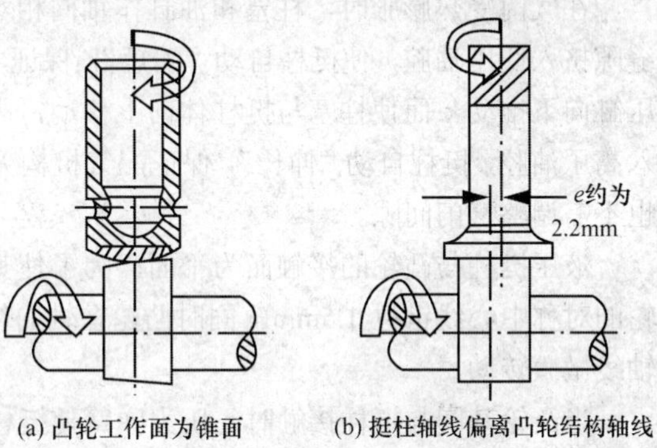

图 3-33　减轻挺柱底面磨损不均匀的结构措施

（2）液力挺柱。图 3-34（a）所示为桑塔纳轿车液力挺柱的外形，其结构如图 3-34（b）所示。挺柱体由圆桶和上端盖焊接而成。油缸外圆柱面与挺柱体的油缸导向孔配合，油缸内圆柱面与柱塞配合。球阀被补偿弹簧压靠在柱塞下端面的阀座上，挺柱体内部的低压油腔通过挺柱顶背面的键形槽与柱塞上方的低压油腔相通。挺柱工作中，挺柱体上的环形槽与缸盖上塞下端油缸内部的空腔，称为高压油腔，当球阀打开时，高压油腔与低压油腔相通。

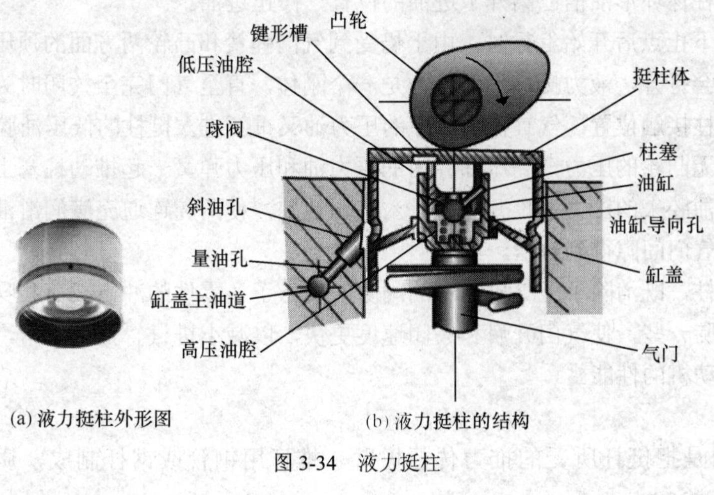

图 3-34　液力挺柱

无论是高压油腔还是低压油腔，都充满了油液。补偿弹簧还可以使油缸与柱塞作相对运动，保持挺桩体顶面与凸轮紧密接触。油缸下端面与气门杆端面紧密接触，整个配气机构无间隙。在气门打开的过程中，凸轮推动挺柱体和柱塞下移，油缸受到气门弹簧的阻力而不能马上下移，导致油压升高，球阀将阀门关闭。由于油液的小可压缩性，整个挺柱如同一个刚体一样下移，将气门打开。在此期间，挺柱和油缸之间的间隙会有部分油液泄漏，但不影响气门的正常打开。

在气门关闭的过程中，挺柱上移，由于仍受到凸轮和气门弹簧两方面的顶压，高压油腔仍保持高压，球阀仍处于关闭状态，液力挺柱仍是一个刚性体，直至气门完全关闭为止。气门关闭以后，补偿弹簧将柱塞和挺柱体继续向上推动一个微小的冲程（补偿由于油液泄漏而造成的柱塞与挺柱体的下降），同时高压油腔油压下降，球阀打开，低压油腔的油液进入高压油腔内补充油液的泄漏。气门关闭时，挺柱体上的环形油槽与缸盖上的斜油孔对齐，润滑系的油液进入挺柱低压油腔内。

在气门受热膨胀时，柱塞和油缸作轴向相对运动，高压油腔中的油液可经过油缸与柱塞间的缝隙挤入低压油腔，使挺柱自动“缩短”，保证气门关闭紧密。当气门冷却收缩时，压力弹簧将液压缸向下推动，而使柱塞与挺柱体向上移动，高压油腔内压力下降，球阀打开，低压油腔油液进入高压油腔，挺柱自动“伸长”，保证配气机构无间隙。故使用液压挺柱时，可以不预留气门间隙，也不需调整气门间隙。

液压挺柱与凸轮的接触而为平面，为了使其在工作中旋转以减小磨损，液压挺柱中心线与凸轮的对称中心线错位 1.5mm，同时凸轮在轴向倾斜 0.002～0.02mm，使挺柱在工作过程中能绕其轴线微微转动。

当凸轮基圆与挺柱接触时，压力弹簧使挺柱顶面和凸轮轮廓线保持紧密接触，油缸下端面与气门杆尾部紧密接触，因此没有气门间隙。且挺柱体上的环形油槽与缸盖上的斜油孔对齐，来自气缸盖油道的润滑油经量油孔、斜油孔和环形油槽流入挺柱体内的低压油腔，并经挺柱背面上的键形槽进入柱塞上方的低压油腔。

当凸轮按图 3-34 所示方向转过基圆使凸起部分与挺柱接触时，挺柱体和柱塞向下移动，高压油腔中的润滑油被压缩，油压升高，加上压力弹簧的作用，使球阀紧压在柱塞下端的阀座上，这时高压油腔与低压油腔被分隔开。由于液体的不可压缩性，整个挺柱如同一个刚体一样下移打开气门。此时，挺柱体环形油槽已离开了进油的位置，停止进油。

当挺柱到达下止点后开始上行时，由于仍受到气门弹簧和凸轮两方面的顶压，高压油腔继续封闭，球阀也不会打开，液力挺柱仍可认为是一个刚体，直至气门完全关闭时为止。此时凸轮重新转到基圆与挺柱接触位置，气缸盖油道中的压力油又重新进入挺柱的低压油腔。

同时，挺柱无凸轮的压力，高压油腔内的压力油和压力弹簧一起推动柱塞上行，高压油腔油压下降。从低压油腔来的压力油推开球阀进入高压油腔，使两腔连通充满润滑油。这时挺柱顶面仍和凸轮紧贴，气门间隙得到补偿。

采用液力挺柱，既消除了配气机构中的间隙，减小了各零件的冲击载荷和噪声，同时凸轮轮廓可设计得比较陡一些，使气门开启和关闭速度更快，以减小进气、排气阻力，改善发动机的换气特性，提高发动机的性能。

三、推杆

推杆的作用是把挺杆所受的推力传至摇臂。推杆用钢管或钢杆制成，质量轻，刚度大。

一端为球形（或配以下端头），与挺杆凹螺栓碗支撑相接触；另一端成凹球碗形（或配以上端头），与摇臂一端的调整螺钉的球形头相接触，采用球状连接的目的是为了减少侧向力的影响。

采用下置、中置凸轮轴式的配气机构，利用推杆将挺柱传来的力传给摇臂，推杆下端与挺柱接触，上端与摇臂调整螺钉接触。由于摇臂绕摇臂轴转动，推杆在做上下往复直线运动的同时，上端随摇臂一起做微量的摆动。为防止发生运动干涉，将推杆下端做成球形，与挺柱的凹球面配合；推杆上端做成凹球形，与摇臂调整螺钉球形头部配合。这样还可以在接触面间储存一定的润滑油，减轻磨损。

推杆一般用硬铝或低碳钢制成实心或空心结构，如图 3-35 所示。空心推杆大都采用冷拔无缝钢管，两端配以钢制的支座。无论是实心还是空心结构，两端的支座都要进行淬火和磨光处理，保证其耐磨性。

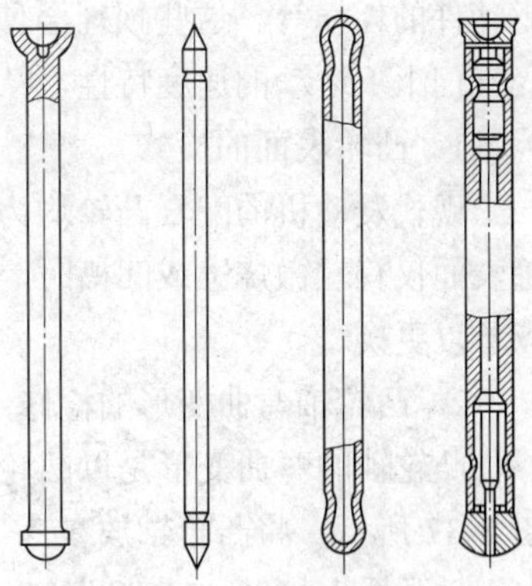

图 3-35 推杆的结构形式

四、摇臂和摇臂轴

（1）摇臂。摇臂是一个双臂杠杆，其结构如图 3-36 所示，以中间轴孔为支点，使得推杆传来的力改变方向和大小，传给气门并使气门开启。摇臂的两臂不等长，摇臂比为 1.2～1.8。长臂一端与气门接触推动气门，可使气门的升程大于凸轮的升程。

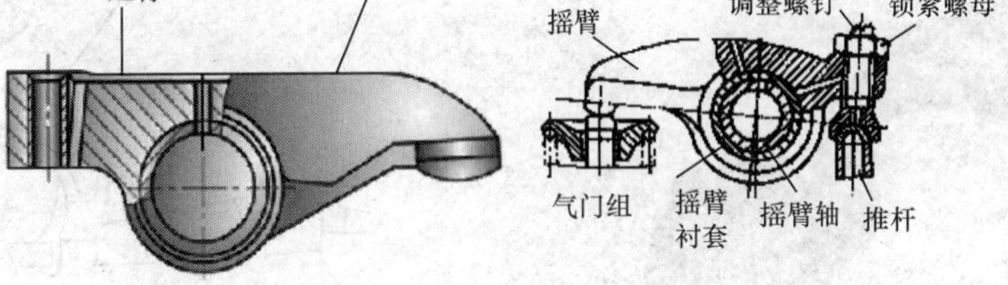

图 3-36 摇臂结构

摇臂采用 45 钢冲压或铸铁、铸钢铸造而成。摇臂轴孔内镶有摇臂轴套和摇臂轴配套。长臂端制成圆弧状，与气门杆尾端接触。短臂端安装有气门间隙调整螺钉，摇臂上端面钻有油孔，中间轴孔的润滑油通过该油孔流向摇臂两端进行润滑。

摇臂一般用铸铁或铸钢制成。气门摇臂制成不等长的，靠气门一边比靠推杆一边的臂长 30%～50%，这样可获得较大的气门升程，而减少推杆与挺杆的移动量，从而也减少了它们往复运动产生的惯性力。气门摇臂一端为扁圆的工作面，与气门杆端相接触；另一端为带球头的调整螺钉，与推杆相接触，以调整热间隙。中部为摇臂轴承，装有青铜衬套，与摇臂轴相结合。

（2）摇臂轴。摇臂轴的作用是支撑摇臂。它是一根中空的圆轴，用几个支座架安装在气缸盖上。摇臂与支座架之间装有防止轴向移动的弹簧，轴的内孔用油管与主油道相通，以便供给润滑油。摇臂轴用碳钢制成，为了耐磨，它的工作面一般都经过表面淬火。

任务实施

一、凸轮轴的检修

凸轮轴常见的损伤是凸轮轴的弯曲变形、凸轮轮廓磨损、支撑轴颈表面的磨损以及正时齿轮驱动件的耗损等。这些损耗会使气门的最大开度和发动机的充气系数降低，配气相位失准，并改变气门上下运动的速度特性，从而影响发动机的动力性、经济性等。

1．凸轮表面的检修

现代发动机的配气凸轮均为组合线型，需在专用磨床上靠模加工，凸轮修磨十分困难。当凸轮表面仅有轻微烧蚀或凹槽时，可用砂条修磨，若凸轮表面磨损严重或最大升程小于规定值时，应予以更换。

2．凸轮轴弯曲变形的检修

凸轮轴的弯曲变形是以凸轮轴中间轴颈对两端轴颈的径向圆跳动误差来衡量的，检查方法如图 3-37 所示。将凸轮轴放在 V 形架上，V 形架和百分表放置在平板上，使百分表测头与凸轮轴中间轴颈垂直接触。转动凸轮轴，观察百分表表针的摆差即为凸轮轴的弯曲度。检查完毕后将检查结果与标准值比较，以确定是修理还是更换。

3．凸轮轴轴颈的检修

用千分尺测量凸轮轴轴颈的圆度误差和圆柱度误差，如图 3-38 所示。凸轮轴轴颈的圆度误差不得大于 0.015mm，各轴颈的同轴度误差不得超过 0.05mm，否则应按修理尺寸法进行修磨。

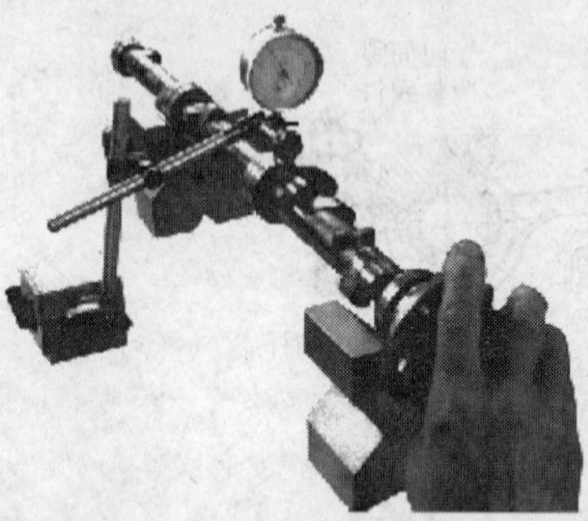

图 3-37 凸轮轴弯曲度的检测

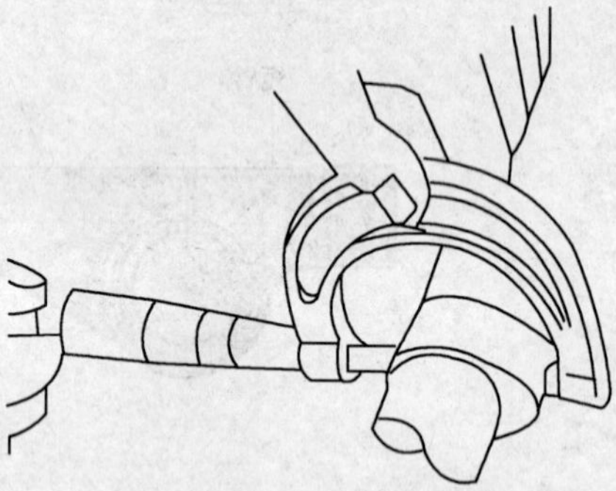

图 3-38 凸轮轴圆度圆柱度的检测

4．凸轮轴轴向间隙的检查与调整

采用止推凸缘进行轴向定位的发动机在检查轴向间隙时，应将塞尺插入凸轮轴第一道轴颈前端面与止推凸缘之间或正时齿轮轮毂端面与止推凸缘之间，塞尺的厚度值即为凸轮轴轴向间隙。间隙一般为 0.10mm，使用极限为 0.25mm，如不符合要求，可用增减止推凸缘的厚度来调整。

测量时，先拆掉液压挺杆、链轮端装轴承盖、凸轮轴带轮端的双列轴承盖，用千分表支架将千分表安装到缸盖上（见图 3-39）。检查进、排气凸轮轴径向间隙和径向跳动。

磨损极限：0.1mm。径向跳动：0.01mm。

5．正时链轮和链条的检查

正时链轮和链条应保持一定的张紧度，链条、链轮磨损后应做以下检修。

（1）正时链条长度的检查。如图 3-40 所示，对链条施以一定的拉力拉紧后测量其长度，超过允许值时，应予以更换。

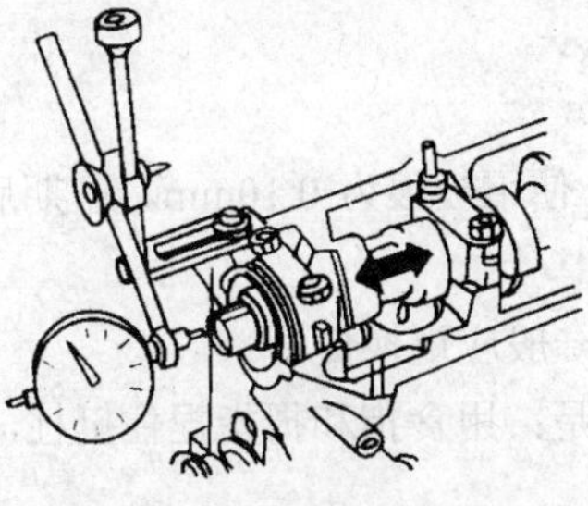
图 3-39 凸轮轴轴向间隙检查

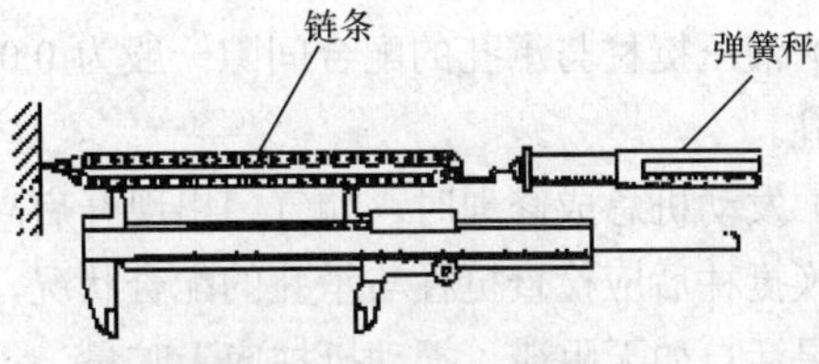

图 3-40　正时链条长度的检查

（2）正时链轮最小直径的检查。如图 3-41 所示，将链条分别包住凸轮轴正时链轮和轴正时齿轮，用游标卡尺测量其直径，小于允许值时应更换链条和链轮。

（3）正时带的检查安装。

① 曲轴带轮和正时带轮上都有标记，装配时都要将标记和气缸体上齿形正时带轮室上的标记对齐，以保证配气相位的正确性。

② 装上正时带。检查并确认齿形带无开裂，齿数、齿形不残缺，否则更换。

③ 正时齿形带张紧度的检查。如图 3-42 所示，检查正时齿形带的张紧度：用手指在正时齿轮和中间齿轮之间捏住正时齿形带，以刚好能转 90°为合适，调整张紧轮固定螺母并拧紧。将曲轴转 2～3 圈后，复查确认。

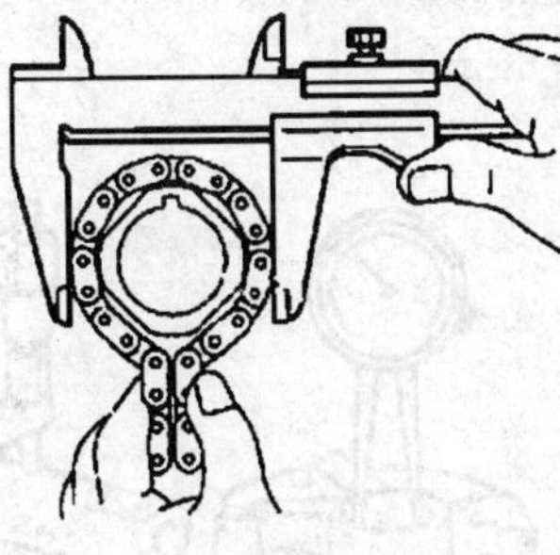
图 3-41　正时链轮最小直径的检查

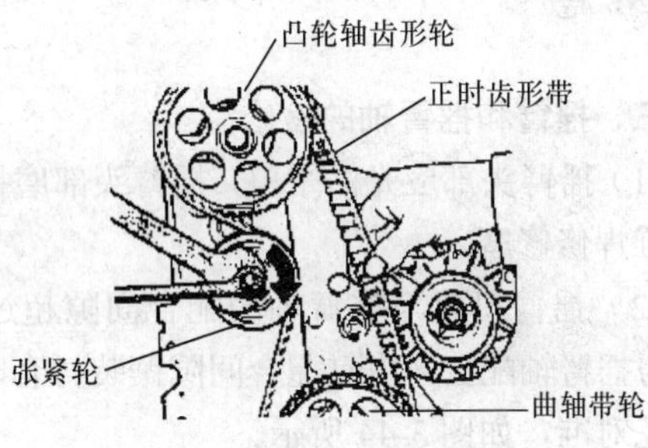

图 3-42　正时齿轮带张紧度的检查

二、挺柱的检修

1．普通挺柱的检修

普通挺柱多为由冷激铸铁材料制成的筒式挺柱。其缺点是底面的冷激层极易产生疲劳磨损。此外，因挺柱运动的特殊性，加之润滑条件较差或其他原因使挺柱运动阻滞，造成底部的不均匀磨损，易导致挺柱底部对凸轮的反磨效应加剧，在不长的行驶里程内使凸轮早期磨耗而报废。检修普通挺柱时，如果出现以下情况应更换，如图 3-43 所示。

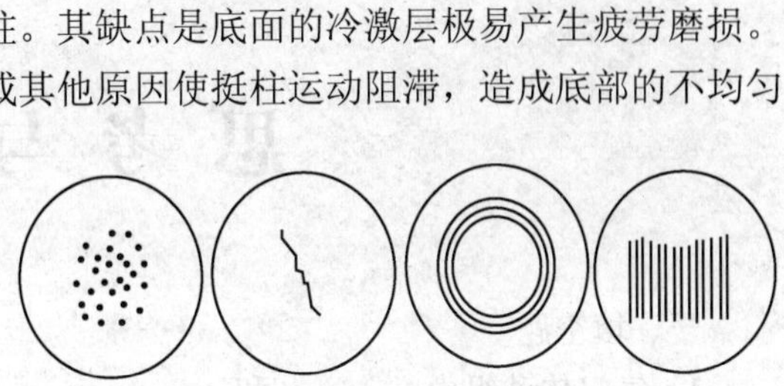

图 3-43　挺柱底部损伤

（1）挺柱底部出现疲劳剥落时。

（2）底部出现环形光环。

（3）底部出现擦伤划痕时。

（4）挺柱的圆柱面部分与导孔的配合间隙一般为 0.03～0.10mm。如果超过 0.12mm 时，应视情况更换挺柱或导孔支架。装有衬套的结构可更换衬套。

2．液压挺柱的检修

检修液压挺柱时，应注意以下几点。

（1）液压挺柱与承孔的配合间隙一般为 0.01～0.04mm，使用极限为 0.10mm。逾期后应更换液压挺柱。

（2）发动机总成修理时，如气门出现开启高度不足时，一般应更换挺柱。

更换挺柱后应检查挺柱与承孔的配合状况，检查的方法是：用食指和拇指捏住挺柱，转动挺柱时应灵活自如无阻滞，摆动挺柱应无旷量。

（3）桶形液压挺杆的检修：桶形液压挺杆不能进行分解维修和调整，损坏的液压挺杆必须整套更换。刚起动时液压挺杆的异常噪声是正常的。

起动发动机使其运转直到冷却液温度达到 85℃左右，将发动机转速提高到 2500r/min，运转 2min。如果液压挺杆产生的噪声还是很大，按照以下步骤检查。

① 拆下气门室罩盖。

② 按顺时针方向转动曲轴，直至与待检查的桶形液压挺杆相配合的凸轮朝上为止。

③ 用一个木楔或塑料楔轻轻朝下压住桶形液压挺杆。

④ 测量凸轮与桶形液压挺杆之间的间隙，如果间隙大于 0.2mm，则更换桶形液压挺杆。

注意

安装新的液压挺杆之后，发动机在 30min 之内不能起动，必须使液压补偿元件进入工作状态后方能起动，否则气门将敲击活塞，造成发动机零部件的损坏。

三、摇臂和摇臂轴的检修

（1）摇臂头部应光洁平整，摇臂头部磨损量大于 0.50mm，可用堆焊修修磨。

（2）摇臂衬套与摇臂轴的配合间隙超过规定时应更换衬套。与摇臂轴配套，恢复配合间隙镶装衬套时，衬套油孔与摇臂油孔对准，如图 3-44 所示。

（3）气门调整螺钉的螺纹孔损坏时，一般应予以更换。

（4）摇臂轴弯曲时应校直，校直后其直线度误差应小于 0.03/100。

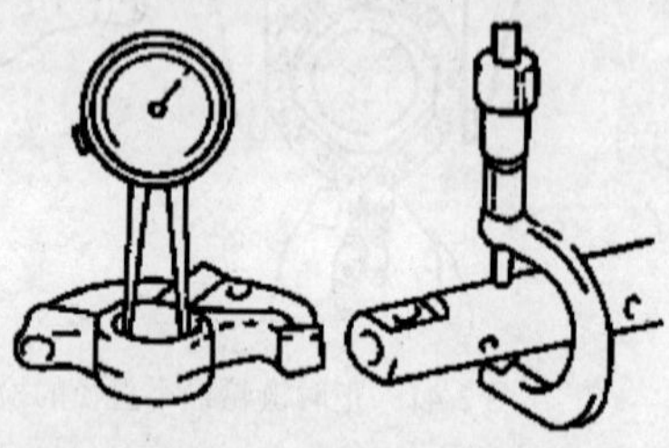

图 3-44 摇臂和摇臂轴的检修

思考与练习

一、填空题

1．气门传动组由________和________、________、________、________和推杆等零部件组成。作用是按规定的配气相位定时地驱动气门________和________，并保证气门有足的________和适当的________。

2．凸轮轴主要由________和________组成，凸轮轴上的凸轮分为________和________两种，用来驱动与控制进、排气门的开闭。

3．凸轮轴由________驱动，其驱动方式有________、________和________。

4．挺柱常用的有________和________。

二、简答题

1．为什么装有液力挺柱的发动机不需要预留气门间隙？

2．检修普通挺柱时，如果出现哪些情况应更换？

三、学生依据学习手册的要求及操作步骤，在教师的指导下完成本工作任务，并填写任务工单。

<table>
<tr><td>任务名称</td><td colspan="5">气门传动组的构造与检修</td></tr>
<tr><td>任务目的</td><td colspan="5">1．熟悉气门传动组各主要构件的构造、作用与装配关系；
2．掌握正确检修操作步骤。</td></tr>
<tr><td>实训设备</td><td colspan="5">汽车发动机，常用工具和专业工具各4套</td></tr>
<tr><td>姓名</td><td></td><td>学号</td><td></td><td>班级</td><td></td></tr>
<tr><td>实训地点</td><td colspan="3"></td><td>日期</td><td></td></tr>
<tr><td>咨询</td><td colspan="5">1．配气机构气门组由哪几部分组成？
2．配气机构气门传动组由哪几部分组成？
3．气门间隙的检验和调整方法？</td></tr>
<tr><td>计划</td><td colspan="5">1．气门传动组拆卸
（1）拆下________、机油泵及其传动机件。
（2）拆卸________及________，取出挺杆应依缸号顺序放置，以便对号安装。
（3）拆下________，用拉力器拆卸皮带轮。
（4）拆下________及________。
（5）检查________记号，无记号时应做出相应装配记号（1缸活塞位于压缩行程上止点）。
（6）拆下________，平稳地将凸轮轴抽出（正时齿轮可不拆卸）。
（7）用铳子将缸体后端碗形堵塞铳下，拆下________并依次放好。
2．清洗各零部件，熟悉各零部件具体构造和装配关系
3．根据发动机的工作循环、点火顺序，按相位原理，在第1缸和第6缸分别处于压缩终了位置时，对相应的气门进行调整
<table>
<tr><td>气缸</td><td>进气门</td><td>排气门</td></tr>
<tr><td>1缸</td><td></td><td></td></tr>
<tr><td>2缸</td><td></td><td></td></tr>
<tr><td>3缸</td><td></td><td></td></tr>
<tr><td>4缸</td><td></td><td></td></tr>
</table>
</td></tr>
<tr><td rowspan="4">考核评价</td><td colspan="2">考评项目</td><td>学生自评</td><td>小组评价</td><td>教师评价</td></tr>
<tr><td rowspan="2">素质考评（20分）</td><td>劳动纪律（10分）</td><td></td><td></td><td></td></tr>
<tr><td>工位整理（10分）</td><td></td><td></td><td></td></tr>
<tr><td colspan="2">工单考评（20分）</td><td></td><td></td><td></td></tr>
</table>

考核评价	实操考评（60分）	工具使用（10分）			
		任务方案（10分）			
		实施过程（30分）			
		完成情况（10分）			
	合计				
	综合评价				

任务四 可变配气相位及其控制技术

相关知识

配气相位由发动机制造厂根据发动机的结构（是否增压）、转速高低及工作条件，通过反复试验确定。对目前使用的绝大多数汽车发动机而言，一台发动机只有一个预先确定的配气相位，工作中配气相位是不能改变的（磨损和安装失误除外）。对轿车发动机，按其经常使用的较高转速来确定一个理想的配气相位。对载货车发动机，常在较低转速下确定配气相位。

传统发动机最常用转速来确定最佳配气相位，经确定后则固定不变，气门升程也由凸轮形状决定而固定不变。因为不同转速对配气相位要求不一样，即对进排气门早开、迟闭角度要求不同，这样在其他转速时，发动机就会充气不足和排气不净，造成动力性、经济性下降，排放变差等问题。可变配气相位控制机构，则能随发动机转速、负荷、水温等运行参数的变化，适当地调整配气正时和气门升程，使发动机多种工况下均能达到最高效率。

比较有代表性的可变配气相位控制机构有可变配气正时及气门升程机构和可变气门正时机构、可变进气系统。

可变配气相位能在一定范围内调整凸轮轴的转角和升程，优化控制配气正时，提高发动机的动力性和经济性；改善发动机高速及低速时的性能及稳定性；降低发动机的排放。

可变配气相位机构有多种方案，目前实际应用的有：本田的可变气门控制（VTEC）机构，三菱汽车的多模式可变气门控制（MIVEC）机构，通用公司使用的无凸轮轴电子控制可变气门控制机构，丰田和帕萨特 B5 的可变配气正时控制（VVT-i）机构等。前 3 种机构既可以改变配气相位，也可以同时改变气门升程。第四种机构的实质是改变进气门的开闭时刻，增大高速时的进气迟闭角，以提高充气效率。

一、ANQ 发动机可变气门正时机构

1．ANQ 发动机可变气门正时机构的结构

上海帕萨特 B5、奥迪 A6 轿车装备的 ANQ 发动机可变气门正时结构有 3 个进气门排列位置错开，打开的时间也不同（中间的气门先打开），使发动机吸入的新鲜空气产生旋涡，加速和优化混合气的雾化，提高发动机的功率和转矩。

曲轴通过同步带首先驱动排气凸轮轴，排气凸轮轴通过链条驱动进气凸轮轴，在两轴之间设置一个凸轮轴调整器，在内部液压缸的作用下，调整器可以上升和下降，以调整发动机进气凸轮

轴的位置。液压缸的油路与气缸盖上的油路连通，工作压力由凸轮轴调整阀控制，而凸轮轴调整阀由 ECU 进行控制。排气凸轮轴位置是可调的。可变气门调整器结构如图 3-45 所示。

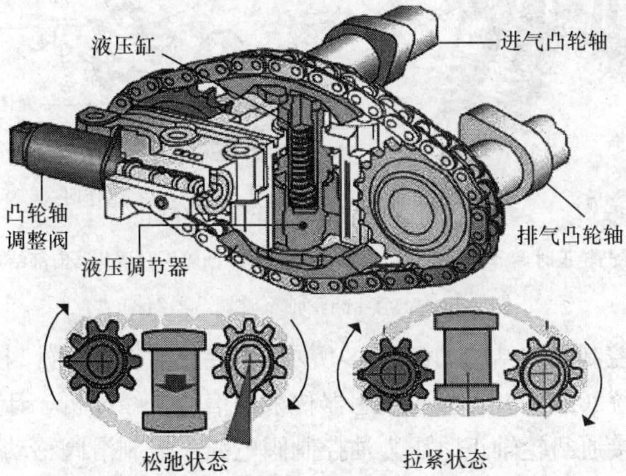

图 3-45　可变气门调整器的结构

2．ANQ 发动机可变气门正时机构的工作原理

可变气门正时机构，简称 VVT-i。

（1）可变气门正时机构的结构。可变气门正时机构的基本结构如图 3-46 所示，主要由可变气门凸轮正时调节器、油压控制阀（OCV）、曲轴位置传感器（CKP）、凸轮轴位置传感器（CMP）及发动机管理系统（ECU）等组成。CKP 将发动机转速信号传给 ECU，CKP 将气缸识别信号传给 ECU。ECU 经分析、计算，发出指令，输出电流（占空比）控制 OCV，改变 OCV 的高压油通道。OCV 控制可变气门正时执行器调节进气凸轮轴相位，以使气门正时达到最佳。

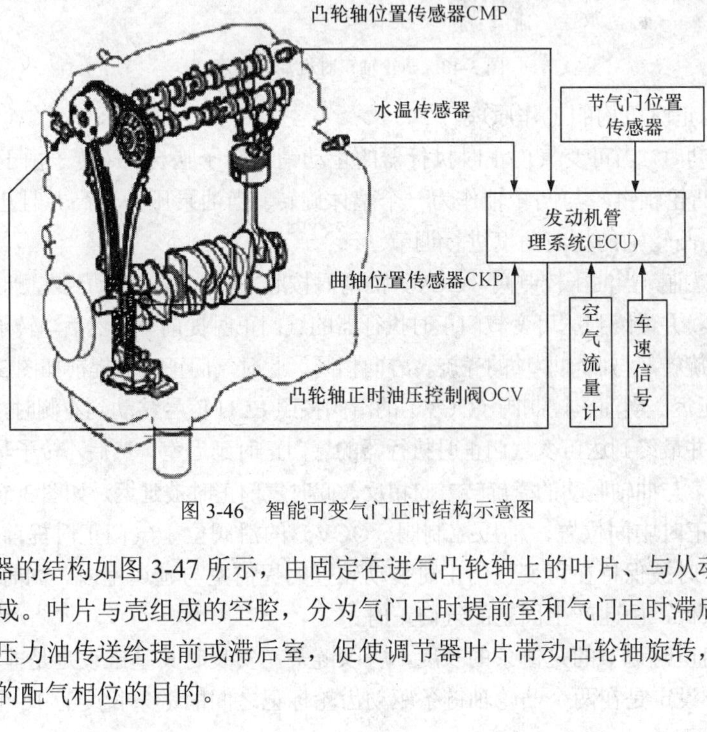

图 3-46　智能可变气门正时结构示意图

VVT-i 调节器的结构如图 3-47 所示，由固定在进气凸轮轴上的叶片、与从动正时链轮一体的壳体以及锁销组成。叶片与壳组成的空腔，分为气门正时提前室和气门正时滞后室，由凸轮轴正时机油控制阀将压力油传送给提前或滞后室，促使调节器叶片带动凸轮轴旋转，达到调整进气门正时，获得最佳的配气相位的目的。

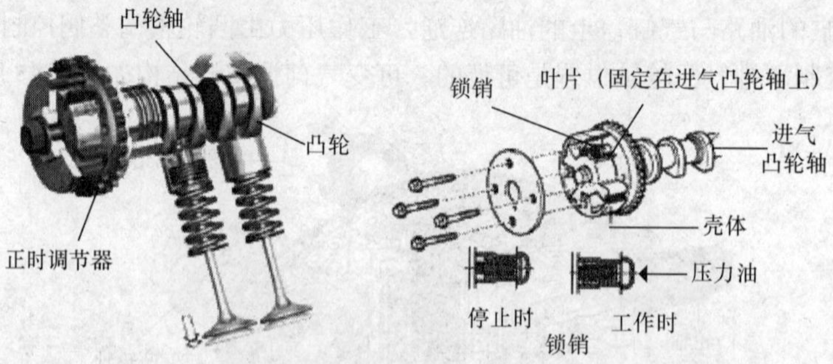

(a) 凸轮正时调节器外形 (b) 凸轮正时调节器内部结构

图 3-47 VVT-i 凸轮轴正时调节器结构

凸轮轴正时机油压控制阀的结构如图 3-48 所示，主要由滑阀、线圈、柱塞及回位弹簧等组成。工作时，发动机管理系统（ECU）接收各传感器传来的信号，经分析、计算后传给凸轮轴正时压力油控制阀控制指令，接通凸轮轴正时压力油控制阀电源，控制滑阀移动，将压力油输送给凸轮轴正时调节器，提前、滞后或保持位置。当发动机停机时，凸轮轴正时机油控制阀多处在滞后状态，以确保起动性能。

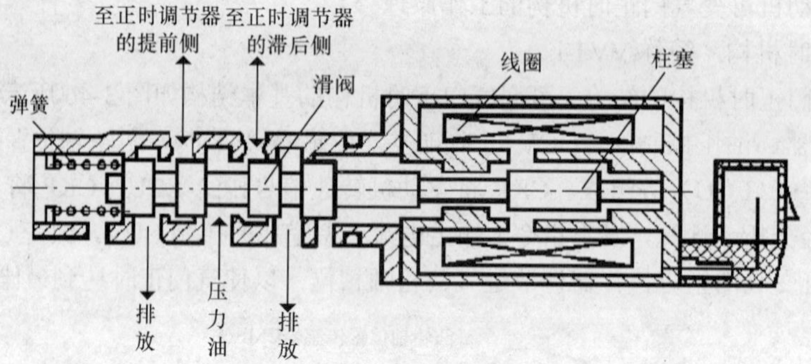

图 3-48 凸轮轴正时机油控制阀

（2）可变气门正时机构的工作原理。

① 发动机起动时。当可变气门正时执行器的止动销与转子啮合时（转子由于弹簧力处于最大配气延迟位置），凸轮轴链轮与凸轮轴作为一个整体旋转。当油泵压力升高并且止动销脱离时，便可对凸轮轴链轮与凸轮轴的相应角度进行调节。

② 气门正时提前。当油压控制阀（OCV）的滑阀按照 ECU 信号移动到左侧时，油泵液压注入气门正时提前通道，并最终到达可变气门正时执行器的气门正时提前室。然后，转子与凸轮轴一起向气门正时提前方向旋转，与曲轴驱动的壳旋转方向相同，此时气门正时被提前如图 3-49 所示。

③ 气门正时延迟。当油压控制阀（OCV）的滑阀按照 ECU 信号移动到右侧时，油泵液压注入气门正时延迟通道，并最终到达可变气门正时执行器的气门正时延迟室。然后，转子与凸轮轴一起向气门时延迟方向旋转，与曲轴驱动的壳旋转方向相反，此时气门正时被延迟，如图 3-50 所示。

④ 保持气门正时中间位置。油压控制阀（OCV）的滑阀位于气门正时提前与延迟的中间位置。由此，液压同时被保持在可变气门正时传动装置的提前室与延迟室内。同时，转子与壳的相应角度被固定并保持，由此产生固定的气门正时。

由于可变气门正时调节的是链条的长度，所以链条在安装时其基础设定是非常重要的。ANQ 发动机链条的基础设定是在两个凸轮轴链条驱动齿轮标记之间的链条长度为 16 个链条孔距。

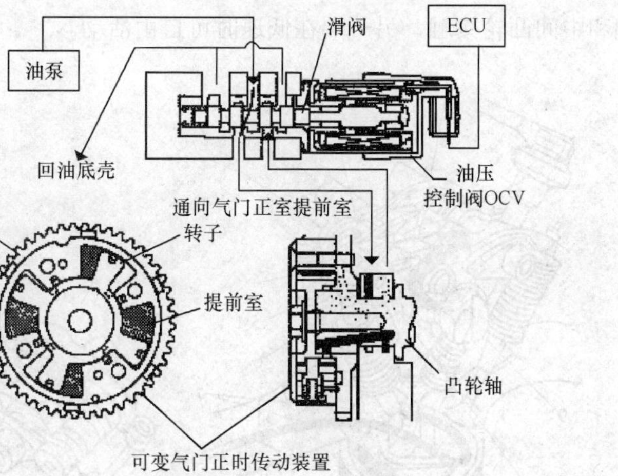

图 3-49　可变气门正时机构的正时提前

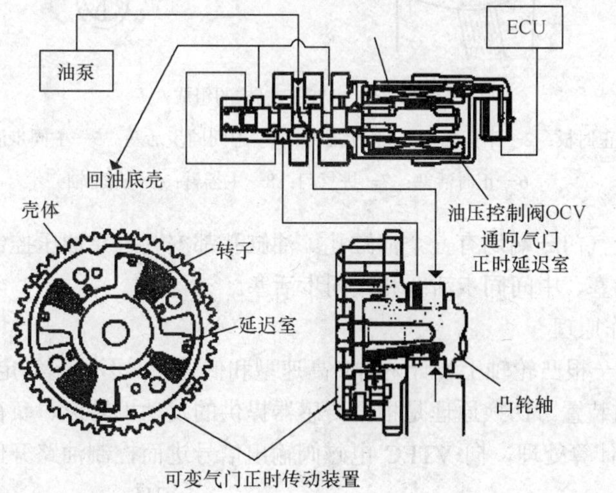

图 3-50　可变气门正时机构的正时延迟

二、本田可变气门控制机构

1. 可变气门控制机构的构造

可变气门控制机构缩写为 VTEC，VTEC 为英文“Variable Valve Timing and Lift Electronic Control System”的缩写，中文意思为“可变气门正时及升程电子控制系统”。本田 ACCORD 发动机装有 VTEC 机构，其结构如图 3-51 所示。发动机每个气缸和常规的高速发动机一样，都配置有两个进气门和两个排气门，不过，它的两个进气门有主、次之分，即主进气门和次进气门。每个气门均由单独的凸轮通过摇臂来驱动。驱动主、次进气门的凸轮分别叫主、次凸轮。与主、次进气门接触的摇臂分别叫主摇臂、次摇臂。主、次摇臂之间有一个特殊的中间摇臂，它不与任何气门直接接触。3 个摇臂并列在一起，均可在摇臂轴上转动。在主、次摇臂和中间摇臂相对应的凸轮轴上铸有 3 个不同升程的凸轮，分别为主凸轮、次凸轮和中间凸轮。其中中间凸轮的升程最大，它是按照发动机双进、双排气门工作最佳输出功率的要求而设计的；主凸轮升程小于中间凸轮，它是按发动机低速工作时单进气门开闭要求设计的；次凸轮的升程最小，最高处只是稍微高于基圆，其作用只是在发动机怠速运行时，通过次摇臂稍微打开次气门，以免燃油集聚在次进气门口。

中间摇臂的一端和中间凸轮接触，另一端在低速时可自由活动。

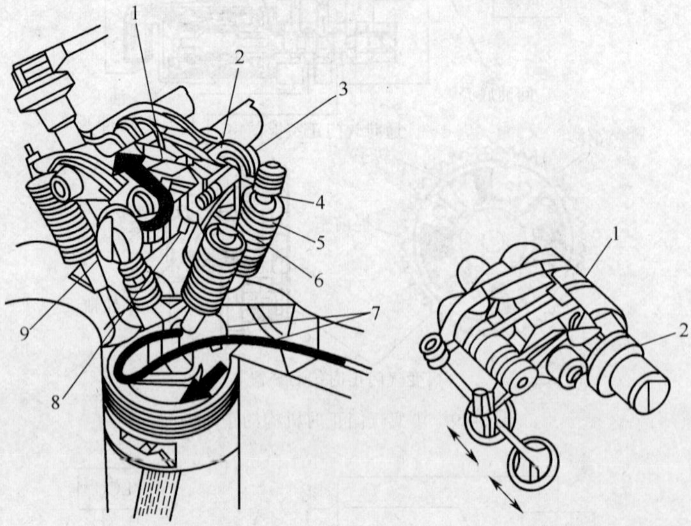

图 3-51 VTEC 机构的组成

1—正时板；2—中间摇臂；3—次摇臂；4—中间同步活塞；5—主同步活塞；6—正时活塞；7—进气门；8—主摇臂；9—凸轮轴

3 个摇臂在靠近气门一端均有一个油缸孔。油缸孔都安置有靠油压控制的活塞，它们依次为正时活塞、主同步活塞、中间同步活塞和次同步活塞。

2．VTEC 的工作原理

VTEC 机构采用一根凸轮轴上设计两种（高速型和低速型）不同配气定时和气门升程的凸轮、利用液压进行切换的装置。切换原理是根据传感器提供的发动机转速、负荷、冷却液温度及车速信号，经 ECU 分析计算处理，向 VTEC 电磁阀输出信号进而控制油路开闭进行切换。控制原理如图 3-52 所示。

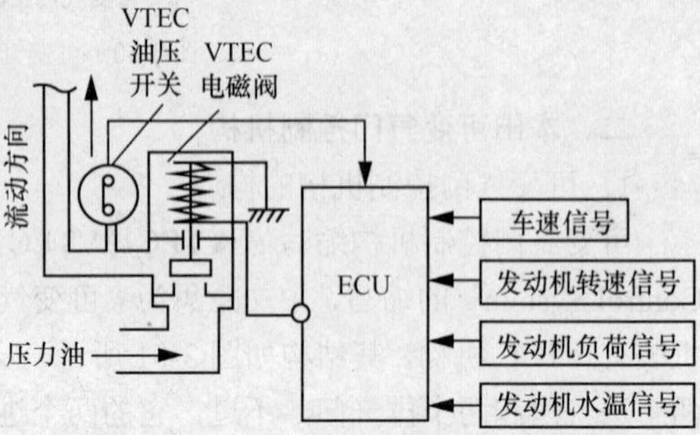

图 3-52 VTEC 控制原理

VTEC 不工作时，正时活塞和主同步活塞位于主摇臂缸内，与中间摇臂等宽的中间同步活塞位于中间摇臂油缸内，次同步活塞和弹簧则一起位于次摇臂油缸内。正时活塞的一端和液压油道相通，油道的开闭由 ECU 通过 VTFC 电磁阀来控制。

发动机处于低速工况时（见图 3-53），ECU 无指令，油道内无油压，活塞位于各自的油缸内，各个摇臂均独自作上下运动。主摇臂紧随主凸轮开闭主进气门，供给发动机在低速工况时所需的混合气；次凸轮迫使次摇臂微微起伏，次进气门微微开闭；中间摇臂虽然随着中间凸轮大幅度运动，但它对任何气门均不起作用。此时发动机处于单进、双排气门工作状态，吸入的混合气不到高速时的一半。因所有气缸参与工作，发动机的运转十分平顺均衡。

当发动机高速运行时（见图 3-54），即发动机转速作 2300～3200r/min、车速低于 10km/h，冷却液温度高于 10℃，发动机负荷到达一定程度时，ECU 向 VTEC 电磁阀供电以升启工作油道，压力油由工作油道进入油缸，推动活塞，压缩弹簧。主摇臂、中间摇臂和次摇臂被主同步活塞、中间同步活塞和次同步活塞串联为一体，成为一个同步活动的组合摇臂。因中间凸轮的升程大于另两个凸轮，配气定时提前，故组合摇臂随中间摇臂一起受中间凸轮驱动，主、次气门都大幅度地同步开闭，配气相位处于最佳状态，吸入的混合气量增多，满足发动机高速、大负荷的进气要求。

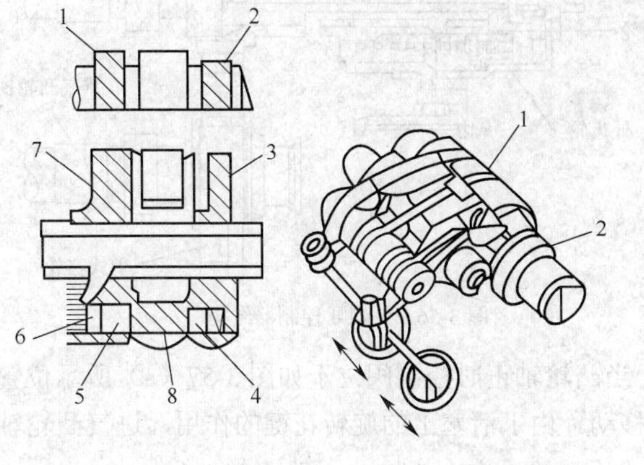

图 3-53 发动机低速运转时 VTEC 机构的工作状态

1—主凸轮；2—次凸轮；3—次摇臂；4—次同步活塞；5—主同步活塞；6—正时活塞；7—主摇臂；8—中间同步活塞

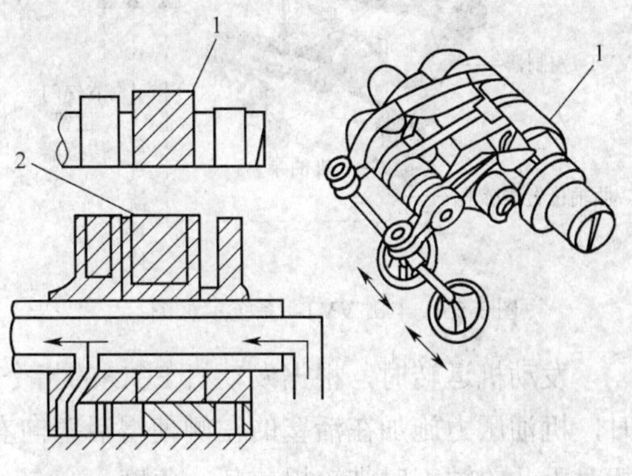

图 3-54 发动机高速运转时 VTEC 机构的工作状态

1—中间凸轮；2—中间摇臂

三、丰田智能可变配气正时系统

可变配气正时系统缩写为 VVT-i，VVT-i 是 Variable Valve Timing-intelligent 的缩写，它代表的含义就是智能正时可变气门控制系统，该系统主要控制进气门凸轮轴，又多了一个小尾巴“i”，就是英文“Intake”（进气）的代号。丰田 VVT-i 系统用于控制进气门凸轮轴在 50° 范围内调整凸轮轴转角，使配气正时满足优化控制发动机工作状态的要求，从而提高发动机在所有转速范围内的动力性、经济性和降低尾气的排放。

丰田雷克萨斯 LS400VVT-i 系统如图 3-55 所示，由 VVT-i 控制器、凸轮轴正时机油控制阀和传感器三部分组成。其中传感器有曲轴位置传感器、凸轮轴位置传感器和 VVT 传感器 3 种。

LS400 汽车的发动机是八缸 V 形排列的四气门式的，有两根进气凸轮轴和两根排气凸轮轴。在工作过程中，排气凸轮轴由凸轮轴齿形带轮驱动，其相对于齿形带轮的转角不变，曲轴位置传感器测量曲轴转角，向 ECU 提供发动机转速信号；凸轮轴位置传感器测量齿形带轮转角；VVT 传感器测量进气凸轮轴相对于齿形带轮的转角。它们的信号输入 ECU，ECU 根据转速和负荷的要求控制进气凸轮轴正时控制阀，控制控制器使进气凸轮轴相对于齿形带旋转一个角度，达到进气门延迟开闭的目的，用以增大高速时的进气迟闭角，从而提高充气效率。

（1）VVT-i 控制器的结构。VVT-i 控制器的结构如图 3-56 所示，它包括由正时带驱动的外齿轮和与进气凸轮轴刚性连接的内齿轮，以及一个内齿轮、外齿轮之间的可动活塞。活塞的内外表面上有螺旋形花键。活塞沿轴向的移动，会改变内外齿轮的相对位置，从而产生配气相位的连续改变。VVT-i 外壳通过安装在其后部的剪式齿轮驱动排气门凸轮轴。

（2）VVT-i 工作原理。凸轮轴正时控制阀根据 ECU 的指令控制阀轴的位置，从而将油压施加给凸轮轴正时带轮以提前或推迟配气正时。发动机停机时，凸轮轴正时控制阀处于最延迟的位置，如图 3-57（b）所示。

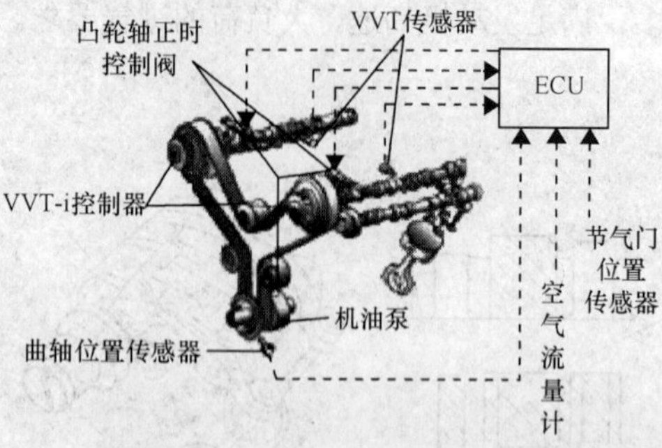

图 3-55 丰田 VVT-i 系统示意图

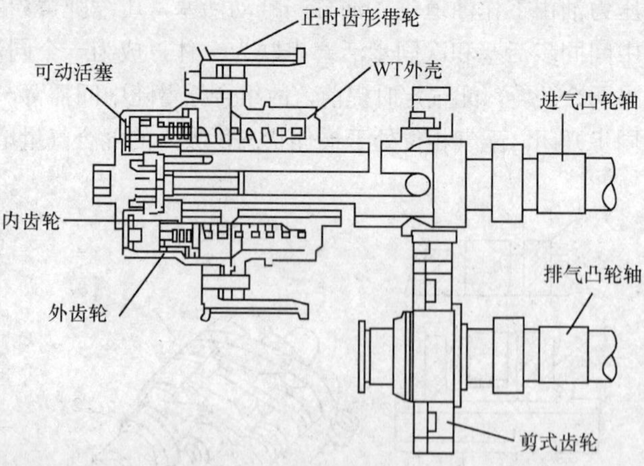

图 3-56 VVT-i 控制器结构

发动机运转时，根据发动机 ECU 的指令，当凸轮轴正时控制阀位于如图 3-57（a）所示位置时，机油压力施加在活塞的左侧使得活塞向右移动。由于活塞上的旋转花键的作用，进气凸轮轴相对于凸轮轴正时带轮提前某一角度。

发动机转速降低时，ECU 的指令使凸轮轴正时控制阀处于如图 3-57（b）所示位置时，机油压力施加在活塞的右侧使得活塞向左移动，进气凸轮轴相对于凸轮轴正时带轮延迟某一角度。

发动机转速恒定时，凸轮轴正时控制阀关闭油道，保持活塞两侧的压力平衡，配气相位保持在某一特定范围内，由此得到理想的配气正时。

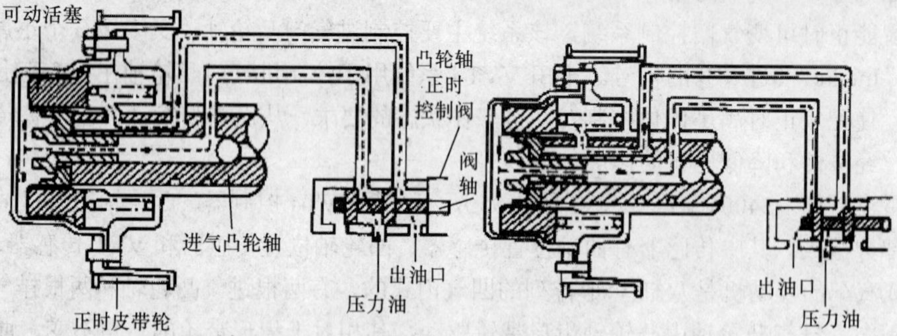

图 3-57 VVT-i 工作原理

思 考 与 练 习

一、选择题

1．VVT-i 智能可变配气正时系统是根据不同的发动机转速来改变（　　）的。

A．进气门的配气相位　　　　B．进、排气门的重叠角

C．排气门的配气相位　　　　D．进、排气门的配气相位

2．VTEC 可变气门控制机构在发动机高速运转时，是（　　）的。

A．主次气门同时开闭　　B．主气门定时开闭，次气门始终关闭

C．次气门定时开闭，主气门始终关闭　　D．主次气门依次开闭

二、判断题

1．VVT 传感器是检测进气凸轮轴和排气凸轮轴的相互位置的传感器。（　　）

2．可变气门控制机构（VTEC）既可改变配气相位，也可以同时改变气门升程。（　　）

三、简答题

1．可变进气系统主要有哪些结构形式？

2．可变配气相位系统有哪些类型？各有哪些特点？

3．叙述可变配气相位与气门升程电子控制系统（VTEC）机构的工作情况。

4．简述 VVT-i 的工作原理。

项目四 4 电控汽油喷射系统

知识目标

- ◎ 能简单叙述电控汽油喷射系统的分类与组成。
- ◎ 能正确描述电控汽油喷射系统空气供给系统、燃油供给系统、电子控制系统的组成、主要部件结构、工作原理。
- ◎ 能正确描述电控汽油喷射系统主要部件检测方法。
- ◎ 能正确描述电控汽油喷射系统常见故障诊断与排除方法。

能力目标

- ◎ 能够正确选择与使用工具、设备，并规范进行电控汽油喷射系统的拆卸、装配。
- ◎ 能对电控汽油喷射系统的主要零件进行检测。
- ◎ 能熟练使用检测诊断仪器对电控汽油喷射系统进行检测。
- ◎ 能对电控汽油喷射系统常见故障进行分析、诊断并能排除故障。

任务一 电控汽油喷射系统的分类

相关知识

20 世纪 60 年代后期，德国 BOSCH 公司研制成功电控燃油喷射系统 EFI，并历经晶体管、集成电路到微机处理三大发展进程。目前汽车工业发达的国家在汽油车上均采用汽油喷射系统，以满足日益严格的排放要求。

电控汽油喷射系统中，主要根据空气流量传感器信号和发动机转速传感器信号确定基本的喷油量，再根据其他传感器（如冷却液温度传感器、节气门位置传感器）信号对喷油量进行修正，能有效控制混合气空燃比，使发动机在各种工况下空燃比均能达到较佳值，也就是在各种运行工况下均能获得最佳浓度的混合气，从而实现提高功率、降低油耗、减少排气污染等功效。

一、按汽油喷射部位分类

1．缸内喷射

通过喷油器将燃油直接喷射到气缸内，燃油压力 3～4MPa，故又称缸内直喷式，如图 4-1（a）所示。

2．进气管喷射

这是目前普遍采用的喷射方式。通过安装在进气歧管内或进气门附近的喷油器，将燃油喷射后与空气混合形成可燃混合气后再进入气缸，喷油压力 0.2～0.3MPa，如图 4-1（b）所示。

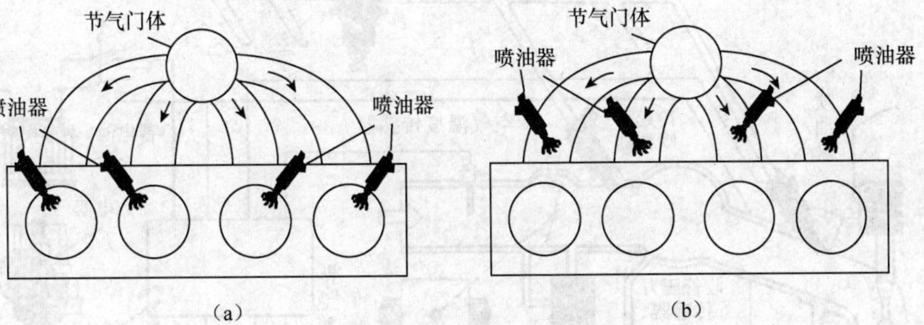

图 4-1 缸内喷射和进气管喷射

二、按喷油器的数目分类

1．单点喷射（SPI）

这是在进气总管的节气门上方装有 1～2 个喷油器的喷射方式，如图 4-2（a）所示。

2．多点喷射（MPI）

这是在各缸的进气歧管上分别装有一个喷油器的喷射方式，如图 4-2（b）所示。

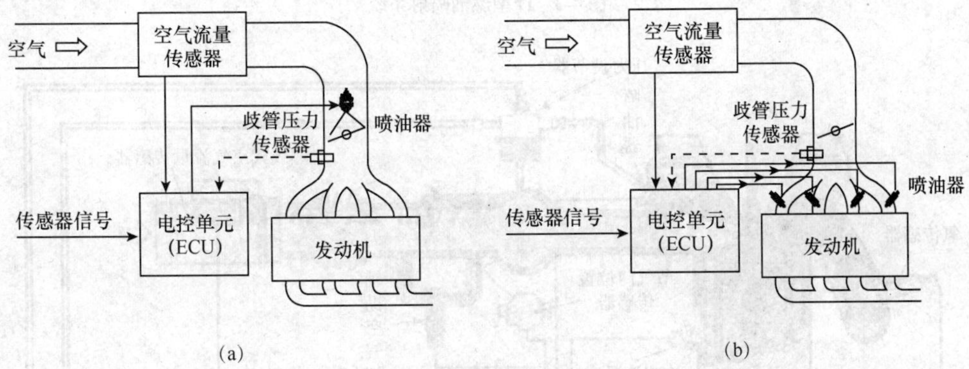

图 4-2 单点喷射和多点喷射

三、按进气量的检测方式分类

1．速度密度控制型（D 型）

速度密度控制型不是直接检测吸入发动机的空气量，而是通过检测进气歧管压力（真空度）和发动机转速，推算出吸入的空气量，如图 4-3 所示。这种方式测量方法简单，喷油量调整精度容易控制。但是由于进气歧管压力和进气量之间的函数关系比较复杂，在过渡工况和采用废气再循环时，由于进气歧管内压力波动较大，因此，这些工况空气量测量的精度较低，需进行流量修正，对这些工况混合气空燃比精确控制造成不利影响。

2．质量流量控制型（L 型、LH 型）

质量流量控制型由空气流量传感器直接测量进入进气歧管的空气量，可更精确地控制空燃比，如图 4-4 所示。这种测量方式除测量精度高，响应速度快，结构紧凑外，由于其测出的是空气的质量，因此，不需要进行大气压力和温度修正。

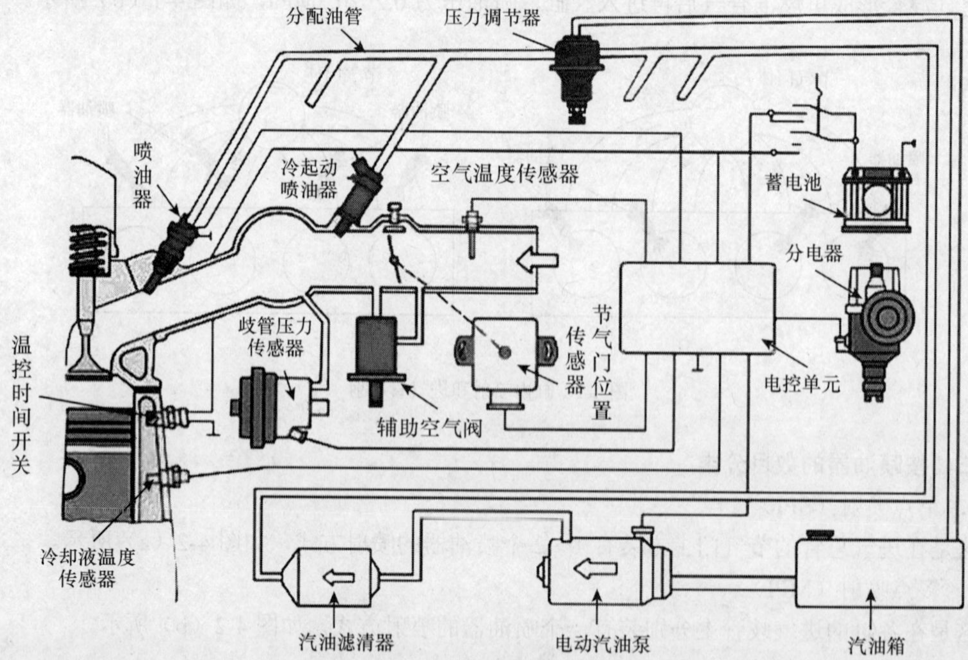

图 4-3　D 型燃油喷射系统

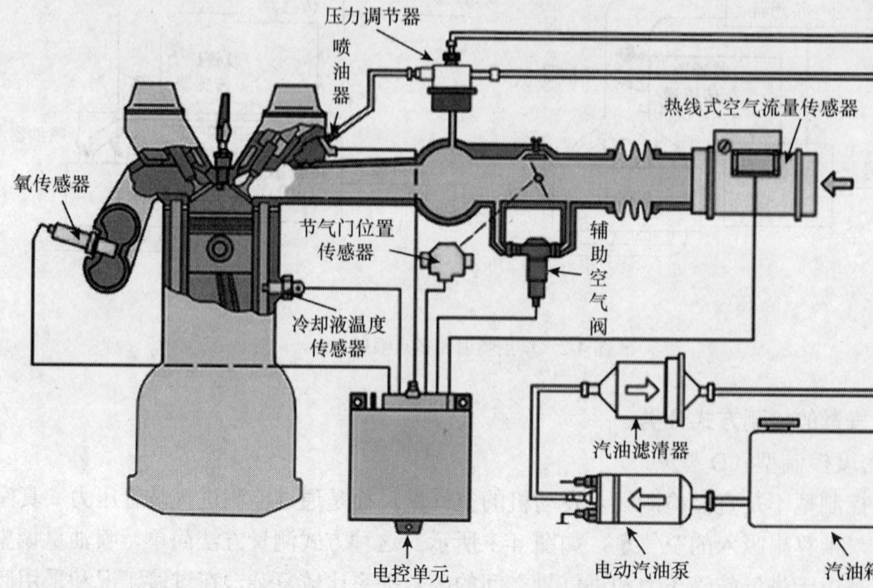

图 4-4　LH 型燃油喷射系统

四、按喷射时序分类

1．连续喷射

连续喷射时，燃油喷射的时间占有全工作循环的时间，连续喷射都是喷在进气管道内，而且大部分的燃油是在进气门关闭后喷射的，因此大部分燃油也是在进气道内蒸发的。K 型、KE 型和大部分 SPI 系统采用这种喷射方式。

2．间歇喷射

间歇喷射时，对每一个气缸的喷射都有一经计算确定的喷射持续期，喷射多数是在进气过程中的某段时间内进行的，喷射持续时间对应所控制的喷油量可分为以下几种。

（1）同时喷射。ECU 控制各缸所有的喷油器同时开启、同时关闭，如图 4-5（a）所示。

（2）分组喷射。ECU 控制各组喷油器喷油，如图 4-5（b）所示。

（3）顺序喷射。ECU 发出喷油脉冲信号，控制喷油器按进气行程的顺序依次进行燃油喷射，如图 4-5（c）所示。

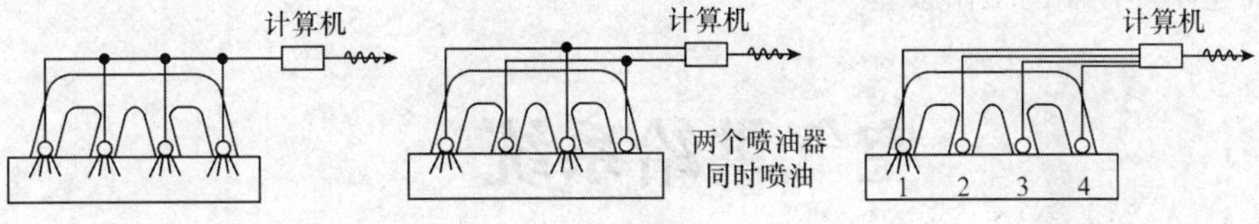

（a）同时喷射　　（b）分组喷射　　（c）顺序喷射

图 4-5　间歇喷射

五、按有无反馈信号分类

1．开环控制系统

该系统没有氧传感器，对发动机及控制系统的精度要求高，控制精度低。通过实验室确定的发动机各工况的最佳喷油量参数预先存入电控单元，在发动机工作时，电控单元根据系统中各传感器的输入信号，判断自身所处的运行工况，并计算出最佳喷油量。其精度直接依赖于所设定的基准数据和喷油器调整标定的精度。当使用工况超出预定范围时，不能实现最佳控制。

2．闭环控制系统

该系统装有氧传感器，可达到较高的空燃比控制精度。在系统中，发动机排气管上加装了氧传感器，根据排气中含氧量的变化，判断实际进入气缸的混合气空燃比，再通过电控单元与设定的目标空燃比进行比较，并根据误差修正喷油量，故空燃比控制精度较高。目前普遍采用开环和闭环相结合的控制方案。

思考与练习

一、填空题

1．电控汽油喷射系统可分为________和________两种控制方式。“桑塔纳时代超人”采用的是________控制方式。

2．电控燃油喷射系统一般由 3 个子系统组成，即________、________和________。

二、选择题

1．向 ECU 输入空燃比的反馈信号，进行喷油量的闭环控制的传感器是（　　）。

A．节气门位置传感器　　B．发动机转速传感器

C．曲轴位置传感器　　D．氧传感器

2．发动机工作时若燃烧浓混合气，则氧传感器的信号电压将（　　）。

A．变小　　B．变大　　C．不变　　D．不确定

三、判断题（正确打√、错误打×）

1．空气流量计与进气管绝对压力传感器相比，检测的进气量精度更高一些。（　）

2．在进气总管的节气门上方装有1～2个喷油器的喷射方式为多点喷射。（　）

四、简答题

1．简述质量流量控制型的优点。

2．简述闭环控制的工作原理。

任务二 空气供给系统

相关知识

电控汽油喷射系统尽管形式多样，但都具有相同的控制原则，即以电控单元（ECU）为控制核心，以空气流量和发动机转速为控制基础，以喷油量为控制对象，保证发动机在各种运行工况下均能获得最佳浓度的混合气，从而实现提高功率、降低油耗、减少排气污染等功效。

电控燃油喷射系统一般由3个子系统组成：空气供给系统、燃油供给系统和电子控制系统，如图4-6所示。

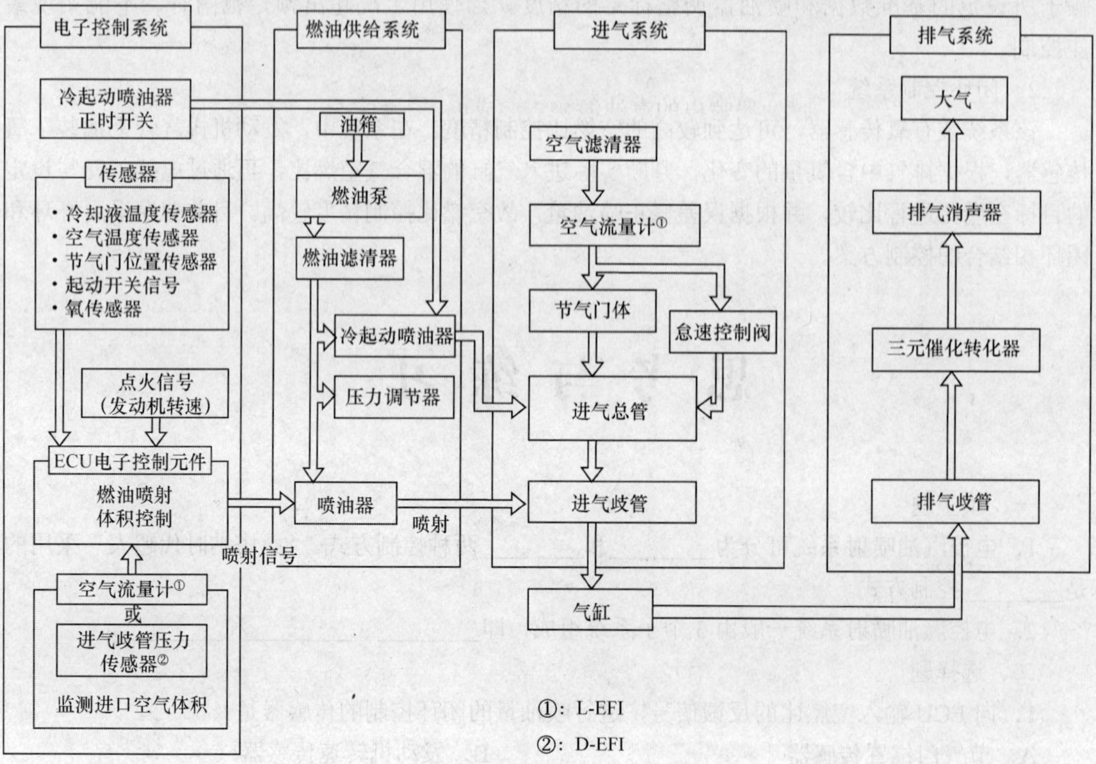

图4-6　电控燃油喷射系统的组成

空气供给系统的作用是向发动机提供与负荷相适应的清洁空气，同时测量和控制进入发动机气缸的空气量，使它们与喷油器喷出的汽油形成空燃比符合要求的可燃混合气；同时让有限的气缸容积中尽可能多并均匀地供气。

发动机空气供给系统主要由空气滤清器、空气流量计或进气管绝对压力传感器、节气门体、怠速控制阀、进气总管、进气歧管等组成，如图 4-7 所示。

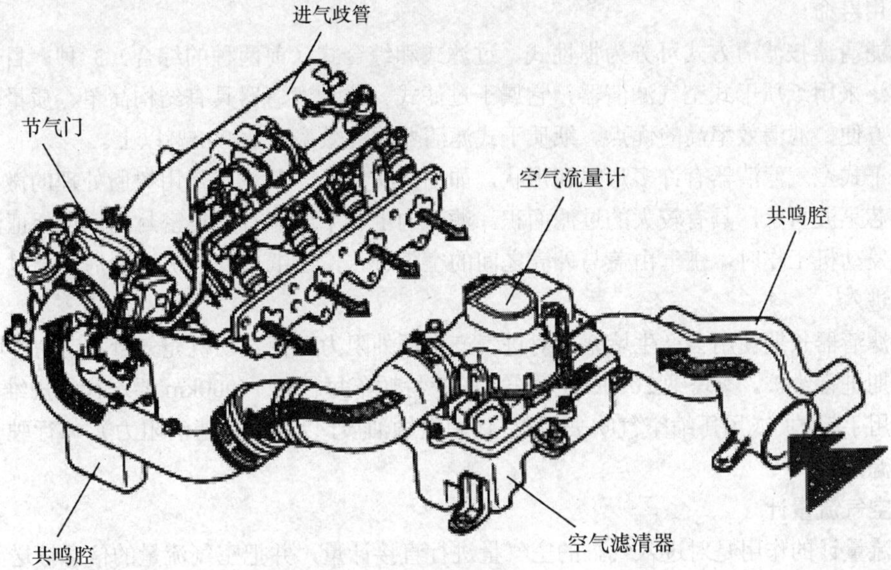

图 4-7　空气供给系统的组成

在 L 型进气系统中，空气经空气滤清器过滤后，流经空气流量计、节气门体（或怠速控制阀）、进气总管、进气歧管，与喷油器喷出的汽油混合，形成可燃混合气吸入气缸燃烧。进入发动机的空气量由空气流量计直接测量，如图 4-8（a）所示。

在 D 型进气系统中，空气经空气滤清器过滤后，流经节气门体（或怠速控制阀）、进气总管、进气歧管，与喷油器喷出的汽油混合，形成可燃混合气吸入气缸燃烧。进入发动机的空气量由进气管绝对压力传感器间接测量，如图 4-8（b）所示。

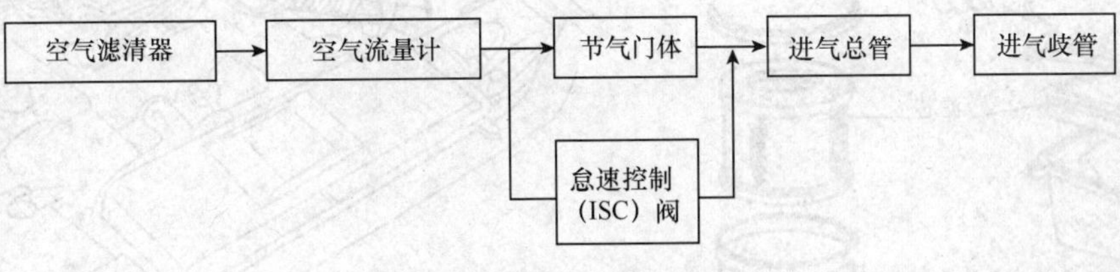

(a) L型

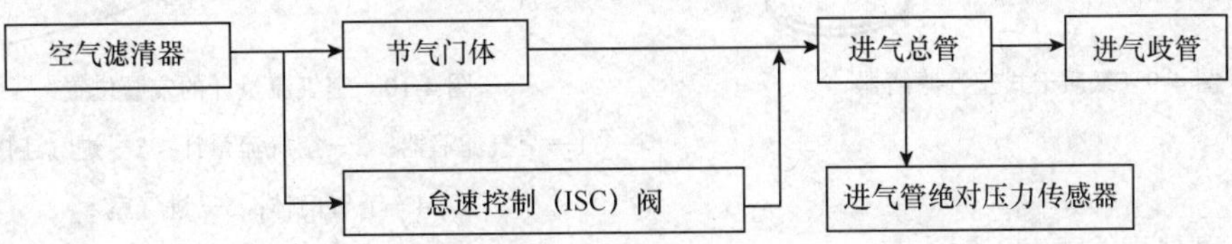

(b) D型

图 4-8　空气供给系统的进气流程

电控发动机的空气供给系统不仅要对空气进行过滤、计量，为了增大进气量而提高发动机的功率，还必须对进气实施各种电子控制。因此，空气供给系统中除了安装有空气滤清器、节气门体、进气管外，还设置了许多传感器和执行器。

一、空气滤清器

空气滤清器的作用是滤去空气中的尘土和砂粒，以减少气缸、活塞和活塞环的磨损，延长发动机的使用寿命。

空气滤清器按滤清方式可分为惯性式、过滤式和综合式（前两种的综合）3 种。目前，汽车发动机广泛采用纸质干式空气滤清器，它属于过滤式。这种滤清器具有结构简单、质量轻、成本低、使用方便、滤清效率高的优点。纸质干式滤清器滤清效率可达 99.5%以上。

纸质干式空气滤清器有许多形式和形状，如图 4-9 所示。其滤芯是用树脂处理的微孔滤纸制成的。滤芯呈波折状，具有较大的过滤面积。滤芯的上、下两端有塑料密封圈，以保证滤芯两端的密封。发动机工作时，空气由盖与外壳之间的空隙进入，经纸质滤芯被滤清后，通过外壳下端的进气口进入。

空气滤清器长期使用会产生堵塞，对进气产生额外阻力，使发动机充气量和动力性降低。因此必须定期进行维护。桑塔纳 2000GSi 轿车、帕萨特轿车每行驶 15000km 要进行常规维护，即将滤芯取出用手轻拍，或用压缩空气吹去积灰（切忌接触油质，以免加大滤清阻力），每行驶 30000km 更换空气滤清器。

二、空气流量计

空气流量计的作用是对进入气缸的空气量进行直接计量，并把空气流量的信息输送到 ECU。它用在 L 型的发动机进气系统中，安装在空气滤清器与节气门体之间，如图 4-10 所示，作为电控燃油喷射系统的主控信号。

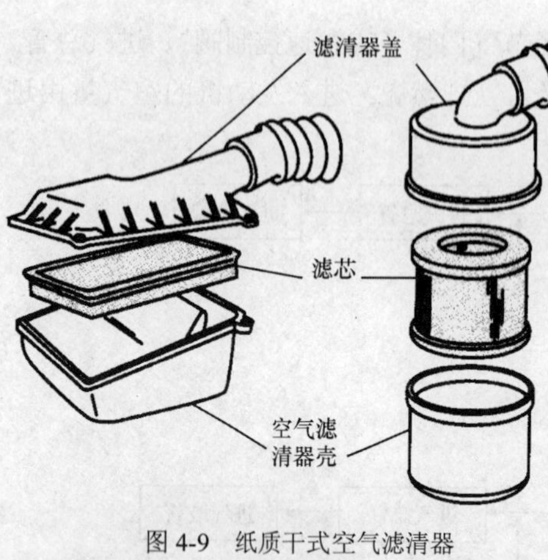

图 4-9 纸质干式空气滤清器

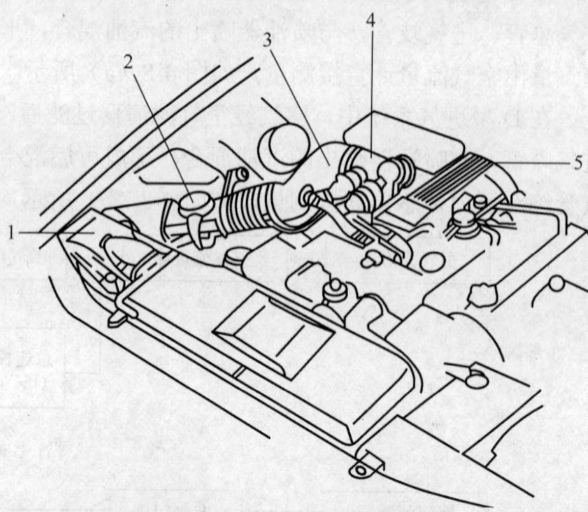

图 4-10 空气流量计的安装位置

1—空气滤清器；2—空气流量计；3—进气连接管；4—节气门体；5—进气室

在 L 型电控汽油喷射发动机的发展历程中，使用过翼片式、卡门旋涡式、热线式和热膜式等多种形式的空气流量计。翼片式、卡门旋涡式空气流量计检测空气的体积流量，需要对进气温度和大气压力作修正，已逐渐淘汰。目前应用较多的是热线式、热膜式空气流量计，它直接检测空气的质量流量，测量精度高。桑塔纳 2000GSi 轿车 AJR 发动机采用了热膜式空气流量计。

1. 热线式空气流量计

根据热线的安装位置不同，热线式空气流量计有主流测量式（见图 4-11）和旁通测量式（见图 4-12）两种结构形式。

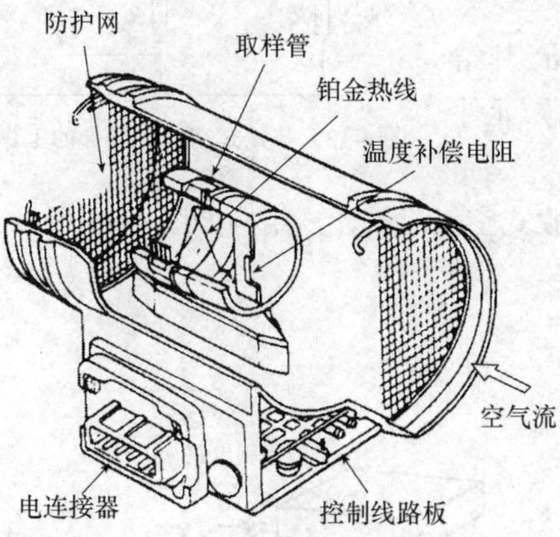

图 4-11 主流测量式热线式空气流量计

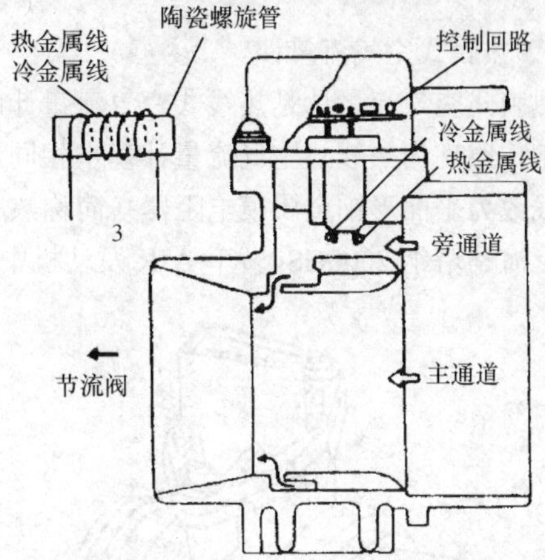

图 4-12 旁通测量式热线式空气流量计

主流测量式热线式空气流量计应用较广，其结构如图 4-11 所示。其基本结构由感知空气流量的铂金热线电阻 RH（热丝）、根据进气温度进行修正的温度补偿电阻 RK（冷丝）、控制热线电流并产生输出信号的控制电路板以及空气流量计壳体等组成。

取样管置于主空气通道中，两端有金属防护网防止脏物进入。取样管由两个塑料护套和一个热线支承环构成，一根直径约 70μm 的铂金属丝作为发热元件布置在支承环内，传感器工作时，铂金属丝被控制电路提供的电流加热到高于进气温度 100℃，故将它称为热线电阻或热丝，其电阻值随温度变化，是惠斯通电桥电路的一个臂。热线支承环前端的塑料护套内安装一个薄膜电阻，其电阻值随进气温度变化，由于它靠近进气口一侧，称为冷丝或温度补偿电阻。该温度补偿电阻相当于一个温度传感器，起到温度参考基准的作用，它是惠斯通电桥电路的另一个臂。热线支承环后端的塑料护套上粘结着一只精密电阻 R_A，也是惠斯通电桥电路的一个臂，该电阻上的电压降即为热线式空气流量计的输出信号。惠斯通电桥电路还有一个臂的电阻 R_B 安装在控制电路板上。控制电路板安装在热线式空气流量计的下方，通过接线插座将空气流量计的信号传给发动机电控单元（ECU）。

热线式空气流量计是利用空气流过热线时的冷却效应制成的，其工作原理如图 4-13 所示。铂金属热丝和其他几个电阻组成惠斯通电桥电路。在传感器工作时，热丝被控制电路提供的电流加热到高于冷丝温度 100℃，此时惠斯通电桥处于平衡状态。进气时气流带走了热丝上的热量使热丝变冷，热丝的电阻值随即也降低，桥形电路平衡被破坏。控制电路加大通过热丝的电流使热丝升温以恢复其原有的电阻值，使电桥重新平衡。进气量越大，热丝被带走的热量也就越多，控制电路的补偿电流也就越大，这样就把空气流量的变化转换为电流的变化。电流的变化又使固定电阻 R_A 两端的电压发生变化，此变化的电压就是热线式空气流量计的输出信号。控制电路把这一根据空气质量流量变化的电压信号输入电控单元（ECU）。

热丝长时间暴露在进气中，会因空气中灰尘附着在热丝上而影响测量精度，需增加自洁净功能：关闭点火开关时 ECU 向空气流量计发出一个信号，控制电路立即给热丝提供较大电流，使热丝瞬时升温至 1000℃左右，把附着在热丝上的杂质烧掉。自洁净功能持续时间 1～2s。

由热线式空气流量计的工作原理可知，该空气流量计的输出特性为：随着发动机进气量的增大，其输出的信号电压越高。

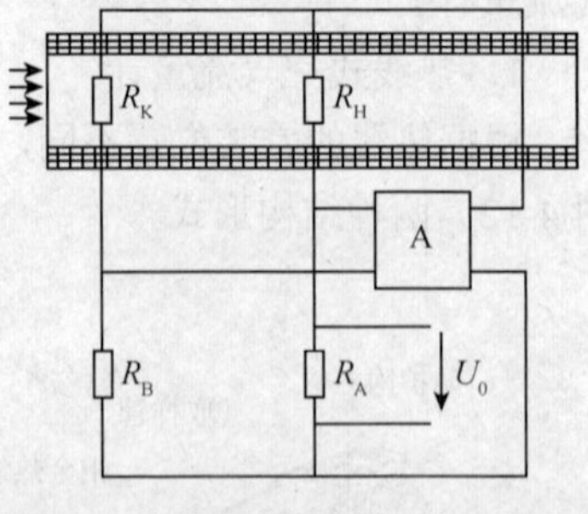

图 4-13 热线式空气流量计的工作原理

2．热膜式空气流量计

热膜式空气流量计是热线式空气流量计的改进产品，其结构及工作原理与热线式空气流量计基本相同，只是将感知元件由热线改为平面形铂金属膜电阻器（简称热膜）。

上海桑塔纳 2000GSi 轿车 AJR 发动机中采用了热膜式空气流量计，结构如图 4-14 所示。

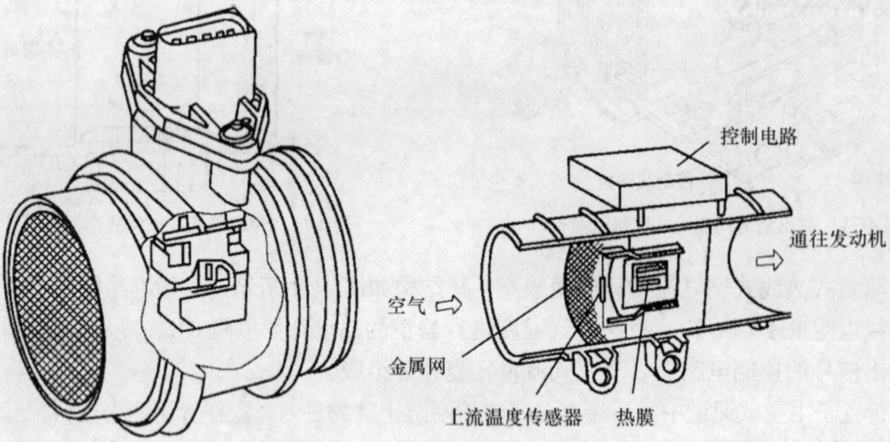

(a) 外形图 (b) 剖视图

图 4-14 热膜式空气流量计的结构

热膜的制作过程是：先在氧化铝陶瓷基片上采用蒸发工艺积淀铂金属薄膜，然后通过光刻工艺制成梳状电阻，将电阻值调节到规定的阻值后，再在铂金属薄膜表面覆盖一层保护膜，最后引出电极引线。热膜设置在进气通道上的一个矩形护套（相当于取样管）内，在护套的空气入口一侧设有空气过滤层，以过滤空气中的污物，防止污物沉积到热膜电阻上影响测量精度。空气流量计中上流温度传感器的作用是温度补偿，其实它就是温度补偿电阻。

热膜式空气流量计测量精度高、响应速度快、进气阻力小，而且可靠、耐用，不会因黏附污物而影响测量精度。

三、进气歧管绝对压力传感器

进气歧管绝对压力传感器用于 D 型的发动机进气系统中，它所起的作用和空气流量计相似。进气歧管绝对压力传感器根据发动机的负荷状态测出进气歧管内绝对压力的变化，并转换成电压信号，与转速信号一起输送到电控单元 ECU，作为燃油喷射和点火控制的主控信号。

进气歧管绝对压力传感器的安装位置较灵活，多位于节气门体的后方，有的车型通过真空软管与进气总管连接；有的车型则将进其直接安装在进气总管上。

进气歧管绝对压力传感器按工作原理可分为压阻效应式、电容式和电感式 3 种。压阻效应式传感器具有灵敏度高、尺寸小、成本低、动态响应和抗振性好的优点，从而得到了广泛的应用。

1．压阻效应式进气歧管绝对压力传感器

单晶硅材料在受到应力作用后，其电阻率发生明显变化的现象称为压阻效应。

（1）压阻效应式进气歧管绝对压力传感器的构造。压阻效应式进气歧管绝对压力传感器的结构如图 4-15 所示，主要由真空室、硅膜片和 IC 集成放大电路组成。压力转换元件是利用半导体压阻效应制成的硅膜片，硅膜片为边长 3mm 的正方形，其中部采用光刻腐蚀的方法制成一个直径 2mm、厚约 50μm 的薄膜片。在薄膜片上，采用集成电路加工技术和台面扩散层技术加工出 4 个阻值相等的应变电阻片，这 4 个应变电阻片连接成惠斯通桥形电路。硅膜片的一侧是真空室，另一侧导入进气歧管压力。

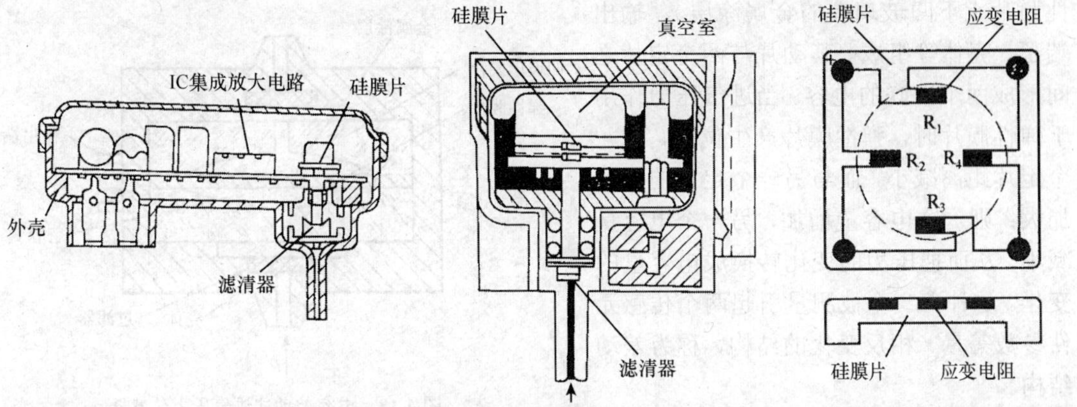

图 4-15 压阻效应式进气压力传感器结构

（2）压阻效应式进气歧管绝对压力传感器的工作原理。进气歧管绝对压力传感器的等效电路如图 4-16 所示。当接通点火开关时，惠斯通桥形电路便加上电源电压 U_{CC}。发动机不工作时，惠斯通桥形电路中的 4 个应变电阻片的电阻值相等，电桥平衡，电桥输出电压 U_0 为零。当发动机工作时，硅膜片在进气歧管压力作用下产生机械应变，进而产生应力，应变电阻片的阻值在硅膜片应力的作用下发生变化，惠斯通电桥失去平衡，在电桥的输出端即得到输出电压 U_0。

（3）压阻效应式进气歧管绝对压力传感器的输出特性。由压阻效应式进气歧管绝对压力传感器的工作原理可知，该传感器的输出特性为：发动机进气量越大，进气歧管内绝对压力越大，硅膜片变形就越大，输出的信号电压 U_0 值就越大，如图 4-17 所示。

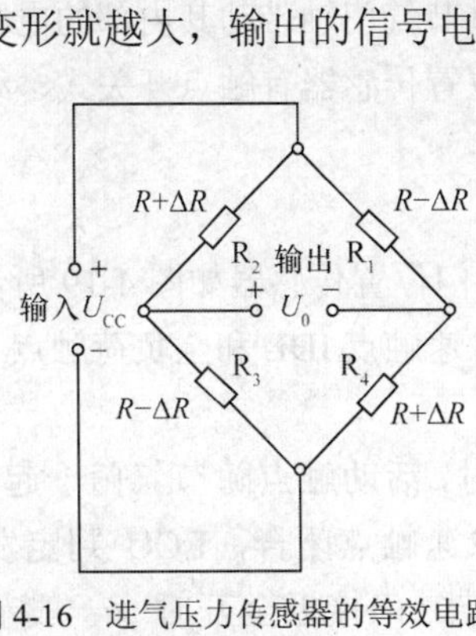

图 4-16 进气压力传感器的等效电路

R—应变电阻的初始值；ΔR—应变电阻的阻值变化量

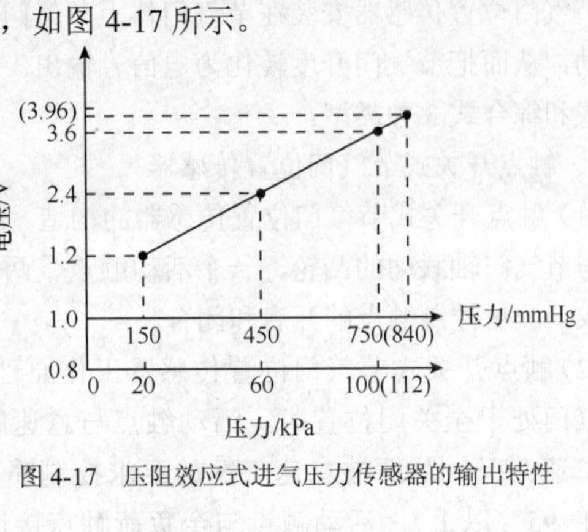

图 4-17 压阻效应式进气压力传感器的输出特性

2．电容式进气歧管绝对压力传感器

电容式传感器由一个或几个具有可变参数的电容器组成。由电学知识可知，电容器的电容量与组成电容的两极板间的电介质及其相对有效面积成正比，与两极板间的距离成反比，即：

$$C=\varepsilon\frac{A}{d}$$

式中，C为电容量；ε为电介质的介电常数；A为两金属电极板相对有效面积；d为两金属电极板间的距离。

当式中两个参数不变，而另一个参数作为变量时，电容量就会随此变量而发生变化。电容式传感器即利用这一原理，将被测量转换成上述变量，进而转换成电容量而达到检测目的。图 4-18 所示为电容差动式进气压力传感器结构示意图。由置于空腔内的动片（弹性膜片）、两个定片（弹性膜片上下凹玻璃上的金属涂层）、输出端子、壳体等组成。其动片与两个定片之间形成两个串联的电容。当进气压力作用于弹性膜片时，弹性膜片产生位移，与一个定片距离减小，而与另一个定片的距离加大；则一个电容量增加，另一个电容量减小，从而把压力的变化转换成电容量的变化。这种由一个被测量引起两个传感元件参数等量、相反变化的结构，称为差动结构。

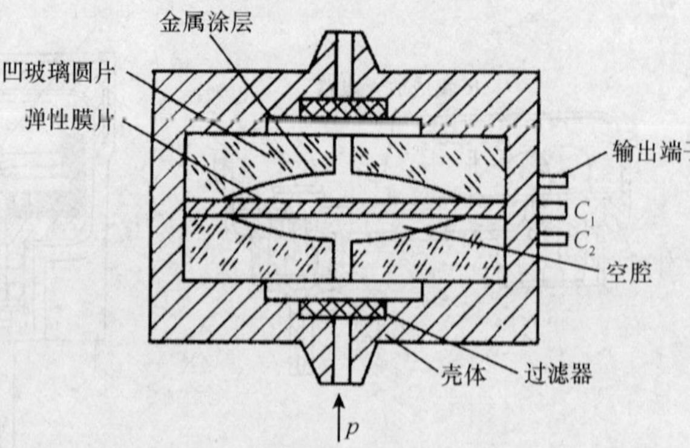

图 4-18 电容差动式进气压力传感器

将电容量的变化接到测量电路中，与电容式压力传感器配合使用的测量电路有很多种，如电容电桥、谐振电路等，即可得到相应的电信号输出。

四、节气门体

节气门体安装在空气流量计之后的进气管上，用以控制发动机正常运行工况下的进气量。

节气门体主要由节气门和怠速空气道组成，在节气门体上还安装有节气门位置传感器、怠速控制阀等装置。

节气门位置传感器的作用是把发动机运转过程中节气门的位置及开启角度的变化转换成电信号输入发动机 ECU，用于控制燃油喷射及其他辅助控制。

节气门位置传感器安装在节气门体上节气门轴的一端，通过节气门轴带动其内部的电刷、触点转动，从而把节气门开度转化为电信号输出。常见的节气门位置传感器有触点开关式、线性电位计式和综合式 3 种类型。

1．触点开关式节气门位置传感器

（1）触点开关式节气门位置传感器的构造。触点开关式节气门位置传感器如图 4-19 所示，由一个与节气门轴联动的凸轮、一个活动触点、两个固定触点（怠速触点 IDL 和全负荷触点 PSW）等组成。凸轮控制触点的开启和闭合。

（2）触点开关式节气门位置传感器工作原理。节气门转动时，活动触点随节气门一起转动。当节气门处于全关闭位置时，活动触点与怠速触点接通，即怠速触点闭合，ECU 判定发动机处于怠速工况，从而按怠速工况的要求控制喷油和点火；当节气门接近全开时（一般节气门开度在 95° 以上），活动触点与全负荷触点接通，即全负荷触点闭合，ECU 进行全负荷加浓控制；当节气门在中间位置时，活动触点与两固定触点均断开，ECU 判定发动机处于部分负荷工况。

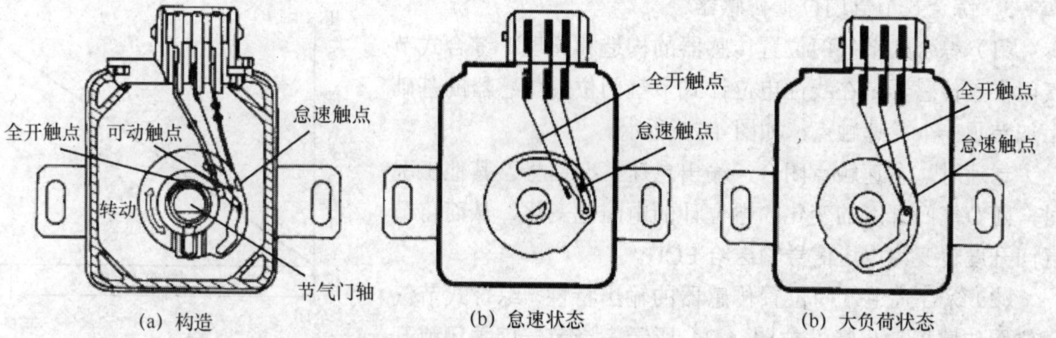

图 4-19　触点开关式节气门位置传感器

（3）触点开关式节气门位置传感器输出特性。触点开关式节气门位置传感器输出特性如图 4-20 所示，ECU 根据触点的闭合情况确定发动机工况。当节气门关闭时，怠速触点 IDL 闭合、大负荷触点 PSW 断开，怠速触点 IDL 输出端子输出的信号为低电平“0”，功率触点 PSW 输出端子输出的信号为高电平“1”。ECU 接收到节气门位置传感器输入的这两个信号时，如果车速传感器输入 ECU 的信号表示车速为零，那么 ECU 判定发动机处于怠速状态，并控制喷油器增加喷油量，保证发动机怠速转速稳定而不致熄火。如果此时车速传感器输入 ECU 的信号表示车速不为零，那么 ECU 判定发动机处于减速状态，并控制喷油器停止喷油，以降低排放和提高经济性。

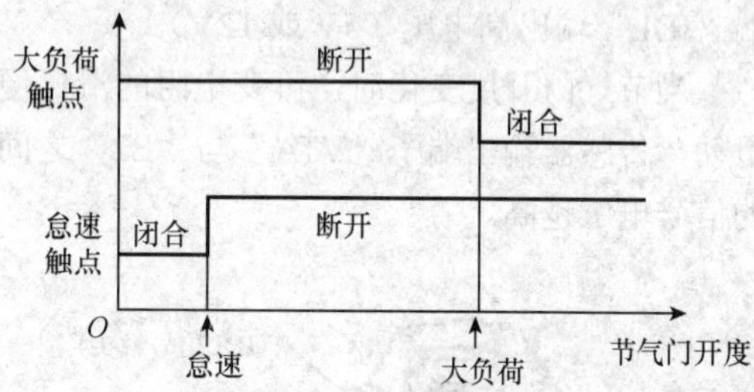

图 4-20　触点开关式节气门位置传感器输出特性

2．线性电位计式节气门位置传感器

（1）线性电位计式节气门位置传感器的构造与原理。线性电位计式节气门位置传感器的结构如图 4-21 所示。传感器内部装有滑动电阻，滑动电阻的滑臂与节气门轴一同转动。

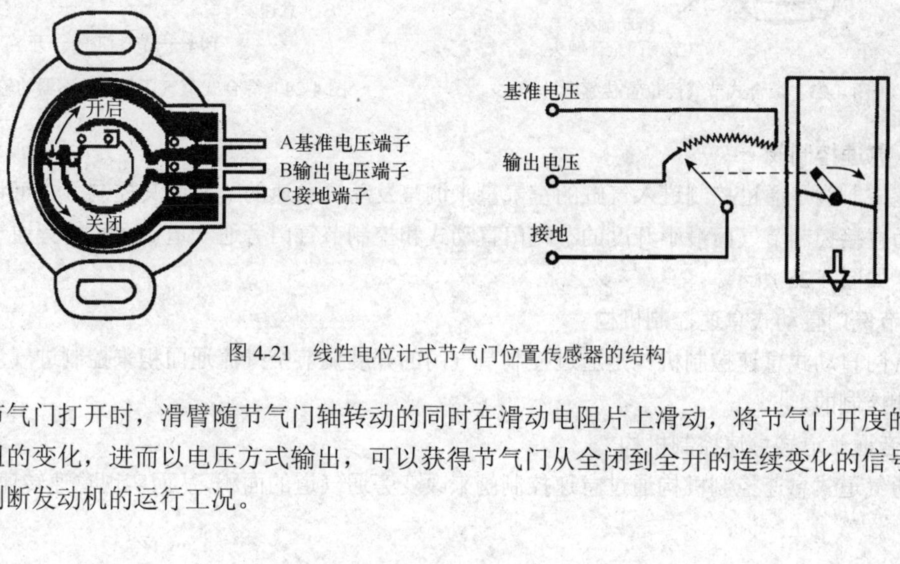

图 4-21　线性电位计式节气门位置传感器的结构

当节气门打开时，滑臂随节气门轴转动的同时在滑动电阻片上滑动，将节气门开度的变化转变为电阻的变化，进而以电压方式输出，可以获得节气门从全闭到全开的连续变化的信号，从而精确地判断发动机的运行工况。

（2）线性电位计式节气门位置传感器的输出特性。由线性电位计式节气门位置传感器的工作原理可知，随节气门开度增大，输出电压升高，其输出特性如图 4-22 所示。

3．综合式节气门位置传感器

（1）综合式节气门位置传感器的构造和原理。综合式节气门位置传感器是在线性电位计式节气门位置传感器的基础上加装了一个怠速触点，如图 4-23 所示。

怠速时，怠速触点闭合，输出怠速工况信号。其他工况时，随节气门开度的变化，电位计的电阻也变化，从而将节气门开度转变为电压信号输送给 ECU。

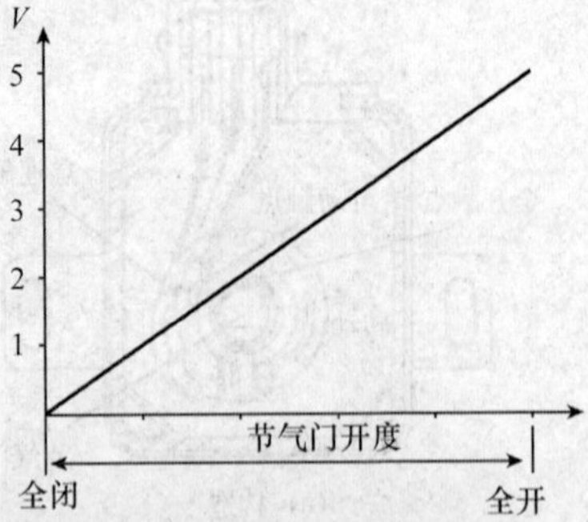

图 4-22 线性电位计式节气门位置传感器的输出特性

（2）综合式节气门位置传感器的输出特性。综合式节气门位置传感器输出特性如图 4-24 所示。当节气门关闭或开度小于 1.2°时，怠速触点闭合，其输出端“IDL”输出低电压（0V）；当节气门开度大于 1.2°时，怠速触点断开，输出端“IDL”输出高电压（5V 或 12V）。

当节气门开度变化时，可变电阻的滑臂便随节气门轴转动，滑臂上的触点便在滑动电阻片上滑动，传感器输出端子“VTA”与“E2”之间的信号电压随之发生变化，节气门开度越大，输出的信号电压越高。

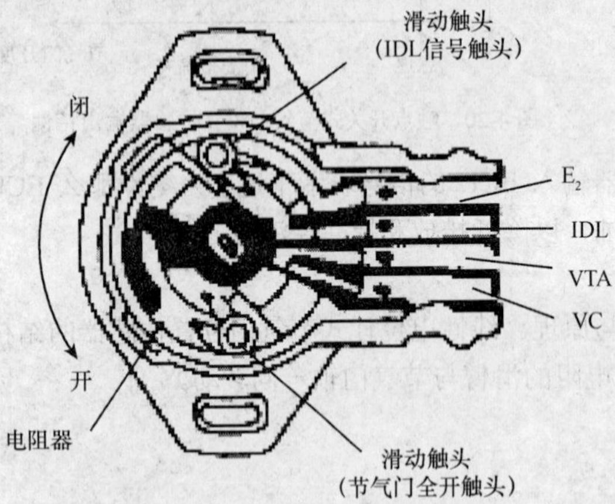

图 4-23 综合式节气门位置传感器

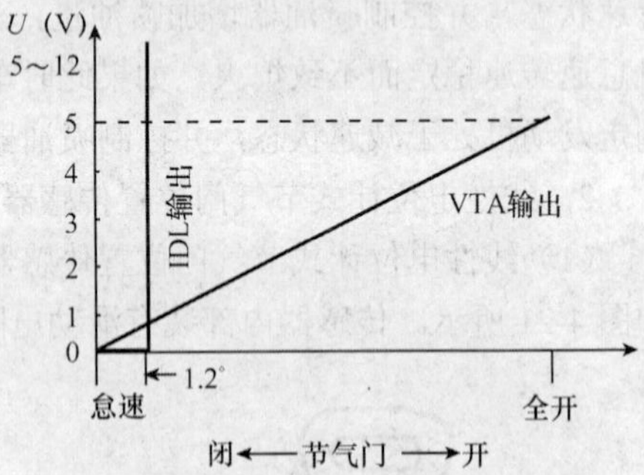

图 4-24 综合式节气门位置传感器的输出特性

五、怠速控制阀

怠速控制阀是通过控制进入气缸的空气量来调整发动机怠速的。按照其控制方式可将怠速控制阀分为直接控制节气门最小开度的节气门直动式和控制节气门旁通气道截面积的旁通气道式两种类型，如图 4-25 所示。

1．节气门直动式怠速控制机构

节气门直动式怠速控制机构是通过控制节气门的开度调节空气流通面积来控制进气量，从而实现怠速控制的。

2．旁通气道式怠速控制机构

旁通气道式怠速控制机构通过怠速控制阀来改变旁通气道的面积，从而实现怠速转速的控制。

怠速控制阀有多种形式，其工作原理不同，结构上也有很大差异。常见的怠速控制阀有步进电机式怠速控制阀、旋转滑阀式怠速控制阀、电磁式怠速控制阀 3 种。

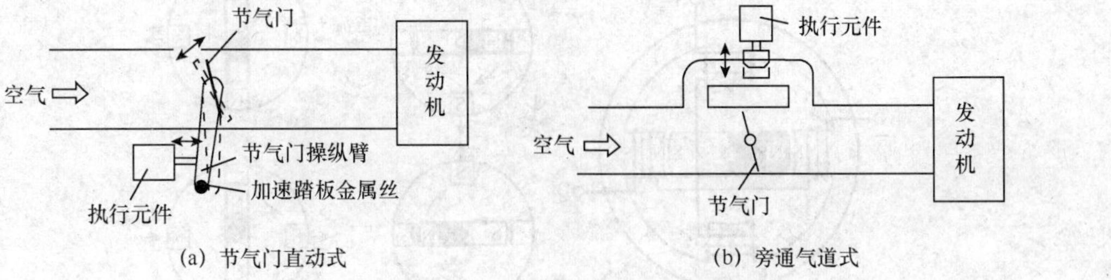

图 4-25 节气门直动式和节气门旁通气道式怠速控制

这里主要介绍步进电机式怠速控制阀。

步进电机式怠速控制阀由步进电机、螺旋机构（螺杆和螺母）、阀芯、阀座等组成，其结构如图 4-26 所示。

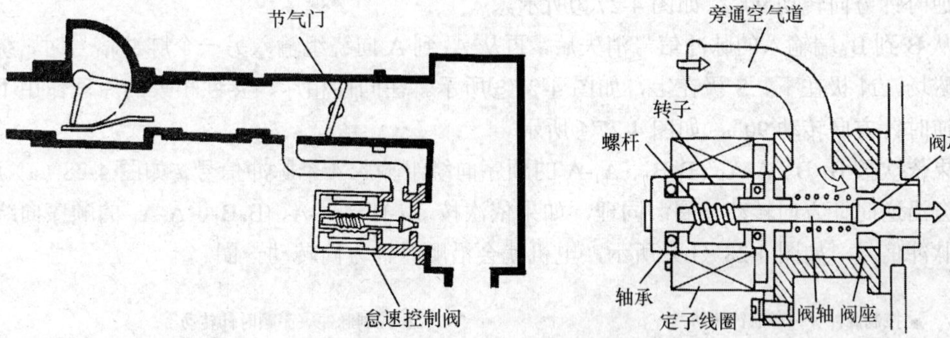

图 4-26 步进电机式怠速控制阀

步进电机的结构与其他电动机一样，由永磁转子、定子绕组等组成，其作用是产生驱动力矩。螺旋机构的作用是将步进电机的旋转运动变为往复运动，由螺杆和螺母组成。螺母和步进电动机的转子制成一体，螺杆的一端制有螺纹，另一端固定有阀芯，螺杆与步进电动机壳体之间为滑动花键连接，使螺杆不能做旋转运动，只能沿轴向做直线运动。

步进电机式怠速控制阀的工作原理：当步进电动机转动时，螺母驱动螺杆做轴向移动。步进电动机转子每转动一圈，螺杆便移动一个螺距。因为阀芯与螺杆固定连接，所以螺杆向前或向后移动时，带动阀芯关小或开大旁通空气道的通过截面。ECU 通过控制步进电动机的转动方向和转角来控制螺杆的移动方向和移动距离，从而达到控制旁通空气道的通过截面，调整怠速进气量的目的。

步进电机工作原理：通用公司怠速控制阀的步进电机转子是一个具有 N 极和 S 极的永久磁铁，定子由两个相互独立的绕组组成，如图 4-27 所示。当从 B_1 到 B 向绕组输入一个电脉冲信号时，绕组产生一个磁场，在磁力同性相斥、异性相吸的原理作用下，使转子 S 极在右，N 极在左的位置。

当从 B_1 到 B 端输入的脉冲信号消失后，再从 A 到 A_1 向绕组输入另一个脉冲信号时，绕组产生一个磁场，N 极在上、S 极在下，如图 4-27①所示。在同性相斥、异性相吸的原理作用下，转子会沿逆时针方向转动 90°，如图 4-27②所示。

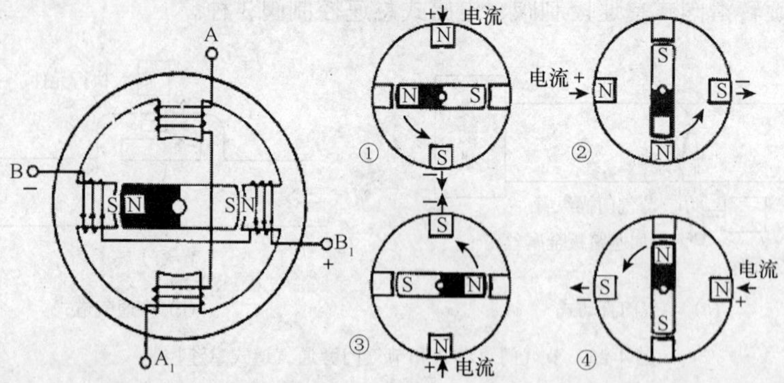

图 4-27　步进电机工作原理

当从 A 到 A_1 端输入的脉冲信号消失后，再从 B 到 B_1 向绕组输入另一个脉冲信号时，绕组产生一个磁场，N 极在左、S 极在右，如图 4-27②所示。在同性相斥、异性相吸的原理作用下，转子会沿逆时针方向转动 90°，如图 4-27③所示。

当从 B 到 B_1 端输入的脉冲信号消失后，再从 A_1 到 A 向绕组输入另一个脉冲信号时，绕组产生一个磁场，N 极在下、S 极在上，如图 4-27③所示。在同性相斥、异性相吸的原理作用下，转子会沿逆时针方向转动 90°，如图 4-27④所示。

如果依次按 B_1-B、A-A_1、B-B_1、A_1-A 的顺序向绕组输入 4 个脉冲信号，如图 4-28（a）所示，电机就会沿逆时针方向转动一圈；同理，如果依次按 B_1-B、A_1-A、B-B_1、A-A_1 的顺序向绕组输入 4 个脉冲信号，如图 4-28（b）所示，电机就会沿顺时针方向转动一圈。

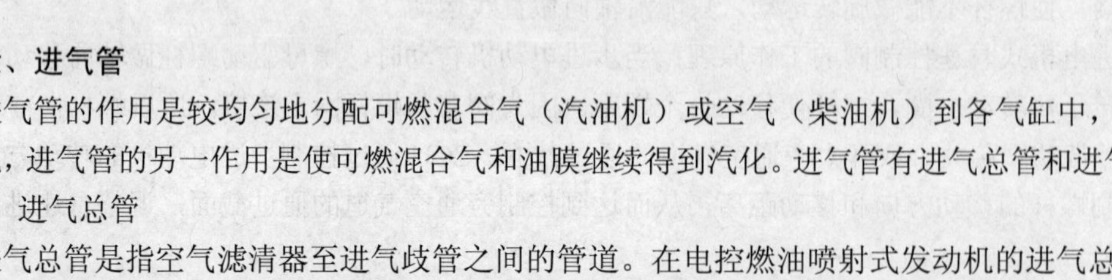

图 4-28　步进电机控制脉冲

六、进气管

进气管的作用是较均匀地分配可燃混合气（汽油机）或空气（柴油机）到各气缸中，对汽油机来说，进气管的另一作用是使可燃混合气和油膜继续得到汽化。进气管有进气总管和进气歧管。

1. 进气总管

进气总管是指空气滤清器至进气歧管之间的管道。在电控燃油喷射式发动机的进气总管上，装有空气流量传感器（或进气压力传感器），以便对进入气缸的空气进行计量。

为了提高发动机的充气效率，通常按有效利用进气压力的原理设计进气管的长度、形状和结构，进气总管上常附有各种形状的气室。进气管上设有动力腔，其目的是充分利用进气管内的空气动力效应，增加各种工况下的充气量，以提高发动机的动力性。空气动力效应是一种复杂的物理现象，为便于说明，可将其视为气流惯性效应与气流压力波动效应共同作用的结果。

2．进气歧管

进气歧管是指进气总管后向各气缸分配空气的支管。桑塔纳2000GSi 轿车 AJR 发动机的进气歧管结构如图 4-29 所示。

进气歧管一般由铸铁或铝合金铸造，轿车发动机多用铝合金制造。进气歧管用螺栓固定在气缸体或气缸盖上，其接合面处装有衬垫，以防止漏气。

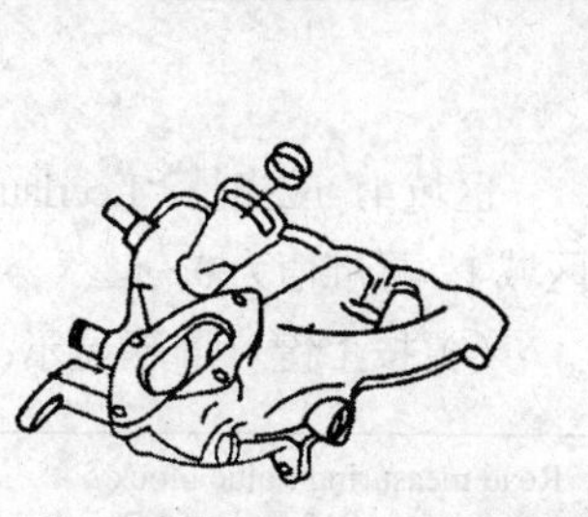

图 4-29　AJR 发动机进气歧管结构

任务实施

空气供给系统的性能检测

1．怠速检测

怠速转速是由发动机控制单元预先设置的不可以调整。

（1）怠速故障。

怠速不当的原因分析如下。

① 怠速过低原因：节气门组件与发动机 ECU 匹配不当；发动机负荷过大；节气门组件故障。

② 怠速过高的原因：进气系统漏气；节气门组件与发动机 ECU 匹配不当；节气门组件故障；活性炭罐电磁阀常开。

（2）怠速检测条件。

① 冷却液温度大于 80℃；②测试时冷却风扇不转；③空调关闭；④其他用电设备关闭；⑤油门拉索调节正常；⑥发动机怠速。

（3）怠速检测。

① V.A.G1552 进入 08 功能“读测量数据块”显示组 03。屏幕显示：

Read measuring value block 3				→
800r/min	13.650V	92.0℃	43.2℃	
读测量数据块 3				→
800r/min	13.650V	92.0℃	43.2℃	

其中，区域 3 冷却液温度应大于 80℃，区域 1 发动机怠速标准值应在 800±30r/min。

② 如果怠速不在标准范围内，按 C 键，输入 20，按 Q 键确认。屏幕显示：

Read measuring value block 20				→
800r/min	0	000A/C-Low	Kompr.AUS	
读测量数据块 20				→
800r/min	0	000A/C-Low	Kompr.AUS	

区域 3 空调 A/C 开关应关闭，区域 4 压缩应关闭。如果 A/C 开关是打开的，而压缩机在工作，应把 A/C 开关关闭，鼓风机关闭，让压缩机不工作。

③ 如果怠速转速仍然超出范围，按 C 键，输入 04，按 Q 键确认。屏幕显示：

Read measuring value block 4				→
3∠°	0.23g/s	0.00g/s	Leerlauf	
读测量数据块 4				→
3∠°	0.23g/s	0.00g/s	怠速	

区域 4，应当是“Leerlauf”怠速，如果没有显示怠速，应检查怠速开关是否触脏或线路开路。检查区域 1，标准值为 0～5∠°。如果没有达到标准值，应检查节气门控制部件与发动机控制单元的匹配。

④ 按↑键。屏幕显示：

Read measuring value block 5 → 800r/min 810r/min 1.7% 2.9g/s
读测量数据块 5 → 800r/min 810r/min 1.7% 2.9g/s

区域 1，怠速转速标准值应在 800±30r/min。

2．空气流量计（G70）的检测

（1）检测工作情况。热膜式空气流量计的连接电路如图 4-30 所示。发动机怠速运转，读测量数据块显示组 02，检查进气质量。标准值应为 2.0～4.0g/s。如果不在标准范围内或者查询到空气质量计有故障，应检查空气质量计的供电电压。

（2）检查空气质量计的供电电压。用发光二极管试灯连接空气质量计插头端子 2（见图 4-31）和发动机搭铁点，起动发动机，灯应亮。如果灯不亮，应检查保险丝与端子 2 间线路有无断路或短路，如正常，则检查汽油泵继电器。

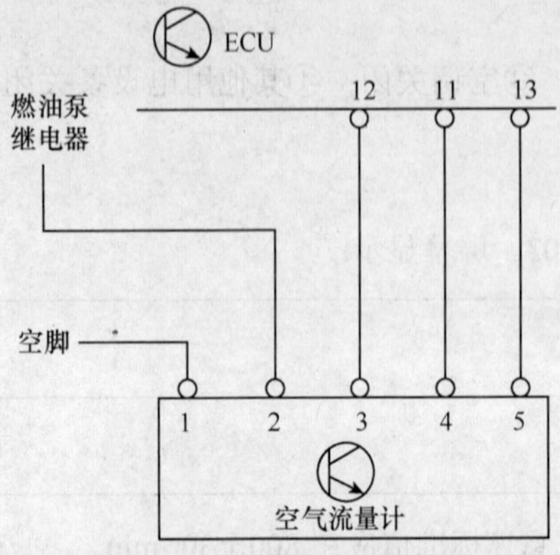

图 4-30 空气流量计连接电路图

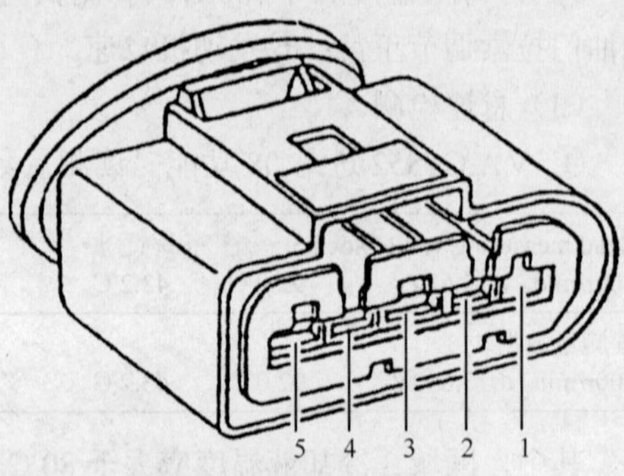

图 4-31 空气流量计插头端子

测量空气流量计插头端子 4 对发动机搭铁点电压约为 5V（用 20V 量程挡）。

如果空气质量计供电电压正常，应测试信号线路。如果不正常，更换发动机 ECU。

（3）测试空气流量计线路。测试空气质量计端子上触点与发动机控制单元上相关端子间的线路。其电阻值应小于 1Ω。如果线路有断路或短路，应修复；如果线路没有故障，更换空气质量计。

3．节气门控制组件（J338）的检测

节气门控制组件的电路如图 4-32 所示。

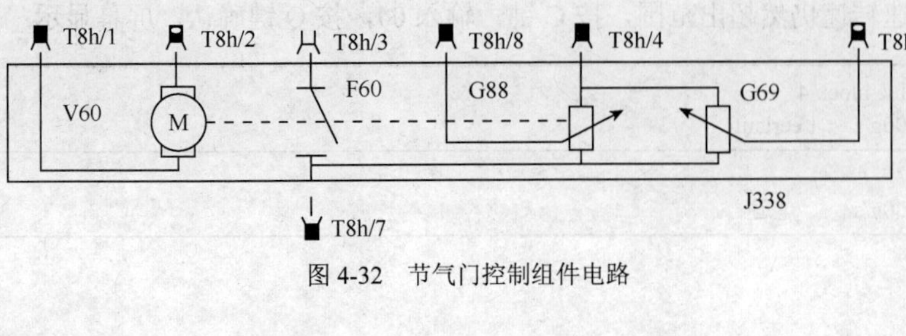

图 4-32 节气门控制组件电路

（1）节气门控制组件的组成和作用。

① 节气门电位计（G69）和节气门定位电位计（G88），这两个部件起着节气门位置传感器的作用。它们有两个与节气门联动的可动电刷触点，一个触点在节气门全闭时与怠速触点接触，另一个触点为可在电阻体上滑动的可动触点，节气门开度的大小与电阻的变化成比例。将节气门开度对应的线性输出电压传送给ECU，ECU就会感知节气门位置。图4-33所示为节气门位置传感器的输出特性图。

② 节气门定位器（V60）起着控制怠速的作用，能适当开大或关小节气门，所以本机没有怠速控制阀。

③ 怠速开关（F60）用以向发动机 ECU 提供怠速位置信号。怠速开关闭合时，由节气门定位器来决定怠速时节气门的开度。

（2）节气门控制组件与发动机ECU的匹配。发动机ECU具有基本设定功能，它能记录点火开关断开时节气门控制组件的停止位置。

如果拆装或更换了新的节气门控制组件，或者发动机ECU出了故障，都必须重新进行基本设定，即完成发动机ECU与节气门控制组件的匹配工作。

这一匹配工作要用大众公司V.A.G1552故障诊断仪来完成。下列情况会使节气门控制组件基本设定产生问题：①节气门转动不灵活，如因油泥沉积；②节气门拉索调整不当；③蓄电池电压过低；④节气门控制组件线束或插接器不良。

（3）测量节气门控制组件供电电压。测量节气门控制组件供电电压即是测量节气门定位电位计和节气门电位计的电源电压，测量方法如图4-34所示。打开点火开关，测量节气门控制组件插头，端子4和7间电压应为5V（用20V量程挡）。

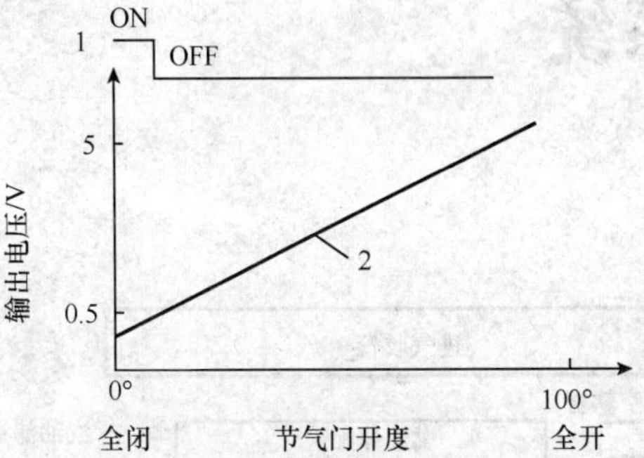

图4-33 节气门位置传感器输出特性

1—怠速触点信号；2—节气门开度输出特性

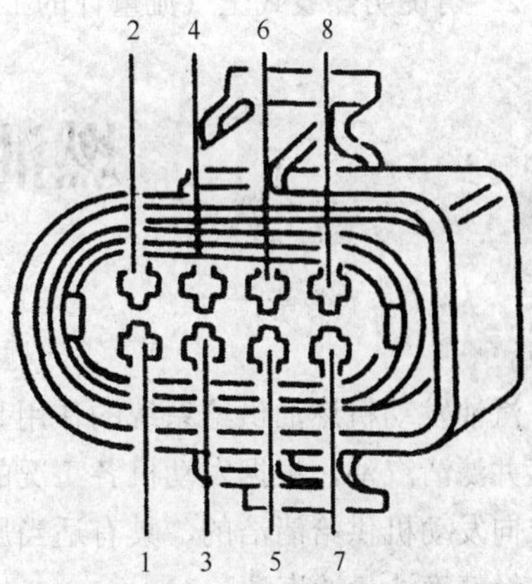

图4-34 测量节气门控制组件供电电压

思考与练习

一、填空题

1．空气供给系统主要由空气滤清器、________、________、________、进气总管、进气歧管等组成。

2．根据测量原理不同，空气流量计有________、________、________及卡门旋涡式几种类型。

3．控制怠速进气量方法有________和________两种类型。

二、选择题

1．桑塔纳 2000GSi 发动机空气流量计为（　　）。

A．进行歧管绝对压力传感器　　B．叶片式

C．卡门旋涡式　　D．热膜式

2．汽油喷射发动机的怠速通常是由（　　）控制的。

A．自动阻风门　　B．节气门位置传感器　　C．步进电机　　D．继电器

3．对喷油量起决定性作用的是（　　）。

A．空气流量计　　B．水温传感器　　C．氧传感器　　D．爆震传感器

三、判断题（正确打√、错误打×）

1．发动机空气供给系统主要由空气滤清器、空气流量计或进气管绝对压力传感器、节气门体、怠速控制阀、进气总管、进气歧管等组成。（　　）

2．空气流量计与进气管绝对压力传感器相比，检测的进气量精度更高一些。（　　）

3．桑塔纳 2000GSi 轿车进气量检测采用进气管绝对压力传感器。（　　）

4．节气门体安装在进气管上，用以控制发动机正常运行工况下的进气量。（　　）

四、简答题

1．简述空气供给系统的具体组成。

2．请说明热线式空气流量计的工作原理。

任务三　燃油供给系统

相关知识

汽油发动机燃油供给系统的作用是储存并滤清汽油，根据发动机各工况的要求向发动机供给清洁的、具有适当压力并经精确计量的汽油。

汽油发动机燃油供给系统由汽油箱、电动汽油泵、汽油滤清器、燃油压力调节器、燃油分配管、喷油器等组成。图 4-35 所示为桑塔纳 2000GSi 轿车 AJR 发动机燃油供给系统组成示意图。

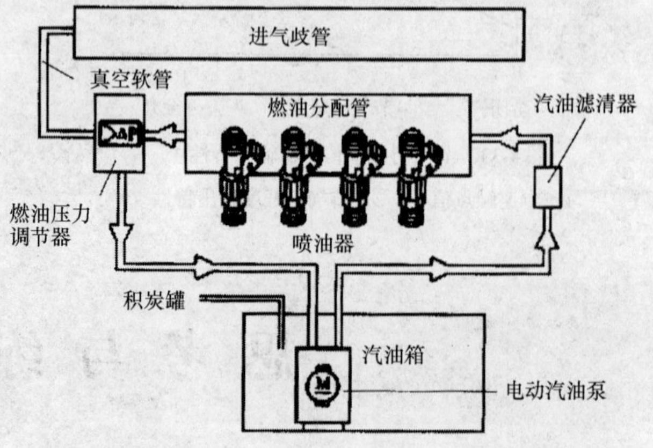

图 4-35　桑塔纳 2000GSi 轿车 AJR 发动机燃油供给系统组成示意图

电动汽油泵将汽油从汽油箱中吸出并加压后，经汽油滤清器、燃油分配管输送到各喷油器，在 ECU 的控制下向各进气管中喷射，多余的汽油经燃油压力调节器流回油箱。其流程如图 4-36 所示。

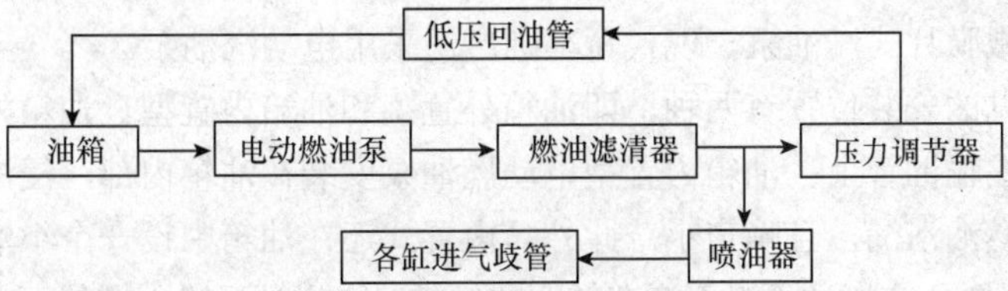

图 4-36　燃油供给系统流程图

有些发动机的燃油供给系统采用了无回油管系统来减少燃油蒸发排放，将汽油滤清器、燃油压力调节器与汽油泵一体装入油箱，形成了单管路燃油系统。图 4-37 为丰田威驰 5A-FE 型发动机的燃油供给系统示意图。

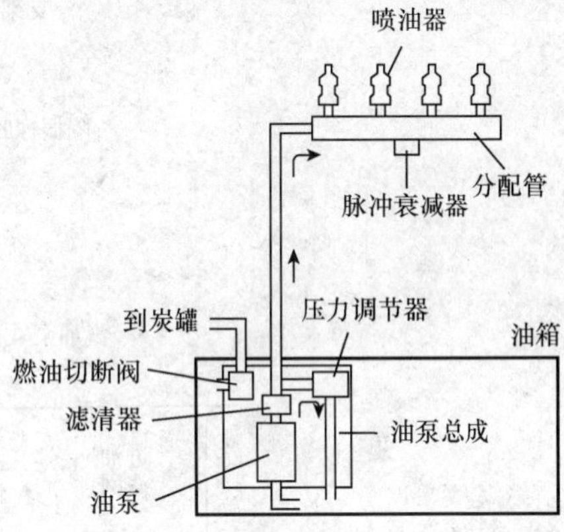

图 4-37　丰田威驰 5A-FE 型发动机的燃油供给系统示意图

一、汽油箱

汽油箱的作用是储存汽油。其数目、容量、外形及安装位置都随车型而异，一般汽油箱的容量能使汽油行驶 300～600km。

货车油箱体是用薄钢板冲压焊成，内壁镀锌锡，以防腐蚀。油箱上部焊有加油管，管内带有可拉出的延伸管，其底部有滤网。进油管口由油箱盖盖住。油箱上面装有油面指示表传感器和出油开关。出油开关经输油管与汽油滤清器相通。油箱底部设有放油螺栓，用以排除油箱内的积水和污物。箱内装有隔板，用以减轻汽车行驶时燃料的激烈振荡。

现代轿车燃油箱通常由耐油硬塑料制成，如图 4-38 所示，其外形结构随车内空间布置而有所不同。

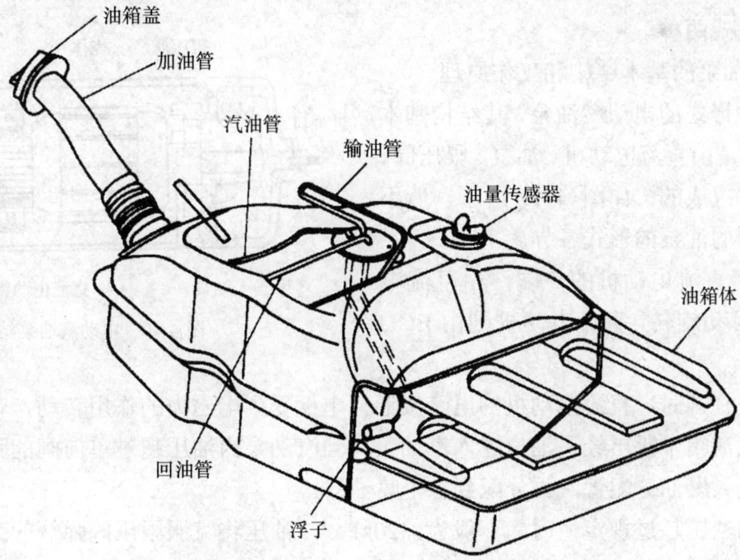

图 4-38　轿车燃油箱示意图

二、电动汽油泵

汽油泵的作用是将汽油从油箱中吸出，并以足够的泵油量和泵油压力向燃油系统供油。曾经在货车上采用过机械膜片式汽油泵，现代轿车则广泛采用电动汽油泵。

电动汽油泵常见的安装位置有两种，即油箱外置型和油箱内置型。油箱外置型电动燃油泵安装在油箱外，串连在输油管上；油箱内置型电动燃油泵安装在油箱内部，浸泡在燃油里，这样可以防止产生气阻和燃油泄漏，且噪声小。此外，内置式还在油箱中设一个小油箱，将燃油泵放在小油箱中，这样可以防止在燃油不足而汽车转弯或倾斜时，燃油泵吸入空气而产生气阻，如图 4-39 所示。目前大多数电控燃油喷射系统均采用油箱内置型电动燃油泵。

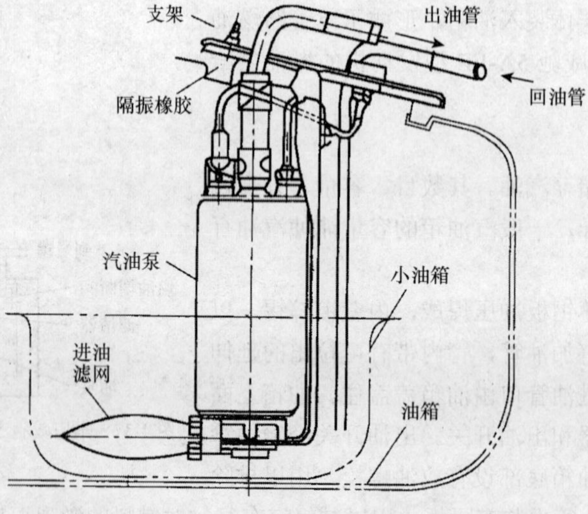

图 4-39　电动汽油泵常见安装位置

电动汽油泵常见的结构形式有四种，即滚柱式、涡轮式、转子式和侧槽式，目前应用较多的是滚柱式和涡轮式两种。

1．电动汽油泵的基本结构和工作原理

无论是哪种形式的电动燃油泵，其结构基本上是相同的，都是由直流电动机、油泵、限压阀、单向阀和外壳等组成的，如图 4-40 所示，所不同的只是所采用的油泵的形式各异。

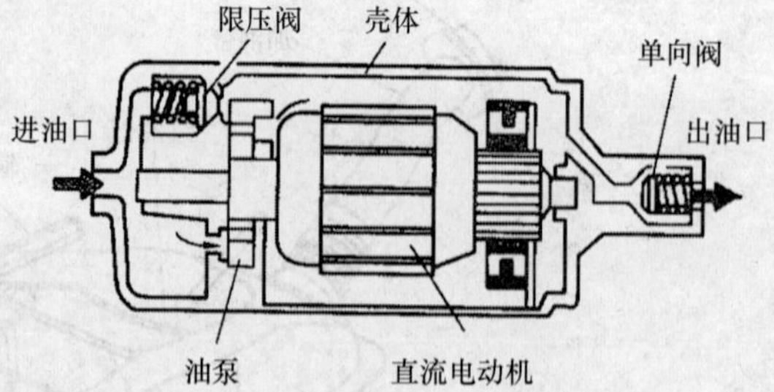

图 4-40　电动汽油泵结构

油泵安装于直流电动机的一端，由直流电动机的电枢轴带动旋转，直流电动机则由 ECU 控制。

当点火开关打开时，直流电动机的电路接通，电枢受到电磁力的作用转动，带动油泵一起转动，将汽油从汽油箱中吸出经进油口进入汽油泵。当汽油泵内油压超过单向阀的弹簧压力时，汽油经出油口泵进入燃油分配管，再分配到各个喷油器。

当油泵内的油压超过规定值时（一般为 320kPa），油压将克服限压阀弹簧的弹力，使限压阀打开，部分汽油经限压阀返回到进油口一侧，使泵内压力不致过高而损坏油泵。

2．常见的几种电动汽油泵

（1）滚柱式电动汽油泵。滚柱式电动汽油泵的构造如图 4-41 所示，由直流电动机、滚柱式油泵、单向阀、限压阀等组成。其中滚柱泵结构如图 4-42 所示，由滚柱、泵转子、泵壳体等组成。

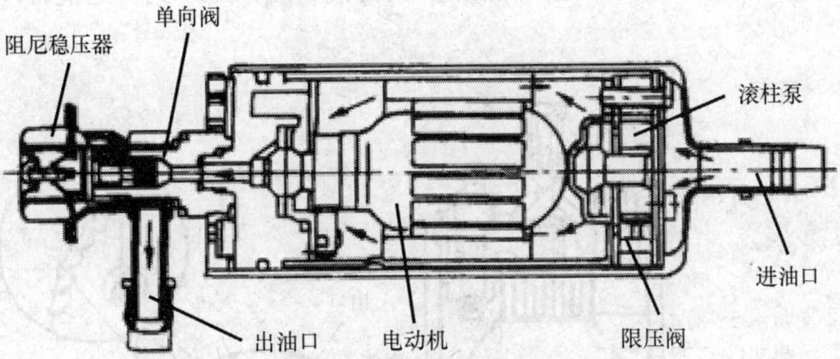

图 4-41　滚柱式电动汽油泵构造

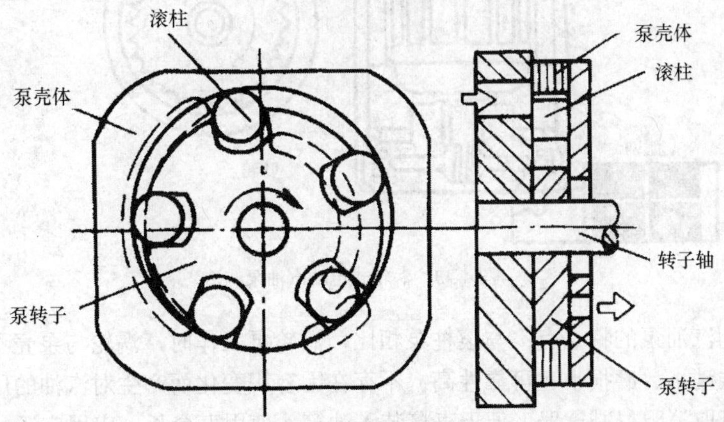

图 4-42　滚柱泵结构

装有滚柱的泵转子偏心安装在电动机的电枢轴上，随电动机一起旋转。滚柱安装在泵转子的凹槽内，可以自由移动，泵壳体侧面制有进油口和出油口。

转子旋转时，位于转子凹槽内的滚柱在离心力的作用下，压靠在泵壳体的内表面上，两个相邻的滚柱之间形成一个封闭的空腔。由于转子被偏心安装，腔室的容积在转动过程中不断变化，在腔室容积增大的一侧设有进油口，而在腔室容积变小的一侧设有出油口。当腔室容积变大时，其内部形成低压，将燃油吸入；当腔室容积变小时，其内部压力增大，将燃油压出，这样就可以将燃油从油箱吸出并加压后供到供油管路中。

滚柱式电动汽油泵的特点有：滚柱泵是利用容积变化对汽油压缩来提升油压的，油泵出口端输油压力脉动较大，在出口端必须安装阻尼减震器，以减轻油泵后方燃油管内的压力脉动，这使得燃油泵体积增大，故一般都安装在油箱外面，属外置式；由于外置安装，安装自由度大，故容易布置；滚柱泵依靠滚柱与泵壳体内壁的紧密贴合构成泵油室，故滚柱和泵壳体易磨损，运转中噪声较大，使用寿命不长。

（2）涡轮式电动汽油泵。涡轮式电动汽油泵的结构如图 4-43 所示，由直流电动机、涡轮泵、单向阀、限压阀等组成，其中涡轮泵由叶轮、叶片和泵体组成。

涡轮泵的叶轮安装在电动机的电枢轴上，叶轮的圆周上制有小槽，叶片安装在小槽内部。电动机旋转时带动叶轮一起转动，由于离心力的作用，使叶轮周围小槽内的叶片紧贴泵壳，并将燃油从进油腔带往出油腔。由于进油腔的燃油被动不断带走，故产生一定的真空度，油箱内的燃油经进油口吸入，而出油腔燃油不断增多，燃油压力升高。当油压升到一定值时，顶开出油口的单向阀输出。

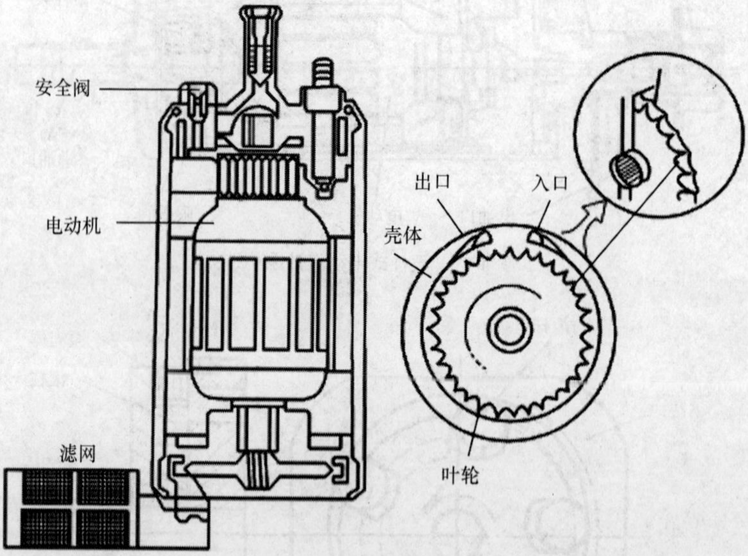

图 4-43 涡轮式电动汽油泵构造

涡轮式电动汽油泵的特点有：与滚柱泵相比，涡轮泵工作时，涡轮与泵壳不直接接触，故工作时噪声低、振动小、磨损小、可靠性高；不存在因容积变化而产生对汽油的压缩，出口端燃油压力脉动小，可取消阻尼减震器，便于直接装入油箱，使用寿命长，应用广泛。

3．电动汽油泵的控制

电动汽油泵的控制包括以下功能。

预运转功能。即当点火开关打开而不起动发动机时，油泵能预先运转 3～5s，预置燃油供给系统压力，保证顺利起动。

起动运转功能。即在发动机起动过程中，油泵能同时运转，保证起动供油。

恒速运转功能。即在发动机正常运转过程中，油泵能始终恒速运转，保证正常的泵油压力和泵油量。

变速运转功能。即根据发动机工况的变化控制油泵高、低速运转变换。发动机高速、大负荷工况下耗油较多时，燃油泵以高速运转；发动机在低速、中小负荷工况工作时，使燃油泵以低速运转，以减少不必要的燃油泵磨损和电能消耗。

自动停转保护功能。发动机熄火后，即使点火开关仍处于接通状态，油泵也能自动停转。这一功能可防止汽车因碰撞等事故造成油管破裂时的燃油大量外溢，从而避免因点火开关处于接通位置引起火灾。

油泵控制电路的上述功能不一定全反映在某一车型上，各车型控制电路所能实现的控制功能不尽相同，有的控制功能较少，有的控制功能较多。下面介绍几种常见的油泵控制电路。

（1）由 ECU 控制的油泵控制电路。采用 ECU 控制的油泵控制电路如图 4-44 所示。

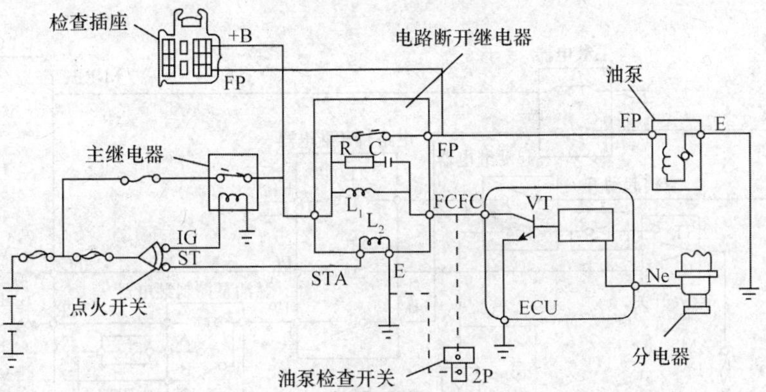

图 4-44 ECU 控制的油泵控制电路

该控制电路由 ECU 和电路断开继电器对油泵工作进行控制。

起动发动机时，点火开关处于起动挡，点火开关 ST 端子通电，电路断开继电器 L_2 线圈通电，使电路断开继电器触点闭合，电源向油泵供电，油泵工作，处于起动供油状态。

发动机起动后进入正常运转时，转速传感器将发动机转速 Ne 信号输入 ECU，ECU 控制晶体管 VT 导通，L_1 线圈通电，电路断开继电器触点继续保持闭合状态，油泵继续工作。

发动机停止运转时，ECU 接收不到转速传感器发出的 Ne 信号而使晶体管 VT 截止，线圈 L_1 断电，电路断开继电器触点打开，油泵供电线路中断，油泵停止工作。

这种控制方式还具有预运转功能，即点火开关由"OFF"挡转至"ON"挡，但不起动发动机时，ECU 会控制油泵运转 3～5s，使油路中的油压提高，从而方便起动。

对这种形式的控制电路，用连接线将检查插座中的+B 和 FP 插孔连接起来，可使汽油泵运转。用此方法可判断汽油泵及其控制电路的故障。

（2）具有转速控制的油泵控制电路。发动机在低速或中小负荷下工作时，供油量相对较小，此时需要油泵低速运转，以减少磨损、噪声和不必要的电能消耗。发动机在高速或大负荷下工作时，供油量较大，此时需要油泵高速运转，以增加泵油量。为此，某些车型的油泵控制电路采用了低速和高速两级控制。

要改变油泵的运转速度，只要改变加在油泵上的电压即可。目前，常见的油泵转速控制方式有电阻器控制式和专用 ECU 控制式两种。

① 电阻器控制式。图 4-45 所示为电阻器控制式油泵转速控制电路。它在油泵控制电路中增设一个电阻器（降压电阻）和燃油泵控制继电器，当电阻器串入油泵电路中时，加在油泵上的电压降低，油泵就低速运转；当电阻器被隔除时，电压升高，油泵高速运转，这样就可实现油泵的变速控制。

该控制电路中，发动机在起动、正常运转及停转时的控制方式和前述基本相同，实现转速控制的方法如下。

发动机在低速或中小负荷下工作时，ECU 控制晶体管 VT_2 导通，燃油泵控制继电器线圈通电，使触点 A 闭合，电阻器被串入到油泵电路中，燃油泵两端的电压低于蓄电池电压，燃油泵低速运转。

发动机在高速或大负荷下工作时，ECU 控制晶体管 VT_2 截止，燃油泵控制继电器触点 B 闭合，电阻器被隔除，蓄电池电压直接加在燃油泵两端，燃油泵高速运转。

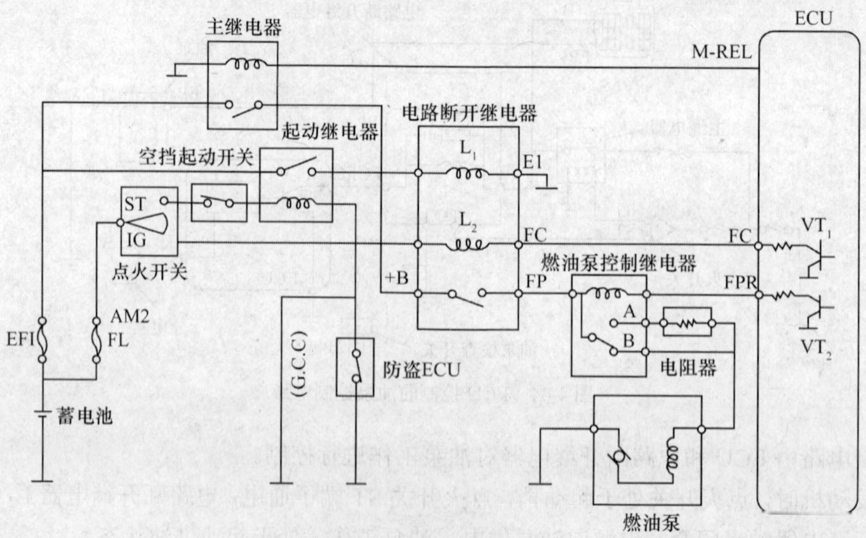

图 4-45 电阻器控制式油泵转速控制电路

② 专用 ECU 控制式。图 4-46 所示为专用 ECU 控制式的油泵转速控制电路。该控制系统中单独设置一个油泵 ECU，用于控制电动汽油泵工作。通过油泵 ECU 和发动机 ECU 的共同控制，可以实现油泵转速的变速控制。

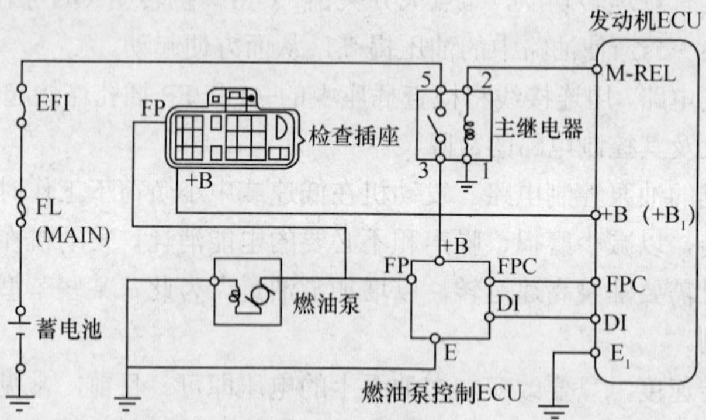

图 4-46 专用 ECU 控制式的油泵转速控制电路

发动机在起动或高速、大负荷下工作时，发动机 ECU 向燃油泵 ECU 的 FPC 端输入一个高电位信号，此时燃油泵 ECU 的 FP 端向油泵供给较高的电压（12～14V），使油泵高速运转。

发动机起动后，在低速或小负荷下工作时，发动机 ECU 向燃油泵 ECU 的 FPC 端输入一个低电位信号，此时燃油泵 ECU 的 FP 端向油泵供给低于蓄电池电压（约 9V），使油泵低速运转。

当发动机转速低于规定的最低转速（如 120r/min）时，燃油泵 ECU 断开油泵电路，使油泵停止工作。此时尽管点火开关处于接通状态，油泵也不工作。

三、汽油滤清器

汽油滤清器的作用是滤除汽油中的水分和杂质，防止燃油系统堵塞，减小机械磨损，确保发动机稳定运行，提高可靠性。

汽油滤清器一般安装在电动汽油泵出油管与燃油分配管之间的供油管路上，也有些车型（如丰田威驰、花冠、锐志）采用无回油管系统，将燃油压力调节器、汽油滤清器与汽油泵一起装入汽油箱。

1．汽油滤清器的构造

在电控汽油喷射式发动机的汽油供给系统中，一般采用纸质滤芯、一次性的汽油滤清器。汽油滤清器由外壳和滤芯组成，滤芯采用滤纸叠成菊花形和盘簧形结构，如图 4-47 所示。

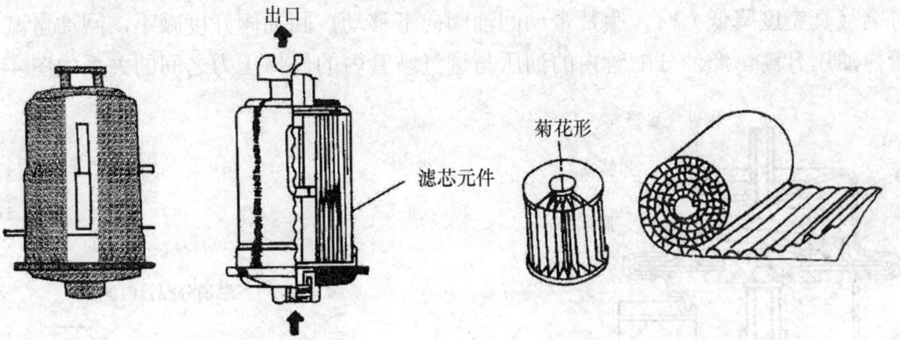

(a) 外观　(b) 燃油滤清器　(c) 滤芯

图 4-47　汽油滤清器构造

汽油从入口进入滤清器，经过壳体内的滤芯过滤后，清洁的汽油从出口流出。安装时注意汽油滤清器壳体上的箭头标记为汽油流动方向。

2．汽油滤清器的维护

汽油滤清器阻塞会导致供油压力和供油不足，影响发动机的动力性，因此要定期维护。

汽油滤清器为一次性使用零件，一般每行驶 30000～40000km，或每两个二级维护作业周期更换一次汽油滤清器。若使用的燃油含杂质较多时，应缩短更换周期。

四、燃油压力调节器

燃油压力调节器的作用是根据进气歧管压力的变化来调节系统油压（即燃油分配管内油压），使两者的压力差保持恒定，一般为 250～350kPa。

喷油器的喷油量取决于喷油器的喷孔截面、喷油时间和喷油压差（即燃油分配管内的油压与进气歧管内的气体压力之差）。在 EFI 系统中，ECU 通过控制喷油器的喷油时间来实现对喷油量的控制。要保证燃油喷射量的精确控制，在喷油器的结构尺寸一定时，必须保持恒定的喷油压差，才能使喷油器喷出的燃油量唯一地取决于喷油器的开启时间。

由于进气歧管内的气体压力是随发动机转速和负荷的变化而变化的，要保持恒定的喷油压差，必须根据进气歧管内压力的变化来调节燃油压力。即进气歧管内的压力增高时，燃油压力也应相应增高；反之，则降低。

1．燃油压力调节器的构造

燃油压力调节器位于燃油分配管的一端或与汽油泵一体安装于油箱内，主要由膜片、弹簧和回油阀等组成，其结构如图 4-48 所示。

膜片将调节器壳体内部分成两个室，即弹簧室和燃油室。膜片上方的弹簧室通过软管与进气歧管相通，膜片与回油阀相连，回油阀控制回油量。这样，膜片上方承受的压力为弹簧的弹力和进气歧管内气体的压力之和，膜片下方承受油压。

2．燃油压力调节器的工作原理

发动机工作时，由于电动汽油泵泵送的油量远大于喷射所需的油量，故在油压作用下膜片移向弹簧室一侧，阀门打开，部分燃油流回油箱，燃油分配管内保持一定的油压，此时膜片上、下压力处于平衡状态。

当进气歧管内气体压力下降（真空度增大）时，膜片向上移动，使回油阀开度增大，回油量增加，从而使燃油分配管内油压下降，保持与变化了的歧管压力差值恒定；反之，当进气歧管内的压力升高（真空度降低）时，膜片带动回油阀向下移动，回油阀开度减小，回油量减少，使燃油分配管内油压升高。燃油分配管内的油压与进气歧管内的气体压力之间的关系如图 4-49 所示。

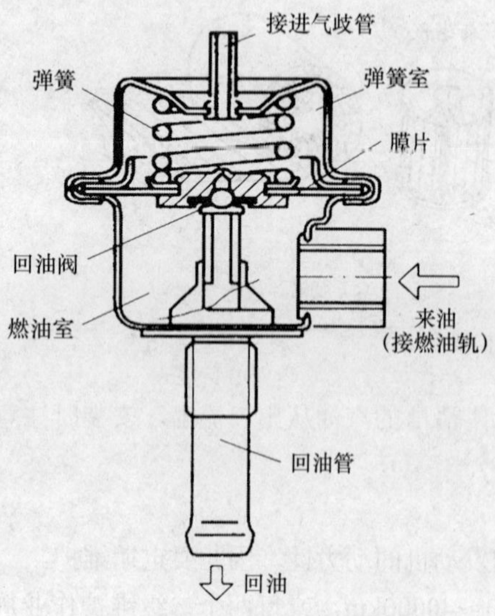

图 4-48　燃油压力调节器结构

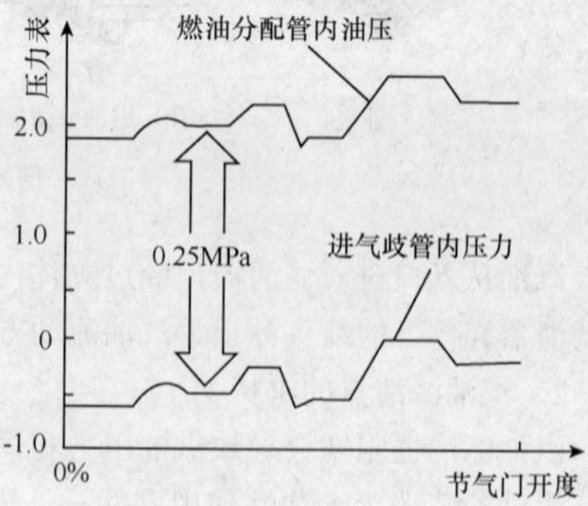

图 4-49　燃油分配管内油压与进气歧管压力的关系

发动机停止工作时，燃油分配管内压力下降，回油阀在弹簧作用下逐渐关闭，使汽油泵单向阀与燃油压力调节器驾回油阀之间的油路内保持一定的保持压力。

五、燃油分配管

燃油分配管的作用是固定喷油器和燃油压力调节器，并将高压燃油输送给各个喷油器。它安装在进气歧管或气缸盖上，燃油分配管与喷油器之间用 O 形圈和卡环密封，O 形圈可防止燃油渗漏，并具有隔热和隔振的作用。卡环将喷油器固定在燃油分配管上，如图 4-50 所示。

大多数燃油分配管上都有燃油压力测试口，可用于检查和释放油压。

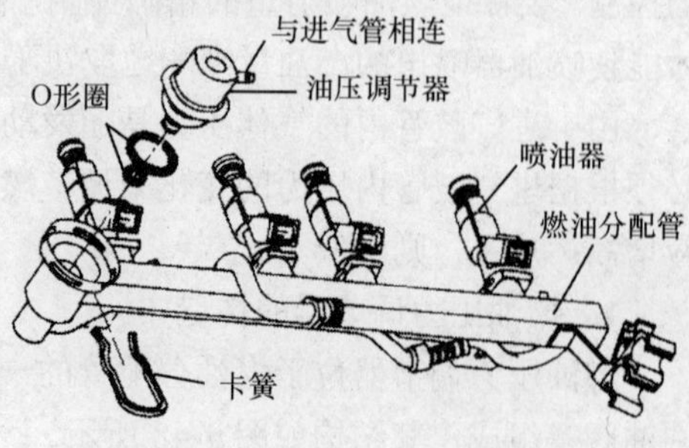

图 4-50　燃油分配管的安装示意图

六、喷油器

喷油器是电控燃油喷射系统中一个重要的执行元件，其作用是在 ECU 的控制下，将汽油呈雾状定时定量喷入进气歧管内。

电控燃油喷射系统采用电磁式喷油器，按总体结构不同可分为轴针式、球阀式和片阀式，目前常用的是轴针式喷油器。按照喷油器电磁线圈的电阻值不同分为高阻（13～18Ω）喷油器和低阻（2～3Ω）喷油器，国内电控燃油喷射系统采用高阻喷油器，如桑塔纳 2000GSi 轿车 AJR 发动机的喷油器电磁线圈的电阻值为 15.9±0.35Ω。按喷油器的控制方式不同分为电压驱动式和电流驱动式。

电控燃油喷射系统的喷油器安装在各进气歧管或进气道附近的缸盖上，并用燃油分配管固定，如图 4-51 所示。

1．喷油器的构造和原理

以轴针式喷油器为例，其结构如图 4-52 所示，由喷油器外壳、滤网、电接头、电磁线圈、衔铁、针阀、喷油轴针等组成。喷油器内部的电磁线圈经线束与电脑连接，喷油器头部的针阀与衔铁连接为一体。它的一端为进油口，与燃油分配管连接；另一端为喷油口，插入进气歧管中，两端分别用 O 形密封圈密封。

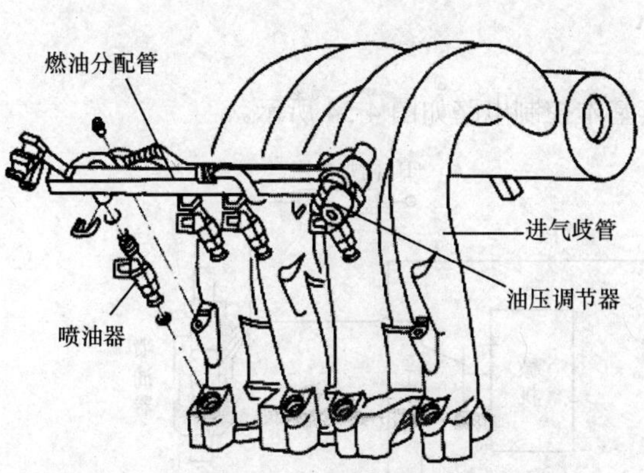

图 4-51 喷油器的安装位置

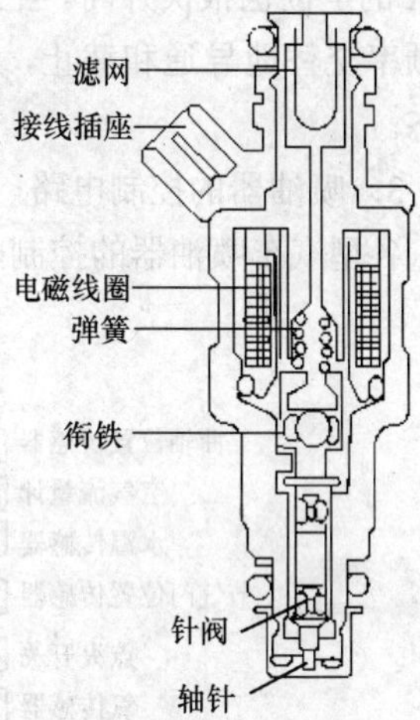

图 4-52 轴针式喷油器结构

当 ECU 发出指令使电磁线圈通电时，便产生吸力，将衔铁和针阀吸起，打开喷孔，燃油经针阀头部的轴针与喷孔之间的环形间隙高速喷出，并被粉碎成雾状。电磁线圈不通电时，磁力消失，弹簧将衔铁和针阀下压，关闭喷孔，停止喷油。

2．喷油器的驱动

喷油器按电磁线圈的控制方式不同，可分为电压驱动式和电流驱动式两种，如图 4-53 所示。

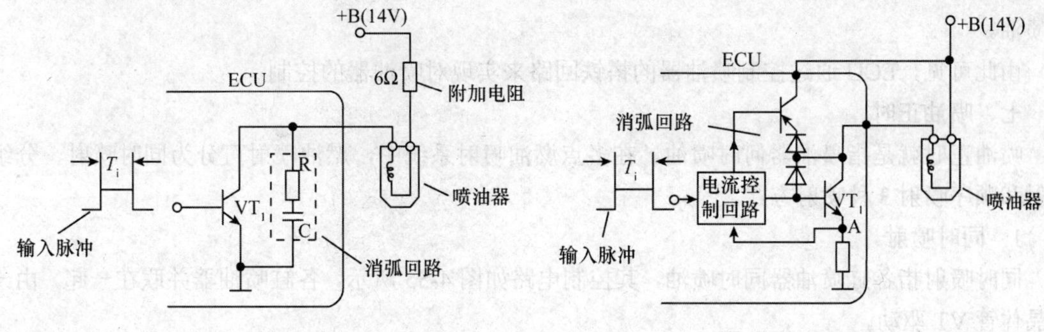

(a) 电压驱动回路 (b) 电流驱动回路

图 4-53 喷油器的驱动方式

（1）电压驱动式。这是指 ECU 驱动喷油器喷油电脉冲的电压是恒定的，如图 4-53（a）所示。在电压驱动式电路中，使用高阻值喷油器时，可将蓄电池电压直接加在喷油器上；而使用低阻值喷油器时，则应在电路中串入附加电阻，将蓄电池电压分压后加在喷油器上。这是因为低阻喷油器电磁线圈匝数少、电阻小，如果直接和蓄电池电源连接，则电流大、发热快、易烧坏电磁线圈，故串入附加电阻可保护低阻喷油器。

（2）电流驱动式。这是指通过控制喷油器的工作电流来控制喷油器的工作，即喷油器的驱动脉冲信号开始时用一个较大的电流，使电磁线圈产生较大的电磁吸力，以迅速打开喷口；随后用较小的电流保持喷口的开启状态，从而防止电磁线圈过热，因此驱动效果好，如图 4-53（b）所示。电流驱动方式只适用于低阻喷油器。蓄电池电压直接加在喷油器上，由于喷油器阻值小，驱动电路接通时，通过喷油器电磁线圈的电流很快上升，使针阀迅速打开。随着电流的上升，检测点 A 的电位也很快升高。当 A 点电位上升到设定值时，电流控制回路会控制晶体管 VT_1 以 20MHz 的频率交替地导通和截止，使通过喷油器电磁线圈的平均电流保持为 1～2A，保持针阀的开启状态。

3．喷油器的控制电路

各型汽车喷油器的控制电路大同小异，其基本控制电路如图 4-54 所示。

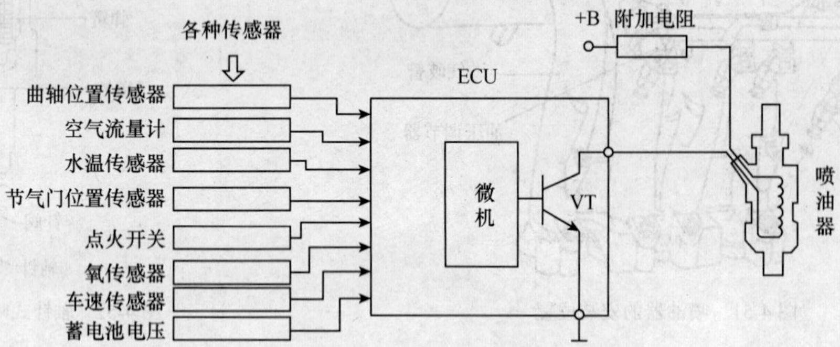

图 4-54 喷油器的控制电路

各种传感器信号输入 ECU 后，ECU 根据数学计算和逻辑判断结果，发出脉冲信号指令控制喷油器喷油。当脉冲信号的高电平加到驱动晶体管 VT 的基极时，VT 导通，喷油器的电磁线圈电流接通，产生电磁吸力将针阀吸开，喷油器开始喷油；当脉冲信号的低电平加到驱动晶体管 VT 的基极时，VT 截止，喷油器的电磁线圈电流切断，在复位弹簧弹力作用下针阀关闭，喷油器停止喷油。

由此可见，ECU 通过控制喷油器的搭铁回路来实现对喷油器的控制。

七、喷油正时

喷油正时就是指喷油器何时喷油。在多点燃油喷射系统中，燃油喷射可分为同时喷射、分组喷射和顺序喷射 3 种喷射方式。

1．同时喷射

同时喷射指各缸喷油器同时喷油，其控制电路如图 4-55 所示，各缸喷油器并联在一起，由一只晶体管 VT 驱动。

发动机工作时，ECU 根据曲轴位置传感器和凸轮轴位置传感器输入的基准信号发出喷油指令，控制晶体管 VT 导通与截止，再由 VT 控制喷油器的电磁线圈电流接通与切断，使各缸喷油器同时喷油和停止喷油。曲轴每转一圈（360°），各缸喷油器同时喷油一次，一次喷油量为发动机一次燃烧需要燃油量的 1/2，喷油正时与发动机工作循环无关。

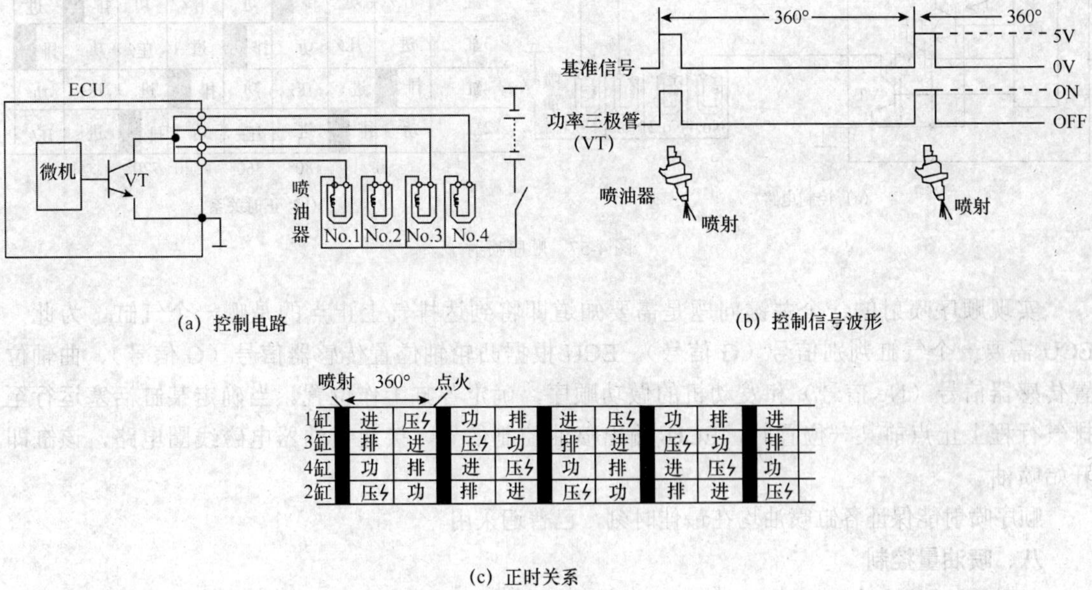

图 4-55 同时喷射

这种控制方式，控制电路和控制程序简单，通用性较好，但各缸喷油时刻不可能最佳。

2．分组喷射

分组喷射是将喷油器喷油分组进行控制，一般将四缸发动机分成 2 组，六缸发动机分成 3 组，八缸发动机分成四组。图 4-56 所示为四缸发动机分组喷射的控制电路。

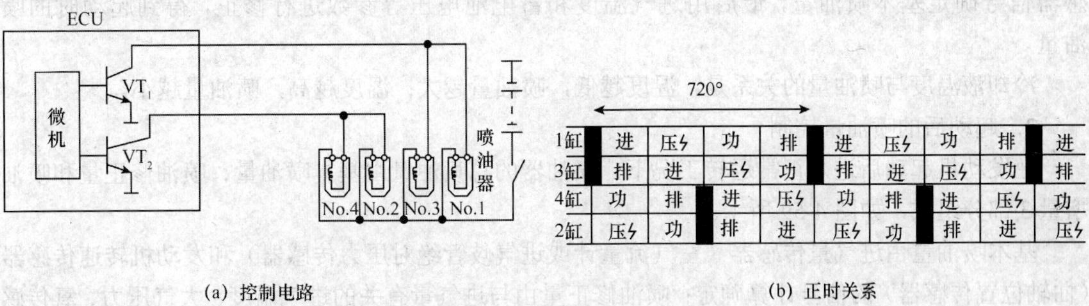

图 4-56 分组喷射

发动机工作时，由 ECU 控制各组喷油器轮流喷油。发动机每转一圈，只有一组喷油器喷油。分组喷射方式虽然不是最佳的喷油方式，但与同时喷射相比，燃油雾化质量有所改善。

3．顺序喷射

顺序喷射就是各缸喷油器按照一定的顺序（发动机做功顺序）喷油。顺序喷射的控制电路如图 4-57 所示。

在顺序喷射系统中，发动机工作一个循环，各缸喷油器轮流喷油一次，按特定的顺序依次进行喷射。

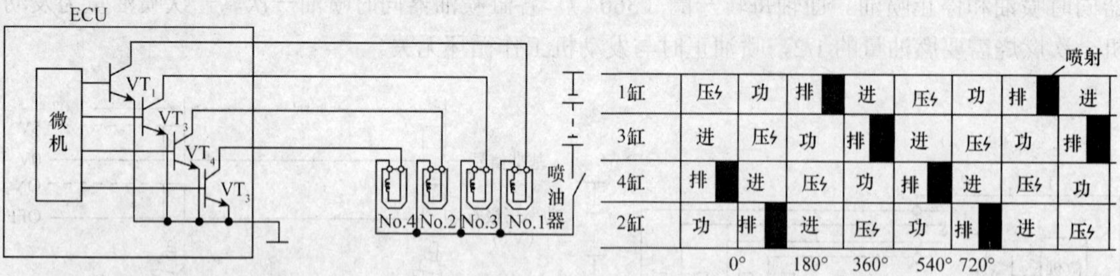

(a) 控制电路　(b) 正时关系

图 4-57 顺序喷射

实现顺序喷射的一个关键问题是需要知道即将到达排气上止点的是哪一个气缸。为此，ECU 需要一个气缸判别信号（G 信号）。ECU 根据凸轮轴位置传感器信号（G 信号）、曲轴位置传感器信号（Ne 信号）和发动机的做功顺序，确定各缸工作位置。当确定某缸活塞运行至排气行程上止点前某一位置时，ECU 输出喷油控制信号，接通喷油器电磁线圈电路，该缸即开始喷油。

顺序喷射能保证各缸喷油均在最佳时刻，已普遍采用。

八、喷油量控制

1．起动时的喷油量控制

发动机起动时转速很低，且转速波动较大。在这种情况下，无论是空气流量计还是进气歧管绝对压力传感器，其检测精度都偏低，输出的信号误差较大，不能精确计量进气量。因此，在起动时，ECU 按特定程序对喷油量进行控制，如图 4-58 所示。

起动时，ECU 首先根据点火开关、曲轴位置传感器和节气门位置传感器提供的信号，判定发动机是否处于起动工况，以便决定是否按起动程序控制喷油，然后根据冷却液温度传感器信号确定基本喷油量，最后用进气温度和蓄电池电压等参数进行修正，得到起动时的喷油量。

冷却液温度与喷油量的关系是，温度越低，喷油量越大；温度越高，喷油量越小。

2．起动后的喷油量控制

在发动机起动后进入正常运转工况下，喷油器的总喷油量由基本喷油量、喷油修正量和喷油增量 3 部分组成，如图 4-59 所示。

基本喷油量由进气量传感器（空气流量计或进气歧管绝对压力传感器）和发动机转速传感器（曲轴位置传感器）的信号计算确定；喷油修正量由与进气量有关的进气温度、大气压力、氧传感器信号和蓄电池电压信号计算确定；喷油增量由反映发动机工况的点火开关信号、冷却液温度和节气门位置等传感器信号计算确定。

（1）基本喷油量。基本喷油量是在标准大气状态（温度为 20℃、大气压力为 101kPa）下，根据发动机每个工作循环的进气量、发动机转速和设定的空燃比确定的。

（2）喷油修正量。当发动机实际运行条件改变时，应对基本喷油量进行适当修正，以保证发动机正常运行。一般主要考虑进气温度、大气压力、蓄电池电压以及氧传感器反馈修正几方面的因素。修正量的大小用修正系数表示：

修正系数=修正后的喷油量/基本喷油量

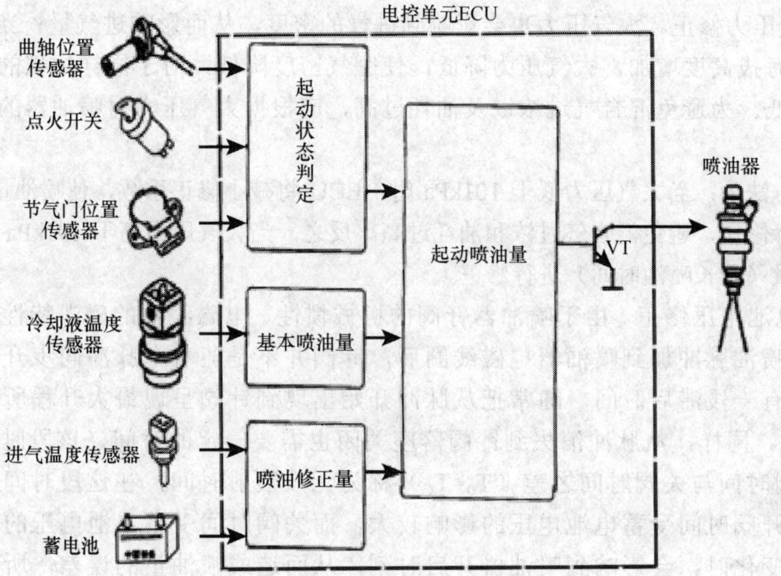

图 4-58 喷油量进行控制

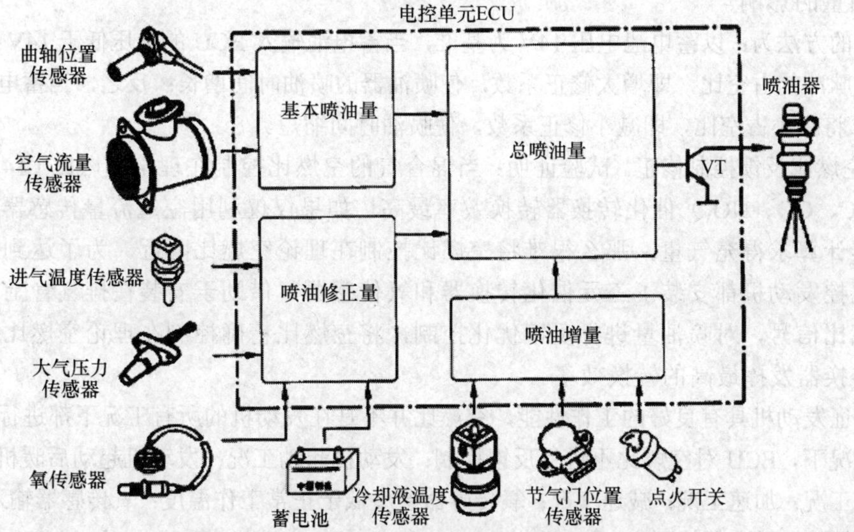

图 4-59 起动后的喷油量控制

① 进气温度修正。由于进气温度会影响到进气的密度，从而影响进气量。当进气温度升高时，空气密度增大，同样体积进气量的气体，质量会随着温度的升高而降低，若不对喷油量进行修正，则混合气会变浓。

对于采用进气压力传感器和体积流量（叶片式、卡门旋涡式）传感器进行进气量检测的喷射系统，由于检测的是空气的体积流量，因此需要 ECU 根据进气温度传感器的信号，对喷油量进行修正，使发动机在各种运行条件下，都能获得最佳的喷油量。

修正的方法为：当进气温度高于 20℃时，ECU 将确定修正系数小于 1，适当减少喷油量（缩短喷油时间）进行修正；反之，当进气温度低于 20℃时，ECU 将确定修正系数大于 1，适当增加喷油量（延长喷油时间）进行修正。

② 大气压力修正。大气压力也会影响到进气的密度，从而影响进气量。当汽车行驶到高原地区时，海拔高度增加，大气压力降低，使空气密度降低，对于同样体积的空气流量，其质量就会降低。为避免混合气过浓以及油耗过高，应根据大气压力对喷油器的喷油时间进行修正。

修正的方法为：当大气压力低于 101kPa 时，ECU 将减小修正系数，使喷油量减少（缩短喷油时间）进行修正，避免混合气过浓和油耗过高。反之，当大气压力高于 101kPa 时，ECU 将适当增加喷油量（延长喷油时间）进行修正。

③ 蓄电池电压修正。由于喷油器针阀的机械惯性、电磁线圈的磁滞特性以及磁路效率的影响，在喷油脉冲加到喷油器电磁线圈后，针阀并不是随着电脉冲同步升起并上升到最大值，而是有一段滞后时间。通常把从脉冲开始出现到针阀呈现最大升程所需的时间称为开阀时间 T_0。同样，从脉冲消失到针阀落座关闭也需要一定的时间，该段时间称为关阀时间 T_C，开阀时间与关阀时间之差（T_0-T_C）称为无效喷射时间，在这段时间内喷油器并不喷油。其中开阀时间受蓄电池电压的影响较大，而关阀时间受蓄电池电压的影响较小。当蓄电池电压变化时，会影响到喷油器开启时刻，从而造成喷油量的误差，所以，微电脑也会根据蓄电池电压对喷油量进行修正。通常采用修正通电时间的方法来消除蓄电池电压变化对喷油量的影响。

修正的方法为：以蓄电池电压 14V 为基准，当蓄电池输入 ECU 的电压低于 14V 时，ECU 将增大喷油脉冲的占空比，即增大修正系数，使喷油器的喷油时间增长；反之，当蓄电池电压升高时，ECU 将减小占空比，即减小修正系数，使喷油时间缩短。

④ 空燃比反馈控制修正。试验证明：当混合气的空燃比控制在理论空燃比（14.7）附近时，三元（HC、CO、NO_x）催化转换器转换效率最高。如果仅仅利用空气流量传感器和发动机转速传感器计算求得充气量，那么很难将空燃比控制在理论空燃比附近。为了达到排气净化的目的，电控发动机都安装了三元催化转换器和氧传感器，借助于安装在排气管上的氧传感器反馈空燃比信号，对喷油量进行反馈优化控制，将空燃比精确控制在理论空燃比附近，使三元催化转换器发挥最高的转换效率。

为保证发动机具有良好的工作性能，空燃比并不是在发动机的所有工况下都进行反馈控制。在这些情况下，ECU 对空燃比不进行反馈控制：发动机起动工况；发动机起动后暖机工况；发动机大负荷工况；加速工况；减速工况；氧传感器温度低于正常工作温度；氧传感器输入 ECU 的信号电压持续 10s 以上保持不变。

（3）喷油增量。当发动机运行工况发生变化（运行在某些特殊工况下）时，需要在基本喷油量的基础上额外增加一部分喷油量，以加浓混合气。一般在低温起动后、暖机、加速、大负荷等工况下，需要加浓混合气。增量的大小用增量比表示：

增量比=（基本喷油量+增量）/基本喷油量

① 低温起动后。发动机低温起动后，由于低温混合气雾化不良，燃油会在进气管上沉积而导致混合气变稀，发动机运转不稳甚至熄火。为此，在起动后的短时间内，必须增加喷油量，使混合气加浓，保证发动机稳定运转而不致熄火。喷油增量比例的大小取决于起动时发动机的温度，并随起动后时间的增长而逐渐减小至 1，如图 4-60 所示。

② 暖机过程。在冷车起动结束后的暖机过程中，发动机温度仍较低，燃油雾化较差，部分燃油凝结在进气管和气缸壁上，会使混合气变稀，燃烧不稳定。因此在暖机过程中，必须增加喷油

量，其燃油增量的比例取决于冷却液温度传感器。

ECU 根据冷却液温度传感器信号，通过加大喷油脉冲宽度（占空比）进行暖车加浓。随着发动机冷却液温度的升高，喷油脉冲的占空比将逐渐减小，直到发动机冷却水温超过 60℃后才停止加浓，喷油增量比例逐渐减小至 1，如图 4-61 所示。

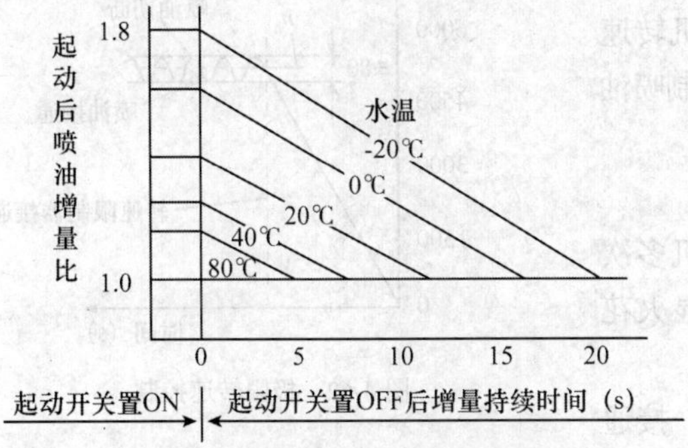

图 4-60 发动机低温起动后喷油增量

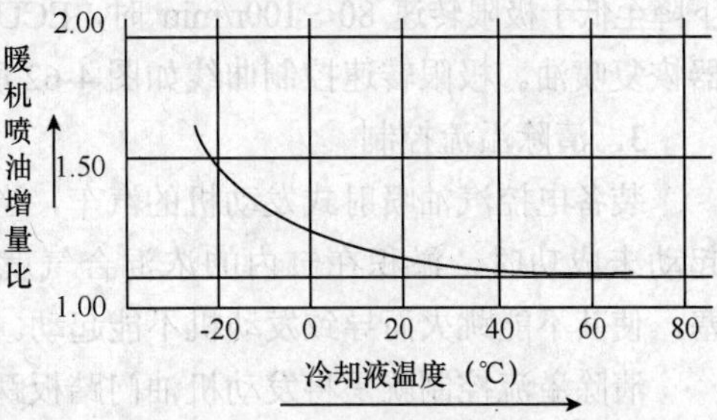

图 4-61 暖机喷油增量

③ 大负荷工况。当发动机在大负荷工况下运行时，为获得良好动力性，需要供给浓混合气。ECU 根据进气管绝对压力传感器或空气流量计信号以及节气门位置传感器信号判断发动机负荷状况，大负荷时适当增加喷油量，供给浓于理论空燃比的功率混合气，满足输出最大功率的要求。

九、断油控制

1．减速断油控制

当汽车在高速行驶中突然松开油门踏板减速时，发动机将在汽车惯性力的作用下高速旋转。由于节气门已经关闭，进入气缸的空气很少，如不停止喷油，混合气将会很浓而导致燃烧不完全，排气中的有害气体成分将急剧增加。因此，当发动机运转过程中突然松开油门踏板减速时，ECU 会控制喷油器停止喷油，即实行减速断油。

ECU 根据节气门位置、发动机转速和冷却液温度传感器信号判断是否满足减速断油的条件：

（1）节气门位置传感器的怠速触点闭合；

（2）冷却液温度已经达到正常温度；

（3）发动机转速高于某一转速。

该转速称为燃油停供转速，其值由 ECU 根据发动机温度、负荷等参数确定。当 3 个条件全部满足时，ECU 立即发出停止喷油指令，控制喷油器停止喷油。当喷油停止、发动机转速降低到燃油复供转速或怠速触点断开时，ECU 即发出指令，控制喷油器恢复供油。

燃油停供转速和复供转速与冷却液温度和外加负荷有关。冷却液温度越低、发动机负荷越大（如空调接通），燃油停供转速和复供转速就越高；反之，冷却液温度越高、发动机负荷越小，燃油停供转速和复供转速就越低。

2．超速断油控制

发动机工作时，转速越高，曲柄连杆机构的离心力就越大。当离心力过大时，发动机就有“飞车”而损坏的危险，因此每台发动机都有一个极限转速，如桑塔纳 2000GSi 轿车 AJR 发动机极限转速为 6400r/min。超速断油就是当发动机转速超过允许的极限转速时，ECU 控制喷油器中断燃油喷射，防止发动机超速运转而损坏机件。

在发动机运行过程中，ECU 随时都将曲轴位置传感器测得的发动机实际转速与存储器中存储的极限转速进行比较。当实际转速达到或超过极限转速 80～100r/min 时，ECU 就发出停止喷油指令，控制喷油器停止喷油，限制发动机转速进一步升高。喷油器停止喷油后，发动机转速将降低。当发动机转速下降至低于极限转速 80～100r/min 时，ECU 将控制喷油器恢复喷油。极限转速控制曲线如图 4-62 所示。

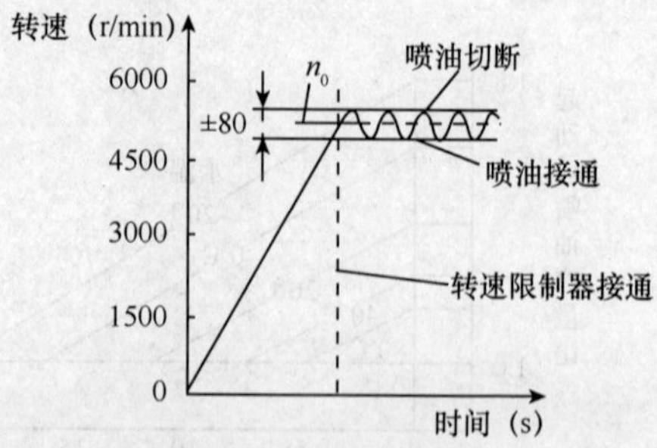

图 4-62 极限转速控制

3．清除溢流控制

装备电控汽油喷射式发动机的汽车，当发动机多次起动未成功时，淤积在缸内的浓混合气就会浸湿火花塞，使其不能跳火而导致发动机不能起动。

清除溢流控制就是将发动机油门踏板踩到底，接通起动开关起动发动机时，ECU 自动控制喷油器中断喷油，以便排除气缸内的燃油蒸气，使火花塞干燥，从而能够跳火。

电控系统清除溢流的条件是：

（1）点火开关处于起动位置；

（2）节气门全开；

（3）发动机转速低于 500r/min。

只有在 3 个条件都满足时，电控系统才能进入清除溢流状态。由此可见，在起动燃油喷射式发动机时，不必踩下油门踏板直接接通起动开关即可。否则电控系统可能进入清除溢流状态而使发动机无法起动。

任务实施

一、燃油供给系统的性能检测

在检修汽油供给系统时，应先目视各有关插接器有无脱落、保险丝有无烧断、管路有无漏泄等现象。切不可轻易大拆大卸，那样可能会造成新的故障。

1．检修注意事项与维修技术参数

（1）检修注意事项。

① 在发动机运转或用起动机带动发动机运转时，都不要去触碰或拔下高压线。

② 拆装汽油喷射和点火系连接线以及蓄电池时，必须关断点火开关，否则可能损坏发动机 ECU。

③ 采用的万用表应当内阻不小于 10kΩ /V，这是为了防止万用表的电压损坏电子元件。测试前，应按规定选好量程。

④ 用起动机带动发动机运转（如进行气缸压缩实验）时，应拔下点火线圈输出极插头和喷油器插头。试验结束后，用 V.A.G1552 查询故障。

⑤ 保持零件的清洁。当汽油喷射系统拆开后，不要用压缩空气吹，也不要移动车辆。

（2）维修技术参数。汽油供给系统的维修技术参数见表 4-1。

表 4–1　　AJR 型发动机汽油供给系统数据

发动机代号	AJR	
怠速转速（不能调整）	（800±30）r/min	
断油（最高）转速	6400r/min	
怠速时汽油供给系统压力	连接油压调节器真空管	（250±20）kPa
	取下油压调节器真空管	（300±20）kPa
熄火 10min 后汽油系统保持压力	大于 150kPa	
喷油器电阻值（正常油压下，每分钟漏油不应多于 2 滴）	喷油器形式	4 孔喷油器
	30s 喷油量	78～85mL
	室温时电阻	13～18Ω
	发动机工作温度时电阻会增加 4～6Ω	

2．测量汽油供给系统压力和保持压力

（1）测量汽油供给系统压力和保持压力的测试条件：汽油泵继电器正常；汽油泵工作正常；汽油滤清器正常；蓄电池电压正常。

（2）汽油供给系统的压力和保持压力的测量。

① 如图 4-63 所示，将压力表安装在汽油分配管的供油管上，打开汽油压力表开关，起动发动机怠速运转。系统压力标准为：怠速时拔下真空管为（300±20）kPa；不拔真空管为（250±20）kPa。

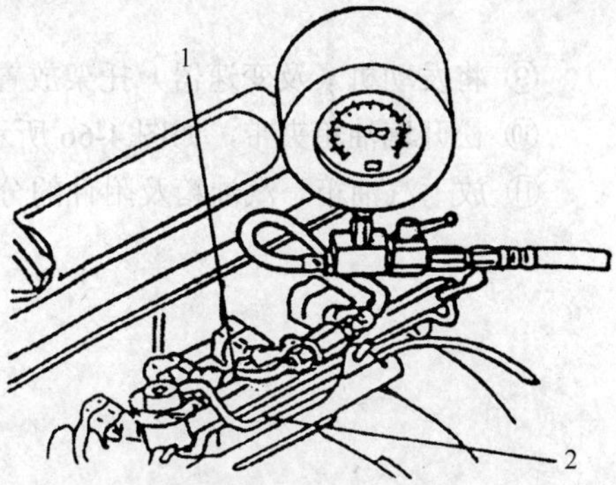

图 4-63　汽油供给系统油压的测量

1—供油管；2—回油管

② 接上真空管，轰一下油门，汽油压力表指针应在 280～300kPa 间跳动。

③ 关闭点火开关，10min 后，汽油保持压力应大于 150kPa。

④ 如果汽油保持压力小于 150kPa，起动发动机，怠速运转。当汽油压力建立起来后，关闭点火开关，同时关闭汽油压力表开关，继续观察压力表指针是否会下降。

⑤ 系统油压不足原因有：管接头或管子渗漏；汽油滤清器过脏；汽油泵不良或蓄电池电压不足；汽油压力调节器损坏。

⑥ 系统油压过高原因有：汽油压力调节器损坏。

二、汽油喷射系统主要元件的结构与检修

1．汽油箱的拆卸

① 在点火开关断开的情况下，拔下蓄电池的搭铁线。

② 使用专用设备抽取汽油箱内的汽油。

③ 旋下位于行李箱内地毯下的汽油箱密封凸缘。

④ 拔下导线插头 4 上的导线，如图 4-64 所示。

⑤ 打开加油口盖板，撬出环绕在加油颈部的橡胶件的夹环。

⑥ 将橡胶件推入。

⑦ 旋下在车底部的加油颈固定螺栓。

⑧ 拔下位于车辆底部的输油管 1、回油管 2 和通气管 3，如图 4-65 所示。

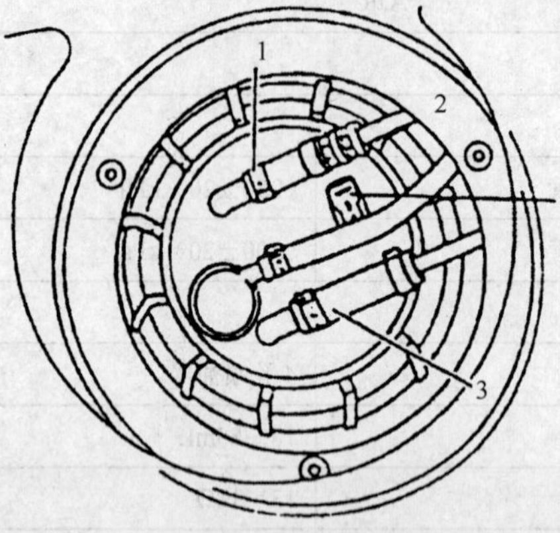

图 4-64 拔下导线插头

1—回油管；2—通气管；3—进油管；4—导线插头

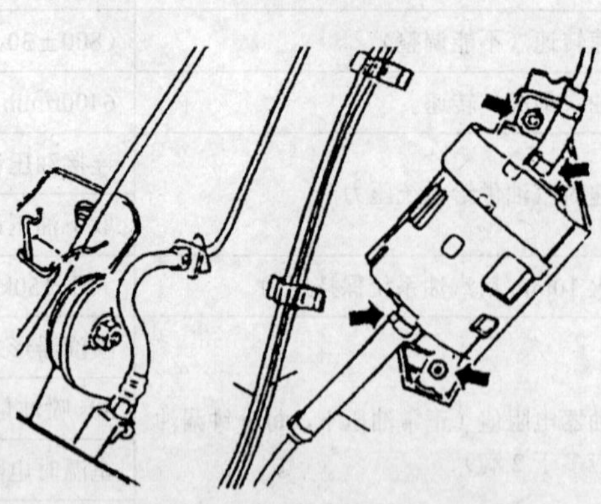

图 4-65 拔下输油管、回油管和通气管

1 输油管；2—回油管；3—通气管

⑨ 将发动机（及变速器）托架放置在汽油箱下。

⑩ 松开汽油箱夹带，如图 4-66 所示。

⑪ 放下汽油箱。汽油箱及附件的分解如图 4-67 所示。

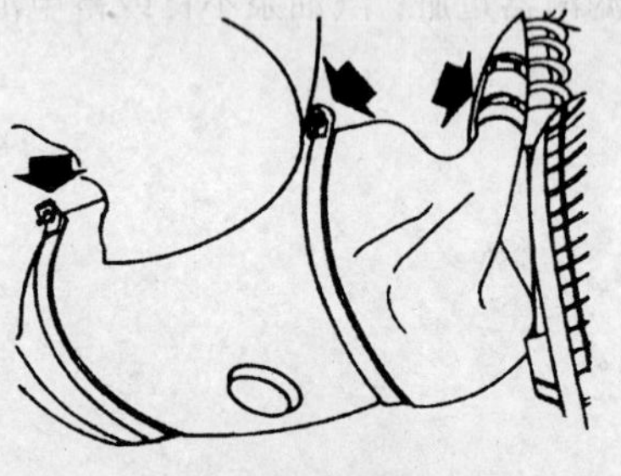

图 4-66 松开汽油箱夹带

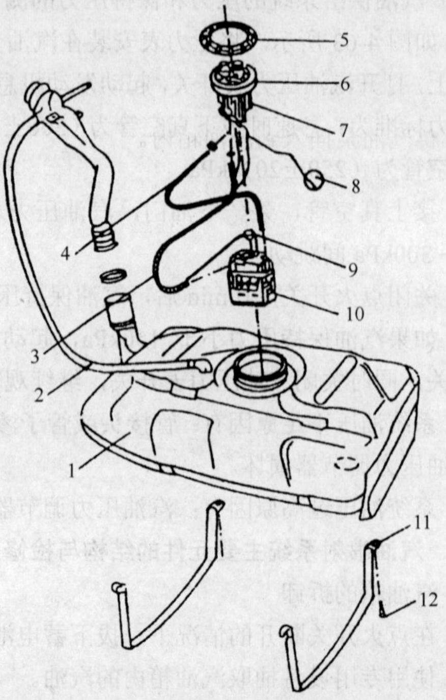

图 4-67 汽油箱及附件分解图

1—汽油箱；2—加注汽油透气管；3—回油管（来自汽油分配器）；4—进油管（接到汽油分配器）；5—塑料紧固螺母；6—透气管（连接到活性炭罐）；7—密封凸缘；8—浮子（用于汽油表传感器）；9—导线；10—汽油泵总成；11—汽油箱夹带；12—夹带螺栓

2．汽油泵的拆装与检测

（1）汽油泵的拆卸。

① 在点火开关切断的情况下，拔下蓄电池搭铁线。

② 拆下位于行李箱内地毯下的汽油箱密封凸缘的盖板。

③ 从密封凸缘上拔下进油管、回油管和通气管，再拔下 3 个端子的导线接头。

④ 用专用工具旋下大螺母，如图 4-68 所示。

⑤ 从汽油箱开口处拉出密封凸缘和橡胶密封件。

⑥ 拔下密封凸缘内的汽油表导线插头。

⑦ 将专用工具插入到汽油箱内汽油泵壳体的 3 个拆装缺口内，旋松汽油泵，如图 4-69 所示。

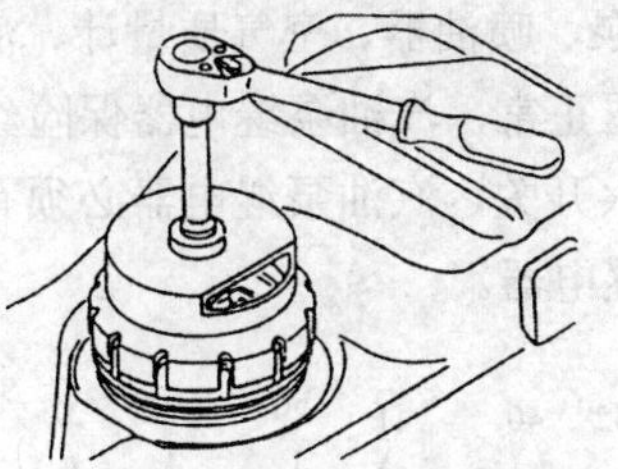

图 4-68　用专用工具旋下大螺母

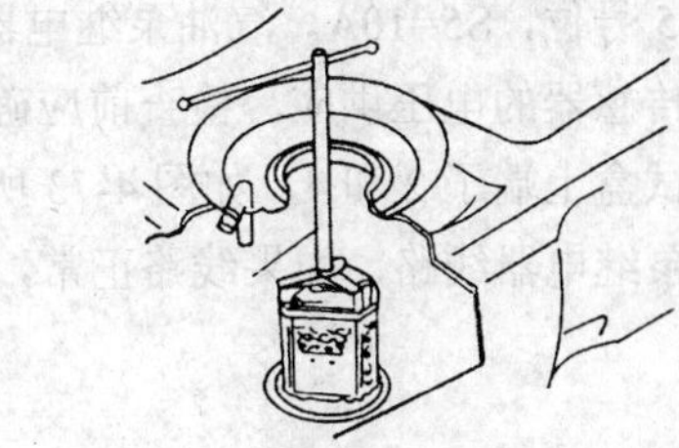

图 4-69　拆卸汽油泵

⑧ 从汽油箱中拉出汽油泵。

（2）汽油泵的安装。汽油的安装可参照图 4-70 进行，具体的步骤和方法如下。

① 将汽油泵同密封凸缘下引出的输油管和回油管以及汽油泵接头插入到汽油泵上，并保证软管接头连接紧固。

② 将汽油泵插入到汽油箱内。

③ 用专用工具将汽油泵拧紧在汽油箱底部的固定位置上。

④ 在汽油箱开口上安装好密封圈，安装密封圈时用汽油将密封圈润湿。

⑤ 将密封凸缘连同浮子和汽油传感器插入到汽油箱开口并压到底。

⑥ 注意密封凸缘的安装位置，密封凸缘上的箭头必须对准汽油箱上的箭头，如图 4-71 所示。

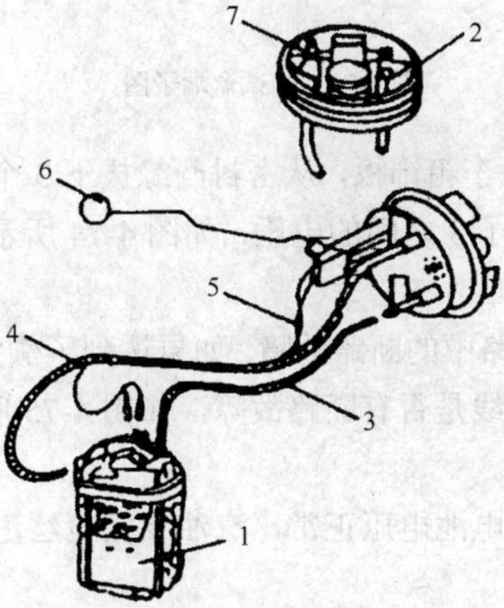

图 4-70　汽油泵及其他附件

1—汽油泵；2—密封凸缘；3—回油管；4—输油管；
5—导线；6—浮子；7—透气管（通向活性炭罐）

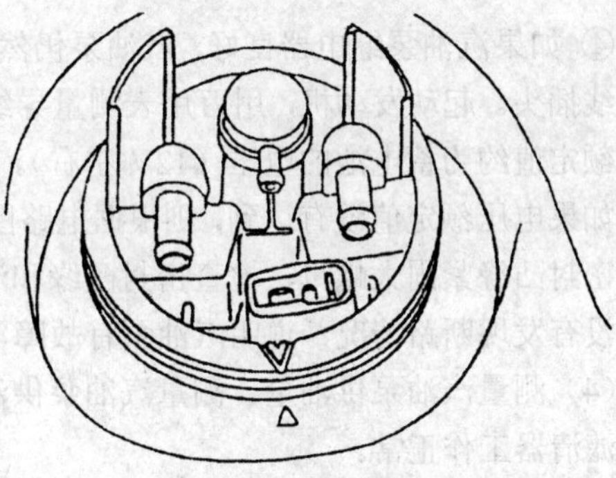

图 4-71　密封凸缘与汽油箱对正标记

⑦ 用专用工具拧紧大螺母。

⑧ 接上密封凸缘上部的输油管和回油管以及 3 个端子的导线插头。

（3）汽油泵工作状况的测试。测试汽油泵工作状况时应保证蓄电池电压正常，汽油泵保险丝正常，汽油滤清器正常。

① 接通点火开关。应该能够听到汽油泵起动的声音。

② 如果汽油泵没有起动，应关闭点火开关，从中央线路板上拔下汽油泵继电器，使用接头导线 V.A.G1348/3-2 将遥控器 V.A.G1348/3A 接到汽油泵继电器的触点和蓄电池正极端子上，起动发动机。如果汽油泵工作，应检查汽油泵继电器。

③ 汽油泵继电器（J17）在中央电器继电器板 2 号位，如图 4-72 所示，汽油泵继电器保险丝在保险丝盒 5 号位，S5=10A。汽油泵继电器控制着汽油泵、喷油器、空气质量计、活性炭罐电磁阀和加热氧传感器的电压供应。检查前应确保蓄电池电压正常，汽油泵继电器保险丝正常。用测试线短接测试盒上端子 2 和 4，如图 4-73 所示，接通点火开关，汽油泵继电器必须有动作声，否则检查汽油泵继电器线路，如果线路正常，更换汽油泵继电器。

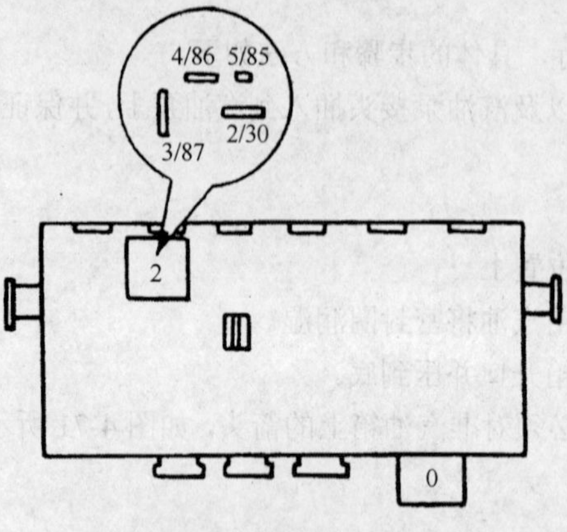

图 4-72 汽油泵继电器位置

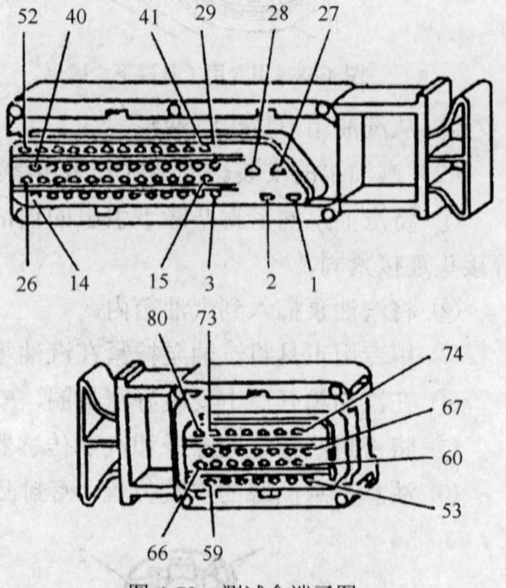

图 4-73 测试盒端子图

④ 如果汽油泵继电器良好，汽油泵仍然不工作，打开行李箱饰板，从密封凸缘拔下 3 个端子的导线插头。起动发动机，用万用表测量导线上端子 1 和端子 3 之间的电压，如图 4-74 所示。电压的额定值约为蓄电池的电压（12V 左右）。

如果电压额定值没有达到，则根据电路图查找并消除电路中的断路故障。如果达到了额定值，旋下密封凸缘紧固大螺母，检查密封凸缘和汽油泵之间的导线是否有断路故障，如图 4-75 所示。如果没有发现断路情况，说明汽油泵有故障，应更换汽油泵。

（4）测量汽油泵供油量。测量汽油泵供油量时应保证蓄电池电压正常，汽油泵保险丝正常和汽油滤清器工作正常。

① 关闭点火开关。

② 使用接头导线 V.A.G1348/3-2 将遥控器 V.A.G1348/3A 接到汽油泵继电器的触点和蓄电池正极端子上。

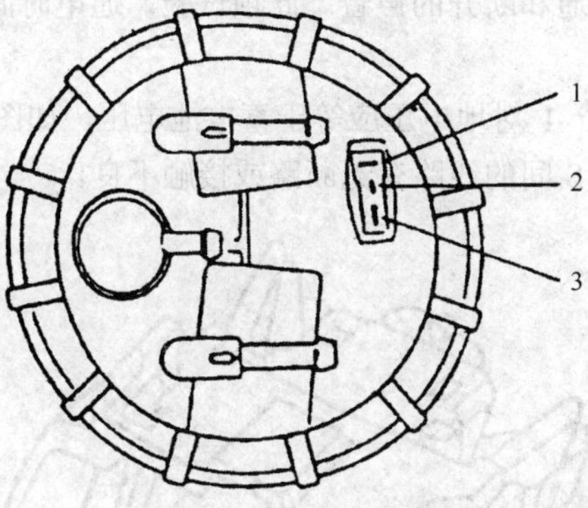

图 4-74 汽油泵线束插头

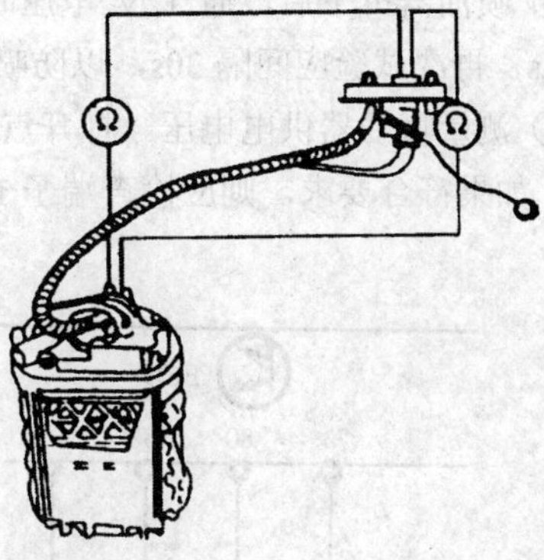

图 4-75 检查密封凸缘与汽油泵导线是否有断路故障

③ 从汽油分配管上拔下输油管。汽油系统是有压力的，在打开系统之前先在开口处放置抹布，然后小心地松开接头以释放压力。

④ 将压力表 V.A.G1318 及接头 V.A.G1318/10 连接到输油管上。

⑤ 将软管 V.A.G1318/1 接到压力表的接口 V.A.G1318/11 上，并伸到量杯内。

⑥ 打开压力表的截止阀（使其接通）。

⑦ 操作遥控器 V.A.G1348/3A，缓慢关上截止阀，直到压力表上显示 0.3MPa 的压力，然后保持这一位置。

⑧ 排空量杯，将遥控器接通 30s。

⑨ 将排出的油量与额定值相比较。额定值应大于 0.58L/30s。

如果没有达到最低的输油量，故障原因可能为输油管弯曲或阻塞、汽油滤清器阻塞、汽油泵故障等。

3．汽油滤清器的拆卸和安装

汽油滤清器的拆卸步骤如下。

（1）松开车辆底部汽油滤清器托架紧固螺栓，取下汽油滤清器托架。

（2）松开夹箍，拔下汽油滤清器的油管，使用一块抹布防止剩余的汽油滴落。

（3）取下汽油滤清器。安装新的汽油滤清器时应注意汽油滤清器上箭头应该指向汽油的流向。

4．喷油器的检修

（1）喷油器的结构与连接电路。喷油器结构参照 AFE 型发动机喷油器的结构。喷油器的连接电路如图 4-76 所示。

ECU 控制 4 个喷油器顺序开启（与点火顺序相对应：1—3—4—2）。喷油器的供电来自燃油泵继电器，当 ECU 接通喷油器负电后，喷油器开启喷油。喷油量只取决于 ECU 控制的喷油器开启时间的长短。

当喷油器发生堵塞、发卡、滴漏时，ECU 不能检测到，必须人工检查和排除。如果有一个喷油器不工作，发动机可能能会产生起动困难、怠速不稳或加速不良、动力差等现象。当喷油器控制电路开路或断路时，ECU 能检测到，使用故障阅读 V.A.G1551 的“执行元件诊断”可对喷油器进行测试。

（2）喷油器的检测。

① 发动机运转时，用手指接触喷油器，应可察觉到喷油脉动。

② 检查喷油器电阻值，应符合表 3-8 中规定的标准。

③ 喷油器拆下后，通 12V 电压时，应可听到接通和断开的声音。此项试验，通电时间应不大于 4s，再次试验应间隔 30s，以防喷油器发热损坏。

④ 测量喷油器供电电压。打开点火开关时，端子 1 对地电压应等于蓄电池电压，如图 4-77 所示。如果符合要求，则应检查端子 1 到附加保险丝 S 间的线路有无断路或接触不良。

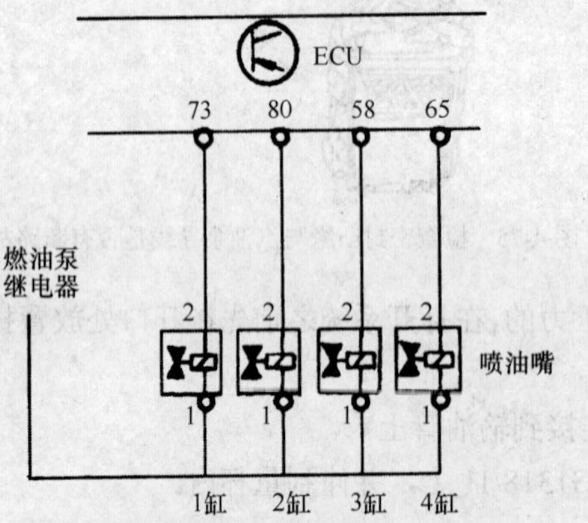

图 4-76 喷油器连接电路

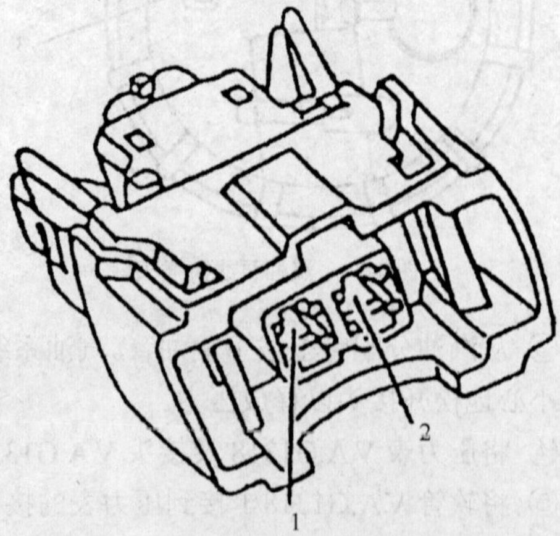

图 4-77 喷油器端子

⑤ 检查喷油器的滴漏。拔下汽油压力调节器上的真空管和喷油器的插头及霍尔传感器的插头，从进气歧管上拆下汽油分配管连带 4 个喷油器，将 4 个喷油器头部放入 V.A.G1602 喷油器喷射速率测试仪的 4 个量杯内，把喷油器的一个触点与 V.A.G1594 测试线连接，测试线另一端夹住发动机接地点，把喷油器的另一个触点与 V.A.G1348/A 遥控开关、V.A.G1348-2 相配的导线连接，导线另一端夹住蓄电池的正极。用 V.A.G1552 进入 03 功能“电终控制诊断”，汽油泵运转，目测每个喷油器的滴漏。油泵运转时，每个喷油器在 1min 内允许滴油 1～2 滴。否则应更换喷油器。

⑥ 再次进入最终诊断（必须关闭点火开关 2s 后再打开）。按下 V.A.G1348/3A 遥控开关的按钮 30s，用同样的方法测量喷油器在测量杯内的喷油速率。规定值为 70～80mL。如果不符合要求，检查汽油压力或喷油器。测试喷射速率的同时，可检查喷射形状，所有喷射形状应相同。

思考与练习

一、填空题

1．汽油发动机燃油供给系统由汽油箱、________、________、________、燃油分配管、________等组成。

2．喷油器的驱动方式分为________、________。

3．电控燃油喷射主要包括________、________燃油停供及燃油泵的控制。

二、选择题

1．将电动汽油泵置于汽油箱内部的目的是（ ）。

A．便于控制　　B．降低噪声　　C．防止气阻　　D．防止短路故障

2.（　　）能够调节燃油系统的供油压力。

A．燃油脉动阻尼器　　B．过滤器　　C．喷油嘴　　D．燃油压力调节器

3．将会引起汽油喷射系统的汽油压力过高的情况是（　　）。

A．电动汽油泵的电刷接触不良　　B．回油管堵塞

C．汽油压力调节器密封不严　　D．以上都正确

4．当结构确定后，电磁喷油器的喷油量主要取决于（　　）。

A．喷油脉宽　　B．点火提前角　　C．工作温度　　D．油管油压

三、判断题（正确打√、错误打×）

1．在电控发动机的燃油供给系统中，一般采用的都是一次性的燃油滤清器。（　　）

2．燃油压力调节器工作不良时可对其进行维修来保证它能正常工作。（　　）

3．汽油蒸气回收系统在发动机起动后立即开始工作。（　　）

4．发动机的喷油量是通过电脑控制喷油器的喷油时间来决定的。（　　）

5．不同车型采用的燃油泵控制电路是不相同的。（　　）

四、简答题

1．简述燃油供给系统的具体组成。

2．请说明燃油供给系统中的喷油量是如何控制的。

任务四　电子控制系统

相关知识

电子控制系统的主要作用是根据发动机和汽车不同的运行工况，确定并执行发动机最佳的控制方案，保证发动机的动力性、经济性和排放性能在各种工况下都处于最佳工作状态。同时还具有故障自诊断功能。

电子控制系统都是由传感器、电子控制单元 ECU 和执行器 3 部分组成，是一个以单片机为中心而组成的微型计算机控制系统，其中，电子控制单元 ECU 是控制系统的核心部件。电子控制系统的组成如图 4-78 所示。

一、电子控制单元

1．电子控制单元的组成

电子控制单元主要由输入回路、A/D 转换器、微型计算机和输出回路组成，其组成框图如图 4-79 所示，外形如图 4-80 所示。它们一起制作在一个金属盒内，固定在车内不易受到碰撞的部位，如仪表台下面或座椅下面等，具体安装位置依车而异。

（1）输入回路。发动机工作时，各种传感器的信号输入 ECU 后，首先进入输入回路进行处理。传感器输入的信号不同，处理的方法也不同，一般是先将输入信号滤除杂波和将正弦波转变为矩形波后，再转换成输入电平。

（2）A/D 转换。从传感器送来的信号有模拟信号和数字信号两种，而微机只能处理数字信号，模拟信号须经过 A/D 转换器转换为数字信号后才能输入微机。

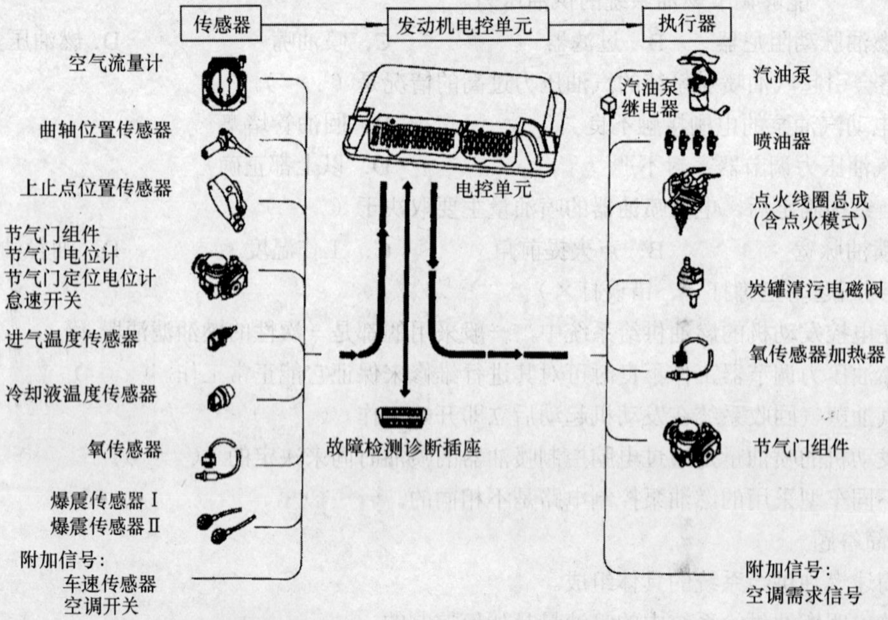

图 4-78　电子控制系统的组成

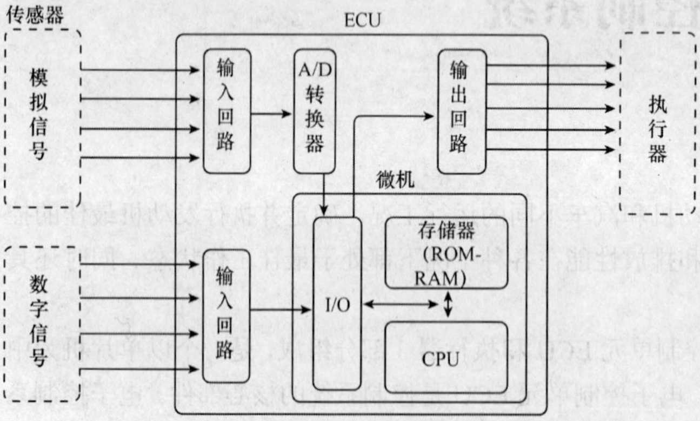

图 4-79　电子控制器的组成

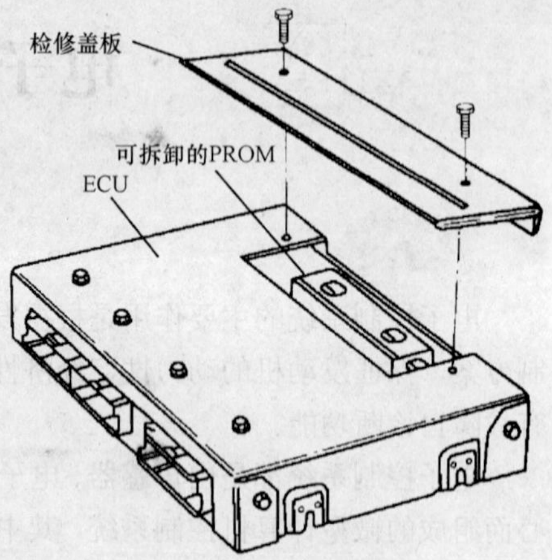

图 4-80　电子控制器的外形

(3) 微型计算机。微型计算机把各种传感器送来的信号用内存程序和数据进行运算处理，并把处理结果（如喷油器喷射信号、点火正时信号）送往输出回路。微型计算机主要由中央处理器（CPU）、存储器（ROM、RAM）、输入/输出接口（I/O）和总线组成。

① 中央处理器。中央处理器主要由进行算术运算和逻辑运算的运算器、暂时存储数据的寄存器、按照程序在各装置之间完成信号传送及控制任务的控制器等组成，其功用是读出命令并执行数据处理任务。

② 存储器。存储器的功用是存储信息资料，包括随机存储器 RAM 和只读存储器 ROM。随机存储器 RAM，主要用来暂时存储计算机操作时的可变数据，如计算机输入、输出数据，计算过程中产生的中间数据、故障代码、自学习修正数据等，当切断电源后 RAM 内部的存储信息将

丢失。为了防止点火开关关闭后因电源被切断而造成数据丢失，RAM 通过微机后备电源电路与蓄电池相连，使 RAM 不受点火开关的控制。但后备电源电路断开或拆除蓄电池后，存入 RAM 的数据会自然丢失，因此在车辆维修时如需拆除蓄电池必须先读取并记录计算机内所存信息。

只读存储器 ROM，只能读出不能写入，用来存储固定的数据，如电控系统中的一系列控制程序软件、喷油特性脉谱、点火控制特性脉谱以及其他特性数据等。这些信息资料一般都是在制造时由厂家一次性输入，使用中无法改变其内容，断电后数据信息不会丢失。

③ 输入/输出接口（I/O）。输入/输出接口 I/O 是微机与外界进行信息交流的纽带，在控制系统工作时，输入/输出接口根据 CPU 的命令，在 CPU 与输入回路和输出回路之间负责数据传送。

④ 总线。总线是微机内部传递信息的电路连线。在单片机内部，CPU、ROM、RAM 与 I/O 接口之间的信息交换都是通过总线来实现的。

（4）输出回路。微机输出的数字信号电压很弱，不能直接驱动执行元件工作。作为微机与执行元件之间连接桥梁的输出回路，其主要作用就是将微机的处理结果放大，生成能控制执行元件工作的指令信号。输出回路一般采用功率三极管，根据微机的指令通过导通或截止来控制执行元件的搭铁回路。

2．电子控制器的工作过程

发动机起动时，某些程序或操作指令从 ROM 中取出并进入 CPU，这些程序可以控制点火时刻、控制燃油喷射、控制怠速等，通过 CPU 的处理，一个个指令逐个地进行运算。执行程序过程中所需的发动机信息来自各个传感器。从传感器来的信号首先进入输入回路，对其信号进行处理：数字信号根据 CPU 的安排，经 I/O 接口直接进入微机；模拟信号还要经过 A/D 转换器转换成数字信号后，才能经 I/O 接口进入微机。大多数信息暂时存储在 RAM 内，根据指令再从 RAM 送至 CPU。下一步是将存储在 ROM 及 PROM 中的参考数据引入 CPU，使传感器输入信息与之进行比较。CPU 对这些信息比较运算后，作出决定并发出输出指令信号，经 I/O 接口（有些信号还经 D/A 转换器转为模拟信号），最后经输出回路控制执行器的动作。

二、传感器

1．曲轴位置传感器/凸轮轴位置传感器

曲轴位置传感器又称转速传感器，检测曲轴转角位移，给 ECU 提供发动机转速信号和曲轴转角信号，作为燃油喷射和点火控制的主控信号。

凸轮轴位置传感器又称为上止点传感器、霍尔传感器等。用于给 ECU 提供曲轴转角基准位置（第 1 缸压缩上止点）信号，作为燃油喷射控制和点火控制的主控信号。

在起动时，ECU 接收曲轴位置传感器信号后还不能控制点火线圈工作，还要接收凸轮轴位置传感器的参考信号按顺序控制点火。参与点火控制的凸轮轴位置传感器，若在运转过程中被拔掉，发动机照常运转。但重新起动时，则需要重复几次（凸轮轴位置传感器的损坏不会造成发动机不能起动）。

独立点火、顺序喷射的直列发动机既要安装曲轴位置传感器，又要安装凸轮轴位置传感器。V 形发动机无论同时点火还是独立点火，也无论分组喷射还是顺序喷射，都需要安装曲轴位置传感器和凸轮轴位置传感器。其安装位置是：安装在曲轴的前部、中部或飞轮上。两传感器有安装在一起的，也有分开安装的。类型包括电磁式、霍尔式和光电式 3 种。

丰田系列轿车采用磁感应式曲轴与凸轮轴位置传感器（一体式）。桑塔纳 2000GSi、捷达系列轿车采用磁感应式曲轴位置传感器、霍尔式凸轮轴位置传感器（分体式）。

（1）电磁式曲轴位置传感器。电磁式曲轴位置传感器由永久磁铁和感应线圈组成，如图 4-81

所示。磁感应式传感器的突出优点是不需要外加电源。当发动机转速变化时，转子凸齿转动的速度将发生变化，铁心中的磁通变化率也将随之发生变化。转速越高，磁通变化率就越大，传感线圈中的感应电动势也就越高。

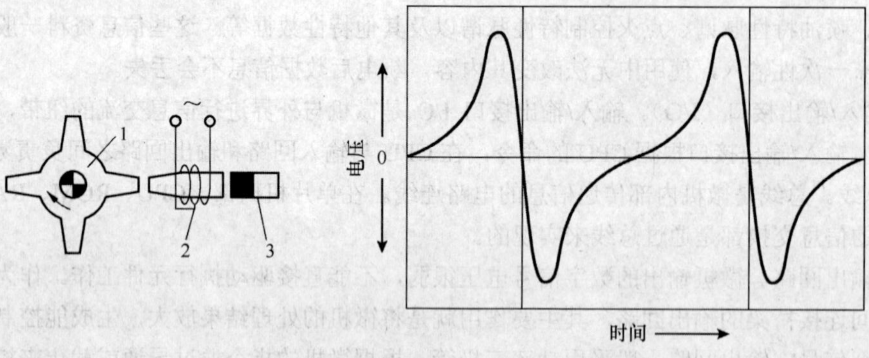

图 4-81 电磁式曲轴位置传感器工作原理

1—转子；2—感应线圈；3—永久磁铁

电磁式曲轴位置传感器如果只有 1 个电磁线圈，则为 2 个接线端子，其中一个为搭铁端，另一个为信号端。通常两个端子都与 ECM 连接，如图 4-82（a）所示。

电磁式曲轴位置传感器如果传感器内有 2 个感应线圈，就有 3 个接线端子，其中一个为搭铁端，另外两个分别为 G 信号和 NE 信号端子，如图 4-82（b）所示。

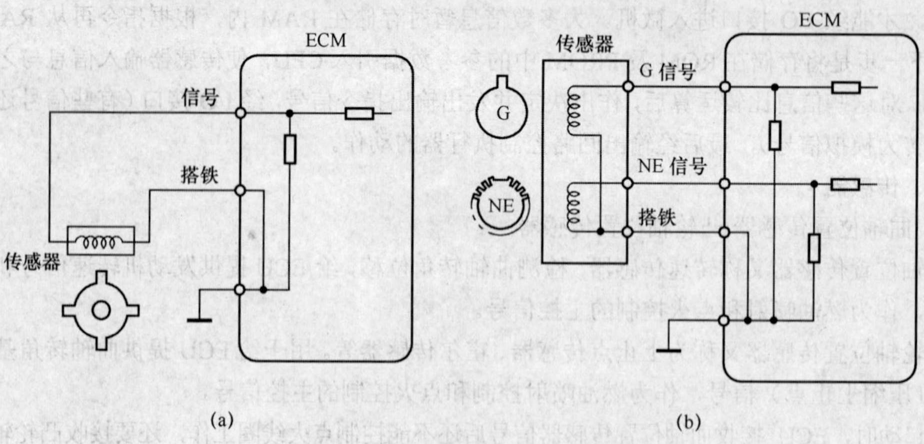

图 4-82 电磁式曲轴位置传感器控制电路

（2）霍尔式曲轴位置传感器。霍尔式曲轴位置传感器是利用霍尔效应的原理制成的。所谓霍尔效应，是指如果对一个通电的霍尔半导体片（称为霍尔元件）施加一磁场，并让磁场的方向与电流垂直，则在霍尔半导体片上垂直于电流和磁场方向的两个端面间会出现电势差，从而产生一个微小的电压（称为霍尔电压，如图 4-83 所示）。

霍尔式曲轴位置传感器由霍尔元件、永久磁铁及放大电路组成的定子和转子组成。

传感器转子上的叶片转离磁极和霍尔元件之间的气隙时，磁场通过霍尔元件，产生霍尔电压，如图 4-84（a）所示；当叶片转入磁极和霍尔元件之间的气隙时，磁力线被隔断，使霍尔电压下降为 0，如图 4-84（b）所示。

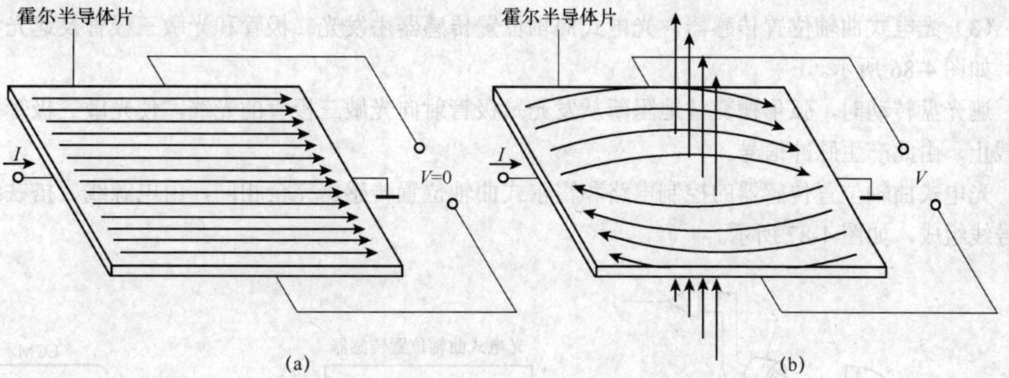

图 4-83　霍尔效应示意图

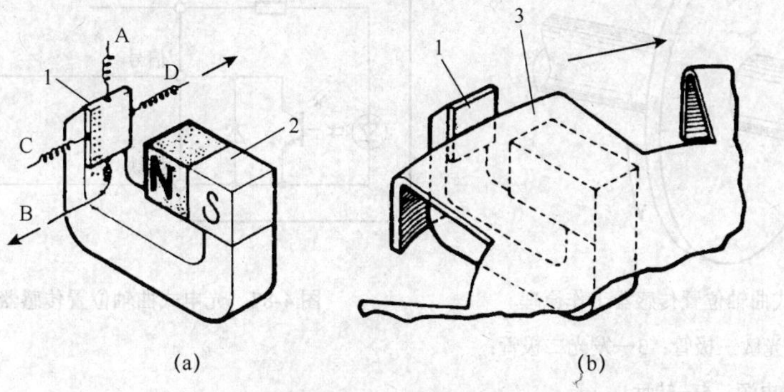

图 4-84　霍尔式曲轴位置传感器工作原理图

1—霍尔元件；2—磁体；3—转子叶片

霍尔式曲轴位置传感器输出的信号是矩形脉冲，其信号电压的大小与发动机转速无关。

图 4-85（a）所示为产生两组曲轴位置信号的霍尔式曲轴位置传感器，它有 4 根接线，分别是电源线、搭铁线、G 信号线和 NE 信号线。

图 4-85（b）所示为两个分别独立的霍尔式凸轮轴位置传感器，每个传感器有 3 根接线，即电源线、搭铁线、信号线。

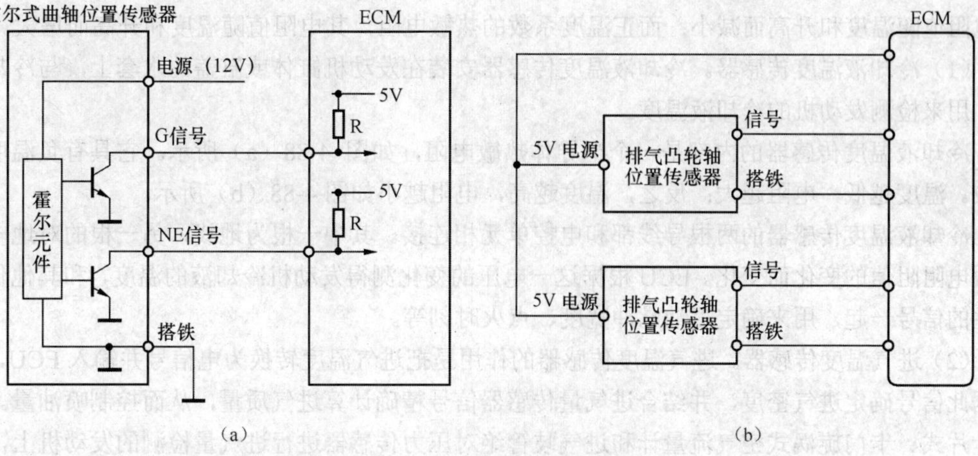

图 4-85　霍尔式曲轴位置传感器的控制电路

（3）光电式曲轴位置传感器。光电式曲轴位置传感器由发光二极管和光敏三极管及遮光盘组成，如图 4-86 所示。

遮光盘转动时，弧形槽交替地阻断从发光二极管射向光敏三极管的光线，使光敏三极管导通或截止，由此产生脉冲信号。

光电式曲轴位置传感器的控制电路和霍尔式曲轴位置传感器完全相同，由电源线、搭铁线和信号线组成，如图 4-87 所示。

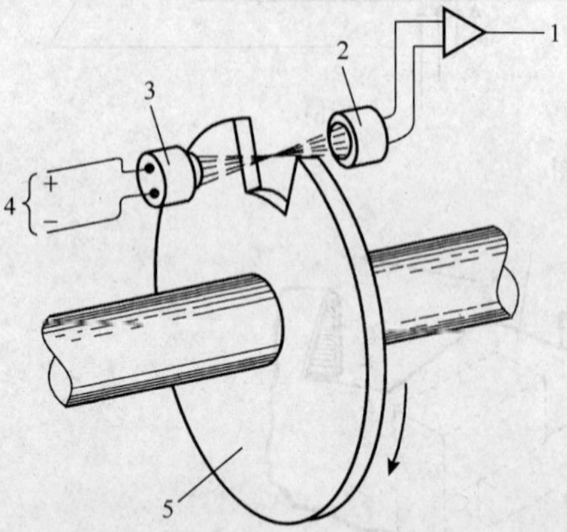

图 4-86 光电式曲轴位置传感器工作原理

1—输出信号；2—光敏三极管；3—发光二极管；4—电源；5—转盘

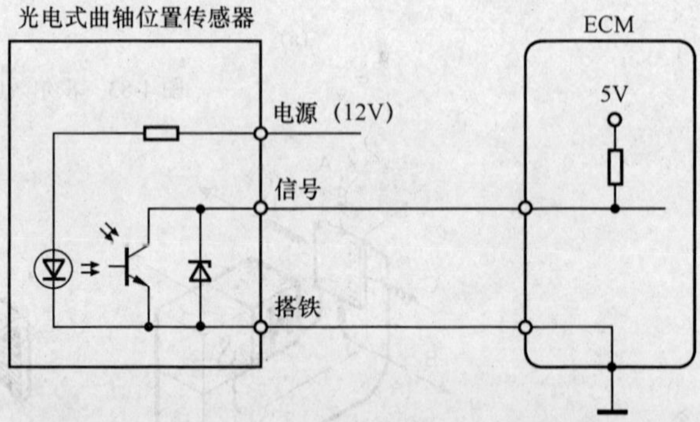

图 4-87 光电式曲轴位置传感器的控制电路

光敏三极管组成晶体管开关电路，ECM 中的 5V 基准电压通过一个较大的电阻后施加在晶体管开关电路上。

当光敏三极管处于饱和状态时，传感器的信号输出端与搭铁导通，电压为 0V；当晶体管开关电路处于截止状态，使传感器的信号输出端相对于搭铁开路，其电压变为 5V。

2．温度传感器

电控汽油喷射系统中有两个温度传感器，即冷却液温度传感器和进气温度传感器。它们均采用负温度系数的热敏电阻作为传导元件。所谓负温度系数的热敏电阻，就是在允许的温度范围内，其电阻值随温度和升高而减小；而正温度系数的热敏电阻，其电阻值随温度和升高而增大。

（1）冷却液温度传感器。冷却液温度传感器安装在发动机缸体或缸盖的水套上，与冷却水接触，用来检测发动机的冷却液温度。

冷却液温度传感器的内部是一个半导体热敏电阻，如图 4-88（a）所示。它具有负温度电阻系数。温度越低，电阻越大；反之，温度越高，电阻越小如图 4-88（b）所示。

冷却液温度传感器的两根导线都和电控单元相连接。其中一根为地线，另一根的对地电压随热敏电阻阻值的变化而变化。ECU 根据这一电压的变化测得发动机冷却液的温度，和其他传感器产生的信号一起，用来确定喷油脉冲宽度、点火时刻等。

（2）进气温度传感器。进气温度传感器的作用是把进气温度转换为电信号并输入 ECU，ECU 根据此信号确定进气密度，并结合进气量传感器信号精确计算进气质量，从而控制喷油量。在采用叶片式、卡门旋涡式空气流量计和进气歧管绝对压力传感器进行进气量检测的发动机上，由于上述计量装置检测的是空气的体积流量，因而需要进气温度传感器确定进气密度，计算进气质量。

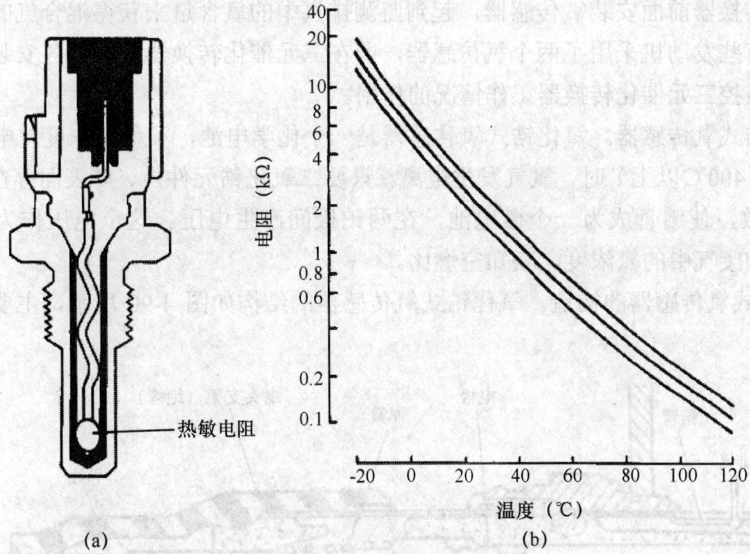

图 4-88 冷却液温度传感器结构和电阻

进气温度传感器通常安装在空气滤清器之后的进气软管上或空气流量计上，还有的在空气流量计和谐振腔上各装一个，以提高喷油量的控制精度。进气温度传感器内部也是一个具有负温度电阻系数的热敏电阻，外部用环氧树脂密封，其结构如图 4-89 所示。

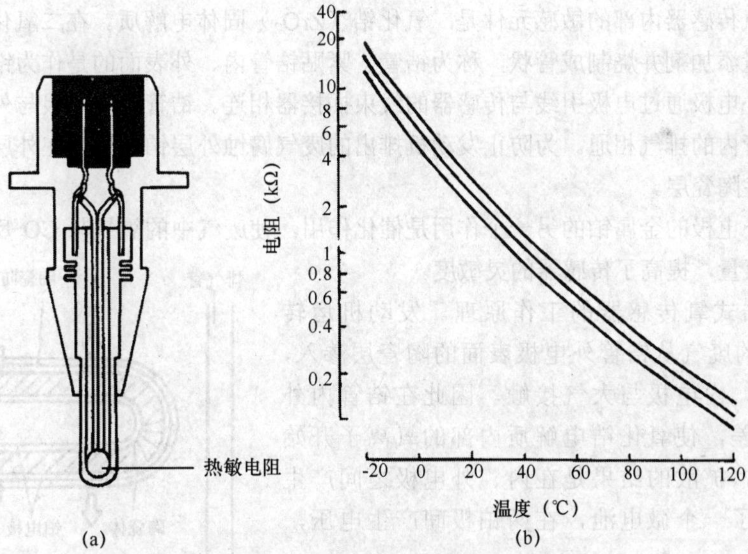

图 4-89 进气温度传感器结构和电阻

3．氧传感器

氧传感器的作用是通过监测排气中的氧含量来获得混合气的实际空燃比信号，并将该信号转变为电信号输入 ECU。ECU 根据氧传感器信号，对喷油时间进行修正，实现空燃比反馈控制，将 A/F 控制在 14.7，降低排放，节约燃油。

氧传感器安装在排气管上，有氧化锆（ZrO_2）式和氧化钛（TiO_2）式两种类型。有些发动机只在三元催化转换器前面安装氧传感器，起到监测排气中的氧含量来获得混合气的实际空燃比信号的作用；而有些发动机采用了两个氧传感器，即在三元催化转换器前、后各安装一个，后氧传感器主要起到监控三元催化转换器工作情况的作用。

（1）氧化锆式氧传感器。氧化锆式氧传感器是一个化学电池，又称氧浓度差电池。

温度较高（400℃以上）时，氧气发生电离。只要二氧化锆元件内、外表面存在氧浓度差，氧离子就产生扩散，使锆管成为一个微电池，在两铂极间产生电压。这个电压作为输出信号送给ECU，就能感知废气中的氧浓度，获知空燃比。

① 氧化锆式氧传感器的构造。氧化锆式氧传感器的结构如图 4-90 所示，主要由锆管、电极等组成。

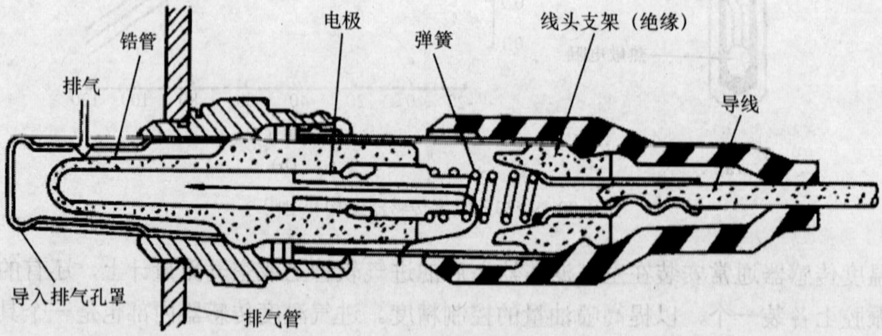

图 4-90 氧化锆式氧传感器的结构

氧化锆式氧传感器内部的敏感元件是二氧化锆（ZrO_2）固体电解质。在二氧化锆固体电解质粉末中加入少量添加剂并烧制成管状，称为锆管。紧贴锆管内、外表面的是作为锆管内、外电极的铂膜，内、外电极通过电极引线与传感器的线束插接器相连。锆管的内电极与外界大气相通，外电极与排气管内的排气相通。为防止发动机排出的废气腐蚀外层铂电极，在外层铂电极表面覆盖着一层多孔性陶瓷层。

作为锆管外电极的金属铂的另一个作用是催化作用，使废气中的氧气与 CO 反应，这就减少了废气中的含氧量，提高了传感器的灵敏度。

② 氧化锆式氧传感器的工作原理。发动机运转时，排气管内的废气从锆管外电极表面的陶瓷层渗入，与外电极接触，内电极与大气接触。因此在锆管内外侧存在氧浓度差，使氧化锆电解质内部的氧离子开始向外电极扩散，扩散的结果是在内、外电极之间产生电位差，形成了一个微电池，在两铂极间产生电压，如图 4-91 所示。

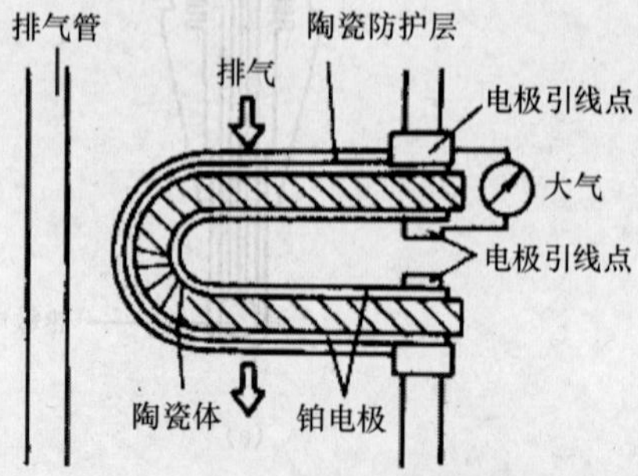

图 4-91 氧化锆式氧传感器工作原理

由于锆管外侧的氧离子随可燃混合气浓度变化而变化，所以当氧离子在锆管中扩散时，锆管内、外表面之间的电位差也随可燃混合气浓度变化而变化，传感器的信号源相当于一个可变电源。

③ 氧化锆式氧传感器的输出特性。当供给发动机的可燃混合气较浓时，排气中氧的含量较低，一氧化碳的含量相对较高，在锆管外电极铂膜的催化作用下排气中的氧几乎全部参加反应，生成了二氧化碳，使锆管外表面上氧离子浓度几乎为零。而锆管的内表面与大气相通，

氧离子浓度很大，锆管内、外两侧氧浓度差很大，因此在内、外电极之间产生了较大的电压信号（约 0.9V）。

当供给发动机的可燃混合气较稀时，排气中氧的含量较高，一氧化碳的含量相对较低，即使一氧化碳全部与氧离子参加反应，锆管外表面还是有多余的氧离子存在，锆管内、外两侧氧浓度差小，因此在内、外电极之间只产生较小的电压信号（约 0.1V）。

当空燃比接近理论空燃比时，排气中的氧和一氧化碳含量都很少，在催化剂铂的作用下，氧离子与一氧化碳的化学反应从缺氧状态急剧变化为富氧状态。由于氧离子浓度差急剧变化，因此铂电极之间的电位差也急剧变化，使氧传感器输出的电压从 0.9V 急剧变化到 0.1V。氧传感器的输出电压在理论空燃比（即 1.47）附近发生突变。

如果没有外电极铂的催化作用，使锆管外侧的氧离子急剧减少到零，那么在浓混合气时就不会有接近 0.9V 的高电压信号，传感器的输出信号也不会在混合气由浓变稀时出现跃变现象，这正是使用铂电极的另一个重要因素。

氧化锆式氧传感器的工作状态与工作温度有关，在温度低于 300℃时无信号输出，而在 300℃～800℃的温度范围内最敏感，输出信号最强。虽然可利用排气热量对其进行加热，但其工作温度不稳定，而且发动机起动后数分钟才能达到正常工作温度。因此目前大部分氧化锆式氧传感器内都增设了陶瓷式电热元件，由汽车电源进行加热，可在发动机起动后的 20～30s 内迅速将氧传感器加热到工作温度。

④ 氧化锆式氧传感器的类型。氧化锆式氧传感器有以下几种形式。

单引线：氧传感器只有一根信号线，以外壳作为搭铁回路。

两线式：一条为信号线，另一条则为搭铁线。

三线式：使用在加热型的氧传感器上，其中两条引线同两线式，第三条线为来自继电器（或点火开关）的 12V 加热电源线。

四线式：信号线与加热线各自有搭铁回路，即有两条搭铁线。

（2）氧化钛式氧传感器。这是一种电阻型气敏传感器。它是利用化学反应强、对氧气敏感、易于还原的半导体材料氧化钛与氧气接触时发生氧化还原反应，使晶格结构发生变化，从而导致电阻值变化的原理工作的。

① 氧化钛式氧传感器的构造。氧化钛式氧传感器的结构如图 4-92 所示，主要由二氧化钛传感元件、壳体、加热元件、电极引线等组成。

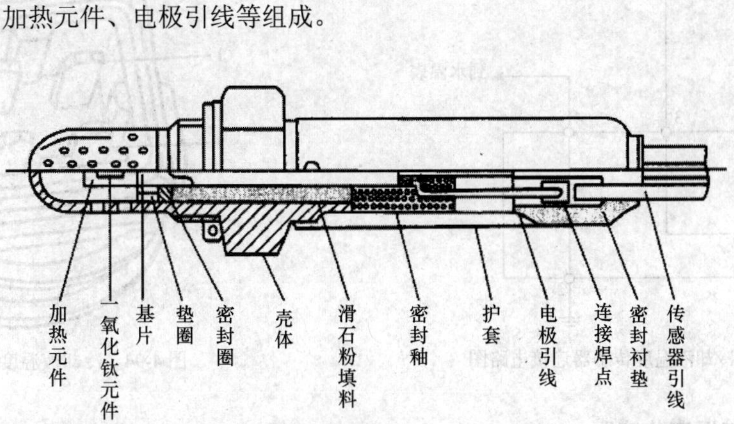

图 4-92 氧化钛式氧传感器的结构

二氧化钛具有这样的性质：其电阻值随废气中的氧浓度改变，而且在理论空燃比 A/F=14.7 时产生突变。纯二氧化钛在常温下是一种高电阻的半导体，但表面一旦缺氧，其晶格便出现缺陷，电阻随之减小。

当混合气稀时，排气中的氧含量高，二氧化钛呈现高阻状态；反之，当混合气浓时，排气中的氧含量低，二氧化钛呈现低阻状态。利用适当电路对电阻变量进行处理，即可转换成电压信号输送给 ECU，用来确定实际的空燃比。

由于二氧化钛的电阻也随温度不同而变化，因此在二氧化钛氧传感器内部也有一个电加热器，以保持氧化钛式氧传感器在发动机工作过程中温度恒定不变。

② 氧化钛式氧传感器的工作原理。氧化钛式氧传感器的工作原理是 ECU 将一个恒定 1V 的电压加在氧化钛式氧传感器的一端，传感器的另一端与 ECU 相连。当排出的废气中氧浓度随发动机混合气浓度变化而变化时，氧传感器的电阻随之改变，ECU“OX”端子上的电压降也随着变化。当“OX”端子的电压高于参考电压时，ECU 判定混合气过浓；当“OX”端子上的电压低于参考电压时，ECU 判定混合气过稀。通过 ECU 反馈控制，可保持混合气浓度在理论空燃比附近。在实际的反馈控制过程中，二氧化钛式氧传感器与 ECU 连接的“OX”端子上的电压也是在 0.1～0.9V 之间不断变化，这一点与氧化锆式氧传感器是相同的。

任务实施

电子控制系统的性能检测

1．测试冷却液温度传感器

AJR 型发动机冷却液温度传感器是一个负温度系数的热敏电阻，其连接电路如图 4-93 所示。冷却液温度传感器出现故障，发动机会出现冷车或热车起动困难，油耗增加，排放超标。

发动机怠速工况，进入 08 功能“读测量数据块”，选择 03 显示组检查冷却液温度传感器。如果显示数据不真实，关闭点火开关，检查传感器插头上端子（如图 4-94 所示）和发动机控制单元线束插头间的线路是否有断路或短路，如果线路正常，更换冷却液温度传感器。

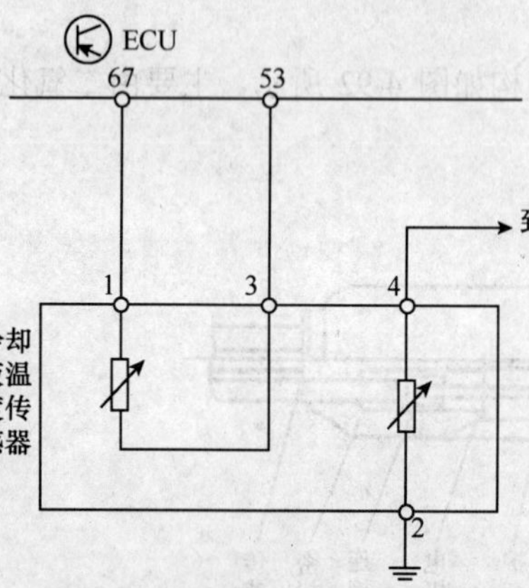

图 4-93　冷却液温度传感器连接电路图

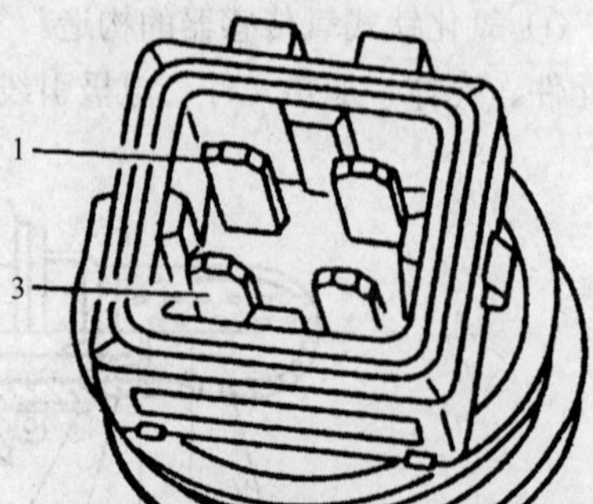

图 4-94　冷却液温度传感器端子

2．测试进气温度传感器

AJR 型发动机进气温度传感器是一个负温度系数的热敏电阻。当进气温度出现故障时，发动机 ECU 能够检测到故障信息，并能使发动机进入故障应急状态运行。此时发动机可能会出现热车难起动，排放超标等故障。AJR 型发动机进气温度传感器连接电路如图 4-95 所示。

发动机怠速工况，进入 08 功能“读测量数据块”，选择 03 显示组检查进气温度传感器。如果显示数据不真实（显示区域 4 数据显示 19.5℃不变），关闭点火开关，检查传感器插头上端子（见图 4-96）和发动机控制单元线束插头间的线路是否有断路或短路，如果线路正常，更换进气温度传感器。

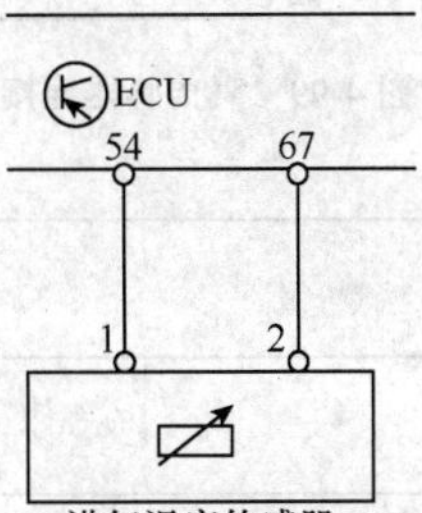

图 4-95　进气温度传感器连接电路图

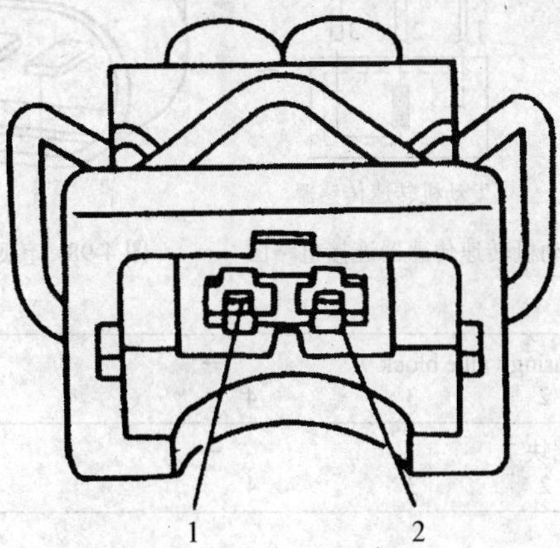

图 4-96　进气温度传感器端子

3．测试发动机转速传感器

发动机转速传感器发送发动机转速信号和上止点信号给控制单元，供 ECU 判别点火正时和计算基本喷油量。如果没有信号，发动机不能起动；当发动机运转时，如果转速传感器或其连接线路出现故障，则发动机立即熄火。AJR 型发动机转速传感器连接电路如图 4-97 所示。

观察发动机转速传感器的工作情况，可查看 08 功能“读测量数据块”03 显示组发动机转速显示。

关闭点火开关，拔下发动机转速传感器插头（灰色插头），如图 4-98 所示。测量传感器插座上端子 2 和 3 之间的电阻，其值应为 480～1000Ω，否则应更换转速传感器。

4．检测氧传感器

氧传感器（也称为λ传感器）比较空气中的氧含量和废气中的残余氧含量，并输送给控制单元一个电压信号。如果传感器头部的孔堵塞、传感器受到过度的热应力、氧传感器太冷或氧传感器加热传感器不工作、λ控制关闭（在喷射系统中控制单元检测到故障），将使电压不变化或者缓慢变化，发动机可能出现怠速不稳定、油耗上升和排放超标等现象。氧传感器的连接电路如图 4-99 所示。

（1）测试氧传感器工作情况。

① 选择功能 08“读测量数据块”显示组 03。屏幕显示：

Read measuring value block 3			→
1	2	3	4
读测量数据块 3			→
1	2	3	4

在区域 3 中冷却液温度必须大于 80℃才可检查λ传感器工作情况。

② 按 C 键，输入 07，按 Q 键确认。屏幕显示：

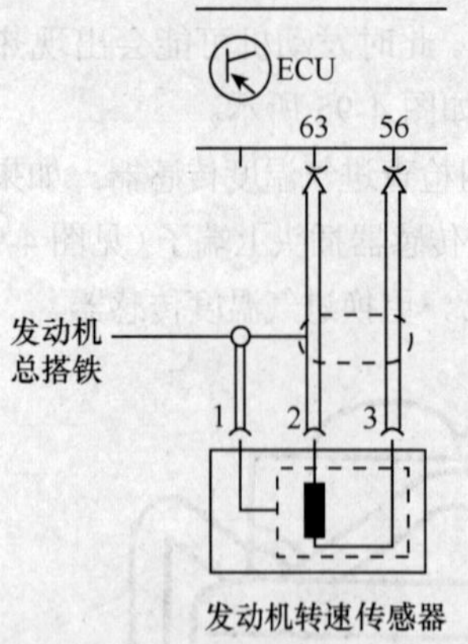

图 4-97 发动机转速传感器连接电路图

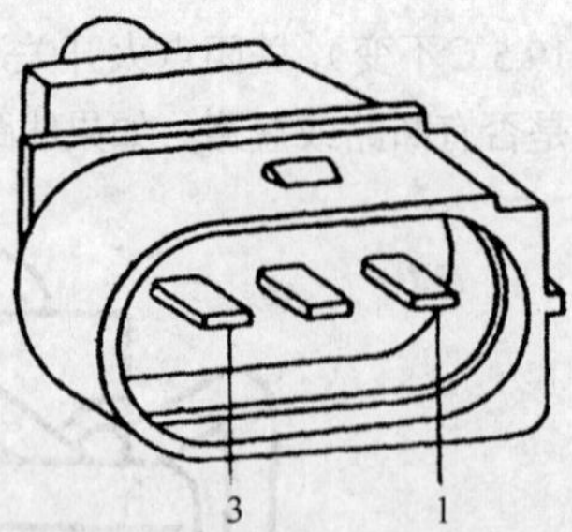

图 4-98 转速传感器端子

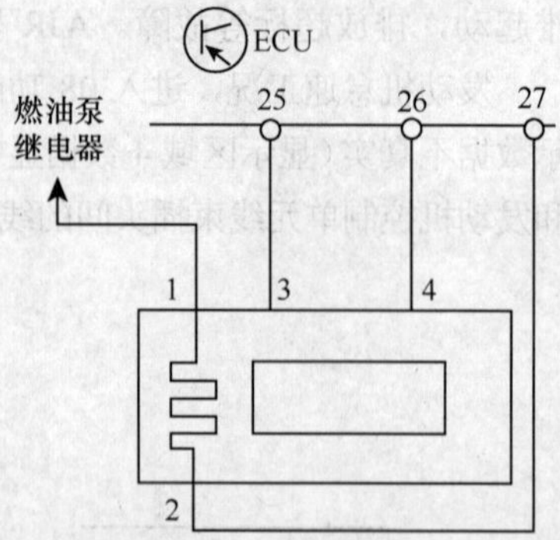

图 4-99 氧传感器连接电路图

Read measuring value block 7				→
1	2	3	4	
读测量数据块 7				→
1	2	3	4	

区域 2 显示氧传感器信号电压。如果氧传感器电压读数波动缓慢，检测氧传感器加热；如果氧传感器电压读数维持在 0.45～0.50V 不变，说明信号线开路；如果氧传感器电压读数维持在 0.0～+0.3V（混合气太稀），表明λ控制已经达到最大浓度极限，但氧传感器仍记录“混合气太稀”；如果氧传感器电压读数维持在 0.7～1.0V（混合气太浓），表明λ控制已经达到最稀浓度极限，但氧传感器仍记录“混合气太浓”。

③ 按 C 键。如果氧传感器工作适当，检查λ调节值。输入 08，按 Q 键确认。屏幕显示：

Read measuring value block 8				→
2ms	0.7%	–0.5%	AKF active	
读测量数据块 8				→
2ms	0.7%	–0.5%	AKF 阀打开	

混合气调节系统具有调节能力，也就是说λ控制能识别发动机（喷油器喷油、气缸压缩压力、汽油压力等）的差异，并对控制单元预编程序的基本喷油时间进行补偿调节，使喷油时间延长或减少，直至达到“λ=1”混合气成分。实际喷油时间和控制单元中最初设定的喷油时间的点阵图之间的差值用百分比表示。

正值（+…%）：预先设定基本喷油时间太短，为了达到“λ=1”混合气成分，实际喷油时间应增加的百分比；

负值（–…%）：预先设定基本喷油时间太长，为了达到“λ=1”混合气成分，实际喷油时间应减少的百分比。

（2）测试氧传感器加热器。拔下氧传感器 G39 上 4 针插头，测量传感器端子 1 和 2 间的电阻，如图 4-100 所示。在室温时氧传感器加热器电阻为 1～5Ω，温度上升一点，电阻值迅速上升；如果断路，更换氧传感器；

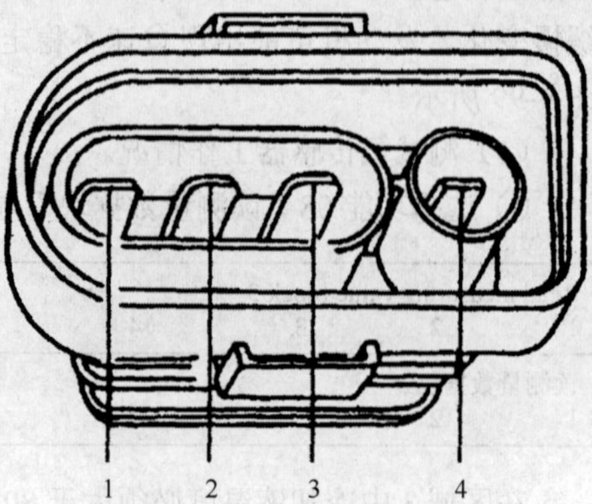

图 4-100 氧传感器端子图

如果氧传感器加热器是通路，再应测试氧传感器加热器的供电电压。

（3）测试氧传感器信号线路的电压。如果氧传感器加热正常，而在08功能和07显示组区域2中氧传感器信号电压不正常，可拔下传感器插头，打开点火开关，测量氧传感器端子3和4间的电压。其标准值为（450±50）mV（测试量程 2V），如果读数不对，检查λ传感器对正极或对地断路或短路；如果线路正常，更换发动机ECU。

思考与练习

一、填空题

1．电子控制系统都是由________、________和________3部分组成。

2．电子控制单元主要是根据________和________确定基本的喷油量。

3．曲轴位置传感器作为________控制和________控制的主控制信号。

4．凸轮轴位置传感器可分为________、________和光电式3种类型。

5．空燃比反馈控制系统是根据________的反馈信号调整喷油量的多少来达到最佳空燃比控制的。

二、填图题

下图为AJR型发动机电子喷射系统结构示意图，请填出各部分名称。

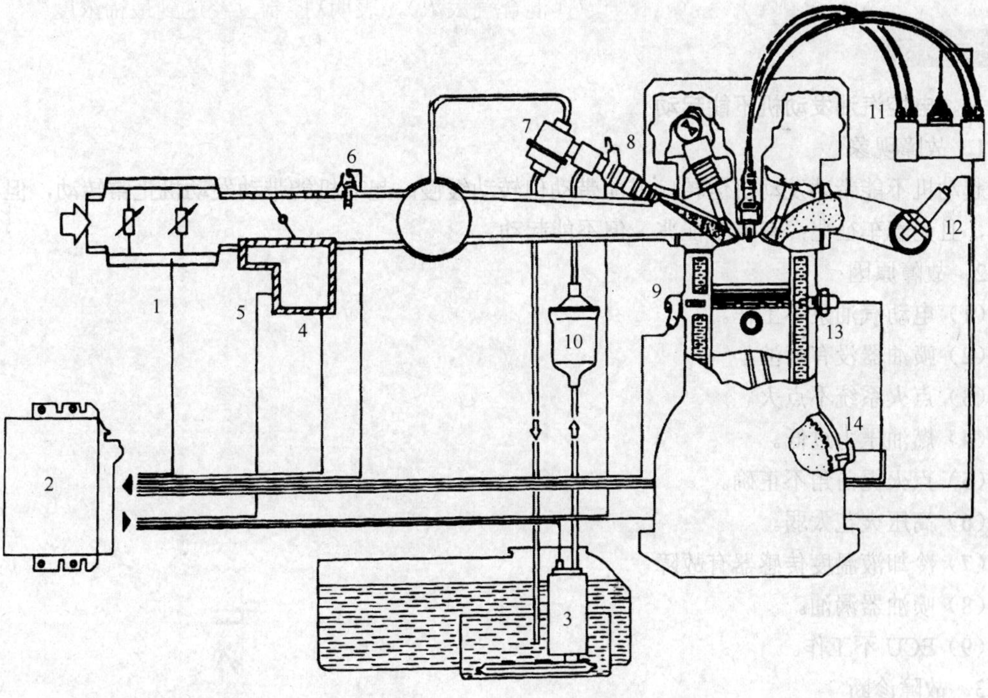

（1）________（2）________（3）________（4）________（5）________

（6）________（7）________（8）________（9）________（10）________

（11）________（12）________（13）________（14）________

三、选择题

1．电控发动机进气压力传感器的参考电压值一般是（　　）。

A．5V　　B．8V　　C．9V　　D．12V

2．向 ECU 输入空燃比的反馈信号，进行喷油量的闭环控制的传感器是（　　）。

A．节气门位置传感器　B．发动机转速传感器　C．曲轴位置传感器　D．氧传感器

3．发动机工作时若燃烧浓混合气，则氧传感器的信号电压将（　　）。

A．变小　　B．变大　　C．不变　　D．不确定

四、判断题（正确打√、错误打×）

1．凸轮轴位置传感器检测曲轴转角位移，给 ECU 提供发动机转速信号和曲轴转角信号，作为燃油喷射和点火控制的主控信号。（　　）

2．霍尔式曲轴位置传感器输出的信号电压的大小与发动机转速无关。（　　）

3．水温传感器安装在发动机水套上，不与冷却水直接接触。（　　）

五、简答题

1．简述电子控制系统的具体组成部分。

2．请简述氧化锆式氧传感器的工作原理。

任务五　电控汽油喷射系统故障诊断与排除

相关知识

一、电控汽油发动机不能起动

1．故障现象

起动机不能带动发动机运转，或能带动但转动缓慢；起动机能带动发动机正常转动，但不能起动，且无着车征兆；有着车征兆，但不能起动。

2．故障原因

（1）电动汽油泵不工作。

（2）喷油器没有喷油。

（3）点火系统不点火。

（4）燃油压力过低。

（5）点火提前角不正确。

（6）高压火花太弱。

（7）冷却液温度传感器有故障。

（8）喷油器漏油。

（9）ECU 不工作。

3．故障诊断

（1）检查油箱存油情况。

（2）如果打开点火开关后发动机故障警告灯不亮，说明发动机 ECU 不工作，应检查 ECU 的电源电路和搭铁电路。

（3）检查有无故障代码。

（4）检查点火系统。

（5）检查电动汽油泵是否工作正常。

（6）检查喷油器是否喷油。

（7）检查燃油系统压力。

（8）拆检火花塞，检查喷油量是否太少或太多。

二、电控汽油发动机起动困难

1．故障现象

起动机能带动发动机按正常转速转动，有明显的着车征兆，但很难起动；或需要连续多次起动，或长时间转动起动机才能起动发动机。

2．故障原因

（1）采用空气流量计的电控汽油发动机在进气管道中有漏气。

（2）燃油压力太低。

（3）喷油器堵塞。

（4）水温传感器故障。

（5）喷油器漏油。

（6）点火正时不正确。

（7）起动开关至 ECM 的接线断路。

（8）气缸压缩压力太低。

（9）发动机 ECU 的起动控制功能有故障。

3．故障诊断

（1）进行故障自诊断。

（2）应采用正确的起动操作方法。

（3）起动前向进气管内喷入少许发动机起动剂（或化油器清洗剂）后起动发动机，如果此时能正常起动，说明起动困难的原因是混合气过稀，应重点检查燃油控制系统及其相关的传感器。

（4）检查进气系统有无漏气。

（5）检查怠速控制阀或附加空气阀是否工作正常。

（6）检查燃油压力。

（7）检查温度传感器和空气流量计。

（8）在发动机运转过程中检查是否有混合气过浓的情况。

（9）燃油蒸发回收系统有故障。

（10）点火正时不符合标准值，火花塞电极间隙太大。点火线圈、高压线断路或漏电。

（11）检查起动开关至 ECM 的起动信号是否正常。

（12）检查气缸压缩压力。

三、电控汽油发动机怠速不稳、易熄火

1．故障现象

发动机在正常怠速工况下，转速不稳定、易熄火。

2．故障原因

（1）进气系统中有漏气。

（2）油路压力太低。

（3）喷油器雾化不良、漏油或堵塞。

（4）怠速调整或设定不当。

（5）怠速控制阀工作不良。

（6）火花塞工作不良。

（7）空气流量计有故障。

（8）废气再循环装置或燃油蒸气回收装置在怠速时工作。

（9）气缸压缩压力过低，或各气缸的压缩压力值差别太大。

3．故障诊断

（1）检查有无故障代码出现，按所显示的故障代码查找故障原因。

（2）检查进气系统各管接头、各真空软管有无漏气。

（3）检查怠速控制阀的工作是否正常。

（4）进行断缸检查。如果某缸工作不良或不工作，应检查该缸火花塞或喷油器有无故障，喷油器控制电路有无故障。

（5）拆检清洗喷油器。

（6）拆检各缸火花塞。

（7）检查各缸高压线。

（8）检查燃油压力。

（9）废气再循环装置或燃油蒸气回收装置有泄漏，应修复或更换相关部件。

（10）按规定的程序，调整发动机怠速，或用电脑解码器对发动机怠速值进行设定。

（11）检查空气流量计的信号，如不符合标准，应更换。

（12）检查气缸压缩压力。如压力低于 0.8MPa，或各缸压力差大于平均值的 10%，应拆检发动机。

四、电控汽油发动机怠速转速过高

1．故障现象

发动机在正常怠速工况下，转速明显高于标准值。

2．故障原因

（1）怠速调整或设定不当。

（2）机械式节气门卡滞，关闭不严。

（3）怠速控制阀或附加空气阀故障。

（4）电子节气门故障。

（5）水温传感器故障。

（6）曲轴箱强制通风阀故障。

3．故障诊断

（1）检查节气门，若节气门轴卡滞，应拆卸、清洗节气门体。

（2）按规定程序重新调整怠速。

（3）如有故障代码，则按所显示的故障代码查找故障原因。

（4）检查怠速控制阀。

（5）检查附加空气阀。

（6）检查电子节气门。

（7）检查水温传感器。

（8）检查空调开关、动力转向器压力开关、怠速控制系统及其线路。

（9）曲轴箱强制通风阀在怠速时漏气。

五、电控汽油发动机怠速转速过低

1．故障现象

发动机在正常怠速工况下，转速明显低于标准值。

2．故障原因

（1）怠速设定值过低。

（2）怠速控制阀的开度过小。

3．故障诊断

（1）按规定的程序检查和调整发动机怠速设定值。

（2）检查其怠速控制阀的工作情况。

（3）拆卸节气门体和怠速控制阀，清洗所有积炭和气道。

六、电控汽油发动机怠速转速波动过大

1．故障现象

发动机在正常怠速工况下，转速明显高低变化、波动过大。

2．故障原因

（1）喷油器雾化不良或堵塞。

（2）火花塞点火不良。

（3）空气流量计有故障。

（4）水温传感器信号不正确。

（5）氧传感器有故障。

（6）怠速控制阀（或电子节气门）或其控制电路有故障。

（7）节气门位置传感器调整或设定不当，导致怠速信号不正常。

3．故障诊断

（1）进行故障自诊断。如有故障代码，应检查相应的传感器、执行器及其控制电路。

（2）检查发动机各缸工作是否均匀。如果某缸工作不良，应拆检该缸火花塞、高压线和喷油器。

（3）检查水温传感器的信号数据。

（4）检查空气流量计。

七、电控汽油发动机怠速易熄火

1．故障现象

发动机起动正常，但不论冷车或热车怠速均不稳定，怠速过低，易熄火。

2．故障原因

（1）点火系统工作不正常。

（2）燃油压力太低，电动汽油泵工作不正常、喷油器堵塞等。

（3）怠速不稳或怠速转速过低。

（4）怠速调整或设定不当。

（5）怠速控制阀不工作。

（6）空调开关、转向液压或其线路有故障。

（7）发动机控制系统电路中个别线束插头接触不良，在行驶中突然断电。

（8）发动机搭铁线接触不良。

3．故障诊断

（1）如有故障代码，则按所显示的故障代码检查相应的部件及其线路有无故障。

（2）如有怠速转速过低、怠速不稳、怠速发抖等现象，应按怠速运转不正常的故障进行检修。

（3）汽车行驶如有加速无力、加速反应迟缓等现象，应检查发动机燃油系统的工作。

（4）检查汽车行驶，如有经常有断火现象，则应检查点火系统各部件。

（5）配备自动变速器的发动机，如果挂挡后发动机易熄火，应先检查发动机的怠速转速是否正常。

（6）如果使用汽车空调时出现怠速不稳的故障，应检查空调开关与 ECM 的连接线路有无断路或短路。

（7）如上述检查均正常，则应检查发动机的搭铁线有无接触不良，发动机控制系统各线束插头有无接触不良等现象。

八、电控汽油发动机动力不足、加速不良

1．故障现象

踩下加速踏板后发动机转速不能马上升高，有迟滞现象，加速反应迟缓，或在加速过程中发动机转速有波动，感觉到发动机动力不足。

2．故障原因

（1）空气滤清器堵塞。

（2）机械式节气门拉索调整不当，油门踩到底时节气门不能全开。

（3）燃油压力过低。

（4）喷油器堵塞或雾化不良。

（5）水温传感器故障。

（6）空气流量计故障。

（7）点火正时不当或高压火花太弱。

（8）发动机压缩压力过低。

3．故障诊断

（1）检查节气门能否全开。

（2）检查空气滤清器有无堵塞。

（3）检查有无故障代码出现。按所显示的故障代码查找故障原因。

（4）读取并分析发动机电控系统的数据流，如有异常，应进一步检测传感器。

（5）检查所有火花塞、高压线和点火线圈。如有异常，应更换。

（6）用点火正时灯检查点火提前角。如不正确，应调整初始点火提前角。

（7）检查燃油压力。

（8）拆卸喷油器。

（9）测量气缸压缩压力。

九、电控汽油发动机油耗过大

1．故障现象

百公里油耗大大超过规定的标准值。油耗过大，发动机的经济性较差。

2. 故障原因

（1）水温传感器失常。

（2）空气流量计或进气管压力传感器失常。

（3）燃油压力过高。

（4）喷油器漏油。

（5）氧传感器工作不正常。

3. 故障诊断

（1）测量水温传感器。

（2）检测空气流量计或进气管压力传感器。

（3）测量燃油压力。

（4）拆卸喷油器。

（5）检测氧传感器。

任务实施

一、AJR 型发动机电控系统常见故障诊断与排除

桑塔纳 2000GSi 型 AJR 型发动机常见故障的诊断与排除方法见表 4-2。

表 4-2　　桑塔纳 2000GSi 型 AJR 型发动机常见故障的诊断与排除

故障现象	可能的故障部位
发动机转不动	蓄电池电压过低；点火开关电路；起动机及继电器电路
发动机能转动但无初始燃烧	低压电路；转速传感器及其电路；点火线圈；霍尔传感器；火花塞；真空泄漏；电动汽油泵继电器；主继电器；汽油泵；燃油压力调节器；油管漏油；喷油器及电路；ECU 及保险丝；气缸压力不正常、正时不对
燃烧不完全	高压线漏电；火花塞；霍尔传感器；爆震传感器；真空泄漏；空气滤清器堵塞；节气门控制组件怠速定位计；空气流量计；汽油泵；燃油压力调节器；冷却液温度传感器；喷油器；气缸压力、气缸盖密封性
冷起动困难	燃油质量；油管堵塞或漏油；燃油压力调节器；汽油泵；冷却液温度传感器；进气温度传感器；喷油器；起动信号电路；点火信号电路；点火线圈；火花塞
热起动困难	真空泄漏；节气门控制组件；冷却液温度传感器；进气温度传感器；燃油压力调节器；喷油器；点火信号电路；点火线圈；火花塞
常温起动困难	汽油泵；燃油压力调节器；喷油器；空气流量计；冷却液温度传感器；霍尔传感器；点火线圈；点火信号电路；火花塞；ECU；配气正时不对；正时齿带；气门关闭不严；气缸垫不密封；活塞环与气缸壁密封不严；火花塞处漏气
开始怠速过高	油门拉索调整不当；冷却液温度传感器；空调开关常开；节气门控制组件；ECU
怠速不稳	燃油压力调节器；喷油器；节气门控制组件；氧传感器；进气温度传感器；冷却液温度传感器；活性炭罐电磁阀；高压分线绝缘；火花塞及插孔漏电；点火信号电路；ECU；气门关闭不严；气缸磨损严重；曲轴箱通风阀
怠速过高	油门拉索失调；节气门控制组件；喷油器；冷却液温度传感器；进气温度传感器；活性炭罐电磁阀；ECU
怠速过低	进气真空泄漏；空气流量计；汽油泵；燃油压力调节器；喷油器；空调开关电路
爆震	汽油质量；爆震传感器；火花塞；燃烧室积炭；霍尔传感器；ECU
排气放炮（突突声）	火花塞；高压线漏电；点火线圈；喷油器；燃油压力调节器；节气门控制组件；空气流量计；爆震传感器；冷却液温度传感器
加速时发抖	点火线圈；高压漏电；霍尔传感器；汽油质量；汽油泵；节气门控制组件；喷油器；曲轴箱通风不良；离合器打滑；变速器轴松旷；气缸磨损过大

二、自诊断和故障代码

1．自诊断功能

（1）在 AJR 型发动机 ECU（J220）中设有故障存储器，它包括永久性存储器和暂时性存储器。当被监测的传感器或执行元件中出现故障时，该故障的代码及种类会存入故障存储器中。

（2）用大众公司的 V.A.G1552 型故障诊断仪或其他型号的读码器可读出故障代码。测试时，打开诊断插口盖板，将故障诊断仪用 V.A.G1552/3 电缆连接到车上位于变速器操纵杆前的诊断插座上，如图 4-101 所示，它将根据输入的指令完成许多功能。

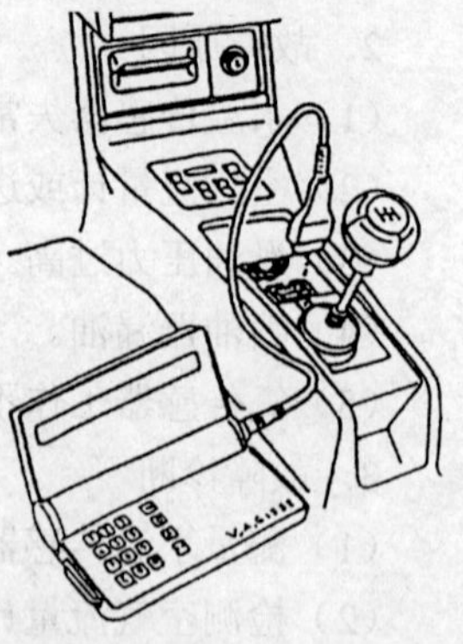

图 4-101　故障诊断仪的安装

（3）为了检查元件和控制模块间线路有无开路或短路，大众公司还配有 V.A.G1598/22 测试盒，用于和发动机控制模块线束插头相连接。

（4）大众公司的故障诊断仪的功能见表 4-3。

表 4–3　故障诊断仪功能表

代　号	功　能	点火开关接通	发动机怠速运转
01	询问发动机电控单元版本	是	否
02	读出故障代码及显示故障范围	是	是
03	最终控制诊断	是	否
04	基本设定	是	是
05	清除故障（码）存储	是	是
06	结束输出	是	是
07	电控单元编码	是	否
08	读测量数据块	是	是

（5）测试条件：蓄电池电压大于 11.5V，发动机搭铁良好，保险丝正常。

（6）如果故障已经排除，在故障存储器内相应的记录内容应予以清除。或者发动机起动 50 次后，则存储器存储的故障会被自动清除。

（7）电子控制汽油喷射系统电路如图 4-102 所示。

2．故障诊断仪的连接

（1）打开诊断插口的盖板，将 V.A.G1552 用 V.A.G1551/3 电缆线连接到车上位于变速箱排挡杆前的诊断插座上。屏幕显示：

Test of vehicle systems Enter address word XX	HELP
车辆系统测试 输入地址码 XX	帮助

（2）打开点火开关，或者发动机怠速运转。输入“发动机电子系统”地址码 01，用 Q 键确认。屏幕显示：

330 907 404 1.8L R4/2V MOTR HS D01 →
Coding 08001　　WSC XXXXX

其中，330 907 404　　发动机控制单元零件号

1.8L	发动机排量
R4/2V	直列式发动机，4 缸，每缸 2 气门
MOTR	Motronic
HS	手动变速箱
D01	控制单元软件版本
Coding 08001	控制单元编码
WSC XXXXX	维修站代码

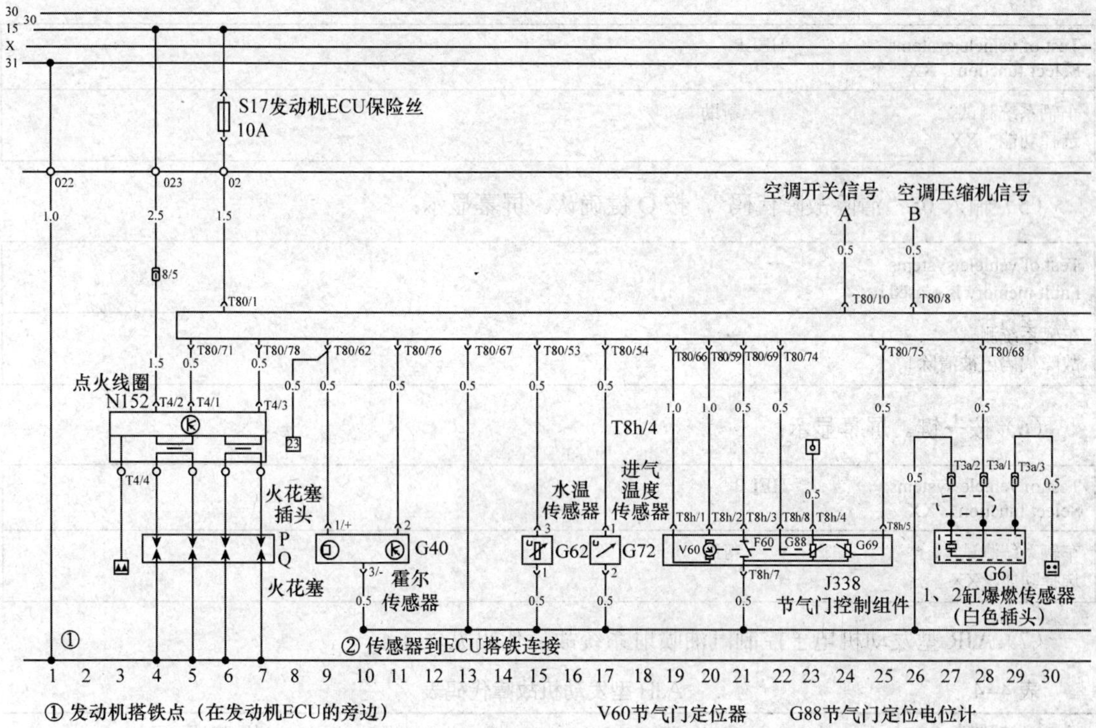

图 4-102　AJR 型发动机电子控制汽油喷射系统电路图

按→键，屏幕显示：

Test of vehicle systems　　HELP Select function　XX
车辆系统测试　　帮助 选择功能　XX

3．查询故障代码和清除故障代码

（1）连接 V.A.G1552 故障阅读仪，打开点火开关，发动机怠速运转，输入“发动机电子系统”的地址码 01。

（2）当发动机不起动时，接通点火开关，查询故障代码。屏幕显示：

Test of vehicle systems　　HELP Select function　XX
车辆系统测试　　帮助 选择功能　XX

（3）输入 02“查询故障代码”，按 Q 键确认。在显示屏上首先显示出故障的数量或者“No fault recognized”（没有故障）。屏幕显示：

X Faults recognized ! →
X 个故障出现！ →

（4）如果没有故障，按→键。如果有 1 个或几个故障：按→键逐一显示各个故障代码和它的文字说明。按→键。屏幕显示：

Test of vehicle systems HELP Select function XX
车辆系统测试 帮助 选择功能 XX

（5）输入 05“清除故障代码”，按 Q 键确认。屏幕显示：

Test of vehicle systems → Fault memory is erased !
车辆系统测试 → 故障代码已被清除！

（6）按→键。屏幕显示：

Test of vehicle systems HELP Select function XX
车辆系统测试 帮助 选择功能 XX

（7）AJR 型发动机电子控制汽油喷射系统故障代码见表 4-4。

表 4-4 AJR 型发动机故障代码表

故障代码	故障内容	故障原因
00513	发动机转速传感器（G28）无信号	1. G28 线路断路或短路 2. G28 损坏
00515	霍尔传感器（G40）	1. G40 线路对正极断路或短路 2. G40 损坏
00518	节气门电位计（G69）	1. G69 线路对正极断路或短路 2. G69 损坏
00522	水温传感器（G62）	1. G62 线路断路 2. G62 损坏 3. G62 线路对地短路
00524	1 号爆震传感器（1 缸、2 缸）（G61）	1. G61 线路对地断路或短路 2. G61 损坏
00527	进气温度传感器（G72）	1. G72 线路断路 2. G72 损坏 3. G72 线路对地短路
00530	节气门定位计（G88）	1. G88 线路对正极断路或短路 2. G88 损坏

（续表）

故障代码	故 障 内 容	故 障 原 因
00540	2 号爆燃传感器（3 缸、4 缸）（G66）	1．G66 线路对地断路或短路 2．G66 损坏
00553	空气流量计（G70）	1．G70 线路对地断路或短路 2．G70 损坏
00668	30 号端子电压过低	蓄电池电压低于 10.0V
01165	节气门控制组件（J338）基本设定错误	J338 与发动机 ECU 不匹配
01247	活性炭罐电磁阀（N80）	1．N80 线路对地断路或短路 2．N80 损坏
01249	1 缸喷油器（N30）	1．N30 线路对正极断路或短路 2．N30 损坏
01250	2 缸喷油器（N31）	1．N31 线路对正极断路或短路 2．N31 损坏
01251	3 缸喷油器（N32）	1．N32 线路对正极断路或短路 2．N32 损坏
01252	4 缸喷油器（N33）	1．N33 线路对正极断路或短路 2．N33 损坏

4．最终控制诊断

（1）最终控制诊断只能在点火开关接通、发动机不运转的情况下完成。如果起动发动机，控制单元获得转速脉冲信号，最终控制诊断立即终止。执行元件在检测时，能听到动作的声音或者可以触摸感觉到。要重复再进行一次最终控制诊断，必须关闭点火开关 2 秒钟后再接通。最终控制诊断时，电动汽油泵连续不断工作。10min 后，最终控制诊断自动结束。

（2）连接故障阅读仪 V.A.G1552，打开点火开关，选择地址码 01“发动机电子控制系统”。屏幕显示：

Test of vehicle systems Select function　XX	HELP
车辆系统测试 选择功能　XX	帮助

（3）输入 03 功能“最终控制诊断”。屏幕显示：

Test of vehicle systems 03 Final control diagnosis	Q
车辆系统测试 03 最终控制诊断	确认

（4）按 Q 键确认。屏幕显示：

Final control diagnosis Injector cylinder 1-N30	→
最终控制诊断 第 1 缸喷油器-N30	→

（5）踩油门使节气门控制部件中怠速开关打开，第 1 缸喷油器将发出咔嗒声 5 次。按→键进入下一缸喷油器检查。以此方法依次对 4 个缸喷油器进行检查，如果没有听到喷油器的咔嗒声，也就是喷油器不动作。按→键。屏幕显示：

Final control diagnosis ACF Solenoid 1-N80	→
最终控制诊断 活性炭罐电磁阀 1-N80	→

（6）活性炭罐电磁阀有连续动作，可以听到咔嗒声或者触摸感觉到电磁阀动作。按→键可以对以下执行元件进行检查：二次空气进气阀-N112、二次空气泵继电器-J229 和进气歧管压力变化阀-N156。

二次空气进气阀-N112、二次空气泵继电器-J229 和进气歧管压力变化阀-N156 在桑塔纳 2000GSi 上没有这些执行元件，所以不必进行检查。

如果活性炭罐电磁阀 1-N80 没有动作（没有咔嗒声），要对它进行电气检查。

5．基本设定

基本设定是对发动机控制单元和节气门控制部件进行匹配。如果发动机控制单元被切断电源后，必须进行基本设定。

（1）当发动机不运转时，在基本设定功能可以完成节气门控制部件与发动机控制单元匹配。

当发动机运转时，在基本设定功能可以完成：借助 λ 控制功能的开、闭帮助查找故障；点火正时检查。

发动机运转时必须满足下列条件。

① 冷却液温度不低于 80℃。

② 测试时，散热风扇不允许转。

③ 空调关闭。

④ 其他用电设备关闭。

⑤ 在故障储存中没有故障存在。

（2）连接故障阅读仪 V.A.G1552 或 V.A.G1551，让发动机怠速运转。选择地址码 01“发动机电子控制系统”。屏幕显示：

Test of vehicle systems Select function XX	HELP
车辆系统测试 选择功能 XX	帮助

（3）输入 04“基本设定”功能，按 Q 键确认。屏幕显示：

Introduction of basic setting Enter display group number XX	HELP
引入基本设定 输入组别号 XX	帮助

（4）输入需要显示的组别号，可以参见“读测量数据块”部分。这里用 01 显示组来举例图示过程，输入 01 显示组。屏幕显示：

Introduction of basic setting　　　　Q Enter display group number 01
引入基本设定　　　　确认 输入组别号　01

（5）按 Q 键确认。屏幕显示：

System in basic setting 1　　　→ 1　　2　　3　　4
引入基本设定　1　　　→ 1　　2　　3　　4

（6）如果全部显示区域都在标准范围内，按→键。屏幕显示：

Test of vehicle systems　　　HELP Select function　XX
车辆系统测试　　　帮助 选择功能　XX

（7）输入 06“结束输出”功能，按 Q 键确认。

6．控制单元编码

如果控制单元编码没有显示或者更换了控制单元之后，都必须对控制单元编码。

（1）连接故障阅读仪 V.A.G1552 或 V.A.G1551，接通点火开关，选择地址码 01“发动机电子控制系统”。屏幕显示：

Test of vehicle systems　　　HELP Select function　XX
车辆系统测试　　　帮助 选择功能　XX

（2）输入 07“控制单元编码”功能，按 Q 键确认。屏幕显示：

Code control unit　　　Q Feed in code number　　XXXXX（0-32000）
控制单元编码　　　Q 输入编码号码　　XXXXX（0-32000）

（3）输入这种车辆的编码号（手动变速箱车辆编码号为 08001），按 Q 键确认。控制单元的识别内容将显示在 V.A.G1552 故障阅读仪的屏幕上。

（4）关闭点火开关，然后再打开。当点火开关再次打开，新输入的编码将起作用。按→键。屏幕显示：

Test of vehicle systems　　　HELP Select function　XX
车辆系统测试　　　帮助 选择功能　XX

（5）输入 06“结束输出”，按 Q 键确认。

7. 读取测量数据块

（1）连接故障阅读仪 V.A.G1552（或 V.A.G1551）让发动机怠速运转。选择地址码 01“发动机电子控制系统”。

（2）输入 08“读测量数据块”功能，按 Q 键确认。屏幕显示：

Read measuring value block HELP Enter display group number XX
读测量数据块 帮助 输入组别号 XX

（3）输入相关的显示组号，按 Q 键确认。例如输入 00 显示组号，按 Q 键确认。屏幕显示：

Read measuring value block 0 → 1 2 3 4 5 6 7 8 9 10
读测量数据块 → 1 2 3 4 5 6 7 8 9 10

（4）从一个组变到另一个组的操作方法见表 4-5。

表 4-5 显示组切换操作

显示组	V.A.G1552	V.A.G1551
进一组	按↑组	按 3 键
退一组	按↓组	按 1 键
退回重输组号	按 C 键	按 C 键

（5）显示组内容见表 4-6。

表 4-6 显示组一览表

显示组号	屏幕显示	说明
00 基本功能	Read measuring value block 0 1 2 3 4 5 6 7 8 9 10	1—冷却液温度 2—发动机负荷 3—发动机转速 4—电瓶电压 5—节气门角度 6—怠速空气质量控制值 7—怠速空气质量测量值 8—混合气成分控制值（λ 控制值） 9—混合气成分测量值（λ 测量值） 10—混合气成分测量值（λ 测量值）
01 基本功能	Read measuring value block 1 1 2 3 4	1—发动机转速 2—发动机负荷（每转喷射持续时间） 3—节气门角度 4—点火提前角
02 基本功能	Read measuring value block 2 1 2 3 4	1—发动机转速 2—发动机负荷（曲轴每转喷射持续时间） 3—发动机每循环喷射持续时间 4—进气质量

（续表）

显示组号	屏幕显示	说明
03 基本功能	Read measuring value block　3 1　2　3　4	1—发动机转速 2—电瓶电压 3—冷却液温度 4—进气温度
04 怠速稳定	Read measuring value block　4 1　2　3　4	1—节气门角度 2—怠速空气质量测量值（空挡位置） 3—怠速空气质量测量值（自动变速箱驱动挡） 4—工作状况 Leerlauf　怠速 Tetllast　部分负荷 Vollast　全负荷 Schub　加浓 Anreicherung　超速
05 怠速稳定	Read measuring value block　5 1　2　3　4	1—怠速转速（测量值） 2—怠速转速（规定值） 3—怠速控制 4—进气质量
06 怠速稳定	Read measuring value block　6 1　2　3　4	1—怠速转速 2—怠速控制 3—混合气 λ 控制 4—λ 点火提前角
07 λ 控制和 ACF 阀系统	Read measuring value block　7 1　2　3　4	1—混合气 λ 控制 2—氧传感器电压 3—活性炭罐电磁阀 N80 占空比 4—油箱净化系统动作时混合气修正因素
08 λ 调节值	Read measuring value block　8 1　2　3　4	1—发动机每循环喷射持续时间 2—怠速时 λ 调节值 3—部分负荷时 λ 调节值 4—油箱净化系统 TE active　活性炭罐电磁阀动作 TE not active　活性炭罐电磁阀关闭 λadaption　活性炭罐电磁阀关闭 λ 调节起作用
09 λ 调节值	Read measuring value block　9 1　2　3　4	1—发动机转速（测量值） 2—混合气 λ 控制 3—氧传感器电压 4—怠速时 λ 调节值
10 λ 调节值	Read measuring value block　10 1　2　3　4	1—活性炭罐电磁阀 N80 占空比 2—油箱净化系统动作时进混合气修正因素 3—活性炭罐过滤器充满水平 4—ACF 阀供应空气的比例
11 汽油消耗	Read measuring value block　11 1　2　3　4	1—发动机转速 2—发动机负荷（曲轴每转喷射持续时间） 3—车速 4—汽油消耗
12 汽油消耗	Read measuring value block　12 1　2　3　4	1—发动机转速 2—电瓶电压 3—汽油消耗 4—点火提前角

（续表）

显示组号	屏幕显示	说明
13 爆燃控制	Read measuring value block 13 1 2 3 4	1—第 1 缸爆燃控制点火滞后角 2—第 2 缸爆燃控制点火滞后角 3—第 3 缸爆燃控制点火滞后角 4—第 4 缸爆燃控制点火滞后角
14 爆燃控制	Read measuring value block 14 1 2 3 4	1—发动机转速 2—发动机负荷（曲轴每转喷射持续时间） 3—第 1 缸爆燃控制点火滞后角 4—第 2 缸爆燃控制点火滞后角
15 爆燃控制	Read measuring value block 15 1 2 3 4	1—发动机转速 2—发动机负荷（曲轴每转喷射持续时间） 3—第 3 缸爆燃控制点火滞后角 4—第 4 缸爆燃控制点火滞后角
16 爆燃控制	Read measuring value block 16 1 2 3 4	1—第 1 缸爆燃传感器信号电压 2—第 2 缸爆燃传感器信号电压 3—第 3 缸爆燃传感器信号电压 4—第 4 缸爆燃传感器信号电压
17 催化转换器加热	Read measuring value block 17 1 2 3 4	1—发动机转速 2—发动机负荷（曲轴每转喷射持续时间） 3—催化转换器加热能量平衡 4—点火提前角（目前催化转换器未装）
18 海拔高度适配	Read measuring value block 18 1 2 3 4	1—发动机转速 2—发动机负荷（没有高度修正） 3—发动机负荷（有高度修正） 4—按空气密度来修正的高度修正因素
19 扭矩减小	Read measuring value block 0 1 2 3 4	1—发动机转速 2—发动机负荷（曲轴每转喷射持续时间） 3—变速箱挡位信号 4—点火提前角
20 工作状态	Read measuring value block 20 1 2 3 4	1—发动机转速 2—选挡杆位置 3—空调开关 4—空调压缩
21 λ 控制工作状态	Read measuring value block 21 1 2 3 4	1—发动机转速 2—发动机负荷（曲轴每转喷射持续时间） 3—冷却液温度 4—λ 控制关闭/打开
23 节气门控制部件	Read measuring value block 23 1 2 3 4	1—节气门控制部件工作状态 2—节气门定位器最小停止位置 3—节气门定位器紧急运行停止位置 4—节气门定位器最大停止位置
24 爆燃控制	Read measuring value block 24 1 2 3 4	1—发动机转速 2—发动机负荷（曲轴每转喷射持续时间） 3—点火提前角 4—第 1 缸至第 4 缸总点火滞后角平均值

（续表）

显示组号	屏幕显示	说明
98 节气门控制 部件匹配	Read measuring value block 98 1 2 3 4	1—节气门电位计电压 2—节气门定位电位计电压 3—工作状态：怠速/部分负荷 4—匹配状态：正在匹配 匹配完成 匹配未完成 匹配错误
99 λ 控制	Read measuring value block 99 1 2 3 4	1—发动机转速 2—冷却液温度 3—混合气成分 λ 控制 4—λ 控制关闭/打开

思考与练习

一、填空题

1. 电控汽油发动机常见故障有________、________、________、________、________等。

2. 电控汽油发动机怠速不稳主要原因有________、________、________、________。

二、判断题（正确打 √、错误打×）

1. 如果打开点火开关后发动机故障警告灯不亮，说明发动机 ECU 不工作，应检查 ECU 的电源电路。（　　）

2. 进行断缸检查时，如果某缸工作不良或不工作，应检查该缸火花塞或喷油器有无故障，喷油器控制电路有无故障。（　　）

3. 节气门体和怠速控制阀有积炭会造成发动机怠速过高。（　　）

4. 燃油压力太低，电动汽油泵工作不正常、喷油器堵塞造成发动机怠速过低。（　　）

5. 水温传感器故障会造成发动机动力不足。（　　）

三、简答题

1. 简述电控汽油发动机不能起动的原因。

2. 请说明怠速不稳、易熄火故障如何诊断。

项目五 5 柴油机燃料供给系

知识目标

- ◎ 了解柴油机燃料供给系的作用与组成。
- ◎ 掌握可燃混合气的形成与燃烧过程。
- ◎ 掌握柴油机燃烧室的作用和类型。
- ◎ 掌握柴油机燃料供给系主要部件喷油器、喷油泵、调整器的作用和类型。
- ◎ 掌握柴油机燃料供给系辅助装置输油泵、滤清器、涡轮增压器、中冷器的作用和类型。
- ◎ 了解电控柴油机燃油供给系统的类型

能力目标

- ◎ 掌握柱塞式喷油泵和转子分配式喷油泵的结构和工作原理。
- ◎ 掌握两极式调整器和全程式调速器的结构和工作原理。
- ◎ 掌握电控高压共轨柴油机燃油供给系统主要部件的构造和工作原理。

任务一 柴油机燃料供给系概述

相关知识

一、柴油机的发展史

柴油机是用柴油作燃料的内燃机。柴油机属于压燃式发动机，它又常以主要发明者狄赛尔的名字命名被称为狄赛尔发动机。

柴油在工作时，例如，柴油机气缸内的空气，因活塞的运动而受到较高程度的压缩，达到 500℃～700℃的高温。然后燃油以雾状喷入高温空气中，与空气混合形成可燃混合气，自动着火燃烧。燃烧中释放的能量作用在活塞顶面上，推动活塞并通过连杆和曲轴转换为旋转的机械能。

法国出生的德裔工程师鲁道夫·狄赛尔，在 1897 年研制成功可供实用的四冲程柴油机。由于它明显地提高了热效率而引起人们的重视。起初，柴油机用空气喷射燃料，附属装置庞大笨重，只用于固定作业。20 世纪初，它开始用于船舶，1905 年制成第一台船用二冲程柴油机。

1922 年，德国的博世发明机械式喷射装置，逐渐代替了空气喷射。20 世纪 20 年代后期出现了高速柴油机，并开始用于汽车。到了20世纪50年代，一些结构性能更加完善的新型系列化、通用化的柴油机发展起来，从此柴油机进入了专业化大量生产阶段。特别是在采用了废气涡轮增压技术以后，柴油机已成为现代动力机械中最重要的部分。

二、柴油机的特点

柴油机具有以下特点。

（1）压缩比大（15～22），热效率高（30%～40%），经济性好；无点火系，油路系统机件精密、耐用，故障少。

（2）混合气的形成、点火和燃烧方式不同于汽油机。高压柴油喷入燃烧室，混合气在燃烧室内形成，压燃后边喷射边燃烧。

（3）柴油机的CO和HC排放低，NO_x较多，大负荷易产生炭烟。

（4）柴油机结构复杂、质量大、材料好、加工精度高，制造成本较高。

（5）柴油机的排气噪声大，废气中SO_2含量较多。

三、柴油机的分类

柴油机可按不同的分类方式分类。

（1）按工作方式可分为：二冲程柴油机和四冲程柴油机。

（2）按排列方式可分为：直列柴油机和V字形柴油机等。

（3）按气缸数量可分为：单缸柴油机、多缸柴油机等。

（4）按进气方式可分为：自然吸气式柴油机、增压式柴油机。

（5）按额定转速可分为：高速柴油机（n=1000r/min 以上）、中速柴油机（n=600～1000r/min以内）、低速柴油机（n=600r/min以下）。车用柴油机多分为高速柴油机。

（6）按冷却方式可分为：风冷式柴油机、水冷式柴油机。

（7）按用途可分为：车用柴油机（卡车、重型载重汽车、特种车辆、豪华大巴等）、工程机械用柴油机（挖掘机、压路机、矿山井下铲运机等）、船用柴油机（普通商船、万吨巨轮、渔轮、军用舰船等）、固定使用柴油机（发电机组、水泵机组、空压机组等）。

四、柴油

按其所含量馏分的多少，柴油可分为重柴油和轻柴油。车用柴油为轻柴油。

1．轻柴油的牌号和规格

轻柴油的牌号和规格按凝点分为：10（价格最低）、5、0、−10、−20、−35、−50（价格最高）。

2．使用性能

发火性：自燃能力。用十六烷值评定。国家规定大于等于45，越大自燃能力越强。

蒸发性：柴油的蒸发气化能力。

低温流动性：用柴油的凝点和冷凝点评价。凝点：失去流动性；冷凝点：特定实验条件下，1分钟不能通过过滤器20mL的最高温度。

黏度：评价柴油的稀稠度。与温度有关。

随着环境温度的变化，柴油机使用的柴油牌号也需要相应变化。基本原则是：

（1）夏天使用夏季柴油，如10号柴油。

（2）冬季必须根据环境温度的状况使用相应牌号的冬季柴油。

（3）柴油标号及其相应的使用温度见表5-1。

表 5–1 柴油标号及对应使用温度

柴 油 标 号	10	0	−10	−20	−35	-50
含硫量	0.2	0.2	0.2	0.2	0.2	0.2
十六烷值	50	50	50	50	50	50
凝固点	10℃	0℃	−10℃	−20℃	−35℃	−50℃
使用的最低环境温度	+12℃	+3℃	−7℃	−17℃	−32℃	−45℃

【重要提示】

1. 不同牌号的柴油可以混合使用，也可以根据环境温度的高低适当调配。混合后柴油的凝点不是按比例变化的，一般要比按比例计算的凝点高 2℃左右。比如用−10 号柴油和−20 号柴油按 1∶1 混合，混合后柴油的凝点约为−13℃（按比例计算应该为−15℃左右）。

2. 环境温度较低时，由于柴油凝点原因易造成柴油机不宜起动，可以向柴油中添加 10%～40%的裂化煤油以降低其凝点。也可以采用适当的低温起动液起动。低温起动液不能加入煤油中，只能用注射器直接注入进气管中，一次用量 10～25mL。

3. 任何情况下柴油不能与汽油混合使用。否则，柴油机可能产生“爆炸性”故障。

4. 应做好柴油的净化工作，保证柴油滤芯完好无损也是保证柴油机正常工作的必要条件之一。

五、柴油机燃料供给系的作用及组成

1. 柴油机燃料供给系的作用

其作用是完成燃料的储存、滤清和输送工作，按柴油机各种不同工况的要求，定时、定量、定压并以一定的喷雾质量喷入燃烧室，使其与空气迅速而良好地混合和燃烧，最后使废气排入大气。

2. 柴油机燃料供给系的组成

柴油机燃料系供给系由燃油供给装置、空气供给装置、混合气形成装置及废气排出装置组成。

（1）燃油供给装置。它由柴油箱、输油泵、低压油管、柴油滤清器、喷油泵、调速器、高压油管、喷油器、回油管等组成，如图 5-1 所示。

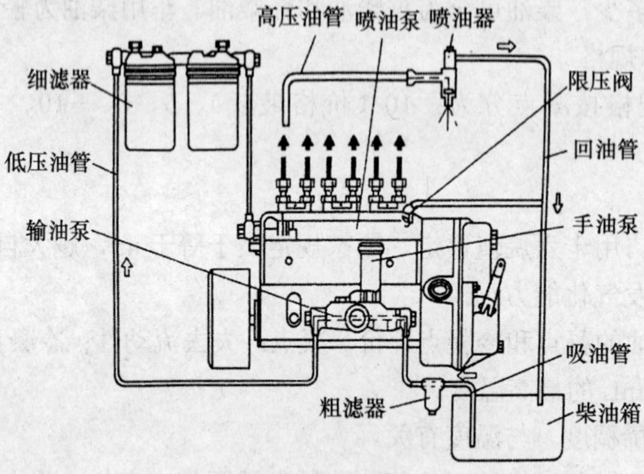

图 5-1 燃料供给系装置

（2）空气供给装置。它由空气滤清器、进气歧管、增压管、中冷器和气缸盖内的进气道等组成，如图 5-2 所示。

（3）混合气形成装置。它由一定形状的燃烧室构成。

（4）废气排出装置。它由气缸盖内的排气道、排气歧管、排气管、消声器和烟度限制器等组成，如图 5-3 所示。

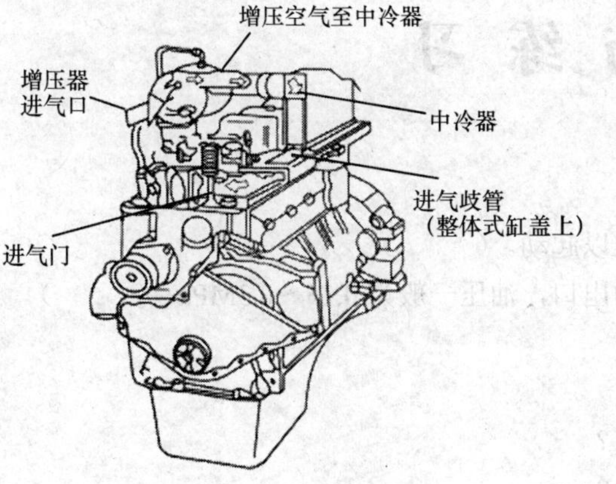

图 5-2　空气供给装置

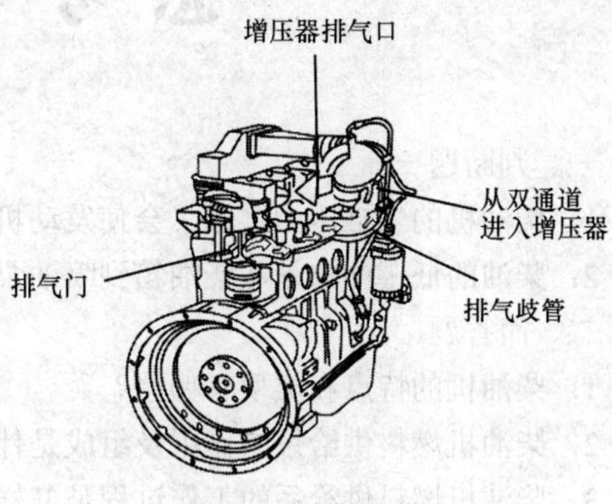

图 5-3　废气排出装置

（5）燃油供给路线。

① 低压油路：从柴油箱到喷油泵入口，油压一般为 0.15～0.3MPa。

② 高压油路：从喷油泵到喷油器，油压在 10MPa 以上。

③ 多余的燃油回流：输油泵的供油量比喷油泵的最大喷油量大 3～4 倍，大量多余的燃油经喷油泵进油室的一端限压阀和回油管流回输油泵的进口或直接流回柴油箱。喷油器工作间隙泄漏的极少数柴油也经回油管流回柴油箱。

④ 柴油滤清器:有粗细两种，一般粗滤器设在输油泵之前，细滤器设在输油泵之后。

⑤ 为保证各气缸供油的一致性，连接喷油泵和喷油器的钢制高压油管的直径和长度是相等的。

六、柴油机燃料供给系的工作过程

柴油机工作时，输油泵将柴油从油箱中吸出，经柴油粗滤器过滤后压送到油水分离器、燃油细滤清器，滤清后的柴油被输送到喷油泵总成。喷油泵将柴油压力提高到 10MPa（VE 泵则达到 50MPa）以上，并定时定量地将高压柴油经高压油管送到喷油器。喷油器将柴油以雾状喷入气缸，与预先经滤清、增压和中冷后，由压缩形成的高温、高压、高密度的空气迅速混合，并自行着火燃烧做功。喷油器中多余的柴油经回油管流回到油箱。燃烧以后的废气经排气道、增压器排气通道、排气管、排气消音器排入大气。

输油泵的供油能力远远超过喷油泵的喷油量，过量的柴油从喷油泵的回油口经回油管路流回燃油箱（有的柴油机回油流入输油泵入口处），同时将渗入油路的空气随柴油带出，防止气阻现象的发生。

由柴油箱到喷油泵入口处的油路由于油压较低，称为低压油路，其管路多使用大直径的薄壁铜管、橡胶软管甚至塑料管。喷油泵至喷油器的油路要承受高压，这一段油路称为高压油路，其管路则使用小直径的厚壁无缝钢管制成。

输油泵的上部有手动油泵，起动前，通过手动油泵，可以排除油路中渗入的空气，以利于柴油机的顺利起动。

为了在柴油机负荷和转速变化时，对喷油泵的供油量实现自动调节，柴油机均装有调速器。

它可以自动调节喷油泵的供油量，以控制柴油机的转速，防止因转速过高造成柴油机“飞车”，或因转速过低而熄火。调节器装于喷油泵的一端，与喷油泵连成一体。

思 考 与 练 习

一、判断题

1．柴油机的气缸压力过低，会使发动机难以起动。（　　）

2．柴油的低压油路是从柴油箱到喷油泵的出口，油压一般为 0.15～0.3MPa。（　　）

二、简答题

1．柴油机的特点和类型有哪些？

2．柴油机燃料供给系的作用及组成是什么？

3．柴油机燃料供给系的工作过程是怎样的？

任务二 柴油机混合气的形成与燃烧室

相关知识

一、可燃混合气的形成与燃烧过程

1．可燃混合气的形成

柴油的黏度较大且不易蒸发，因此需借助喷油设备将柴油在压缩行程结束的稍前时刻以雾状喷入气缸，分散成数百万个细小油滴，直径在（1～50）×10mm 之间。这些细小的油滴在气缸内与进气过程中进入缸内并被压缩成高温、高压的空气迅速混合自行着火燃烧。混合与燃烧是重叠进行的，几乎是边混合、边喷油、边燃烧。

为了保证柴油机良好的性能，燃烧必须在上止点附近完成，为此要求喷油持续时间极为短促。一般全负荷时的供油时间只有 15°～35°曲轴转角，而全部燃烧过程在 0.009s 以内。因此，如不采取适当的措施迅速形成混合气，则无法保证良好的燃烧。车用柴油机实际燃烧过程中常采取以下措施。

（1）过量供给空气。柴油机的过量空气系数值通常在 1.3～1.5；增压和中冷技术可大大增强气体密度，保证供给足量的纯空气。

（2）较高的压缩比。柴油机的压缩比一般为 15～22，以提高压缩终了时缸内空气的温度。

（3）较高的喷射压力以及多空喷射。油束在燃烧室内均布，改善柴油的雾化性能。

（4）适当的燃烧室形状。利用进气涡流、压缩挤流等加速油雾与空气混合。

2．混合气的燃烧过程

柴油机压缩和做功过程中气缸内气体压力随曲轴转角的变化关系如图 5-4 所示。当曲轴转到上止点前 O 点位置时，喷油器开始供油；当曲轴转到 A 点位置时，喷油器开始喷油。O 点到上止点之间所对应的曲轴转角为供油提前角，A 点到上止点之间所对应的曲轴转角为喷油提前角。

一般根据柴油机燃烧过程的特点可将整个过程分为 4 个阶段。

（1）滞燃期。即从喷油始点 A 到燃烧始点 B 之间所对应的曲轴转角。柴油以雾状喷入气缸后，在极短的时间内，进行吸热、蒸发、分解、氧化等一系列物理化学准备过程，形成大量的活化中心。当温度达到自燃温度时，即产生多个发火中心，随之产生热焰，使气缸内压力和温度明显上升，这就是柴油机靠压缩自燃的机理。

滞燃期通常为 0.001～0.003s。滞燃期越长，气缸内积累的燃油越多，易造成燃油机工作粗暴，缩短使用寿命。滞燃期长短是影响燃油机粗暴程度的重要因素。

（2）速燃期。从燃烧始点 B 到气缸内产生最大压力迅速上升至 C 点时压力达到最高值，即 B、C 两点间的曲轴转角。现代高速燃油机的压力增长率甚至可达到 0.8～1.0MPa/1°的曲轴转角，这是柴油机工作粗暴、噪声大的主要原因。

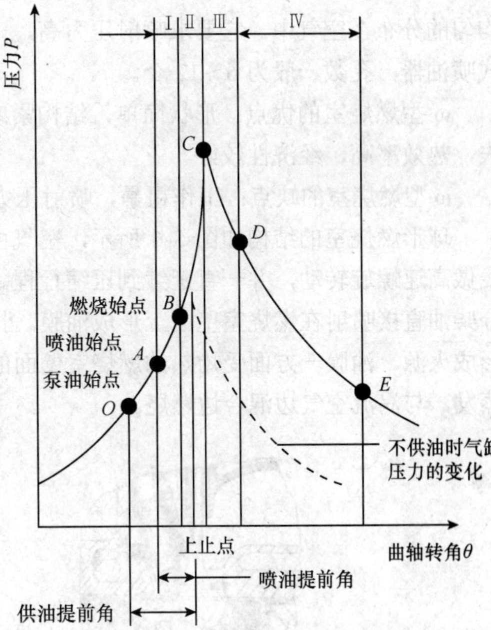

图 5-4　气缸压力与曲轴转角的关系

I—备燃期；II—速燃期；III—缓燃期；IV—后燃期

（3）缓燃期。即从最高压力点 C 到最高温度点 D 为止所对应的曲轴转角。这一阶段的燃烧是在气缸容积不断增加和高温缺氧的条件下进行的，所以燃烧不完全，易生成碳烟。缓燃期结束时燃气温度可达到 1800℃～2000℃。通常在缓燃期内喷油结束。

（4）后燃期。即从最高温度点 D 到燃烧终点 E 为止所对应的曲轴转角。在后燃期内随着气缸容积的增大，气缸内压力迅速下降，后燃期所释放出来的热量不能有效地转化为有用功，柴油经济性下降；同时由于排气温度增高，活塞组的热负荷增大，因此应尽量缩短后燃期。

二、燃烧室

燃烧室的优劣对柴油机的功能有决定性作用，因此是柴油机设计的关键。

1．燃烧室的定义

当活塞到达上止点时，气缸盖和活塞组组成的密闭空间称为燃烧室。

2．燃烧室的分类

燃烧室按组织燃烧过程的特点和结构不同分为开式、半开式、预燃室式和涡流室式四类。前两类属于统一式燃烧室；后两类属于分隔式燃烧室。

低速柴油机和部分中、高速柴油机主要用无涡流的开式燃烧室。燃烧室内由气缸盖底面和活塞顶面形成，具有一定形状的整体空间。多孔喷油器（6～10 孔）能使燃油雾化良好，并均匀分布在燃烧室空间。因此，开式燃烧室中的燃烧属于经典的空间式燃烧过程，要求燃烧与油束形状和分布相配合。它的优点是燃料消耗率低，起动容易；缺点是燃料雾化要求高，难以适应变转速工作。

小型高速柴油机大多采用有涡流的半开式燃烧室。

统一式燃烧室有凹顶活塞顶部与气缸盖底部所包围的单一内腔，几乎全部容易都在活塞顶面上。燃油自喷油器直接喷射到燃烧室中，借喷出油束的形状和燃烧室形状的匹配，以及燃烧室空气涡流运动，迅速形成混合气，所以又叫做直接喷射式燃烧室。燃烧室缸盖底面是平的，活塞顶部下凹，分为ω型、浅盆型、球型、U型等。

ω型燃烧室的结构如图5-5所示，柴油直接喷射在燃烧室内，喷射的柴油雾化要好，而且要均匀的分布在空气中。它要求喷射压力高，一般为17～22MPa，要求雾化质量高，因此多采用孔式喷油器，孔数一般为6～12个。

ω型燃烧室的优点：形状简单，结构紧凑，燃烧室与水套接触面积小，散热少，可减少热损失，热效率高，经济性较好。

ω型燃烧室的缺点：工作粗暴，喷射压力高，制造困难，喷孔易堵塞。

球形燃烧室的结构如图5-6所示，空气由缸盖螺旋形进气道以切线方向进入气缸，绕气缸轴线做高速螺旋转动，并一直延续到压缩行程。喷油器沿气流运动的切线方向喷入柴油，使绝大部分柴油直接喷射在燃烧室壁面上形成油膜。小部分柴油雾珠散布在压缩空气中，并迅速蒸发燃烧，形成火源。油膜一方面受灼热的燃烧室壁面的加温，同时又受已燃柴油的高温辐射，使柴油逐层蒸发，与涡流空气边混合边燃烧。

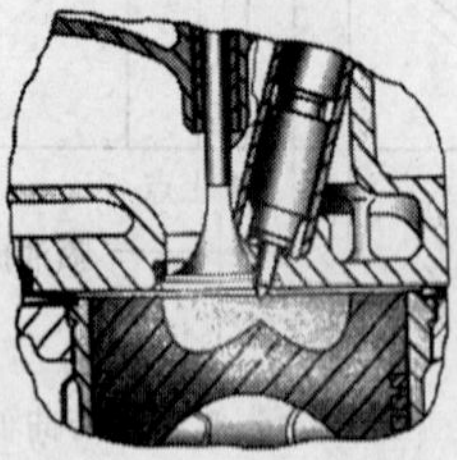

图5-5 ω型燃烧室

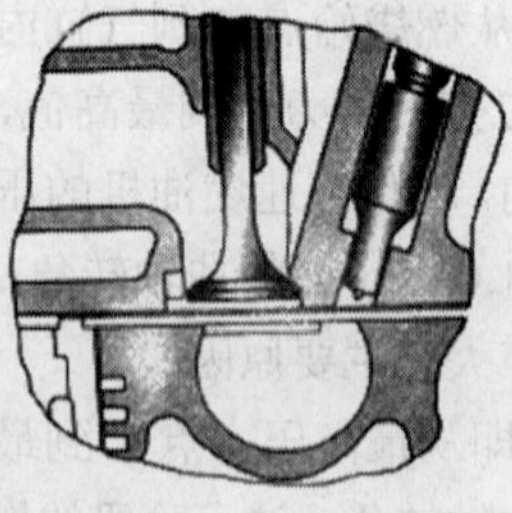

图5-6 球形燃烧室

球形燃烧室的优点：工作柔和，噪声小，又叫轻声发动机。

球形燃烧室的缺点：起动困难，螺旋形进气道结构复杂，制造困难。

分隔式燃烧室由两部分组成，一部分位于活塞顶与气缸底面之间，称为主燃烧室；另一部分在气缸盖中，称为副燃烧室。这两部分由一个或几个孔道相连。分隔室燃烧室的常见形式有涡流室燃烧室和预燃室燃烧室两种。

涡流室燃烧室的副燃烧室是球形或圆柱形的涡流室，其容积约占燃烧室总容积的50%～80%，涡流室有切向通道与主燃烧室相通，结构如图5-7所示。在压缩行程中，气缸内的空气被活塞推挤，经过通道进入涡流室，形成强烈的有组织的高速旋转运动（几百转/分）。柴油喷入涡流室中，在空气涡流的作用下，形成较浓的混合气。部分混合气在涡流室中着火燃烧，已燃与未燃的混合气高速（经通道）喷入主燃烧室，借活塞顶部的双涡流凹坑，产生第二次涡流，促使进一步混合和燃烧。

涡流室式柴油机的转速可达4000r/min以上，工作过程柔和，排气中有害成分较少。但其散热损失和气体流动损失大，而且后燃较严重，故燃烧消耗率较高；冷车起动困难，往往需要加装预热塞。

要求：顺气流方向喷射，由于涡流运动促使了混合气的形成与燃烧，可采用较大孔径的喷油器，喷射压力也较低（12～14MPa）。

优点：工作柔和，空气利用率较高，喷射压力也较低。

缺点：热损失大，经济性差，起动困难。

预燃室燃烧室缸盖上有预燃室，占燃烧室总容积的1/3，预燃室与主燃室有通道，活塞为平顶，结构如图5-8所示。因为通道不是切向的，所以压缩时不产生涡流。连通预燃室与主燃室的孔道直径较小，由于节流作用产生压力差，使预燃室内形成紊流运动。油束大部分设在预燃室的出口处，只有少部分与空气混合（出口处较浓，而上部较稀），上部着火后，产生高压，已燃的和出口处较浓的混合气一同高速喷入主燃烧室，在主燃烧室内产生强烈的燃烧扰流运动，使大部分气体在主燃烧室内混合和燃烧。这种燃烧室适用于中小功率柴油机。

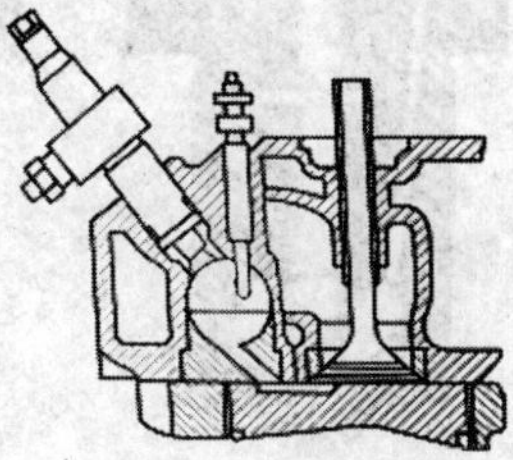

图 5-7　涡流室燃烧室

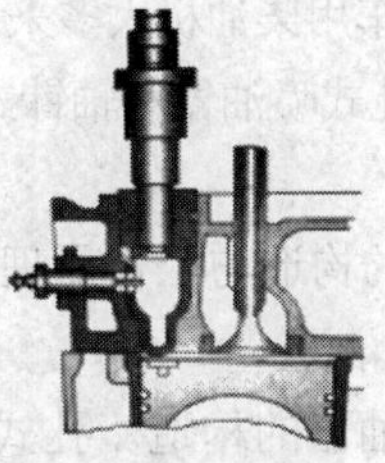

图 5-8　预燃室燃烧室

预燃室燃烧室的优点与涡流室燃烧室基本相同。

涡流室燃烧室和预燃室燃烧室都采用轴针式喷油器，喷油压力较低，工作可靠；由于涡流室内涡流随转速增高而加强，柴油机高速运转时柴油和空气仍能很好的混合。

思考与练习

一、填空题

1．柴油机的燃烧过程可分为________、________、________和________4 个阶段。

2．涡流室式柴油机的转速可达 4000r/min，工作过程柔和，排气中有害成分较少。但散热损失和气体流动损失大，而且后燃较严重，故燃烧消耗率较高；冷车起动困难，往往需要加装________。

二、简答题

1．车用柴油机采取几种措施保证柴油机混合气的形成？

2．一般根据柴油机燃烧过程的特点分为几个阶段？各有什么特点？

3．燃烧室的定义和分类是什么？

4．统一式燃烧室与分隔式燃烧室相比有什么样的优缺点？

任务三　柴油机燃料供给系主要部件的构造与检修

相关知识

一、喷油器

1．喷油器的作用和类型

（1）喷油器的作用。喷油器的作用是将喷油泵供给的高压柴油以一定的压力、速度、方向和形状喷入燃烧室，使柴油雾化并适当分布在燃烧室中，以利于混合气的形成与燃烧。

（2）对喷油器的要求。根据混合气的形成与燃烧的要求，喷油器应具有一定的喷射压力、射程和合理的喷雾锥角并在规定的停止喷油时刻迅速切断柴油的供给，且无滴油现象。

（3）喷油器的类型。喷油器分为开式和闭式两种，开式喷油器的高压油腔通过喷孔直接与燃烧室相通，而闭式喷油器则在其之间加装针阀隔断。除康明斯柴油机 P-T 燃油喷射系统的 P-T 型喷油器采用组合型开式喷油器以外，车用柴油机大多采用闭式喷油器，其常见的形式有两种：孔式喷油器和轴针式喷油器，结构如图 5-9 所示。

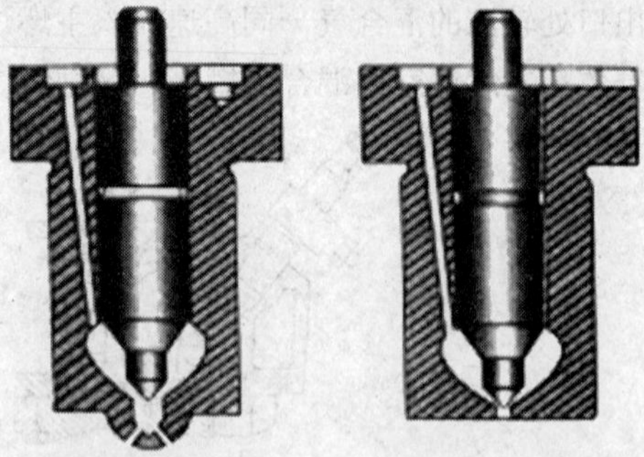

图 5-9 两种闭式喷油器

2．喷油器的构造与工作原理

（1）孔式喷油器。

① 孔式喷油器的构造。孔式喷油器主要用于直喷式燃烧室的柴油机。一般喷油孔的数目为 1～8 个，喷孔直径为 0.2～0.8mm。孔越多、孔径越小，则雾化越好，但小孔径喷孔需要较高的喷油压力且易被积炭堵塞，结构如图 5-10 所示。孔式喷油器又分为短型和长型两种，如图 5-11 所示，长型孔式喷油嘴的针阀导向圆柱面远离燃烧室，以免针阀受热变形卡死在针阀体中，故用于热负荷较高的柴油机中。

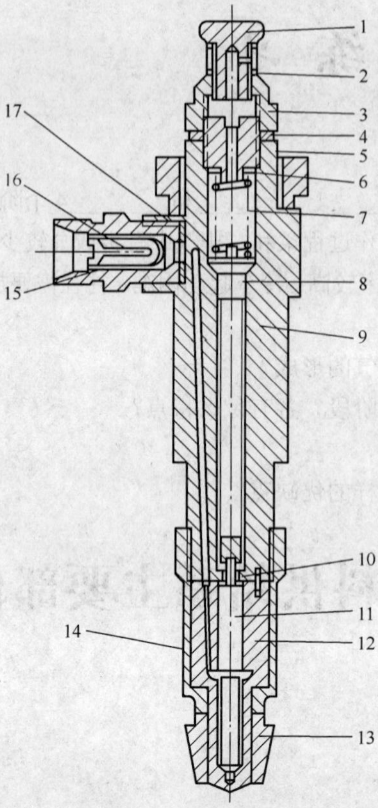

图 5-10 孔式喷油器结构

1—回油管螺栓；2—回油管衬垫；3—调压螺钉护帽；4—调压螺钉垫圈；
5—调压螺钉；6—调压螺钉垫圈；7—调压弹簧；8—顶杆；9—喷油器体；
10—定位销；11—针阀；12—针阀体；13—喷油器锥体；14—紧固螺套；
15—进油管接头；16—滤芯；17—进油管接头衬垫

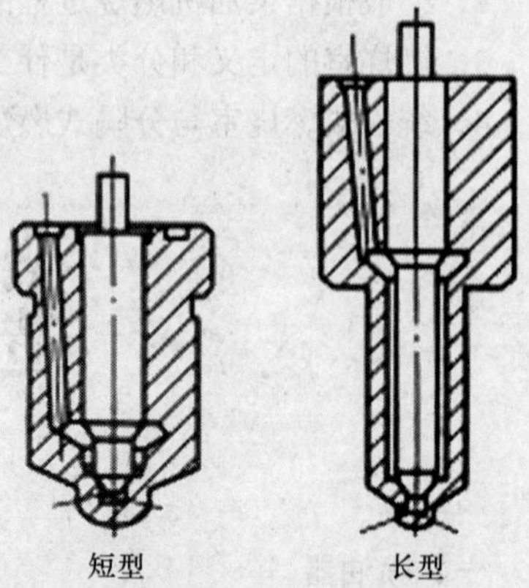

图 5-11 孔式喷油器类型

孔式喷油器由喷油嘴、调压装置和喷油器体 3 部分组成。

a. 喷油嘴。喷油嘴是喷油器的主要部件，其中最主要的是针阀和针阀体这一对精密偶件，即针阀偶件。针阀下端的圆锥面与针阀体下端的环形锥面共同起密封作用，用于打开或切断高压柴油与燃烧室的通路。针阀底部还有一环形锥面位于针阀体的环形油槽中，该锥面承受燃油压力推动针阀向上运动。针阀上部通过顶杆承受调压弹簧的预紧力，使针阀处于关闭状态。该预紧力决定针阀的开启压力，即喷油压力。

【重要提示】

针阀偶件的配合面通常在制造过程中经过精磨后再相互研磨以保证其配合精度，选配和研磨好的一对针阀偶件是不能互换的，修理时必须特别注意。

b. 调压装置。调压装置由调压弹簧、调压螺钉、顶杆及回油管接头螺栓等零件组成。调压弹簧的弹力通过顶杆作用在针阀上，可通过调压螺钉改变调压弹簧的预紧力对喷油压力进行调整（有的采用调整垫片），拧入时压力增大，拧出时压力减小，最后用调压螺钉锁紧帽将其锁紧固定。

c. 喷油器体。喷油器体用于安装调压装置和进油管路。为防止细小杂质堵塞喷孔，在进油管接头中装有缝隙式滤芯。高压柴油从滤芯的两个油道进入，必须通过棱边才能通向两个出油道进入喷油器。在通过棱边时，杂质颗粒便留在缝隙中，而且滤芯具有磁性，可以吸附金属磨屑。

② 孔式喷油器的工作原理。喷油泵输出的高压柴油从进油管接头经过缝隙式滤芯、喷油器体与针阀体中钻出的油道，进入针阀中部的环状高压油腔。油压作用在针阀的承压锥面上，产生一向上的轴向推力，当此推力克服调压弹簧的预紧力和针阀体间的摩擦力后，针阀上移打开喷孔，高压柴油便从针阀体下端的喷孔喷出。当喷油泵停止供油时，由于油压迅速下降，针阀在调压弹簧的作用下迅速下降回位，关闭喷油孔，喷油器停止喷油。在喷油器工作期间，会有少量柴油从针阀体配合面之间的间隙漏出，这部分柴油对针阀起润滑作用。漏出的柴油沿顶杆的空隙上升，通过回油管螺栓上的孔进入回油管，流回到喷油泵或柴油滤清器。

（2）轴针式喷油器。轴针式喷油器的基本结构和工作原理与孔式喷油器相同，主要差别是喷油嘴部分，如图 5-12 所示，轴针式喷油器针阀下端的密封锥面以下还延伸一个轴针，形状有圆柱形或倒锥型，轴针伸出孔外，使喷孔成为圆环的狭缝，喷油时喷雾分别为空心的柱形或锥形。

【拓展知识】

为了使柴油机工作柔和，改善后期燃烧条件，喷油器最好在每一循环的供油量中，开始喷油少，中间喷油多，后期喷油少。轴针式喷油器有两个可变的节流断面通过密封锥面及轴针处的节流断面作用，可较好地满足这种喷油特性要求，如图 5-13 所示的倒锥形轴针。随着针阀的升程增大，其通过断面是先小后大又变小，因而喷油量前、后期少，而中期多，喷油特性较为理想。

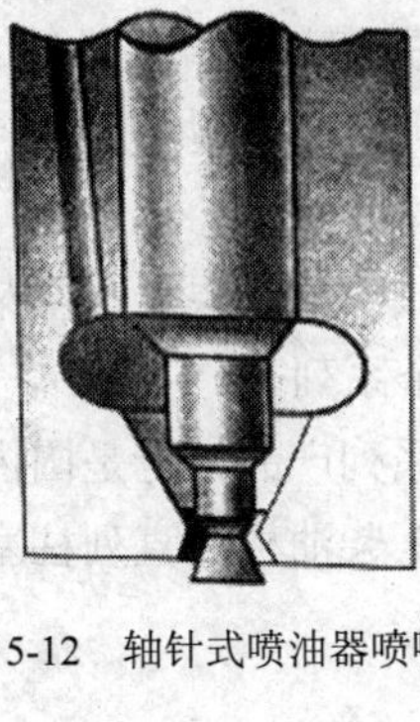

图 5-12 轴针式喷油器喷嘴

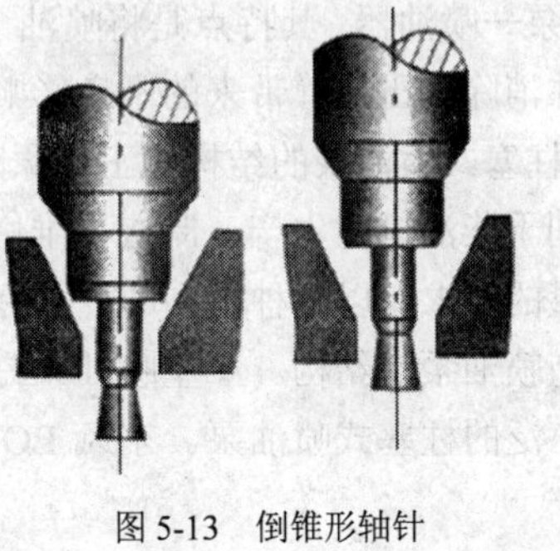

图 5-13 倒锥形轴针

轴针式喷油器的喷孔直径为 1～3mm，油束的贯穿能力较强；喷孔内有轴针上下运动，不易被积炭堵塞，工作可靠性高。此外由于喷孔直径较大，喷油压力较低，一般为 10～14MPa，适用于喷雾要求不高的分隔式燃烧室。

工作时轴针在喷孔内上下往复运动，喷孔不易积炭，而且还能自行清除积炭，有自洁作用。

二、喷油泵

1．喷油泵的作用和类型

（1）喷油泵的作用。喷油泵又称高压油泵，一般和调速器连成一体。其作用是：接收输油泵送来的柴油，提高压力并根据柴油机不同的工况要求，定时、定量的将高压柴油送至喷油器，通过喷油器将柴油以雾状喷入燃烧室中。对多缸柴油机喷油泵有以下几点要求。

① 保证各缸的供油顺序符合发动机的工作顺序。

② 保证定时，严格按照规定的供油时刻开始供油，并保证一定的供油持续时间。

③ 保证定量，根据柴油机负荷的大小供给相应的柴油。

④ 保证压力，供给喷油器的柴油应达到规定的压力，以获得良好的喷雾质量。

⑤ 各缸的相对供油时刻、供油量和供油压力应均匀，保证发动机运转平稳。

⑥ 供油开始和结束应迅速干脆，喷油器不得存在滴漏或不正常喷射现象。

（2）喷油泵的类型。喷油泵的结构形式比较多，车用柴油机喷油泵按工作原理的不同可分为 3 种。

① 柱塞式喷油泵。它的发展和应用历史比较长，因其性能良好、使用可靠，故为多数柴油机所采用，如图 5-14 所示。

② 转子分配式喷油泵。这是 20 世纪 50 年代后期出现的一种新型的喷油泵，它只用一对柱塞偶件产生高压，依靠转子或柱塞的旋转实现燃油的分配，如图 5-15 所示。美国康明斯公司生产的 6BT 柴油机上的 VE 泵即属于该种类型。

图 5-14 柱塞式喷油泵

图 5-15 转子分配式喷油泵

③ 喷油泵—喷油器。其特点是将喷油泵和喷油器合为一体并取消了高压油管。它直接安装在气缸盖上，并消除高压油管带来的不良影响。工程机械用柴油机常用该型喷油泵。

2．典型柱塞式喷油泵的结构和工作原理

为了有利于柴油机的生产、制造、维修和实际应用，柱塞式喷油泵根据不同柴油机单缸功率对循环供油量的要求，以几种不同的柱塞行程为基础，分成几个系列。

（1）A 型喷油泵的结构。A 型喷油泵是国际上通用的一种系列产品，也是国内中、小型柴油机应用最为广泛的柱塞式喷油泵。东风 EQ1140G 汽车 6BTA5.9 柴油机上直列柱塞式喷油泵即为 A 型喷油泵。

A 型喷油泵和其他柱塞式喷油泵一样，由分泵、油量调节机构、传动机构和泵体组成，如图 5-16 所示，整体式泵体由铝合金铸成，侧面开有供调节检视的窗口。各分泵及齿圈杆式油量调节机构均以泵体为基体，分别装配在泵体上。它具有调节方便、工作可靠、传动平稳、整体刚度好等优点。

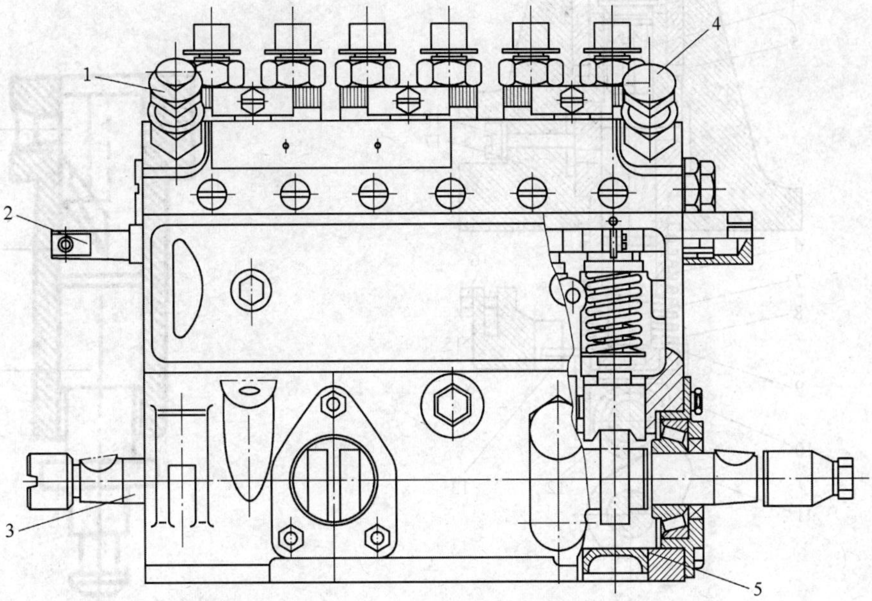

图 5-16 A 型喷油泵结构

1—限压阀；2—齿圈；3—滚轮架；4—进油空心螺栓；5—堵塞

① 分泵。分泵是带有一对柱塞偶件的泵油机构，如图 5-17 所示，每一对柱塞和柱塞套只向一个气缸供油。单缸柴油机，有一套柱塞偶件组成单体泵，多缸柴油机由多套泵油机构组装成多缸泵分别向各缸供油。多缸泵中具有数目与发动机缸数相等、结构和尺寸完全相同的若干各分泵。

分泵的主要零件有柱塞偶件（柱塞和柱塞套），柱塞弹簧，弹簧上、下座，出油阀偶件（出油阀和出油阀座），出油阀弹簧，减容器，出油阀压紧帽等。

柱塞偶件是喷油泵中的精密偶件，如图 5-18 所示，采用优质合金钢精密加工制造和选配，严格控制其配合间隙（为 0.001～0.003mm），以保证燃油的增压和柱塞偶件的润滑。间隙过大易漏油，导致油压下降；间隙过小则柱塞偶件的润滑困难。为保证油压力不低于规定值，出油阀弹簧在装合后应有一定的预紧力。

柱塞套被紧压在泵体上，在其上部开有进回油孔，有的柱塞套进回油管是分开的，柱塞套装入喷油泵体后，定位螺钉即插入此槽内，以保证正确的安装位置，并防止工作中柱塞套发生转动。

柱塞在柱塞套中作往复运动。其上部圆柱面开有斜切槽，并通过柱塞中心油道与柱塞顶相通。柱塞切槽有直切槽和螺旋槽两种，如图 5-19 所示。其旋向又有多种，向左上升的称左旋，向右上升的称右旋；切槽直接与柱塞顶相连的称为上置，切槽通过直槽与柱塞顶相连的称为下置，两者兼有的称双置。不同切槽，其供油开始与结束时间、供油速率都不同，如图 5-19 中的下置右旋直切槽，供油开始时刻不变，用改变供油终了时刻来改变供油量。由于其加工工艺较简单，大部分柱塞式喷油泵都采用这种形式。

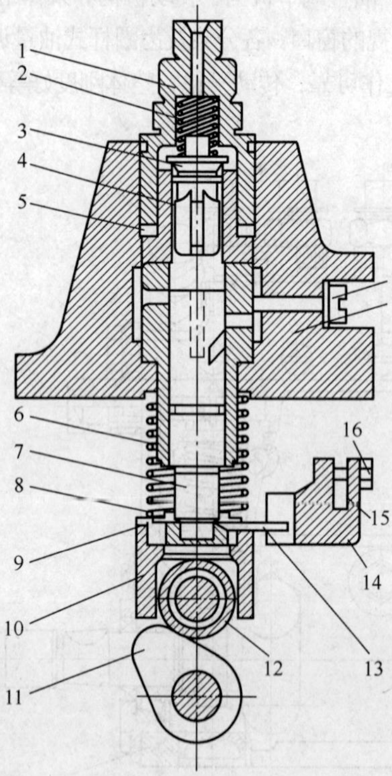

图 5-17 柴塞分泵

1—出油阀压紧座；2—出油阀弹簧；3—出油阀；4—出油阀座； 5—压紧垫片；
6—柱塞套筒；7—柱塞；8—柱塞弹簧；9—弹簧座；10—滚轮体；11—凸轮；
12—滚轮；13—调节臂；14—供油拉杆；15—调节叉；16—夹紧螺钉；
17—垫片；18—定位螺钉

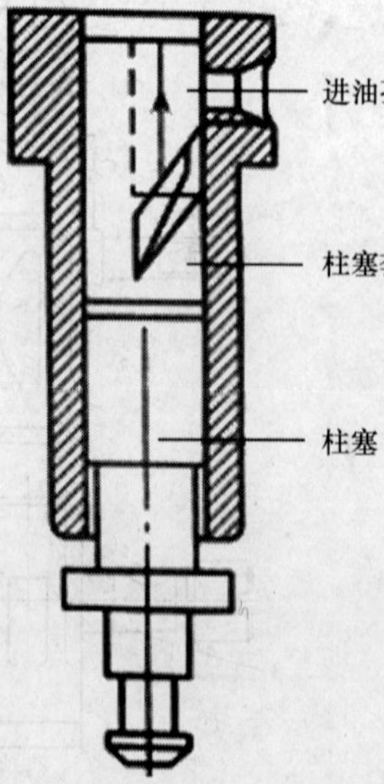

图 5-18 柱塞偶件

有的切槽采用两段式，如图 5-19 所示的二级直切槽，1 号切槽斜率比常规的 2 号切槽斜率大，可以改善柴油机低速时的喷油性能。

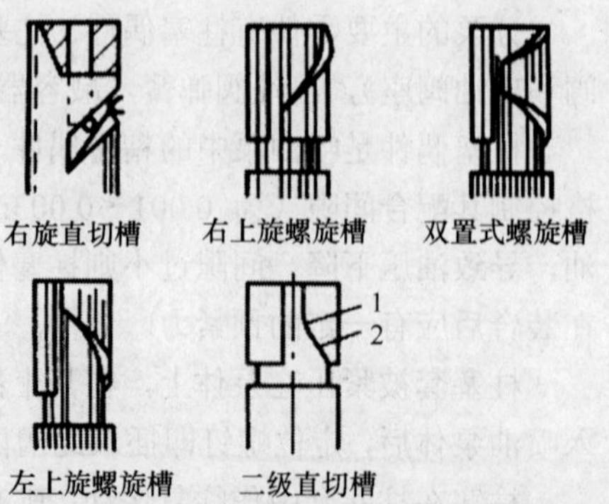

图 5-19 出油阀偶件

柱塞弹簧上端通过弹簧上座支撑于泵体上，其下端通过弹簧下座支撑在柱塞上。柱塞弹簧装配时有一定的预紧力，依靠其弹力使柱塞压紧在滚轮传动部件的上端面上。出油阀偶件位于柱塞套的上面，二者接触平面要求密封。拧入压紧帽，通过高压密封垫圈将出油阀座与柱塞压紧，同时使出油阀弹簧将出油阀压紧在阀座上。

出油阀的圆锥面是密封面，阀的尾部在阀座孔内滑动，起导向作用，如图 5-20 所示，为了流出通路，阀尾具有切槽而形成十字形断面。出油阀中部的圆柱面为了减压环带用于在喷油泵供油停止后迅速降低高压油管中的燃油压力，使喷油器立即停止喷油。

出油阀的作用原理：当柱塞上升到密封进油孔时泵腔油压升高，压力油克服出油阀弹簧的预紧力后推动出油阀上升，使阀的密封面离开阀座。待减压环带完全离开阀座的导向孔时，即出油阀要上升一段距离后，燃油进入导向孔，泵腔出油口便被切断，燃油停止进入高压油管；出油阀继续下降至密封锥面贴合时，由于出油阀本身所让出的容积，使高压管路的压力迅速降低，喷油器立即停止喷油。如果没有减压环带，测在出油阀与阀座的锥面贴合后，高压油管中瞬时内仍存在着很高的残余压力，使喷油器发生滴漏。

出油阀压紧座中设置一个减容器以减少高压油腔的容积，有利于改善喷油过程，同时限制了出油阀最大升程。出油阀压紧座与泵体之间装有密封圈防止低压腔漏油。

② 油量调节机构。油量调节机构的功用是根据发动机不同工况的要求，执行驾驶员或调速器的指令，控制柱塞与柱塞套筒的相对位置，以改变柱塞的有效行程，从而调节喷油泵的供油量。其主要形式有齿杆式和拨叉式两种，如图 5-21 所示。

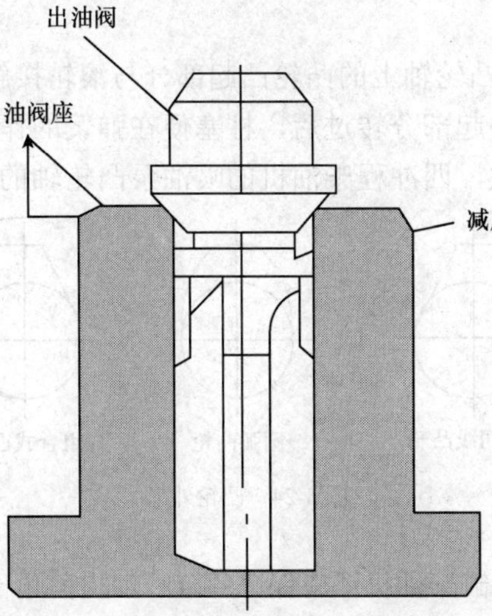

图 5-20　出油阀

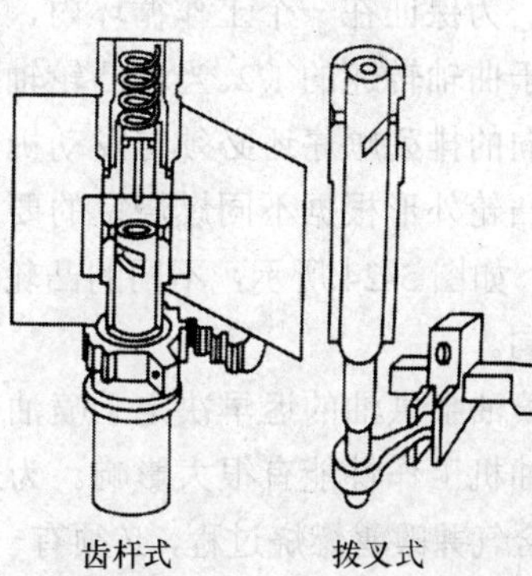

图 5-21　油量调节机构的两种形式

A 型喷油泵采用齿杆式油量调节机构。柱塞下端的条状凸块伸入油量控制套筒的缺口内，油量控制套筒侧松套在柱塞套的外面。油量控制套筒的上部用紧一个与齿杆相啮合的可调齿圈，即油量调节齿圈，移动齿杆通过油量控制套筒使柱塞旋转而改变供油量；当需要个别调整某个缸的供油量时，先松开油量调节齿圈的紧固螺钉，然后转动油量控制套筒并带动柱塞相对齿圈转动一个角度，再将齿圈固定。齿杆式油量调节装置的特点是传动平稳，但制造成本较高。

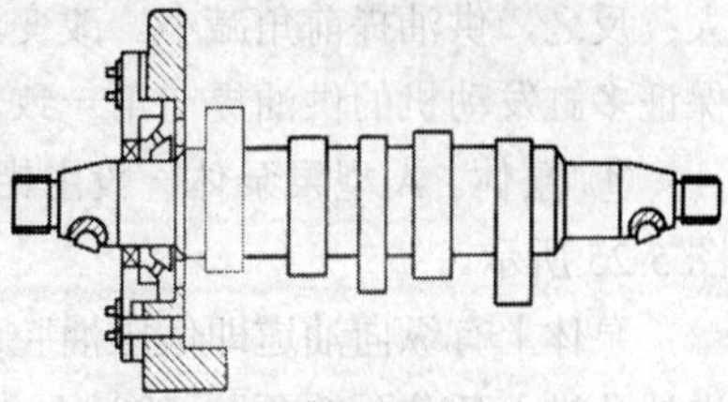
图 5-22　凸轮轴

③ 传动机构。传动机构的功用是驱动柱塞在柱塞套内往复运动，使喷油泵完成供油过程。它由凸轮轴和滚轮传动部件组成，结构分别如图 5-22 和图 5-23 所示。滚轮传动部件：带有衬套的滚轮松套在滚轮轴上，轴支撑在滚轮体的座孔中，滚轮左侧圆柱面上镶有导向块，泵体上开有轴向长槽，导向块插入该槽中，使滚轮架只能上下移动而不能转动。调整垫片安装在滚轮架的座孔中，用耐磨材料制成，磨损后可更换。只有不同厚度的垫片，厚度差为 0.1mm，相应凸轮轴转角 0.5°，反映到曲轴上为 1°。

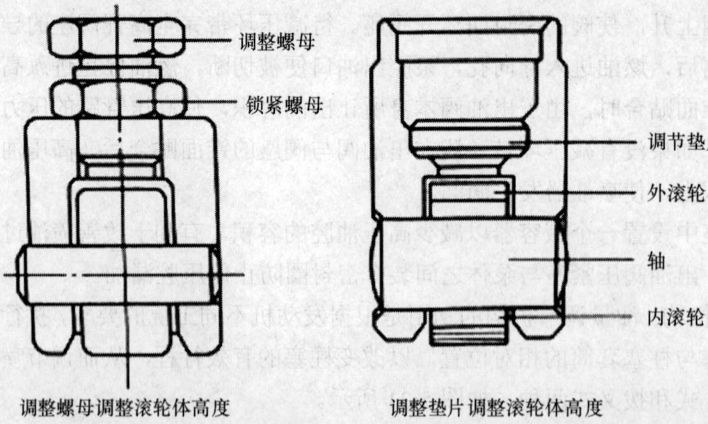

图 5-23 滚轮传动部分

喷油泵的凸轮轴由柴油机的曲轴通过齿轮驱动，当凸轮轴上的凸轮凸起部分与滚轮接触时，便克服柱塞弹簧的弹力推动柱塞向上运动；当凸轮的凸起部分转过后，柱塞便在弹簧的作用下回位。为保证在一个工作循环内，各缸都只能喷油一次，四冲程柴油机的喷油泵凸轮轴的转速应等于曲轴转速的 1/2。当然凸轮轴上的凸轮沿圆周方向的排列顺序还必须与发动机工作顺序相一致。凸轮外形根据不同燃烧室的要求而有不同的型线，如图 5-24 所示，不同的凸轮型线，供油规律不同。

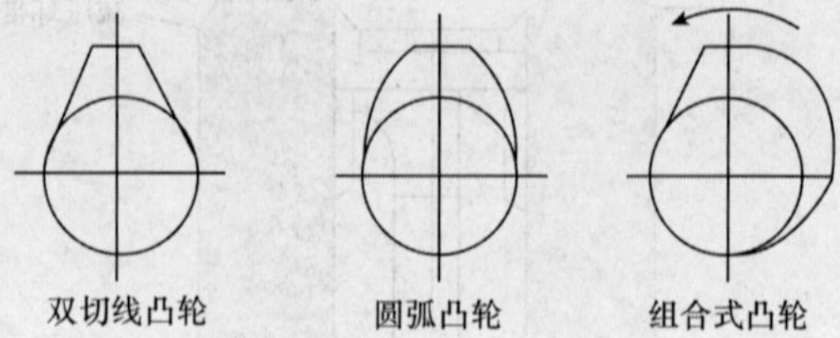

图 5-24 凸轮外形

喷油泵供油的迟早决定了喷油器的迟早，它对柴油机工作性能有很大影响。为保证形成良好的混合气并改善燃烧过程，必须有一定的喷油提前角，多缸柴油机还应保证各缸喷油提前角一致。最佳喷油提前角是由实验确定的，其数值因柴油性质和发动机工况而异。在实际工作中，由于凸轮及滚轮等传动部件的磨损，喷油提前角也有所改变。为此，喷油提前角必须是可以调整的，喷油提前角的调整是通过对喷油泵的供油提前角的调整而实现的。

喷油泵供油提前角的调整方法有两种：一是改变喷油器泵凸轮与柴油机曲轴的相对位置，通过调整在联轴节或调整供油提前角自动调节器来实现；二是改变轮向、传动部件的高度，通过转动调整螺钉来实现。当松开锁紧螺母拧开调整螺钉时，滚轮传动部件高度 h 增大，供油提前角增大；反之，供油提前角减小。改变滚轮传动部件的高度可逐个调整单个分泵的供油提前角，从而保证多缸发动机的供油提前角一致。

④ 泵体。A 型泵泵体一般由铝合金铸成。分泵、油量调节机构及传动机构都装在泵体上，如图 5-25 所示。

泵体上有纵向油道即低压油腔。输油泵输出的燃油经滤清后进入低压油道，在从柱塞套上的进油孔进入各分泵的泵腔。输油泵供油量通常远大于喷油泵的喷油量，当低压腔油压大于 0.05MPa 时，油道另一端的限压阀开启，多余的燃油经回油管流回进油口。

限压阀还兼有放气作用，为保证柴油机的正常工作，当低压油路中渗入空气时则需要放气（喷油泵拆装后或发动机长期停放后也应该放气）。放气时，在发动机起动前可将限压阀上端的螺钉旋出少许，再反复按动手动输油泵，通过泵入喷油泵的燃油排出渗入喷油泵内的空气。

在泵体下部的内腔加润滑油，依靠飞溅的润滑油润滑传动机构，泵体下腔内的润滑油与调速器壳体内的润滑油是相通的，喷油泵凸轮轴的前端轴承外面装有油封。

⑤ 喷油提前器。其作用是随柴油机转速的变化，自动调节喷油器的供油起始角。喷油泵的供油起始角是指喷油泵开始向高压油管供油时所对应的喷油泵凸轮轴转角，它直接影响柴油机的喷油提前角。

柴油机的喷油提前角是指喷油器开始喷油到活塞运行至上止点时所转过的曲轴转角，它是影响柴油机工作性能的重要而敏感的因素。过早喷油，导致过早着火燃烧，气缸压力过早提高，造成了压缩负荷增加，功率下降，油耗上升，起动困难，产生敲缸声音；过晚喷油，导致过晚着火燃烧，此时活塞已下行，空间容积增大，燃烧条件变差，导致排气冒黑烟，油耗上升，功率下降，排气温度升高，发动机过热。

在发动机一定工况下，能使发动机获得最大功率和最低燃油消耗的喷油提前角称之为最佳喷油提前角。不同型号的发动机有不同个最佳提前角。同型号的发动机，在发动机不同的转速和负荷下，其最佳喷油提前角也不同。转速升高，喷油提前，这是因为转速升高，单位时间内所转过的曲轴转角增大，导致喷油的延续角度增大，冒黑烟。汽车柴油机装有喷射提前器。

A 型喷油泵大多采用机械离心式喷油器提前器，常见的有 SA、SP 和双芯型。以 SA 型为例，其基本结构如图 5-26 所示。整个装置防护罩密封，其内部有主动盘和从动盘。主动盘的凸缘上有传动爪，接受发动机传来的驱动力；主动盘内侧固定有两个传动销，其上面的平凹坑作为提前器弹簧的支座。

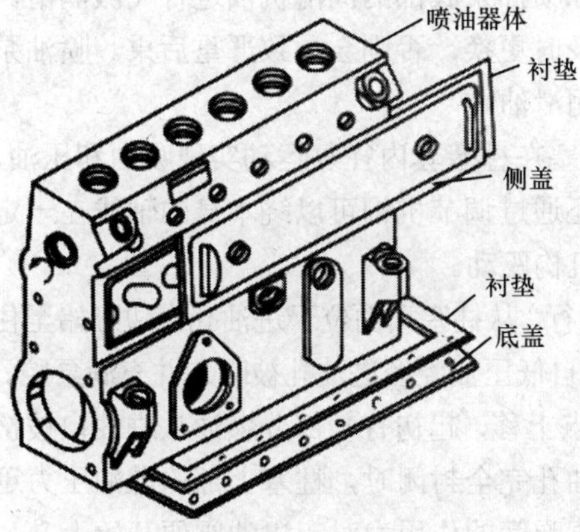

图 5-25　泵体

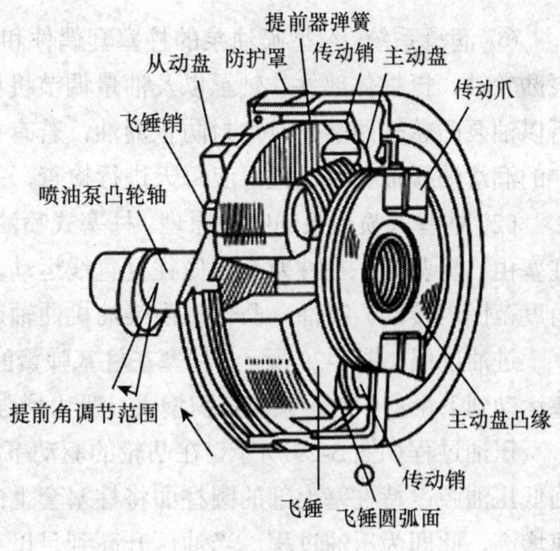

图 5-26　SA 型机械离心式喷油提前器

从动盘与喷油泵凸轮轴刚性连接，其上固定有两个飞锤销，飞锤销上的平凹坑作为提前器弹簧的另一支座。两块飞锤通过其上的轴孔套在飞锤销上。

提前器弹簧支撑在传动销和飞锤销之间，使飞锤的圆弧面压紧在传动销上，使主动盘与从动盘形成弹性连接，能相互转动一定角度。

发动机工作时，动力经传动爪、传动销、飞锤圆弧面、飞锤销和从动盘，驱动喷油泵凸轮轴旋转。

当发动机起动或低速运转时，飞锤的离心力很小，未能向外张开，提前器弹簧处于完全伸张状态，传动销紧靠飞锤圆弧面的外侧，如图 5-27 所示。

当发动机的转速升高到一定值时，飞锤克服了提前器弹簧的压力，以飞锤销为支点向外张开，迫使飞锤销圆弧面沿传动销向外滑动，压缩弹簧，从而带动飞锤销、从动盘和喷油泵凸轮轴沿喷油泵旋转方向转过一定角度，使供油提前。转速越高，提前器弹簧被压缩得越厉害，提前角度越大，直到飞锤行程走完为止，如图 5-28 所示。SA 型提前器最大供油提前角调节范围在 10° 以内。

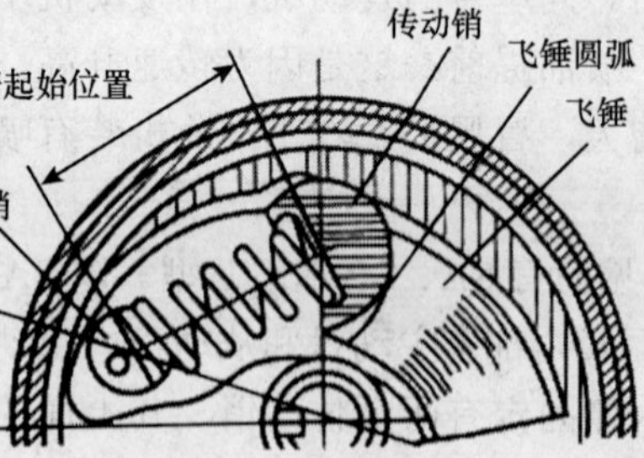

图 5-27 起始位置

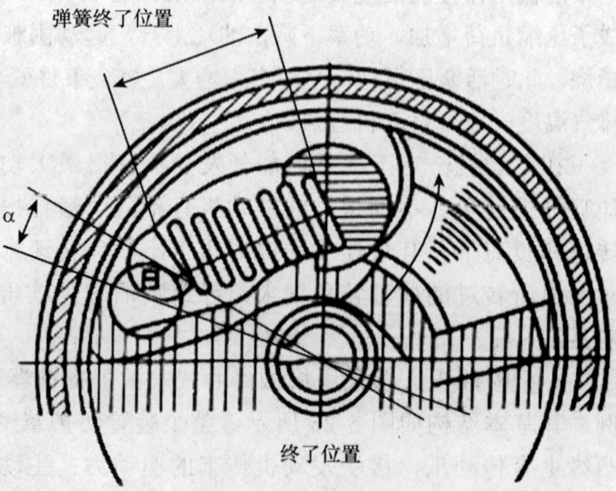

图 5-28 终了位置

⑥ 润滑系统。A 型喷油泵的柱塞套偶件和出油阀偶件靠流过的柴油润滑。而驱动机构中的油泵凸轮轴、挺柱体部件、轴承以及油量调节机构，都是靠喷油泵底部的润滑机油进行飞溅润滑。所以油泵凸轮轴两端加有油封防止漏油，若有损坏，应及时更换，否则会导致严重后果。喷油泵中的润滑油靠油标尺检查，应每天进行检查，及时添加润滑油。

（2）柱塞式喷油泵的喷油原理。柱塞式喷油泵利用柱塞在柱塞套内往复运动实现吸油和压油，柱塞由凸轮驱动，在柱塞套内做往复直线运动，此外它还通过调节机构可以绕本身的轴线在一定角度范围内转动。喷油泵凸轮轴由柴油机曲轴通过传动机构驱动。

进油过程如图 5-29 所示，柱塞在柱塞弹簧的作用下下行，从柱塞顶面位于进油孔上边缘始至住塞运动到下止点，由于泵腔容积增大，吸力增强，燃油则自低压油腔经进油孔被吸入并充满泵腔。

压油过程如图 5-29 所示。在凸轮的驱动下柱自下止点上移，起初有一部分燃油从进油口被挤回低压油腔；待柱塞上部的圆柱面将柱塞套上的两个进油孔完全封闭时，柱塞上部的燃油压力迅速增高，此即为压油过程。当油压升高到足以克服出油阀弹簧的作用力时，出油阀便开始上升，出油阀圆柱环形带离开出油阀座时高压燃油便从泵腔通过高压油管流向喷油器，当燃油压力高出喷油器调定的喷油压力时，喷油器则开始喷油。

回油过程如图 5-29 所示。柱塞继续上升至柱塞上的斜槽与柱塞上的进油孔开始相通时，由于泵腔通过柱塞中心孔与斜槽和进油孔相通，泵腔内高压油随即自进油孔进入低压油腔，泵腔内油压迅速降低，出油阀则在弹簧的作用下立即回位，喷油泵停止供油。此后柱塞继续上升，但不能建立足够的油压，直到凸轮达到最高位置为止，此过程不再泵油。

停止供油状态：随着凸轮轴的转动，凸轮升程逐渐降低，柱塞在柱塞弹簧的作用下向上移动，此过程延续到柱塞顶面到达进油孔边缘为止。喷油泵始终处于不泵油状态。随着柱塞下行，喷油泵又重复上述4个过程，周而复始。

如图5-29所示，在柱塞整个行程中，只有在柱塞完全封闭塞套上的两个进油孔，到柱塞斜槽尚未接通的这一段柱塞行程 h 内，喷油泵才对外泵油。行程 h 称为柱塞有效行程。显然，喷油泵每次的泵油量取决于柱塞有效行程的长短，因此只需改变柱塞的有效行程，即可使喷油泵随着柴油机工况不同而改变供油量。一般通过油量调节机构改变柱塞斜槽与柱塞套油孔的相对位置来实现供油量的调节，转动柱塞，则有效行程和供油量增加，反之减少。

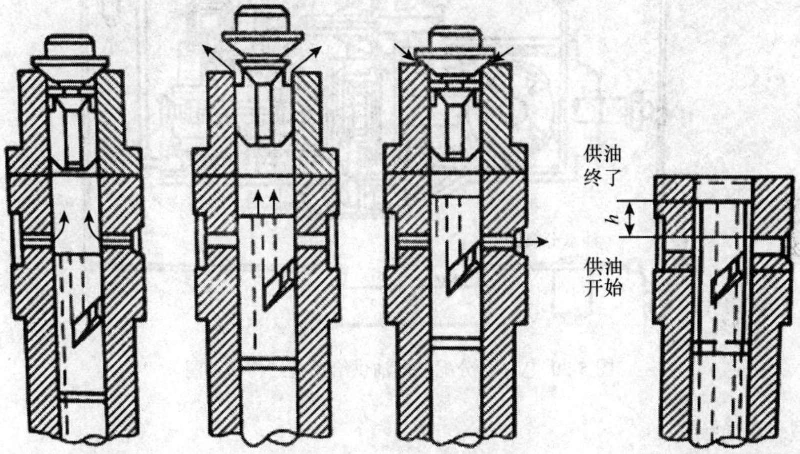

图5-29　柱塞式喷油泵的工作原理

（3）柱塞式A型喷油泵分解顺序。单独更换柱塞偶件是喷油泵维修中常见的情况，为简化操作过程，避免拆卸调速器、凸轮轴，可按下面的方法和步骤分解。

① 转动凸轮轴使某缸的滚轮挺柱到下止点，然后用起子撬起柱塞弹簧，使之与弹簧座脱离，用尖嘴钳从侧面取下弹簧座。

② 拆下高压油管接头，依次取出减容器、出油阀弹簧、出油阀偶件，然后用铁丝做成的钩子将柱塞和柱塞套一起从泵体上方的座孔内取出。

③ 根据需要，可从检视窗处取出柱塞弹簧、油压控制套筒、滚轮挺柱等零件。

三、VE型分配式油泵

柱塞式喷油泵具有与柴油机缸数相同的柱塞偶件和出油口。而分配式喷油泵是具有分配转子（或分配柱塞）和多个出油口的喷油泵。它具有结构简单、零件少、体积小、重量轻、高速性能好、故障少和容易维修等优点，其主要问题是每循环供油量不大，精密偶件加工精度要求高。分配式喷油泵被广泛应用于轻型柴油汽车上。

VE型分配式喷油泵是由德国博世公司生产的一种高压油泵，也称轴向压缩式分配泵，广泛应用于康明斯B系列柴油机上。VE型分配泵燃油供给系统的结构如图5-30所示。

1. VE型分配泵特点

（1）分配泵结构简单，零件少，体积小，重量轻，使用中故障少，容易维修。

（2）分配泵精密偶件加工精度高，供油均匀性好，因此不需要进行各缸供油量和供油定时的调节。

（3）分配泵的运动件靠喷油泵体内的柴油进行润滑和冷却，因此，对柴油的清洁度要求很高。

（4）分配泵凸轮的升程小，有利于提高柴油机转速。

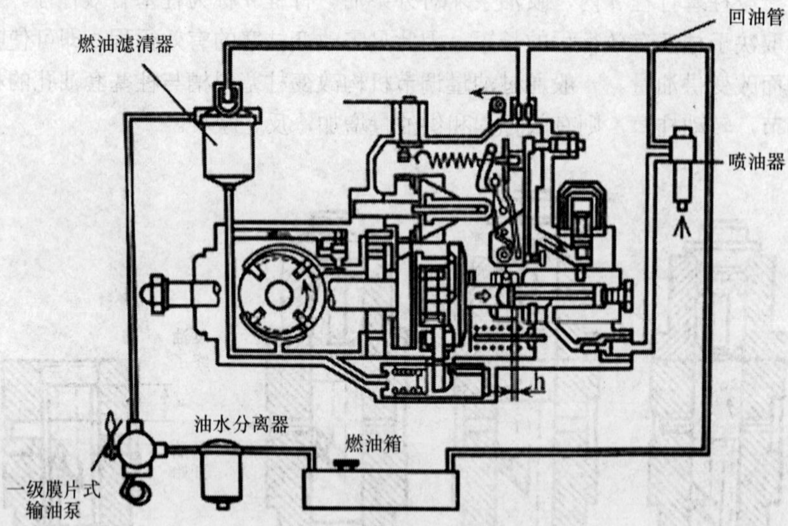

图 5-30　VE 型分配泵燃油供给系统结构示意图

2．VE 型分配泵结构

VE 型分配泵由壳体、驱动机构、二级滑片式输油泵、高压分配泵头和电磁式断油阀等部分组成，如图 5-31 所示。此外，机械式调速器和液压式喷油提前器也安装在分配泵体内。

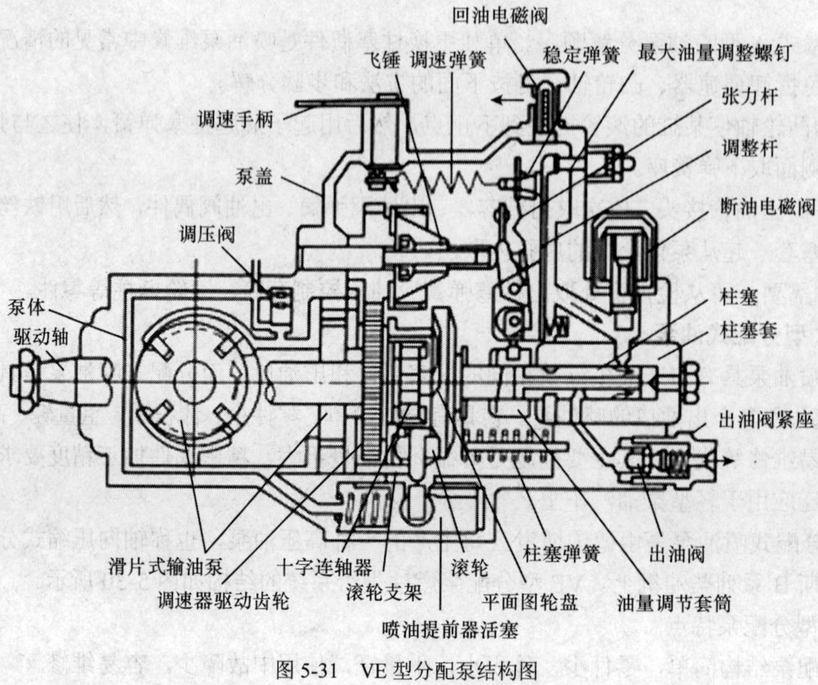

图 5-31　VE 型分配泵结构图

（1）壳体和壳体盖。壳体和壳体盖是分配泵的基础零件，如图 5-32 所示。

壳体左端的圆形台肩与柴油机接头的圆孔相配合，加工得比较精确。法兰盘上的长圆形孔是安装紧固螺栓用的，拧松紧固螺栓可以使壳体相对于柴油机机体略有转动，以便调整分配泵的供油提前角。在壳体的传动轴孔内安装有铜衬套和径向自紧油封，以支撑传动轴转动，并防止分配泵漏油。

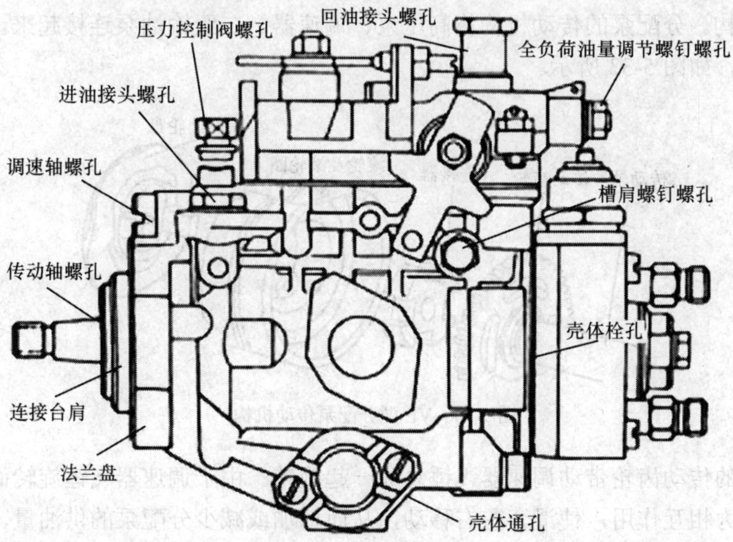

图 5-32　VE 型分配泵壳体

壳体上部制有进油接头螺孔，用来安装进油接头和进油管，并与二级输油泵的进油区相通，以便使从柴油滤清器来的清洁柴油进入二级输油泵。此螺孔的下端通过壳体通路与供油角自动调节机构的正时活塞一侧的油室相通。壳体上部还制有调速轴螺孔和压力控制阀螺孔，调速轴螺孔用来安装调速器的调速轴和 O 形密封圈，调速轴上套装调速器飞锤总成和滑套。压力控制阀螺孔用来安装压力控制阀和 O 形密封圈，并与二级输油泵的压油区相通，以控制二级油泵的最大输油压力。

壳体上有两个槽肩螺钉螺孔，通过槽肩螺钉来支撑调速器杠杆机构的导杆。壳体下部制有的一个垂直通孔，用来安装供油角自动调节机构的正时活塞和压缩弹簧等零件，以便随着柴油机转速的变化自动改变供油提前角。

壳体内部是一个精加工的镗缸，内装二级输油泵、传动齿轮、联轴器、滚轮及滚轮圈、端面凸轮盘、高压泵头、分配套筒、柱塞、控制套筒、调速器杠杆机构等零件。镗孔的最底部有一个与垂直通孔相通的长圆形孔，用来安装供油角自动调节机构的调整销，调整销和滑轮将滚轮圈与正时活塞连接起来。当柴油机转速发生变化时，分配泵油腔内的柴油压力便相应地发生变化，通过供油角自动调节机构，利用调整销拨动滚轮圈转动，便可自动调节供油提前角，壳体内部还装有限制器轴，以限制调速器杠杆机构的张紧杆向左摆动的位置。

壳体与壳体盖用螺栓连接，其间放置一个密封垫圈，以防止分配泵漏油。壳体盖上部安装有速度控制杆、怠速限制螺钉、高速限制螺钉、全负荷油量调节螺钉和机械停油手柄等零件，并制有溢流孔，用来安装回油接头（或电磁式回油阀）和回油管，使分配泵油腔内的多余的柴油流回油箱。此外，拧松回油接头也可以排出分配泵低压油路中的空气。壳体盖右端制有一个螺孔，用来安装全负荷油量调节螺钉，以调节分配泵的全负荷供油量。

壳体盖内装有调速器的调速弹簧，速度控制杆通过定位轴、连接板与调速弹簧的一端相连接，调速弹簧的另一侧与调速器杠杆机构的张紧杆上的固定销相连接。因此，在柴油机负荷不变的情况下，改变速度控制杆的位置，便可以改变调速弹簧的预紧力，从而改变柴油机转速的目的。

（2）传动机构。分配泵的传动机构将高压泵、调速器、二级输油泵连接起来，并传递柴油机传开的驱动扭矩，如图 5-33 所示。

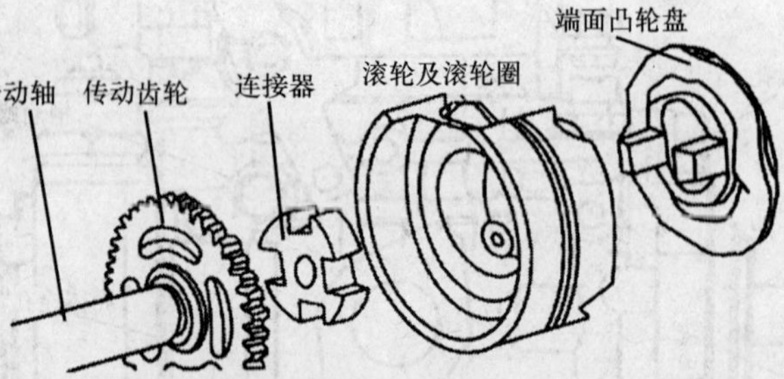

图 5-33 VE 型分配泵传动机构

传动轴末端的传动齿轮带动调速器飞锤总成一起旋转。由于调速器飞锤旋转而产生的离心力和调速弹簧的张力相互作用，使滑套左右移动，从而增加或减少分配泵的供油量，以适应柴油机各种工作状况的要求。

分配泵的传动轴由柴油机驱动轴通过中间传动装置来驱动。传动轴直接带动二级输油泵的泵轮转动，其末端通过连接器带动端面凸轮盘转动，端面凸轮盘上装有传动销钉带动柱塞旋转。柱塞利用柱塞弹簧和弹簧座压向端面凸轮盘，端面凸轮盘坐落在滚轮圈上，在端面凸轮和柱塞弹簧的共同配合作用下，柱塞既做往复运动，同时又做旋转运动。往复运动完成泵油动作，旋转运动则完成进油和配油动作。

（3）二级输油泵和压力控制阀。分配泵壳体内装置一个二级输油泵，又称滑片式输油泵。它能使燃油以一定的输油压力（大约 689.5kPa）进入旋转的柱塞。此外，在分配泵内不设置另外的润滑油槽，全部零件都依靠这些压力燃油进行润滑和冷却。

二级输油泵由分配泵壳体内壁上的进油槽和压力槽、偏心环、泵轮、滑片、支承环及槽盘等零件组成，如图 5-34 所示。

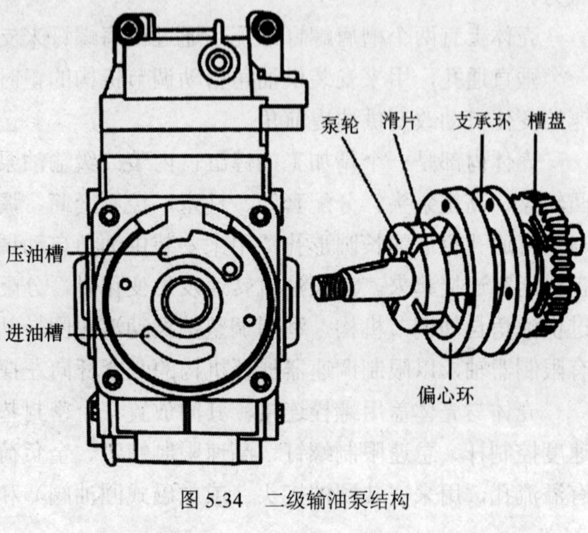

图 5-34 二级输油泵结构

二级输油泵的泵轮利用月牙键连接在传动轴的中部，并随同传动轴一起旋转。泵轮的十字槽内放置四片滑片，滑片一方面自由地在十字槽内往复移动；另一方面随同泵轮转动。偏心环安装在壳体镗孔内，与滑片泵轮共同构成两个油区。避免造成输油量不足，输油压力过低。同时，泵轮应以它的圆弧或顶端与偏心环内壁紧密接触。

二级输油泵的端面被支承环槽盘所遮盖，并用两只埋头螺栓将支承环偏心环一起紧固在分配泵壳体内壁上。

（4）高压泵。高压泵是产生高压燃油的主要部件，起供油泵油和配油的作用。它由高压泵头、分配套筒、柱塞、柱塞弹簧、柱塞弹簧座、控制套筒、端面凸轮盘、滚轮及滚轮圈等零件组成。

① 高压泵头。如图 5-35 所示，它插入分配泵壳体镗孔内，用 4 个紧固螺栓固定。高压泵头与壳体之间，用一个 O 形密封圈加以密封，以防止分配泵漏油。

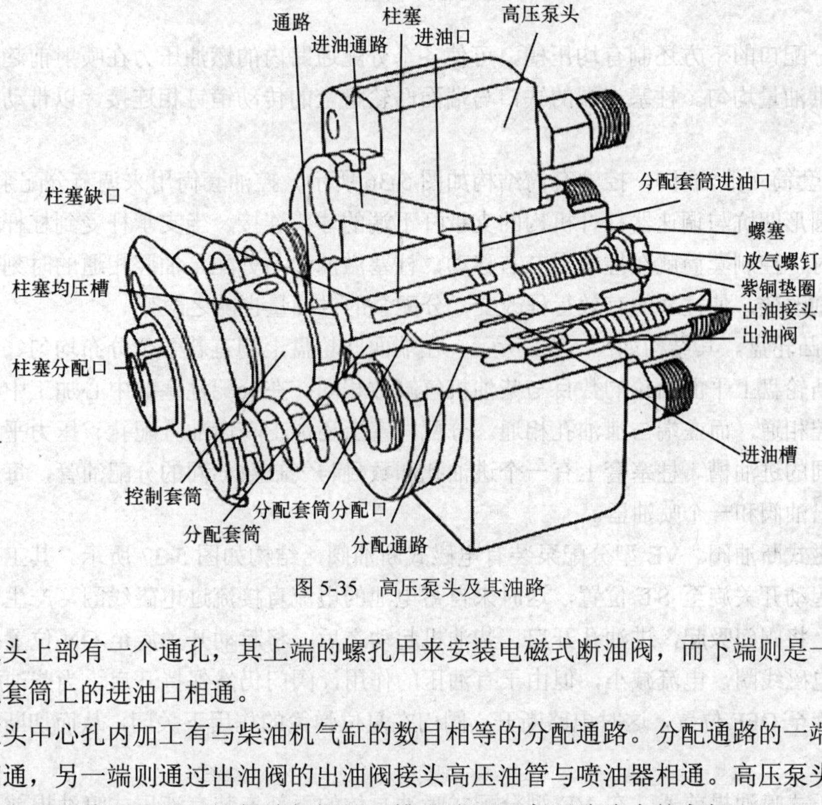

图 5-35　高压泵头及其油路

高压泵头上部有一个通孔，其上端的螺孔用来安装电磁式断油阀，而下端则是一个进油口，此口与分配套筒上的进油口相通。

高压泵头中心孔内加工有与柴油机气缸的数目相等的分配通路。分配通路的一端与分配套筒的分配口相通，另一端则通过出油阀的出油阀接头高压油管与喷油器相通。高压泵头的螺塞上紧固一个放气螺钉和紫铜垫圈，拧紧放气螺钉可排出分配泵高压油路中的空气。

② 分配套筒与柱塞。分配套筒与柱塞的结构如图 5-36 所示。分配套筒与柱塞是分配泵的一对精密偶件，采用优质合金材料经过精密加工和选配研磨而成，配对后不得互换。

分配套筒压配在高压泵头的中心孔内。分配套筒的进油口配油口与高压泵头的进油口配油口数目相等，并相通。

柱塞套装在分配套筒的中心孔内。柱塞上部制有进油槽，进油槽的数目与柴油机的气缸数目相等，全部的油槽被一条环形的沟槽连通。中部制有一个分配口，下部制有径向油道和溢油口。当柱塞上的某一个进油槽与分配套筒的进油口相通时，高压泵便会吸进具有一定压力的燃油。当柱塞上的分配口与分配套筒的某一个分配口相通时，高压泵便会连通高压燃油。当控制套筒打开柱塞溢油口时，高压燃油便会从溢油口流到分配泵油腔内。

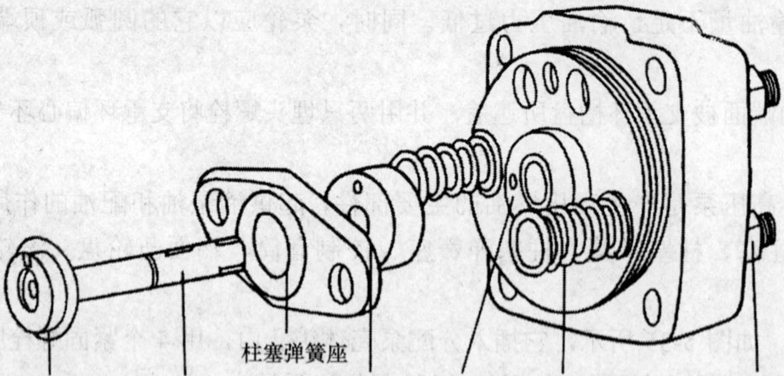

图 5-36 高压泵

在柱塞分配口的下方还制有均压槽，可使各个分配通路内的燃油压力在喷射前趋于一致，从而可使各缸供油量均匀。柱塞末端的缺口与端面凸轮盘上的传动销钉相连接，以带动柱塞做旋转运动。

③ 控油套筒（泄油环）。控油套筒结构如图 5-36 所示。控油套筒用来调节分配泵的供油量。控油套筒的圆形凹坑与调速器杠杆机构的支承杆下端的球头连接，当支承杆受到杠杆机构的作用而左右摇动时，控制套筒就在柱塞上左右移动，柱塞溢油口与分配泵油腔相通的时刻改变，即供油结束的时刻改变，使柱塞的有效行程改变，分配泵的供油量也随之改变。

④ 端面凸轮盘。其结构如图 5-33 所示。在端面凸轮盘上制有若干个分布均匀、间隔相等的端面凸轮。凸轮盘上平面凸轮的数目与柴油机气缸数相同。在分配柱塞的中心加工中心油孔，其右端与柱塞腔相通，而左端与泄油孔相通。分配柱塞上还加工有燃油分配孔、压力平衡槽和数目与气缸数相同的进油槽。柱塞套上有一个进油孔和数目与气缸数相同的分配油管，每个分配油道都连接一个出油阀和一个喷油器。

（5）电磁式断油阀。VE 型分配泵装有电磁式断油阀，结构如图 5-37 所示。其工作原理是：起动时，将起动开关旋至 ST 位置，这时来自蓄电池的电流直接流过电磁线圈，产生的电磁力压缩回位弹簧，将阀门吸起，进油孔开启。柴油机起动之后，将起动开关旋至 ON 位置，这时电流经电阻流过电磁线圈，电流减小，但由于有油压的作用，阀门仍然保持开启。当柴油机停机时，将起动开关旋至 OFF 位置，这时电路断开，阀门在复位弹簧的作用下关闭，从而切断油路，停止供油。

（6）液压式喷油提前器。在 VE 型分配式喷油泵体的下部安装有液压式喷油提前器，结构如图 5-38 所示。在喷油提前器壳体内装有活塞，活塞左端与二级滑片式输油泵的入口相通，并有弹簧压在活塞上。活塞右端与喷油泵体内腔相通，其压力等于二级滑片式输油泵的出口压力。当柴油机在某一转速下稳定运转时，作用在活塞的左、右端的力相等，活塞处于某一平衡位置。若柴油机转速升高，二级滑片式输油泵的出口压力增大，作用于活塞右端的力随之增加，推动活塞向左移动，并通过连接销和传力销带动滚轮绕其轴线转动一定的角度，直至活塞两端的力达到平衡为止。滚轮架的转动方向与平面凸轮盘的旋转方向正好相反，使平面凸轮提前一定角度与滚轮接触，供油相应提前，即供油提前角增大；反之，若柴油机转速降低，则二级滑片式输油泵的出口压力也随之降低，作用于活塞右端的力减小，活塞向右移动，并带动滚轮架向着平面凸轮盘旋转的同一方向转过一定的角度，使供油提前角减少。

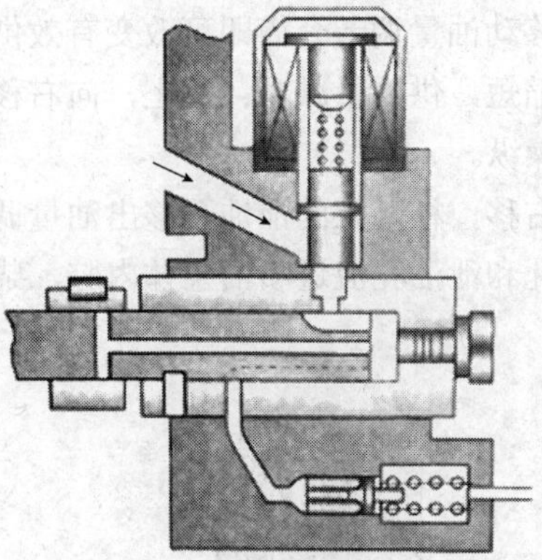

图 5-37 电磁式断油阀

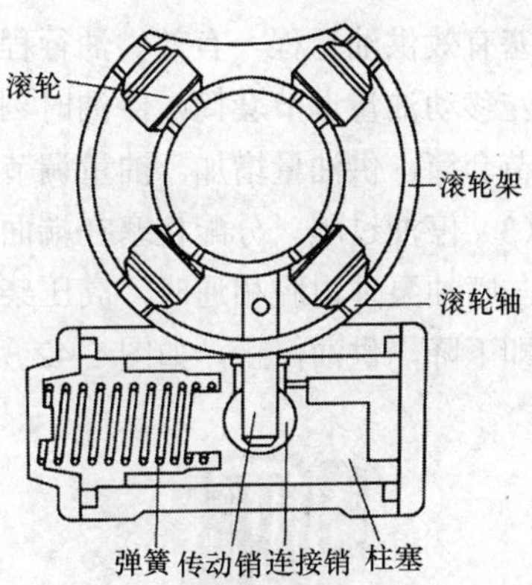

图 5-38 液压式喷油提前器

3．柱塞的外形与油路及工作过程

VE 型转子分配泵由一个泵油件向多个气缸供油，柱塞的外形与油路如图 5-39 所示。柱塞的右端为压油部分，柴油通过进油道和柱塞上的进油槽进入压油腔内。柱塞的中心有轴向油道，柱塞中部的配油槽有径向油孔与中心油道相通。中心油道的末端与泄油孔相连。

（1）进油过程。当端面凸轮盘的凹下部分转至与滚轮接触时，柱塞弹簧将分配柱塞由右向左推移至柱塞下止点位置，这时分配柱塞上的进油槽与柱塞套上的进油孔相通，柴油自喷油泵体的内腔经进油道进入柱塞腔和中心油孔内，如图 5-40 所示。

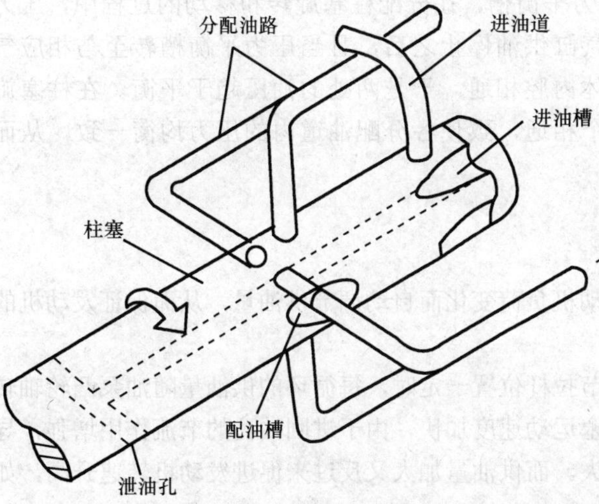

图 5-39 柱塞的外形与油路

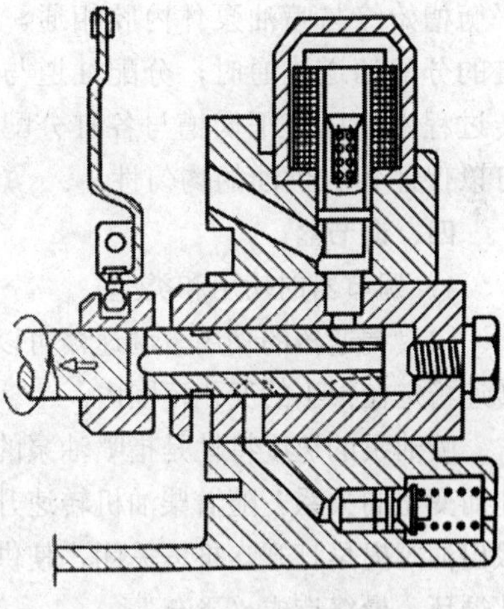

图 5-40 进油过程示意图

（2）泵油过程。当平面凸轮盘由凹下部分转至凸起部分与滚轮接触时，分配柱塞在凸轮盘的推动下由左向右移动。在进油槽转过进油孔的同时，分配柱塞将进油孔封闭，这时柱塞腔内的柴油开始增压。与此同时，分配柱塞上的燃油分配孔转至与柱塞套上的一个出油孔相通，高压柴油从柱塞腔经中心油孔、燃油分配孔、出油孔进入分配油道，再经出油阀和喷油器喷入燃烧室，如图 5-41 所示。

VE 型转子分配泵供油量的调节由移动油量调节套筒实现。从柱塞上的燃油分配孔与柱塞套上的出油孔相通的时刻起，至泄油孔移出油量调节套筒的时刻止，这期间分配柱塞所移动的距离为柱塞有效供油行程。有效供油行程越大，供油量越多。移动油量调节套筒即可改变有效供油行程，左移动油量调节套筒，停油时刻提早，有效供油行程缩短，供油量减少；反之，向右移动油量调节套筒，供油量增加。油量调节套筒的移动由调速器操纵。

（3）停油过程。分配柱塞在端面凸轮盘的推动下继续右移，柱塞上的泄油孔移出油量调节套筒并与喷油泵体内腔相通时，高压柴油从柱塞腔经中心油孔和泄油孔流进喷油泵体内腔，柴油压力立即下降，供油停止，如图 5-42 所示。

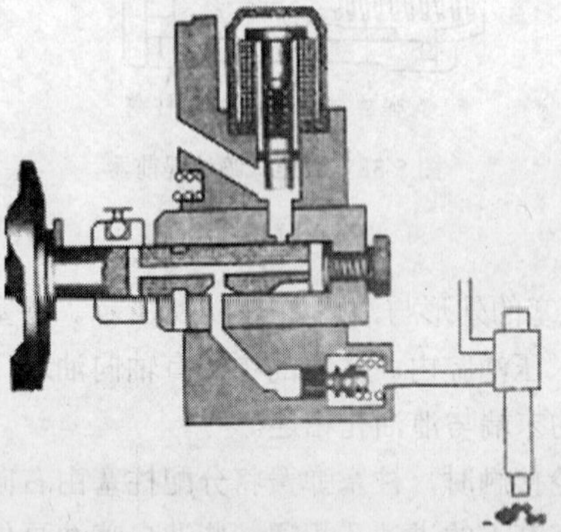

图 5-41　泵油过程示意图

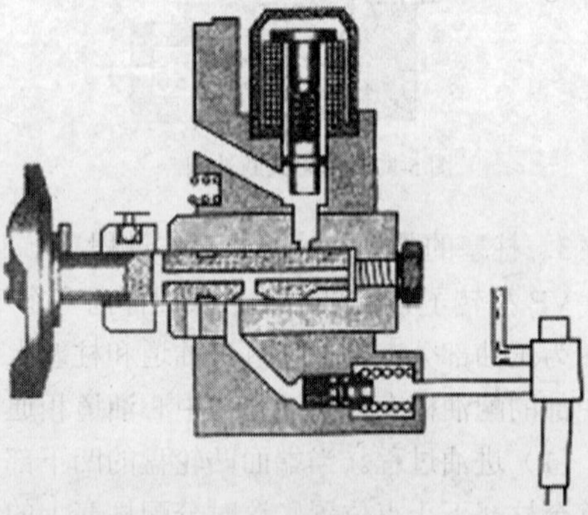

图 5-42　停油过程示意图

（4）压力平衡过程。分配柱塞上设有压力平衡槽，在分配柱塞旋转和移动的过程中，压力平衡槽始终与喷油泵体内腔相通。在某一气缸供油停止之后，且当压力平衡槽转至与相应气缸的分配油道连通时，分配油道与喷油泵体内腔相通，于是两处的油压趋于平衡。在柱塞旋转过程中，压力平衡槽与各缸分配油道逐个相通，致使各分配油道内的压力均衡一致，从而可以保证各缸供油的均匀性。

四、调节器

1．调节器的功用和类型

（1）调速器的功用。调速器可以根据发动机负荷变化而自动调节供油量，从而保证发动机的转速稳定在很小的变化范围内。

喷油泵的速度特性是指喷油泵的供油调节拉杆位置一定时，每循环的供油量随油泵凸轮轴转速而变化的关系。随着柴油机转速升高，柱塞运动速度加快，由于进回油孔的节流作用增强，导致出油阀提早打开，推迟关闭，使供油量加大。而供油量加大又反过来促进发动机转速升高，如此循环，最终造成“飞车”。

汽车柴油机正常在怠速下运转，由于其转速波动大，造成怠速不稳，容易熄火。所以，柴油机都安装有调节器。

（2）调速器的类型。调速器通常按其工作原理和作用的转速范围进行分类。

按工作原理分为以下几类。

① 机械式调节器，特点是结构简单、工作可靠，应用于小功率及部分中等功率柴油机上。

② 液压式调节器，特点是结构比较简单，制造精度要求高，但具有良好的稳定性和高的静态调节精度，特别适用于电站和低速大功率柴油机。

③ 气动式调速器，它适用于小功率柴油机。由于其在进气管中装有节流阀，增加了进气阻力，

且在使用中由于空气滤清器阻力的变化，使调速器起作用转速发生变化。

④ 电子调速器，近年来已用于汽车柴油机上，它能在柴油机转速明显变化之前调整油门位置，具有很高的静态和动态调节精度。

按作用的转速范围分为以下几种。

① 单程式调速器，用于恒定转速工况的柴油机，如发电机组。

② 全程式调速器，用于负荷变化较大，在任意转速下能稳定工作而转速范围又较广的柴油机上，如拖拉机、工程机械、大型载重车、矿用车、船舶和机车等。

③ 两极式调节器，用于转速变化繁重的柴油机，只稳定和限制柴油机的最低和最高转速，其中间转速工况由人工直接操纵，主要用于车用柴油机上。

④ 极限式调速器，用于限制柴油机最高转速，它实际上是一种超速保护装置，用于船舶主机和重要的中大功率柴油机等。

目前车用柴油机应用最广泛的是机械式调速器中的两极式和全程式调速器。

2．两极式调速器的基本结构和工作原理

（1）基本结构。两极式调速器适用于一般条件下使用的汽车柴油机，一般具有两个基本部分：感应元件和执行机构。

感应元件用于感应外界负荷的变化。当柴油机负荷变化时，由于供油量与负荷不相适应而引发转速的变化，负荷增大则转速下降，负荷减小则转速上升，因而感应元件必须能灵敏地感受到转速的波动并将信号传递给执行机构。

执行机构用于根据感应元件的信号相应地调节供油量。当负荷增大而转速下降时，执行机构应使供油量增加，以使转速回升至原有水平；当负荷减小而转速上升时，则执行机构应减小供油量，使转速降回到原值。机械式调速器感应元件和执行机构是做成一体的。

（2）两极式调速器的工作原理。如图 5-43 所示，支承盘由喷油泵的凸轮轴带动旋转，其轴向位置是固定的。飞球铰接在支承盘上并随支承盘一起旋转，飞球在旋转时受到引力而张开，飞球臂给滑动盘一个向右的轴向力。滑动盘可沿轴向滑动，其轴与连杆相连，轴的右侧与一球面顶块接触。调速弹簧有两根，外弹簧为高速弹簧，刚性较大，内弹簧为低速弹簧，刚性较小。未工作时，球面与弹簧座之间有一定间隙。供油拉杆不仅由操纵杆通过拉杆操纵，也受滑动盘的轴向位置控制，因此，实际工作时供油拉杆的位置由操纵杆和滑动盘共同决定。

当发动机负荷发生变化时，转速发生变化，飞球的离心力即刻改变，由于飞球离心力与转速平方成正比，因此飞球能比较灵敏地感应转速变化。飞球的离心力通过飞球臂作用到滑动盘上，产生一轴向分力 F_a，该力迫使转速盘向右移动。滑动盘右端又受到调速弹簧的作用力 F_p，因此，滑动盘的位置取决于上述两力是否平衡。

其工作过程：当发动机不工作时，滑动盘受低速弹簧的作用靠向最左端，若操纵杆处于自由状态，供油拉杆就处在供油量最大位置。柴油机起动后，转速上升，飞球离心力的轴向分力 F_a 克服低速弹簧的弹力 F_p 使滑动盘右移，调节杠杆绕支点 A 顺时针方向移动，带动拉杆右移减油，直到 F_a 与 F_p 平衡为止。此时，供油拉杆便保持在某一位置，发动机在怠速工况下运转。当柴油机转速上升超过怠速时，滑动盘推动球面顶块与弹簧滑座（实际上是高速弹簧座）接触，由于高速弹簧刚性大，预压力大，因此即使转速继续上升，飞球的离心力也不足以推动高速弹簧右移。这样在转速大于怠速后的一段范围内，滑动盘的位置将保持不变，这时的供油拉杆就完全由人工操纵操作杆来控制，此时调节杠杆移动的支点为 B。当柴油机怠速空转时，若此时转速下降，飞球离心力下降，低速弹簧的弹力，F_p 就会推动滑动盘左移，调节杠杆绕支点 A 逆时针转动，带动供油拉杆左移加油，发动机转速便回升，直至飞球离心力的轴向推力 F_a 与低弹簧弹力 F_p 平衡；滑动盘停止移动，供油拉杆也停止移动，维持供油量不变，达到稳定最低转速即怠速的目的。当柴油机转速上升到标定转速时，飞球离心力足够大，其轴向分力 F_a 与高低速弹簧的弹力相平衡，此时转速稍有上升，飞球离心力增大，轴向推力 F_a 增大，滑动盘右移，调节杠杆绕 A 点顺时针方向转动，带动供油拉杆减油，使转速下降。飞球离心力也随转速减小，直至减小至与两弹簧力达到平衡为止，维持供油拉杆位置不变，转速又重新稳定在标定转速，达到限制最高转速的目的。

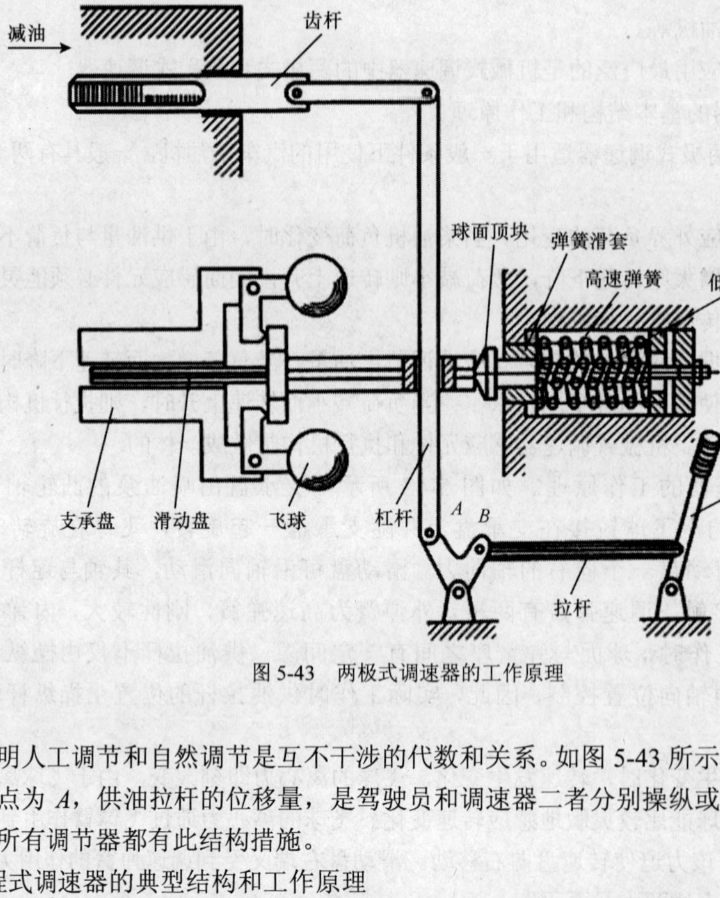

图 5-43 两极式调速器的工作原理

必须说明人工调节和自然调节是互不干涉的代数和关系。如图 5-43 所示，人工调节支点为 B，自然调节支点为 A，供油拉杆的位移量，是驾驶员和调速器二者分别操纵或共同操纵所产生的位移代数和。所有调节器都有此结构措施。

3．全程式调速器的典型结构和工作原理

全程式调速器不仅能稳定怠速和限制超速，而且能控制柴油机在允许转速范围内的任何转速下稳定地工作。

图 5-44 所示为全速调节器的工作原理简图。它与两级式调速器不同，供油拉杆的位置只由推力盘的位置决定。操纵臂作用在调速弹簧座上，改变弹簧的预压立刻改变该弹簧作用到推力盘上的弹力 F_a，使 F_p 增大或减小，从而使推力盘移动来改变供油量。

全速调节器工作原理如下。

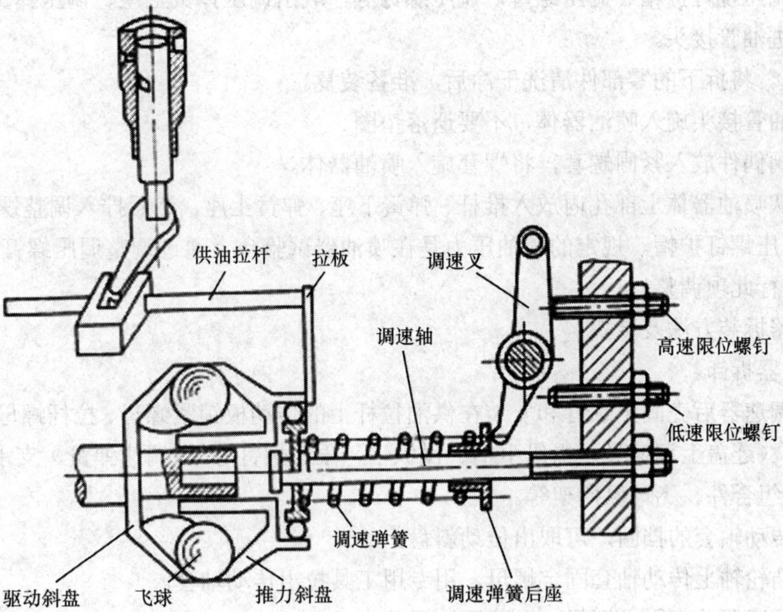

图 5-44　全程式调速器的工作原理

柴油机不工作时，推力盘在调速弹簧作用下位于最左端，此时供油量最大。调速弹簧被操纵臂和支承轴左端凸缘压紧，具有一定的预压力，其大小由操纵臂决定。当柴油机工作转速升到某一值时，飞球离心力轴向分力 F_a 与调速弹簧的预压力 F_p 相等（操纵臂保持不动），保持推力盘即供油量拉杆位置不变。若负荷减小使柴油机转速升高时，飞球离心力增大，F_a 超过 F_p，推力盘就压缩调速弹簧向右移动，带动供油拉杆右移减小供油量，使转速恢复原来状态。若转速降低，F_a 小于 F_p，推力盘就被弹簧推动左移，带动供油拉杆左移，增大供油量，恢复原转速。当操纵位置改变时，调速弹簧预压力也随之改变，用来与 F_p 平衡的飞球离心力 F_a 也必须改变，才能使两者相平衡，即柴油机转速随操纵臂位置改变而改变。对应于操纵臂的各个位置，柴油机都有相应的稳定工作转速，故称这种调速器为全速调速器。

从图 5-44 可见，操纵臂压缩调速弹簧时，其最大压缩量受高速限位螺丝钉的限制，改变螺丝钉的位置，可改变调速弹簧的最大压缩量，即改变柴油机的最高转速。该螺丝钉称为最高转速限位螺丝。

同样，当操纵臂向放松调速弹簧方向转动时，其最大转动量受低速限位螺丝钉的限位。当螺丝钉拧入时，操纵臂放松调速弹簧的程度小，对应预压力 F_p 大，柴油机转速高；反之，则柴油机转速低。改变螺钉的位置，可改变柴油机的最低转速。该螺钉为怠速螺钉。

任务实施

一、喷油器、喷油泵的拆装

1．喷油器拆装方法及步骤

（1）喷油器拆卸。

① 拆下紧固螺套，取出针阀偶件。注意观察针阀和针阀体结构，针阀与阀体是配对研磨的精密偶件，不能与另外偶件互换并需注意防尘，因此观察完毕，应即浸入清洁的柴油中注意保管。

② 拆下调压螺钉护帽、调压螺母，调压螺钉等，取出调压弹簧上座、调压弹簧、推杆。

③ 拆下进油管接头。

（2）装复。将拆下的零部件清洗干净后，准备装复。

① 将进油管接头旋入喷油器体，不要遗落垫圈。

② 将针阀偶件放入紧固螺套，将螺套旋入喷油器体。

③ 依次从喷油器体上部孔内放入推杆、弹簧下座、弹簧上座，然后拧入调整螺钉，最后拧紧调整螺母和调压螺钉护帽。规定的喷油压力是在喷油器试验台上通过调整调压螺钉时获得的（拆装实训不必进行此项调整）。

2．调速器拆装方法及步骤

（1）调速器拆卸。

① 拆掉调速器后壳固定螺钉和安装在供油拉杆上的传动板锁紧螺母、拉杆螺母，即可依次取下调速器后壳（连盖上调速叉、操纵手柄、操纵轴、限速螺钉等）、调速弹簧、支承轴、传动板、推力盘、飞球组合件、飞球保持架等。

② 拆掉传动轴套的挡圈，可取出传动斜盘。

③ 拆掉凸轮轴上传动轴套固定螺母，用专用工具拉出传动轴套。

④ 拆掉调速器前壳固定螺母，取下调速器前壳。

（2）调速器的装复。

① 用螺钉先将调速器前壳装在喷油泵体上，注意密封衬垫应完好。

② 用专用工具将传动轴套装入凸轮轴，然后装上传动盘，用挡圈锁住。

③ 安装调速器后壳，先安装上操纵轴和拨叉，然后从外端拧入支承轴，并依次向轴上套入弹簧后座、高低调速弹簧、起动弹簧、弹簧前座，最后装上校正弹簧并用螺母调节弹簧预紧力后锁紧。

④ 将传动板、推力盘（连轴承）、飞球组合件、飞球保持架套入支承轴。注意将传动板上小孔套入供油拉杆（内装拉杆弹簧），并用拉杆螺母锁紧。

⑤ 调速器的合拢：用 6 个螺钉将组装好的前壳和后壳装合，密封垫片应完好，最后从调速器后壳外端拧入怠速、调速调节螺钉。

3．喷油泵拆装方法及步骤

（1）喷油泵拆卸。

① 拆掉固定上、下泵体螺母，取下上泵体。

② 拆下 6 只分泵的柱塞、柱塞弹簧、上下弹簧座，依次放好，不可搞乱。

③ 将上泵体固定在台虎钳上，拆下出油阀紧固螺帽，取出出油阀弹簧、出油阀偶件。

④ 松开上泵体侧面定位螺钉，取出柱塞套，将柱塞和柱塞按原对配好，不能互换，仔细观察柱塞偶件和出油阀偶件结构，然后浸入干净柴油。

⑤ 从下泵体中取出调整垫块、滚轮体。

⑥ 拆掉下泵体两端滚珠轴承，最后从下泵体中抽出凸轮轴。

（2）喷油泵的装复。

① 安装凸轮轴：将凸轮轴从下泵体一端孔轻轻放入，两端装上轴承和油封。凸轮轴应转动灵活，轴向间隙在 0.05～0.10mm，可用增减垫片方法进行调整（拆装实训可不做调整要求）。

② 安装滚轮体总成：按原位将滚轮体装入下泵体，转动凸轮轴，滚轮体上下运动自如，然后

装入调整垫块。

③ 安装柱塞套和出油阀偶件：先将柱塞套装入上泵体，用柱塞套定位螺钉定位，然后依次装入出油阀偶件、垫圈、出油阀弹簧及座、密封垫圈、最后拧紧出油阀紧固螺帽。

④ 将上泵体放倒，将封油圈上弹簧座、柱塞弹簧、下弹簧座依次套进柱塞套，最后将柱塞按原配对一一塞入柱塞套。

⑤ 上下泵体合拢：慢慢将卧置的上泵体和下泵体合拢，注意观察每只柱塞的调节臂是否放入了拨叉槽中，轻轻抽动供油拉杆，在拨叉带动下，每只柱塞应转动自如。最后拧紧螺母。

喷油泵、调速器、装复后，应在喷油泵试验台上进行调试。调试内容有：喷油时间调整、喷油量调整、怠速调整、额定最高速调整等。在全部调试合格后，才能将泵装上发动机使用。

二、喷油泵、调速器的检查与调试

1．供油时刻调试

先将Ⅱ号泵限压回油螺孔堵塞，然后将低压输油压力提高到大于 4.4MPa，松开第 1 缸标准喷油器上的放气螺钉，则此时柴油便从放气螺钉中流出，用手杆慢慢转动试验台主轴，使凸轮轴转动，且通过挺杆带动柱塞上升。当放气螺钉处停油瞬时，即为该缸开始供油时刻，将刻盘对准零位。

观察泵壳上与联轴节上的记号是否对准，如不对准则用红漆作好记号。

2．供油间隔时间调试

同上述方法分别按喷油顺序测试各缸。记下各缸开始供油时刻。要求每缸的供油时刻与前一个缸相差 60°±5°。供油时刻过早或过晚可更换薄的或厚的滚轮架垫片调整。

3．调速器的调试（型号 TQ250/75082）

（1）最高转速的试验与调整。将喷油泵转速增至接近额定转速，再把操纵臂向供油方向推到底。然后再慢慢增加转速，当供油拉杆向减少供油方向移动时，此转速即为高速起作用的转速，应为 750r/min。如过高，则退出调速器后盖上方高速限位螺钉；过低，则旋入。

（2）怠速转速的试验和调整。将喷油泵在低于怠速下运转，逐渐增加喷油泵转速，当供油拉杆向减少供油方向移动时，此对应的转速是怠速，应为 250r/min。如过高，则退出调速器后盖中间怠速调节螺钉；过低，则旋入。

（3）停油转速的试验。将操纵臂推到底，增加转速并观察标准喷油器。当喷油器不喷油时所对应的转速即为停油转速，此转速在 820±30r/min。太高，则装配不当；太低，则高速弹簧过软，应更换。

4．供油量及其均匀性的试验和调整

（1）额定转速供油量及均匀性的试验和调整。使喷油泵以额定转速运转，转动操纵臂至最大供油位置。喷油 100 次，观察 6 个量杯中的油量，应为 13±0.25mL，主缸不均匀度应小于 3%。

不均匀度=［2×（最大供油量–最小供油量）÷（最大供油量+最小供油量）］×100%

不合标准或不均匀时，应松开柱塞拨叉相对拨叉轴移动一定距离（油量过大，则向右移；油量过小，则向左移）。

（2）怠速时的供油量及均匀性试验和调整。使喷油泵在 250r/min 运转，放松操纵臂，喷油 100 次。观察各量油杯中的油量，应为（2.5±0.25）mL，不均匀度应小于 30%。不符合要求时，可在不影响额定供油量的前提下调整拨叉，方法同前。

（3）起动时的供油量试验及调整。使喷油泵在 200r/min 运转，转动操纵臂至最大供油位置，

喷油 100 次。观察各量杯中的油量，应大于 13mL。如油量太低，应将支承轴旋入一些。

注意 支承轴位置改变后，则转速（高速、怠速）、油量（额定、怠速）应重新调试。

三、喷油器的检查与调试

1．喷油压力调试

将需调试的喷油器安装在 PS40 型喷油器试验台上，旋松压力表开关手把。用手缓慢多次压下压力杆，观察喷油时的压力表指针，此压力便为喷油压力。如压力过高，可退出调整螺钉；反之，则旋入调整螺钉。

2．喷雾形状的试验

关闭压力表油路，迅速压下手柄，喷油器应喷出紧密而雾化良好的油雾。否则，应排除喷孔处积灰，重作试验。

3．喷雾锥角的试验

在离开喷嘴头部 100mm 处放一张白纸，喷油一次，量取油雾直径 D（单位：mm）用下式计算喷雾锥角。

$$\alpha=\arctan D/200$$

4．密封性试验

（1）针阀偶件锥面密封性试验。旋松压力表开关手把，在低于喷油器压力 2MPa 的压力下，10s 之内针阀体头部允许有湿润，但不允许出现油滴。如渗漏太多，可用细研磨砂涂于针阀锥面相互研磨。

（2）导向部分配合严密性试验。将喷油器喷油压力调到 19.6MPa，10s 内，允许最大压降为 2MPa。压降太大，则说明装配不当或偶件与壳体贴合面不密封。

思考与练习

一、选择题

1．改变喷油泵柱塞斜槽与柱塞油孔的相对位置，其目的是（ ）。

A．改变柱塞有效行程，以调节供油量 B．改变柱塞总行程，以调节供油量

C．改变柱塞总行程，以调节供油时刻 D．改变柱塞有效行程，以调整供油时刻

2．喷油泵每循环一次所需的供油量取决于（ ）。

A．柱塞行程 B．柱塞有效行程 C．针阀升程 D．供油提前角

3．柴油机工作时由进气管进入气缸的是（ ）。

A．汽油 B．空气 C．混合气 D．柴油

4．柴油机安装调速器是为了（ ）。

A．维持柴油机转速稳定 B．维持供油量不变

C．自动改变汽车车速 D．自动调整供油提前角

二、简答题

1．喷油器的作用、类型及其工作原理是什么？

2．典型柱塞式喷油泵结构及其工作原理是怎样的？

3．VE 型转子分配泵的工作原理是怎样的？

4．两级式调速器的工作原理是怎样的？

任务四　柴油机燃油供给系辅助装置

相关知识

一、柴油滤清器

柴油在运输储存过程中，会不可避免地进入灰尘和水分，若储存较久后，还会增多胶质，每吨柴油中的机械杂质含量可能多达 100～250g。所有这些杂质对供油系统精密偶件危害很大，会导致运动阻滞，磨损加剧，造成各缸供油不均，功率下降和油耗率增加。柴油中的水分将引起零件的锈蚀，胶质可能导致精密偶件卡死。为保证喷油泵和喷油器可靠的工作，延长使用寿命，除使用前将柴油严格沉淀过滤外，在柴油机供油系统中通常设有粗细两级滤清器，也有的柴油只用单级滤清器，结构如图 5-45 所示。

柴油滤清器作用是除去柴油中的杂质和水分，提高柴油的洁净程度，以保证喷油泵和喷油器的精密构件正常工作。

（1）柴油粗滤过滤 40～90μm 的杂质，减小细滤堵塞故障，提高其使用寿命。

（2）柴油细滤过滤 5～10μm 的杂质，还有沉淀杯中的水分和大的杂质。柴油机可以用粗、细二级或二级细滤串联或单级细滤。

（3）常用滤芯的形式。

① 金属滤芯，多作为粗滤去除 40～90μm 的杂质。它堵塞后可经清洗后重复使用。

② 毛毡式棉纱滤芯，多作为细滤去除 5～10μm 的杂质，毛毡可重复使用，成本较高。

③ 纸质滤芯，多作为细滤去除 5～10μm 的杂质，它不可重复使用，成本低。

二、输油泵

1．输油泵的作用

其作用是向喷油泵供应一定的压力和足够数量的柴油，用以克服滤清器及管道阻力（供油压力 0.17～0.3N/mm^2，供油量为喷油泵油量的 3～4 倍）。

2．输油泵的主要类型

输油泵有活塞式、滑片式、膜片式、内外转子式和齿轮式等几种。

活塞式输油泵主要用于中小功率柴油机，结构简单。滑片式输油泵主要用于 VE 型分配泵，结构紧凑。内外转子式和齿轮式输油泵主要用于中小型柴油机。

3．活塞式输油泵的构造和工作原理

（1）活塞式输油泵的构造。活塞式输油泵的结构如图 5-46 所示，由滚轮、顶杆、进出油口、活塞、弹簧和单向阀等组成。它安装在喷油泵的一侧，由喷油泵凸轮轴上的偏心轮驱动。

（2）活塞式输油泵的工作原理。

① 吸油和压油行程。偏心轮转过，活塞上行，下腔容积增大，产生真空，进油阀开启，柴油经进油口进入下泵腔。同时，上泵腔容积缩小，压力增大，出油阀关闭，上泵腔中的柴油经出油口压出，如图 5-47 所示。

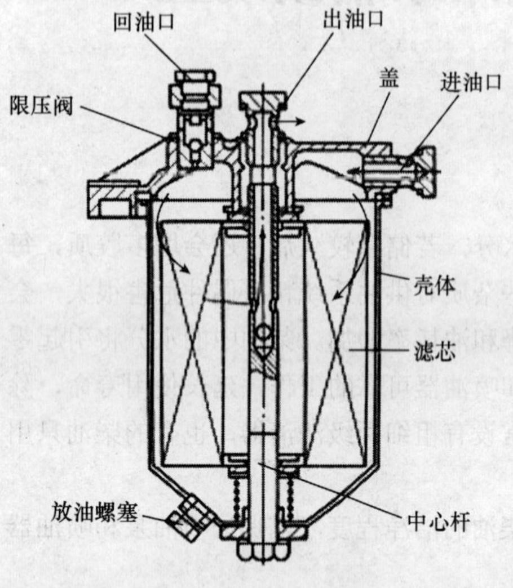

图 5-45 柴油滤清器结构

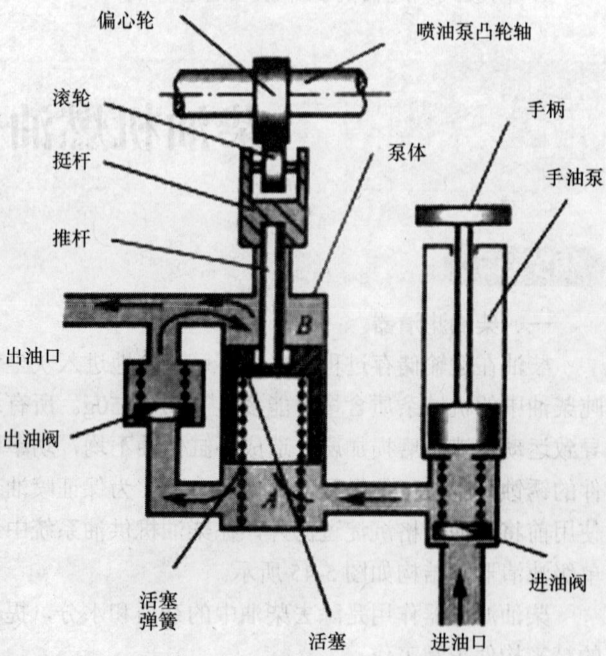

图 5-46 活塞式输油泵的结构

② 准备压油行程。偏心轮推动滚轮、挺杆和活塞向下运动，下泵腔油压增高，进油阀关闭，出油阀开启，柴油从下腔流入上腔，如图 5-48 所示。

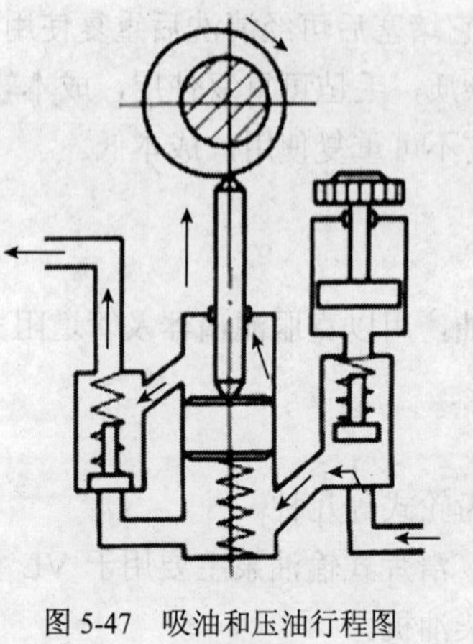
图 5-47 吸油和压油行程图

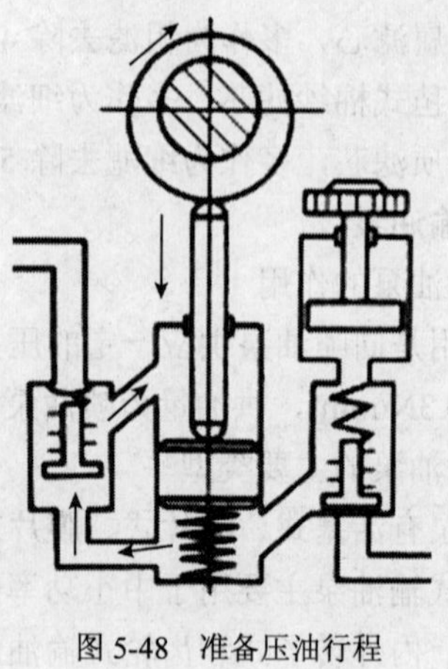
图 5-48 准备压油行程

③ 输油量的自动调节。输油泵供油量大于喷油泵需要量时，上泵腔油压增高时，与活塞弹簧弹力相平衡时，活塞便停止泵油。

④ 手油泵工作时长期不用或者检修后油路中有空气，用手油泵上下运动来泵油，排除燃油系统内的空气以保证发动机能正常工作。

4．滑片式输油泵的构造和工作原理

如图 5-49 所示，输油泵转子由分配泵驱动轴驱动，它偏心地安装在输油泵的内孔中，形成月形的工作腔。4 块滑片分别安装在输油泵转子的四个滑片槽内，将月形的工作腔分割成进油腔、过渡油腔、出油腔 3 个油腔。滑片可以在槽内做径向运动，并随着转子一起旋转。

当分配泵驱动轴旋转时，滑片随之旋转，进油腔容积由小变大，不断吸油，经过渡油腔，送往出油腔；出油腔容积由大变小，使柴油压力增高。

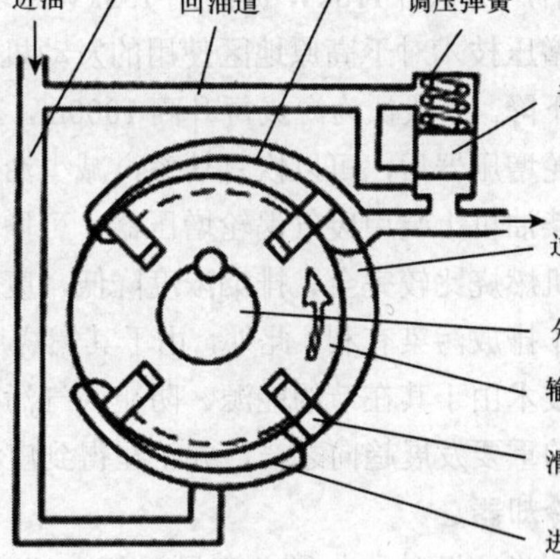

图 5-49 滑片式输油泵

为了保持进入分配泵的油压基本稳定，在输油泵出口处设有调压装置，当燃油压力大于调压弹簧的弹力时，调压阀打开，过高压力的燃油经回油道口流回进油腔。

三、涡轮增压系统

提高柴油机功率最有效的措施是增加充气量和供油量。目前，国内外通常采用由柴油机排气驱动的涡轮机拖动压气机，来提高进气压力增加充气量，这一方法称为废弃涡轮增压，如图 5-50 所示。

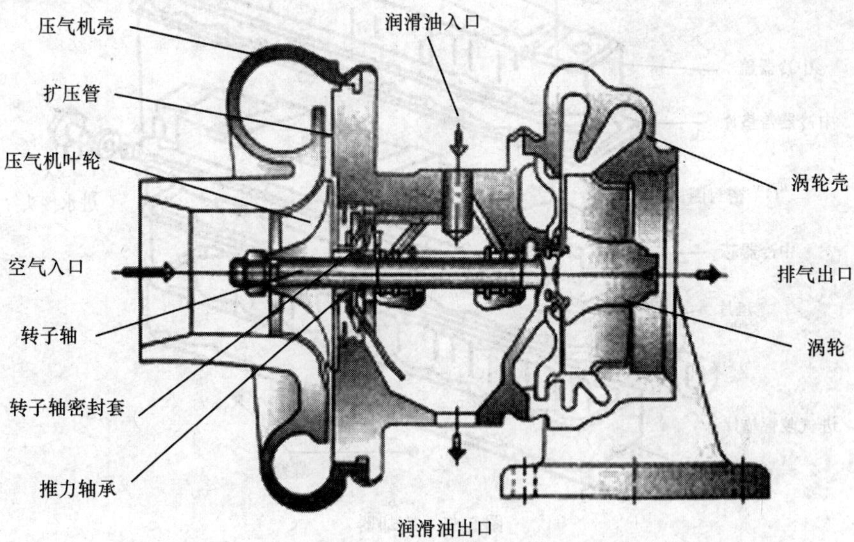

图 5-50 废气涡轮增压系统结构

根据驱动增压器所用能源来源不同，增压方法可分为 3 类：一是机械增压，其增压器由柴油机曲轴驱动；二是废气涡轮增压，其增压器由柴油机排出的废气驱动；三是复合增压，由上述两种方法组合而成。由于废气涡轮增压结构紧凑、体积小、效率高、匹配后的柴油机特性好，因此在柴油机上获得了广泛的应用，目前中等功率以上的柴油机大多数采用废气涡轮增压。

柴油机采用废气涡轮增压不仅可提高功率 30%～100%甚至更多，还可减小单位功率质量，缩小外形尺寸，节约材料，降低燃油消耗。在一般柴油机上，将进排气管做适当变动，并调整加大供油量，加装废气涡轮增压器后，可明显增加功率。例如，6135 柴油机采用 10ZJ-2 型径流式涡轮增压器后，功率由 118kW 提高到 153kW，增加了约 30%，燃油消耗降低了 5.7%。

采用增压技术对于高原地区使用的发动机尤为重要。因为高原气压低，空气稀薄，会导致发动机功率下降。一般认为海拔每升高 1000m，功率下降 8%～10%，燃油消耗率增加 3.8%～5.5%。而装用涡轮增压器后，可以恢复功率，减少油耗。

车用柴油机上装用废气涡轮增压器，可增大扭矩，提高汽车装载质量。试验表明，由于涡轮增压发动机燃烧比较完全、排烟浓度降低，废气中 CO 和 HC 含量明显减少，NO_x 含量也较少，对减少汽车排放污染有利。此外，由于其燃烧压力升高率降低，发动机工作较柔和，噪声比较小。

增压技术由于其在节约能源、防止大气污染和降低噪声等方面所发挥的重大作用，目前已成为柴油机的重要发展趋向之一，并正在得到广泛的应用。

四、冷却器

康明斯柴油机型号中“T”字母后有“A”字母的，均表示该型号柴油机的增压器带有冷却器，如图 5-51 所示。

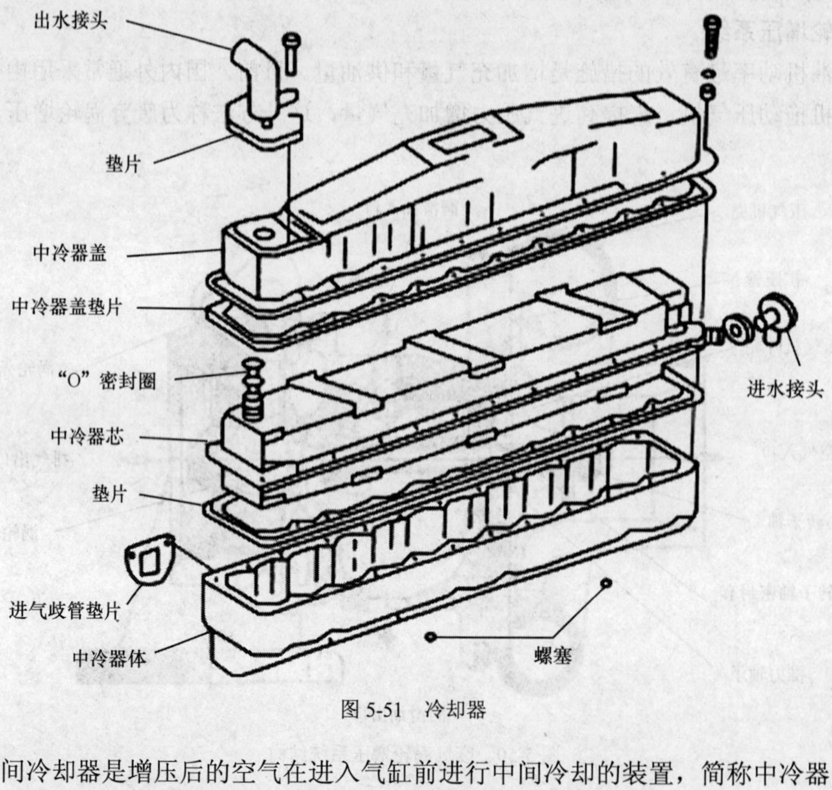

图 5-51 冷却器

空气中间冷却器是增压后的空气在进入气缸前进行中间冷却的装置，简称中冷器。增压柴油机采用中冷后，使进入气缸的空气温度降低，空气密度进一步提高，从而增加进入气缸的空气量，可以大大提高柴油机的功率并改善其经济性和热负荷。

中冷器的冷却介质有水、机油和空气。与此相应的有水对空中冷系统、油对空中冷系统和空对空中冷系统 3 种类型。

柴油机工作时，用于驱动涡轮增压器旋转的废气，温度高达 500℃～550℃，使得离心式压气机温度升高，经过压缩的空气温度会被加热至 130℃以上，如经过中间水冷却后，可使空气温度降至 110℃左右，使空气密度增加，使柴油机功率进一步提高。

思考与练习

一、填空题

1．柴油机中冷器的冷却介质有水、________和________。

2．提高柴油机功率最有效的措施是________和________。

二、简答题

1．输油泵的作用和类型有哪些？

2．活塞式输油泵的工作原理是什么？

3．中冷却器的作用和类型有哪些？

任务五　电控柴油机燃料供给系简介

相关知识

一、柴油机电子控技术的发展状况、优点及功能

1．柴油机电子控制技术发展状况

柴油机电控技术是在解决能源危机和排放污染两大难题的背景下，在飞速发展的电子控制技术平台上发展起来的。汽油机电控技术的发展为柴油机电控技术的发展提供了宝贵的经验。柴油机电子控制技术始于 20 世纪 70 年代，20 世纪 80 年代以来，英国卢卡斯公司，德国博世公司，奔驰公司，美国通用的底特律柴油机公司，康明斯公司，卡特彼勒公司，日本五十铃汽车公司及小松制作等都竞相开发新产品并投放市场，以满足日益严格的排放法规要求。

柴油机具备的高扭矩、高寿命、低油耗、低排放等特点，使柴油机成为解决汽车及工程机械能源问题最现实可靠的手段。因此柴油机的使用范围越来越广，数量越来越多。同时对柴油机的动力性能、经济性能、控制废气排放和噪声污染的要求也越来越高。依靠传统的机械控制喷油器系统已经无法满足上述要求，也难以实现喷油量、喷油压力和喷射正时完全按最佳工况运转的要求。近年来，随着计算机技术、传感器技术及信息技术的迅速发展，使电子产品的可靠性、成本、体积等各个方面都能满足柴油机进行电子控制的要求，并且电子控制燃油喷射很容易实现。

2．柴油机电控燃油喷射系统的优点

（1）改善低温起动性。电子控制系统能够以最佳的程序替代驾驶员进行各种麻烦的起动操作，使柴油机低温起动更容易。

（2）降低氮氧化合物的烟度排放。采用柴油机电控技术，可精确地将喷油量控制在不超过冒

烟界限的适当范围内，同时根据发动机工况调节喷油时刻，从而有效的抑制排烟。

（3）提高发动机运转稳定性。采用柴油机电控系统，无论负荷怎样增减，都能保证发动机怠速工况下以最低的转速稳定运转，有利于提高其经济性。

（4）提高发动机的动力性和经济性。柴油机电控系统中，ECU 根据传感器信号，精确计算喷油量和喷油正时，从而提高发动机的动力性和经济性。

（5）控制涡轮增压。采用电子控制技术可以对增压装置进行精确地控制。

（6）适应性广。只要改变 ECU 的控制系统和数据，一种喷油泵就能广泛用于各种柴油机，而且柴油机燃油喷射控制可与怠速控制等各种控制系统进行组合实现集中控制，有利于缩短柴油机电控系统开发周期，并降低成本，从而扩大柴油机电控系统的应用范围。

3．柴油机电控系统的功能

常见柴油机电控系统的功能如下。

（1）燃油喷射控制。燃油喷射控制主要包括：供（喷）油量控制、供（喷）油正时控制、供（喷）油速率控制和喷油压力控制等。

（2）怠速控制。柴油机的怠速控制主要包括怠速转速控制和怠速时各缸均匀性的控制。

（3）进气控制。柴油机的进气控制主要包括进气节流控制，可变进气涡流控制和可变配气正时控制。

（4）增压控制。柴油机的增压控制主要是由 ECU 根据柴油机转速信号、负荷信号、增压压力信号等，通过控制废气旁通阀的开度或废弃喷射器的喷射角度、增压器涡轮废弃进口截面大小等措施，实现对废弃涡轮增压器工作状态和增压压力的控制，以改善柴油机的扭矩特性，提高加速性能，降低排放和噪声。

（5）排放控制。柴油机的排放控制主要是废弃再循环（EGR）控制。ECU 主要根据柴油机的转速和负荷信号，按内存程序控制 EGR 阀开度，以调节 EGR 率。

（6）起动控制。柴油机起动控制主要包括供（喷）油量控制，供（喷）油正时控制和预热装置控制，其中供（喷）油量控制和供（喷）油正时控制与其他工况相同。

（7）巡航控制。带有巡航控制功能的柴油机电控系统，当通过巡航控制开关选定巡航控制模式后，ECU 即可根据车速信号等自动维持汽车以一定车速行驶。

（8）故障自诊断和失效保护。柴油机电控系统中也包含故障自诊断和失效保护两个系统。柴油机电控系统出现故障时，自诊断系统将点亮仪表盘上的“故障指示灯”，提醒驾驶员注意，并储存故障码，检修时可通过一定的操作过程调取故障码信息；同时失效保护系统起动相应保护程序，使柴油机能够继续保持运转或强制熄火。

（9）柴油机与自动变速器的综合控制。在装有电控自动变速器的柴油车上，将柴油机控制 ECU 和自动变速器控制 ECU 合为一体，实现柴油机与自动变速器的综合控制，以改善汽车的变速性能。

二、柴油机电控燃油喷射系统的基本原理和组成

1．柴油机电控燃油喷射系统的基本原理

采用电子控制燃油喷射及排放的燃油机即为电喷柴油机。电喷柴油喷射系统由传感器，ECU（计算机）和执行机构 3 部分组成。其任务是对喷油系统进行电子控制，实现对喷油量以及喷油定时随运行工况的实时控制。通过转速、油门踏板位置、喷油时刻、进气温度、进气压力、燃油温度、冷却液温度等传感器，将实时检测的参数输入计算机（ECU），与已储存的设定参数值或参数图谱进行比较，经过处理计算按照最佳值或计算后的目标值把指令送到执行器。执行器根据 ECU

指令控制喷油量（供油齿条位置或电磁阀关闭持续时间）、喷油正时（正时控制阀开闭或电磁阀关闭始点）、喷油压力和喷油规律，同时对废气再循环阀、预热塞等执行机构进行控制，使柴油机运行状态达到最佳。

2．柴油机电控燃油喷射系统的组成

如图 5-52 所示，柴油机电控燃油喷射系统除了控制喷油量外，对喷油正时和喷油的压力都有很高的要求（柴油机电控喷射系统的喷油压力较高约 19.6MPa）。各种柴油电控系统的区别在于控制功能、传感器的数量和类型、执行元件的类型、ECU 控制软件、主要电控元件的结构原理和安装位置，其基本组成与其他电子控制系统一致，也由传感器，ECU 和执行元件 3 部分组成。

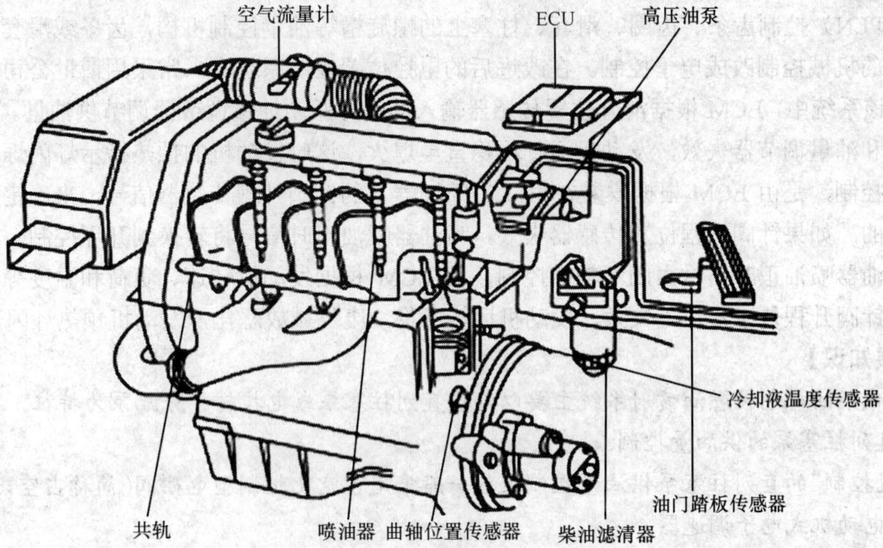

图 5-52　柴油机电控燃油喷射系统的组成

（1）传感器曲轴位置传感器、凸轮轴位置传感器、共轨压力传感器、冷却液温度传感器、空气流量计（含进气温度）、大气压力传感器、增压压力传感器、加速踏板位置传感器以及燃油含水率传感器（燃油滤清器下部）等。

（2）燃油机控制 ECU 根据各传感器输入信号和内存程序，计算出供（喷）油量和供（喷）油开始时刻，并向执行元件发出执行信号。

（3）执行元件执行 ECU 的指令，调节柴油机的供（喷）油量和供（喷）油正时。

三、柴油机电控燃油喷射系统的类型

柴油机电控技术发展的 3 个阶段是位置控制式，时间控制式，时间—压力控制式（压力控制）。

第一代柴油机电控燃油喷射系统（常规压力电控喷油系统）的特点：结构不需改动，生产继承性好，便于对现有柴油机进行升级换代。但系统影响慢，控制频率低，控制自由度小，控制精度不够高，喷油压力无法独立控制。

第二代柴油机电控燃油喷射系统（高压电控喷油系统）改变了传统燃油供给系统的组成和结构，主要以电控共轨（各缸喷油器共用一个高压油管）式喷油系统为特征，直接对喷油器的喷油量、喷油正时、喷油速率和喷油规律、喷油压力等进行“时间—压力控制”或“压力控制”。

其特点是通过设置传感器、电控单元、高速电磁阀和相关电液控制执行元件等，组成数字式高频调节系统，由电磁阀的通、断电时刻和通、断电时间控制喷油泵的供油量和供油正时。但其供油压力还无法独立控制。

1．位置控制式

它不改变传统的喷油系统的工作原理和基本结构，只是采用电控组件，代替调速器和供油提前器，对分配式喷油泵的油量调节套筒或柱塞式喷油泵的供油齿杆的位置，以及油泵主动轴和从动轴的相对位置进行调节，以控制喷油量和喷油定时。其优点是无须对柴油机的结构进行较大改动，生产继承性好，便于对现有机型进行技术改造；缺点是控制系统执行频率响应仍然较慢，控制频率低，控制精度不够稳定。由于其喷油率和喷油压力难于控制，而且不能改变传统喷油系统固有的喷射特性，因此很难较大幅度的提升喷射压力。在该系统中仍保留着喷油泵—高压油管—喷油器（PLN）控制齿条、齿圈、滑套、柱塞上的螺旋槽等油量控制机构，齿条或滑套的移动位置由原来的机械控制改成电子控制。在改进后的电控位置控制系统中，常采用博世公司的电控分配泵。在该系统中，ECM根据滑套位置传感器输入的信号驱动油量调节器调节供油量。若滑套位置传感器和油量调节器失效，发动机运行不稳直至熄火，这时发动机的预热指示灯闪烁。喷油器喷油正时控制，是由ECM根据安装在第3缸喷油器上的针阀升程传感器信号，来确定喷油器喷油正时点的。如果针阀升程位置传感器失效，喷油器喷油正时信号将转换到开环控制。在正常工作时，喷油器喷油正时信号由闭环功能控制，及ECM根据发动机转速、负荷和温度等信号进行控制。若针阀升程传感器信号失效，发动机运转不稳，废气排放恶化，发动机预热灯闪烁。

【拓展知识】

第一代柴油机电控燃油喷射系统主要以电控直列柱塞泵或电控转子分配泵为特征。

1．直列柱塞泵的供油量控制

“位置控制”的直列柱塞泵供油量控制装置一般采用占空比控制型电磁阀（简称占空比电磁阀）式或直流电动机式电子调速器。

2．转子分配泵的供油量控制

“位置控制”的转子分配泵供油量控制装置，一般采用转子式或占空比电磁阀式电子调速器。

日本杰克塞尔公司的COPEC，德国的EDR系统和美国卡特彼勒公司的PEEC系统等都属于位置控制的电控直列泵系统。日本电装公司的ecd-v1，德国博世公司的EDC和日本杰克塞尔公司的COVEC等都属于位置控制的电控分配泵系统。

一汽捷达轿车SDI电控柴油喷射系统，就是采用博世公司的EDC，即在VP37分配泵上实行位置控制式电控柴油喷射系统。

2．时间控制方式

供油量的“位置控制”特点是用模式量来控制执行元件工作，通过对喷油泵油量控制机构的定位来得到所需的供油量。不论采用何种类型的电子调速器，总是需要由部分机械装置来完成对喷油泵供油量的调节，也会降低控制精度和响应速度。所以继供油量“位置控制”之后出现了“时间控制”转子分配泵的供油量控制，在回油通道中安装一个由ECU控制的高速电磁阀来控制回油通道的开闭，也就实现了供油量的“时间控制”。“时间控制”的转子分配泵取消了油量控制滑套和泵油柱塞上的回油槽（或孔）。P-T喷油器的供油量控制，取消了原P-T燃油系统中结构复杂的调速器和喷油器中的计量装置，使燃油供给系统大为简化。

时间控制系统用高速强力电磁阀直接控制高压燃油，一般情况下，电磁阀关闭，开始喷油；电磁阀打开，喷油结束。喷油始点取决于电磁阀关闭时刻，喷油量取决于电磁阀关闭的持续时间。

传统喷油泵中的齿条、滑套、柱塞上的斜槽和提前期等全部取消，对喷射定时和喷射量控制的自由度更大。时间控制系统又有电控单体式喷油器系统和电控单体泵系统两类。

3．时间—压力控制方式

第二代柴油机电控燃油控制喷射系统中最典型的是电控共轨式燃油喷射系统。在电控共轨式燃油喷射系统中，对喷油量的控制采用"时间—压力控制"或"压力控制"，用得最多的是"时间—压力控制"方式。

在该系统中，ECU 控制供油压力调节阀使喷油器的喷油压差保持不变，再通过控制三通电磁阀工作实现喷油量和喷油正时的控制。电磁通电开始时刻决定了喷油开始的时刻，其通电时间决定喷油量。

高压共轨系统是时间—压力控制式喷油系统，其燃油喷射压力与发动机转速无关，即喷射压力的产生和喷射过程互相分开。在该系统中，高压油泵（柱塞泵和分配式油泵）把高压燃油输送到高压蓄压器（公共油轨），油轨内的高压燃油通过燃油分配器，按发动机喷油顺序，将高压燃油输送到喷油器，喷油器内电磁阀根据 ECM 指令断开回油通路，高压燃油克服喷油器内弹簧预紧力而开始喷油，最高喷射压力可达 135MPa 以上。

高压共轨改变了传统的柱塞泵脉动供油的原理，通过油锤响应、液力增压、共轨蓄压或者高压共轨等形式形成高压。采用时间—压力式燃油计量原理，用电磁阀控制喷射过程，可以实现对喷射油量和喷射定时的灵活控制。

高压共轨系统利用较大的共轨腔将油泵输出的高压燃油蓄积起来，并消除燃油中的压力波动，然后再输送给每个喷油器，通过控制喷油器上的电磁阀实现喷射的开始和终止。其主要特点可以概述如下。

（1）共轨腔内的高压直接用于喷射，可以省去喷油器内的增压机构；而且共轨腔是持续高压，高压油泵所需的驱动力矩比传统的油泵小得多。

（2）通过高压油泵上的压力调节电磁阀，可以根据发动机负荷状况以及经济性和排放性的要求对共轨腔内的油压进行灵活调节，尤其优化了发动机的低速性能。

（3）通过喷油器上的电磁阀控制喷射定时，喷射量以及喷射速率，还可以灵活调节不同工况下预喷射和后喷射的喷射量以及与主喷射的间隔。

按共轨压力的高低，共轨系统分为高压共轨和中压共轨两种。

高压共轨系统：高压输油泵直接产生高压燃油后，输送至共轨中消除压力的脉动，再分送到各喷油器。当电子控制装置按需要发出指令信号后，高速电磁阀迅速打开或关闭，进而控制喷油器工作，即按设定的要求喷出或停喷高压燃油。

中压共轨系统：中压输油泵将中压燃油输送到共轨中消除压力的脉动，再分送至带有增压柱塞的喷油器中；当高速电磁阀开关阀接收到电子控制装置发送的指令信号后，就迅速开启或关闭，从而控制燃油器工作，随即通过高压柱塞的增压作用，将从共轨中来的中压燃油加压至高压后喷出或停喷。中压共轨系统又包括共轨蓄压式和共轨液压式，共轨蓄压式的控制油和喷射油均来自共轨管；而共轨液压式的控制油来自共轨管，喷射油来自燃油输油泵，所以该系统的控制油和喷射油可以采用不同物质。

4．压力控制方式

在后期开发的柴油机电控共轨式燃油喷射系统中，为降低对供油压力的要求，喷油量的控制采用控制喷油压力的方法实现，即喷油量的"压力控制"方式。

喷油器喷孔尺寸一定，喷油时间一定，控制喷油器压力即可控制喷油量。而在增压活塞和柱塞尺寸一定时，喷油压力（即增压压力）取决于共轨中的油压，共轨中的油压是由 ECU 根据各种传感器信号通过燃油压力调节阀来控制的，所以将此种喷油量控制方式称为“压力控制”方式。在系统中，ECU 根据实际的共轨压力信号对共轨压力进行闭环控制。

四、高压共轨柴油喷射系统的原理

在汽车柴油机中，高速运转使柴油喷射过程的时间只有千分之几秒。实验证明，喷射过程中高压有关各处的压力是随时间和位置的不同而变化的。由于柴油的可压缩性和高压油管中柴油的压力波动，使实际的喷油状态与喷油泵所规定的柱塞供油规律有较大的差异。油管内的压力波动有时还会在主喷射之后使高压油管内的压力再次上升，达到令喷油器的针阀开启的压力，将已经关闭的针阀重新打开，产生二次喷油现象。由于二次喷油不可能完全燃烧，于是增加了烟度和碳氢化合物（HC）的排放量，油耗增加。此外，每次喷射循环后高压油管内的残余压力都会发生变化，随之引起不稳定的喷射，尤其在低转速区域容易产生上述现象，严重时不仅喷油不均匀，而且会发生间歇性不喷射现象。为了解决柴油机这个燃油压力变化的缺陷，现代柴油机采用了一种称为“共轨”的技术。

高压共轨电控喷射系统是指由高压油泵、压力传感器和 ECU 组成的闭环系统中，将喷射压力的产生和喷射过程彼此完全分开的一种供油方式，由高压油泵把高压燃油输送到公共供油管，通过对公共供油管的油压实现精确控制，使高压油管压力大小与发动机的转速无关，可以大幅度减小柴油机供油压力随发动机转速的变化，因此减少了传统柴油机的缺陷。ECU 控制喷油器的喷油量，喷油量的大小取决于共轨管（公共供油管）压力和电磁阀开启时间的长短。

高压共轨电控柴油喷射系统，通过共轨直接或间接地形成恒定的高压燃油分送到每个喷油器，并借助于集成在每个喷油器上的高速电磁阀的开启与闭合，定时定量地控制喷油器喷射至柴油机的燃烧室的油量，从而保证柴油机达到最佳的燃烧比和良好的雾化，以及最佳的点火时间、足够的着火能量和最少的污染排放。

低压燃油泵将燃油输入高压油泵，高压油泵将燃油加压送入高压油轨，高压油轨中的压力由电控单元根据油轨压力传感器测量的油轨压力以及需要进行调节高压油轨内的燃油经过高压油管，根据柴油机的运行状态，由电控单元从预设的图谱中确定合适的喷油定时、喷油持续期由电液控制的电子喷油器将燃油喷入气缸。

五、高压共轨电控柴油喷射系统的构成

高压共轨电控柴油喷射系统基本组成如图 5-53 所示，主要由低压油路、高压油路、传感与控制几部分组成。

1. 低压油路

低压油路由燃油箱、柴油粗滤器、电动输油泵和柴油细滤器等组成，其作用是产生低压柴油，输往高压泵。其主要组成部件如图 5-54 所示。

（1）燃油箱。燃油箱必须抗腐蚀，且至少能承受 2 倍的实际工作油压，并在不低于 0.03MPa 压力的情况下仍保持密封，如果油箱出现超压，需经过适当的通道和安全阀自动卸压。如果车辆发生倾斜，或在弯道行驶，甚至发生碰撞时，燃油会从加油口或压力平衡装置中流出。同时，燃油箱必须要远离发动机，这样在车辆发生交通事故时，可减小发生火灾的危险。

（2）低压油管低压供油部分，除采用钢管外还可使用阻燃的包有钢丝编织层的柔性管。油管的布置必须能够避免机械损伤，并且在其上滴落的燃油既不能聚积，也不会被引燃。

（3）输油泵。输油泵的任务是在任何工况下，为燃油提供所需的压力，并在整个使用寿命期内，向高压泵提供足够的燃油。

目前输油泵有两种类型，即电动输油泵（滚子叶片泵）和机械驱动的齿轮泵。

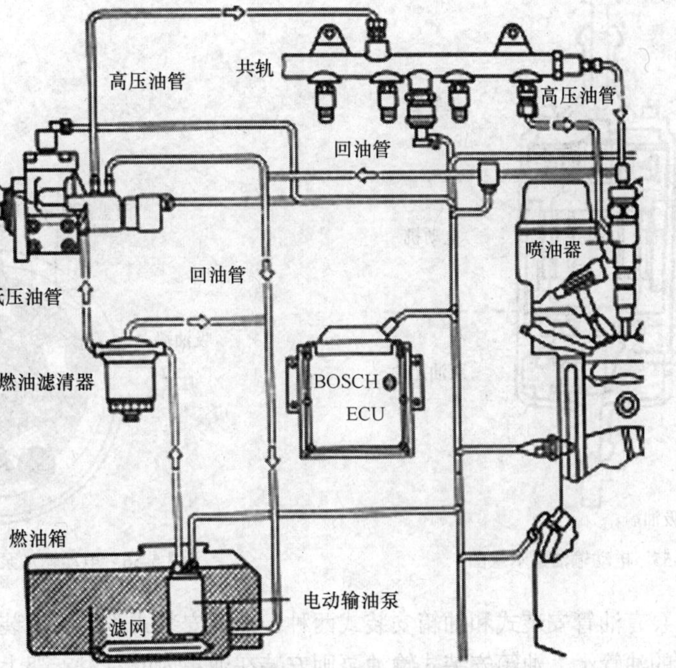

图 5-53 高压共轨电控柴油喷射系统

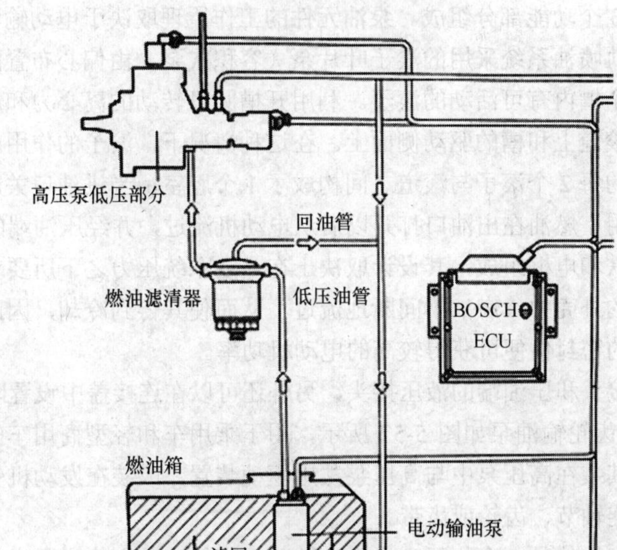

图 5-54 低压部分

① 电动输油泵。如图 5-55 和图 5-56 所示，这种输油泵主要用于乘用车和轻型商用车。除了向高压泵输送燃油外，电动输油泵在监控系统中还起到了在必要时中断燃油输送的作用。

发动机起动过程开始时，电动输送泵就开始运行，且不受发动机转速影响。电动输油泵持续从油箱中抽取燃油，经燃油滤清器送往高压泵，多余的燃油经溢流阀流回油箱。其具有安全电路，可防止在停机时向发动机输送燃油。

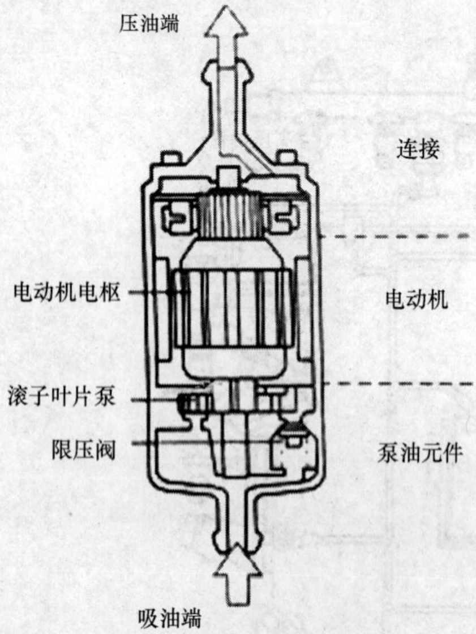

图 5-55 电动输油泵示意图

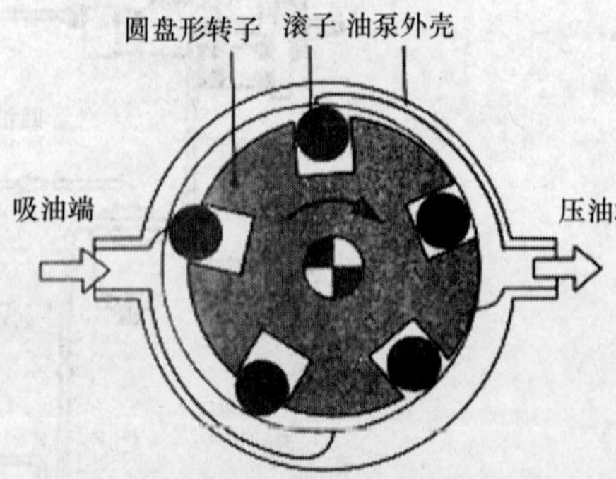

图 5-56 电动输油泵的滚子叶片泵示意图

电动输油泵有油管安装式和油箱安装式两种。油管安装式输油泵安装在车辆底盘上油箱与燃油滤清器之间的油管上。油箱安装式输油泵则安装在油箱内的专用支架上，其总成通常还包括吸油端的吸油滤网，油位显示器，储油罐以及与外部连接的电气和液压接头。电动输油泵由泵油元件，电动机和连接盖 3 个功能部分组成。泵油元件的工作原理取决于电动输油泵的应用领域，有多种型号。乘用车共轨喷油系统采用的滚子叶片泵（容积式泵）由偏心布置的内腔和在其中转动的开槽圆盘构成，每个槽内有可活动的滚子。利用开槽圆盘转动的离心力和燃油压力的作用，滚子紧压在外侧的滚子滚道上和槽的驱动侧面上。在这种情况下，滚子的作用就好比是做圆周运动的密封件。开槽圆盘的每 2 个滚子与滚道之间构成了 1 个腔室，当进油口关闭，腔室容积不断缩小时，便产生泵油作用，燃油在出油口打开以后从电动机流过，并经压油端的连接盖输出。

电动机由永久磁铁和电枢组成，其设计取决于在一定系统压力之下所要求的供油量。电动机和泵油元件装在共用的外壳中，燃油不间断地流过，从而使其得到冷却，因此无需在泵油元件与电动机之间设置复杂的密封件便可获得较高的电动机功率。

连接盖包含电气接头和压油端的液压接头，另外还可以在连接盖中设置防干扰装置。

② 齿轮输油泵。齿轮输油泵如图 5-57 所示，用于乘用车和轻型商用车的共轨喷油系统中，向高压泵输送燃油。其装在高压泵中与高压泵共用驱动装置，或装在发动机旁配有单独的驱动装置。驱动装置一般为连轴节、齿轮或齿带。

齿轮输出泵的基本构件是 2 个相互啮合反向转动的齿轮，它们将齿隙中的燃油从吸油端送往压油端。齿轮的接触线将吸油端和压油端互相密封以防止燃油倒流。其输油量与发动机转速成正比，因此输油量的调节借助于吸油端的节流调节阀或压油端的溢流阀进行。

齿轮泵在工作期间无需保养。为了在第一次起动时或燃油箱放空后排空燃油系统中的空气，可在齿轮泵或低压管路上装配手动泵。

（4）燃油滤清器。燃油中的杂质可能使泵油元件、出油阀和喷油嘴损坏，因此使用满足喷油系统要求的燃油滤清器是保证发动机正常工作和延长使用寿命的前提条件。通常燃油中会含有化合形态（乳浊液）或非化合形态（温度变化引起的冷凝水）的水。如果这些水进入喷油系统，会对其产生腐蚀并造成损坏，因此，与其他喷油系统一样，共轨喷油系统也需要带有集水槽的燃油滤清器，如图 5-58 所示，每隔适当时间必须将水放掉。随着乘用车采用柴油机数量的增加，自动水报警装置的使用也在不断增加。当系统必须将水排出时，该装置的报警灯就会闪亮。对于那些燃油中含水量较高的国家，装用这种装置是必需的。

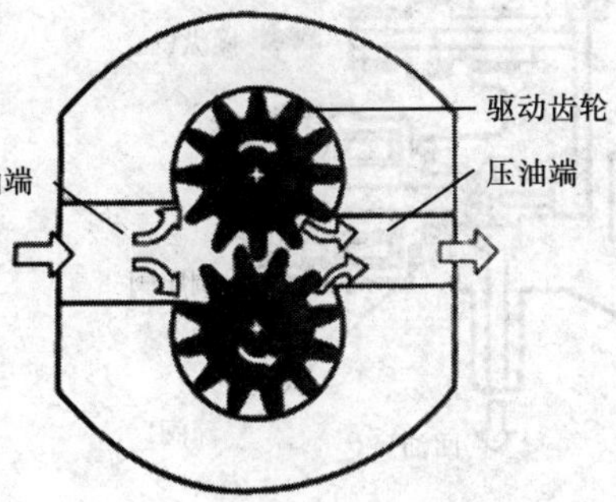

图 5-57　齿轮输油泵示意图

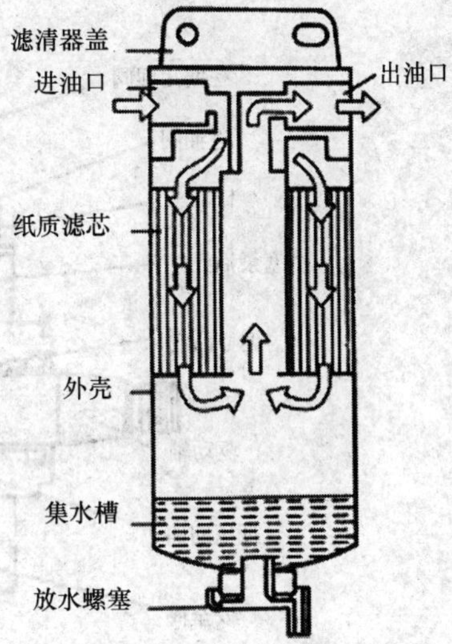

图 5-58　燃油滤清器

2．高压油路

如图 5-59 所示，高压油路由喷油泵、调压阀、高压油管、高压存储器（共轨管）、流量限制器、限压阀和电控喷油器等组成。其基本作用是产生高压（160MPa 左右）柴油。

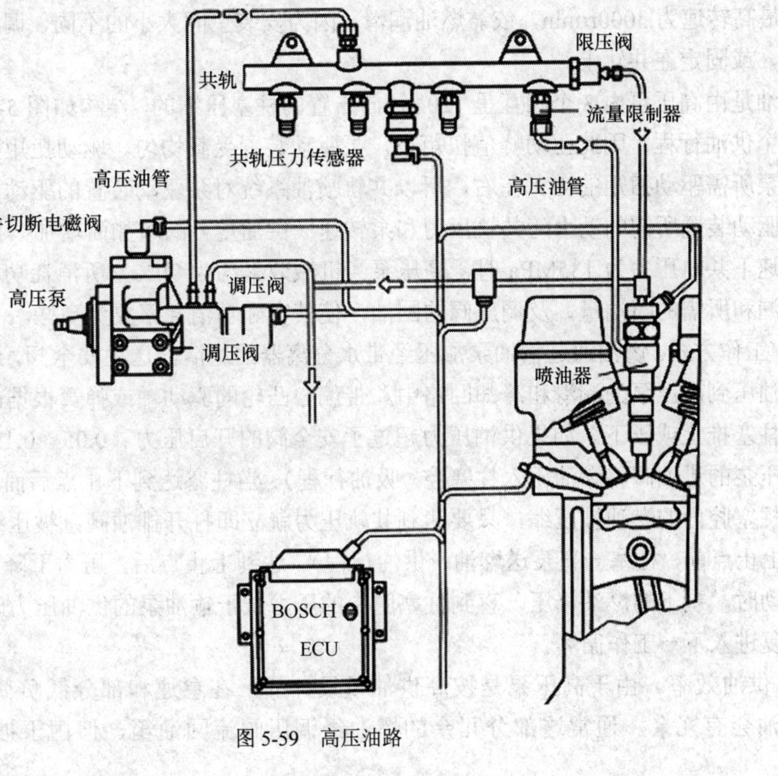

图 5-59　高压油路

（1）高压泵。

① 任务。高压泵结构图如图 5-60 所示，位于低压部分和高压部分之间，它的任务是在车辆所有工作范围和整个使用寿命期间，在共轨系统中压力迅速升高是所需的燃油储备。

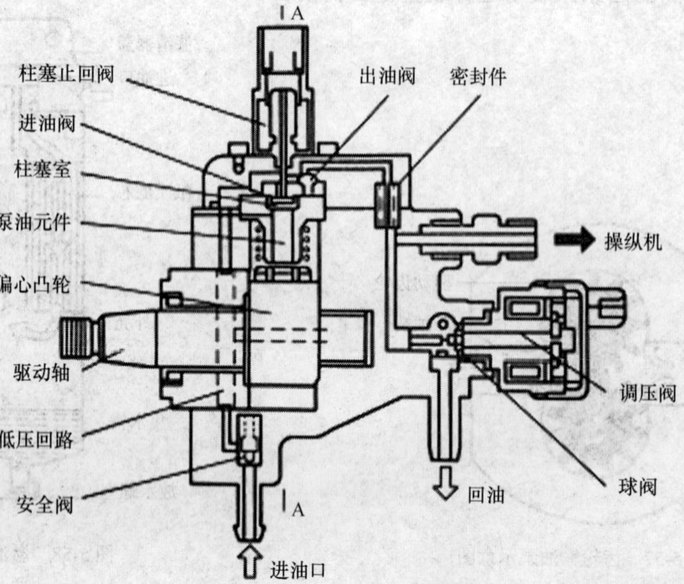

图 5-60 高压泵纵剖面示意图

② 结构。高压泵通常像普通分配泵那样装在柴油机上，以齿轮、链条或齿形皮带连接在发动机上，最高转速为 3000r/min，依靠燃油润滑。因为安装空间大小的不同，调压阀通常直接装在高压泵旁，或固定在共轨上。

燃油是由高压泵内 3 个相互呈 120° 径向布置的柱塞压缩的，结构如图 5-61 所示。由于每转 1 圈有 3 个供油行程，因此驱动峰值扭矩小，泵驱动装置受载均匀。驱动扭矩为 16N·m 仅为同等级分配泵所需驱动扭矩的 1/9 左右，所以共轨喷油系统对泵驱动装置的驱动要求比普通喷油系统低，泵驱动装置所需的动力随共轨压力和泵转速（供油量）的增加而增加。排量为 2L 的柴油机，额定转速下共轨压力为 135MPa 时，高压泵（机械效率约为 90%）所消耗功率为 3.8kW。喷油嘴中的泄漏和所需的喷油量，及调压阀的回油，使其实际功消耗率要更高些。

③ 工作方式。燃油通过输油泵加压经带水分离器的滤清器送往安全阀，通过安全阀上的节流孔将燃油压到高压泵的润滑和冷却回路中。带偏心凸轮的驱动轴或弹簧根据凸轮形状相位的变化而将泵柱塞推上或压下。如果供油压力超过了安全阀的开启压力（0.05～0.15MPa），则输油泵可通过高压泵的进油阀将燃油压入柱塞腔（吸油行程）。当柱塞达到下止点后而上行时，则进油阀被关闭，柱塞腔内的燃油被压缩，只要达到共轨压力就立即打开排油阀，被压缩的燃油进入高压回路。到上止点前，柱塞一直泵送燃油（供油行程）。达到上止点后，压力下降，排油阀关闭。柱塞向下运动时，剩下的燃油降压，直到柱塞腔中的压力低于输油泵的供油压力时，吸油阀再次被打开，重复进入下一工作循环。

④ 供油效率。由于高压泵是按高供油量设计的，在怠速和部分低负荷工作状态下，被压缩的燃油会有冗余。通常这部分冗余的燃油经调压阀流回油箱，但由于被压缩的燃油在调压

阀出口处压力降低，压缩的能量损失而转变成热能，使燃油温度升高，从而降低了总效率。若泵油量过多，使柱塞泵空，切断供应高压燃油可使供油效率适应燃油的需要量，可部分补偿上述损失。

柱塞被切断供油时，送到共轨中的燃油量减少。因为在柱塞偶件切断电磁阀时，装在其中的衔铁销将吸油阀打开，从而使供油行程中吸入柱塞腔中的燃油不受压缩，又流回到低压油路，柱塞腔内不增加压力。柱塞被切断供油后，高压泵不在连续供油，而是处于供油间歇阶段，因此减少了功率消耗。高压泵的供油量与其转速成正比，而高压泵的转速取决于发动机的转速。喷油系统装配在发动机上时，其传动比的设计一方面要减少多余的供油量，另一方面又要满足发动机全负荷时对燃油的需要。可选取的传动比通常为 1∶2 和 2∶3，具体视曲轴而定。

（2）调压阀。

① 任务。调压阀的任务是根据发动的负荷状况调整和保持共轨中的压力。共轨压力过高时，调压阀打开，一部分燃油经回油管返回油箱；共轨压力过低时，调压阀关闭，高压端对回油管封闭。

② 结构。调压阀结构如图 5-62 所示，有安装法兰，用以固定在高压泵或共轨上。衔铁销将钢球压在密封座上，以使高压端对低压端密封。一方面弹簧将衔铁销往下压，另一方面电磁线圈还对衔铁销有作用力。为进行润滑和散热，整个电磁阀周围都有燃油流过。

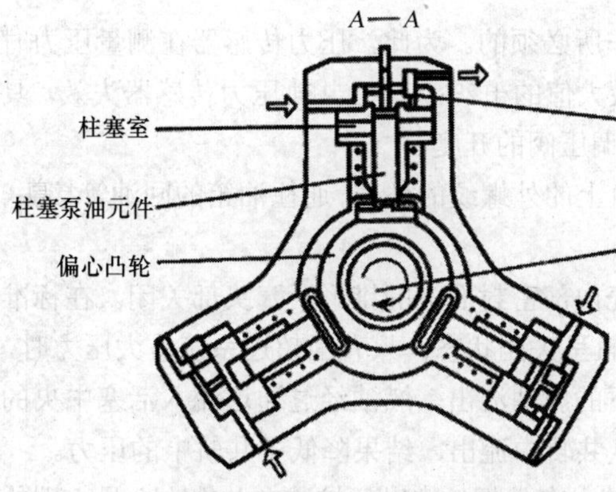

图 5-61 三缸径向柱塞型高压油泵

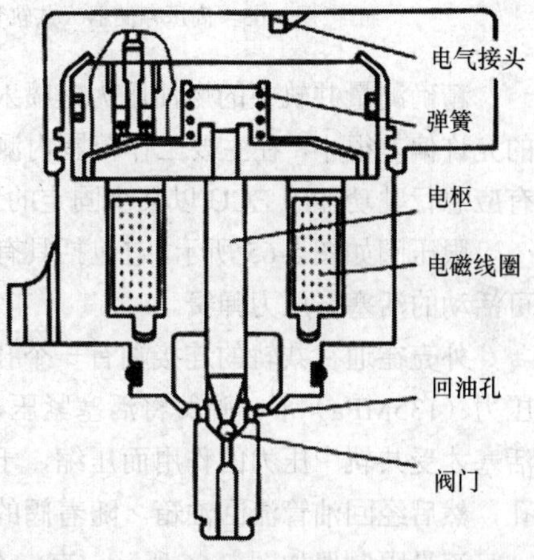

图 5-62 调压阀

③ 工作方式。调压阀有 2 个调节回路：低速电调节回路，用于调节共轨中可变化的平均压力值；高速机械液压调节回路，用于补偿高频压力波动。

共轨或高压泵出口处的高压燃油通过高压油进口作用在调节阀上。由于无电流的电磁线圈不产生作用力，燃油的高压力大于弹簧力，调节阀打开。根据供油量的大小，调节阀调整打开的开度。该弹簧是按最大压力约 10MPa 设计的。

如果要提高高压回路中的压力，就必须在弹簧力的基础上再建立电磁力。当电磁力和弹簧力与燃油高压力达到平衡时，调节阀停留在某个开启位置，燃油压力保持不变。泵油量的变化和燃油从喷射器中喷出时，调压阀通过不同的开度予以补偿。电磁阀的电磁力与控制电流成正比，而控制电流的变化通过脉宽调制来实现。脉宽的调制频率为 1kHz，可避免衔铁销的运动干扰共轨中的压力波动。

（3）高压存储器（共轨管）。其作用是存储高压油，保持压力稳定。它的结构如图 5-63 所示，共轨管上安装有压力传感器、限压阀和流量限制器。

共轨压力传感器结构如图 5-64 所示，用螺纹紧固在共轨管上，其内部的压力传感膜片感受共轨压力，当有共轨燃油压力引起膜片形状发生变化（150MPa 时约为 1mm）时，其上的电阻值会随之变化，并在用 5V 供电的电阻电桥中产生电压变化。根据燃油压力的不同，电压在 0～70mV 之间变化，并由求值电路放大到 0.5～4.5V，传至 ECU 进行控制。

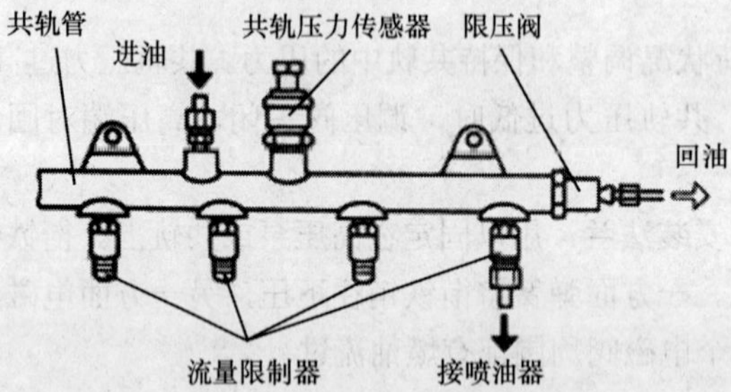

图 5-63 高压存储器（共轨管）

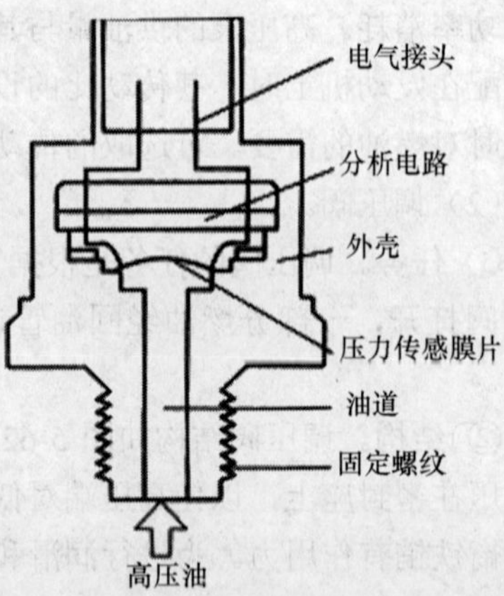

图 5-64 共轨压力传感器

精确测量共轨中的燃油压力是喷射系统正常工作所必须的。为此，压力传感器在测量压力时的允许偏差很小，在主要工作范围内测量精度约为最大值的±2%。一旦共轨压力传感器失效，具有应急行驶功能的 ECU 以某个固定的预定值来控制调压阀的开度。

限压阀如图 5-65 所示，它包括具有便于拧在共轨上的外螺纹的外壳、通往油箱的回油管接头、可活动的活塞、压力弹簧。

外壳在通往共轨的连接端有一个孔，此孔被外壳内部密封面上的锥形活塞头部关闭。在标准压力（135MPa）下，弹簧将活塞紧压在座面上，共轨呈关闭状态。只有当超过系统最大压力时，活塞才受共轨中压力的作用而压缩，于是处于高压下的燃油流出。燃油经过通道流入活塞中央的孔，然后经回油管流回油箱。随着阀的开启，燃油从共轨中流出，结果降低了共轨中的压力。

流量限制器如图 5-66 所示，有一个金属外壳，其上有外螺纹，以便拧装在共轨上，另一端的外螺纹用来拧入喷油器的进油管。外壳两端有孔，与共轨或喷油器进油管建立液压连接。作用是防止喷油器出现持续喷射。

流量限制器的功能：正常工作状态，活塞处在静止位置，即在共轨端的限位件上。一次喷油后，喷油器端的压力下降，活塞向喷油器方向运动。活塞压下的容积补偿了喷油器喷出的燃油容积。在喷油终止，活塞停止运动，不关闭密封座面，弹簧将活塞推回到静止位置，燃油经节流孔流出。

泄油量过大的故障工作状态：由于流过的油量大，活塞从静止位置被推向出油端的密封座面，一直到发动机停机时靠到喷油器端的密封座面上，从而关闭通往喷油器的进油口。

泄油量过小的故障工作状态：由于产生泄油，活塞不再能达到静止位置。经过几次喷油后，活塞向出油处的密封座面移动，并停留在一个位置上，一直到发动机停止时靠到喷油器端的密封座面上，从而关闭通往喷油器的进油口。

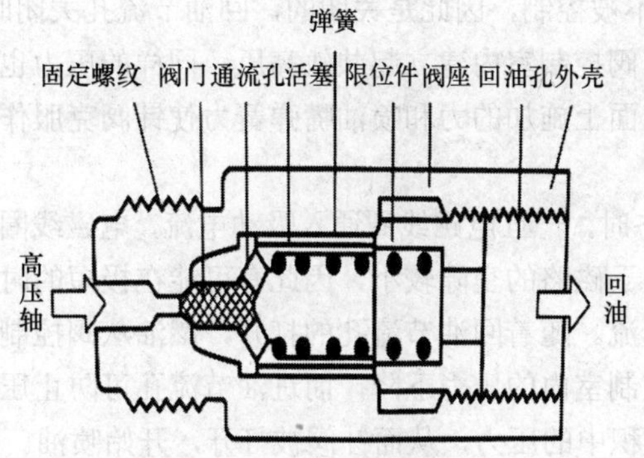

图 5-65　限压阀

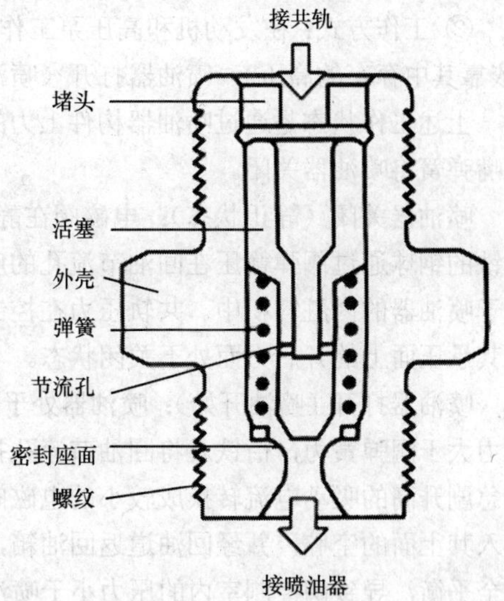

图 5-66　流量限制器

(4）电控喷油器。

① 任务：喷油始点和喷油量用电子控制的喷油器调整，它代替了普通喷油系统中的喷油嘴和喷油器总成。

与直喷式柴油机中的喷油器体相似，喷油器用卡夹装在气缸盖中。共轨喷油器在直喷式柴油机中的安装不需要气缸盖在结构上有很大改变。

② 结构：喷油器由孔式喷油嘴，液压伺服系统，电磁组件构成。

如图 5-67 所示，燃油从高压接头经进油通道送往喷油器，并经过进油节流孔进入阀控制室，而阀控制室经由电磁阀控制的回油节流孔与回油孔相通。

出油节流孔在关闭状态时，作用在阀控制活塞上的液压力大于作用在喷油嘴针阀承压面上的力，喷油嘴针阀被压在其作面上，紧紧关闭通往喷油孔的高压通道，因而没有燃油喷入燃烧室。

电磁阀动作时，打开回油节流孔，阀控制室内的压力下降，只要作用在阀控制活塞上的液压力小于作用在喷油嘴针阀承压面上的力，喷油嘴针阀立即打开，燃油经过喷孔喷入燃烧室。由于电磁阀不能直接产生迅速关闭针阀所需要的力，因此采用液力放大系统间接控制喷油嘴针阀，其间除喷入燃烧室的燃油量之外，附加的控制油量经控制室的回油节流孔进入回油通道，此外还有针阀导向和阀活塞导向部分的泄油。这种控制油量和泄油量经集油管（溢流阀，高压泵和调压阀与集油管接通）的回油通道返回油箱。

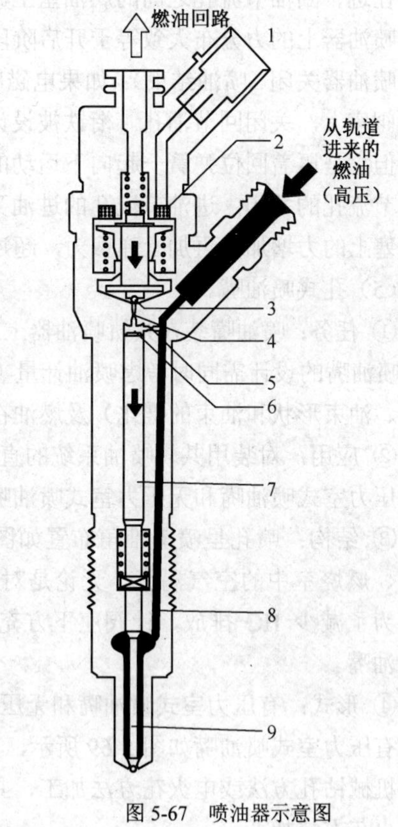

图 5-67　喷油器示意图

1—电插头；2—电磁阀；3—回油阀；4—回油量孔
5—进油量孔；6—阀控制室；7—阀控制柱塞；
8—到喷油器的反馈通道；9—喷油器针阀

③ 工作方式：在发动机和高压泵工作时，喷油器的功能可分为 4 个工作状态，即喷油器关闭（依靠其中存有的高压），喷油器打开（喷油开始）、喷油器完全打开，喷油器关闭（喷油结束）。

上述工作状态是通过喷油器构件上力的分配产生的，发动机不工作和共轨中没有压力时，喷油嘴弹簧将喷油器关闭。

喷油器关闭（静止状态）：电磁阀在静止状态不被控制，因此是关闭的，回油节流孔关闭时，衔铁的钢球通过阀弹簧压在回油节流孔的座面上。阀控制室内建立起共轨高压，同样的压力也存在于喷油器的内脏容积中。共轨压力在控制柱塞端面上施加的力和喷油嘴弹簧力使针阀克服作用在其承压面上的开启力而处于关闭状态。

喷油器打开（喷油开始）：喷油器处于静止状态时，一旦电磁线圈通入吸动电流，电磁线圈的吸力大于阀弹簧力，衔铁就将回油节流孔打开。由于磁路的空隙较小，因此有可能在极短的时间内急剧升高的吸动电流转换成较小的电磁阀保持电流。随着回油节流孔的打开，燃油从阀控制室流入其上面的空腔，并经回油道返回油箱，使阀控制室内的压力下降，而进油节流孔可防止压力完全平衡，导致阀控制室内的压力小于喷油嘴内容积中的压力，从而针阀被打开，开始喷油。

针阀的开启速度取决于进、回油节流孔之间的流量差。控制柱塞达到其上极限位置并在该处固定在进、回油节流孔之间的燃油垫上。此时喷油器完全被打开，燃油以近似共轨压力喷入燃烧室。喷油器上的力分布大致等于开启阶段中的力分布。

喷油器关闭（喷油结束）：如果电磁阀控制电流结束，则衔铁在阀弹簧力的作用下向下将铁球压在阀座上，关闭回节油孔。衔铁被设计成由两部分组合，虽然衔铁盘由衔铁捎带着一起向下运动，但它是压着回位弹簧一起向下运动的，因此衔铁和铁球的落座没有较大的向下冲击力。由于回油节流孔的关闭，进油节流孔的进油又使控制室中建立起与共轨中相同的压力，从而使压在控制活塞上的力增加，再加上弹簧力，超过了喷油嘴内容积中的液压力，于是针阀关闭。

（5）孔式喷油嘴。

① 任务：喷油嘴装在共轨喷油器上，承担着针阀体的功能，喷油嘴必须与柴油机进行很好匹配。喷油嘴的设计需同时考虑喷油计量（喷油持续期和每度曲轴转角的喷油量）、燃油准备（油束数量、油束形状和油束的雾化）及燃油在燃烧室内的分布、对燃烧室密封等因素。

② 应用：对装用共轨喷油系统的直喷式柴油机，使用针阀直径为 4mm 的 P 系列孔喷油嘴，它有压力室式喷油嘴和无压力室式喷油嘴两种形式。

③ 结构：喷孔呈喷雾锥角布置如图 5-68 所示，而喷孔数量与直径取决于喷油量、燃烧室形态、燃烧室中的空气涡流。无论是对有压力室式喷油嘴还是无压力室式喷油嘴，都可将喷油嘴。为了减少 HC 排放，针阀座下方充满燃油的容积（压力室）应尽可能小，最好使用无压力式喷油嘴。

④ 形式：有压力室式喷油嘴和无压力室式喷油嘴。

有压力室式喷油嘴如图 5-69 所示，其喷孔布置位置在压力室中。喷油嘴头部为圆形时，喷孔采用机械钻孔方法或电火花方法加工，具体视设计而定。头部为锥形的有压力室式喷油嘴一般采用电火花方法加工。

目前提供的有压力室式喷油嘴的压力室形状有圆柱形压力室和锥形压力室。带圆柱形压力室和球形头部的有压力室喷油嘴，由一个圆柱形部分和一个半球形部分组成压力室形状，在喷孔数量、喷孔长度和喷孔夹角方面具有高度的设计灵活性。喷油嘴头部也呈半球形，从而保证能得到均匀的喷孔长度。

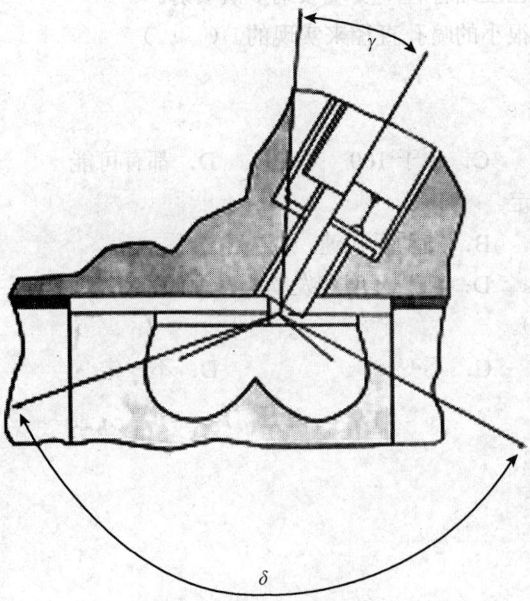

γ-喷油嘴倾斜角；δ-喷雾锥角

图 5-68 喷雾锥角

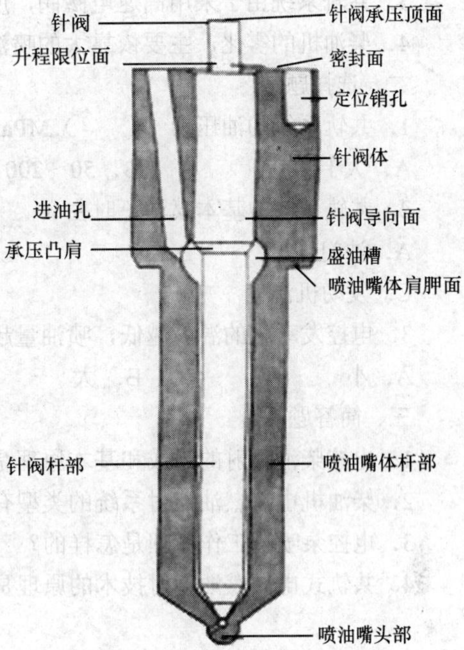

图 5-69 有压力室式喷油嘴

与带圆柱形压力室的喷油嘴相比，带锥形压力室喷油嘴的压力室容积较小，其容积处于无压力室式喷油嘴和圆柱形压力室喷油嘴之间。为了得到均匀的头部壁厚，头部相应于压力室也设计成锥形。

无压力室喷油嘴：为了使压力室容积最小，从而使 HC 排放量最少，喷孔起端位于针阀体的锥形座面中，并在喷油嘴关闭时被针阀封住。这样，压力室与燃烧室之间没有直接连接如图 5-70 所示，与压力室式喷油嘴相比，压力室容积要小得多。

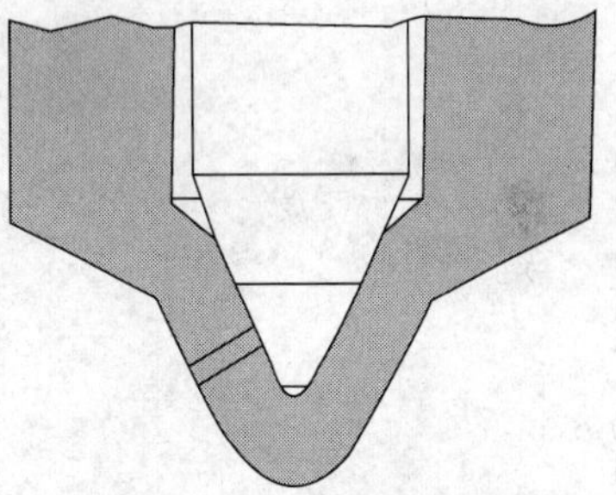

图 5-70 无压力室式喷油嘴

无压力室式喷油嘴的最大承载能力比有压力室式喷油嘴明显要低，因此它仅用在 P 型孔式喷油嘴和喷孔长度为 1mm 的喷油嘴上。考虑到强度，喷油嘴头部形状做成锥形。喷孔通常用电火花法加工。

3．传感与控制部分

传感与控制部分包括传感器、控制单元（ECU）和执行机构。

思考与练习

一、判断题

1．电控柴油机因为油耗低而被广泛用于汽车上。（ ）

2．共轨系统的油压随着发动机转速的不同可以不同。（ ）

3．共轨系统由于采用高速电磁阀，所以可以在压缩行程中实现吸纳多次喷射。（ ）

4．柴油机的雾化，主要依靠大的喷油压力和很小的喷孔直径来实现的。（ ）

二、选择题

1．共轨系统的油压为（ ）MPa。

A．大于 200　　B．50～200　　C．小于 100　　D．都有可能

2．共轨系统的基本喷油正时由（ ）来确定。

A．油门开度　　B．发动机转速

C．发动机温度　　D．油门开度和发动机转速

3．电控发动机的温度越低，喷油量越（ ）。

A．小　　B．大　　C．不变　　D．不一定

三、简答题

1．电控柴油喷射的组成和基本原理是什么？

2．柴油机电控燃油喷射系统的类型有哪些？

3．电控泵喷嘴工作原理是怎样的？

4．共轨式电控燃油喷射技术的原理是什么？

项目六 6 发动机冷却系

知识目标

- ◎ 掌握发动机冷却系的功用、结构及工作原理。
- ◎ 掌握发动机冷却系的拆装及检修方法。

能力目标

- ◎ 能正确描述发动机冷却系的基本构造名称。
- ◎ 能对冷却系主要机件进行拆卸、装配。

任务一 发动机冷却系概述

相关知识

一、冷却系的作用

冷却系统的主要功用是把受热零件吸收的部分热量及时散发出去，保证发动机在最适宜的温度状态下工作。冷却系统按照冷却介质不同可以分为风冷和水冷，把发动机中高温零件的热量直接散入大气而进行冷却的装置称为风冷系统；而把这些热量先传给冷却水，然后再散入大气而进行冷却的装置称为水冷系统。由于水冷系统冷却均匀，效果好，而且发动机运转噪音小，目前汽车发动机上广泛采用的是水冷系统。

汽车发动机是由热能转变为机械能的机器。然而，发动机仅用了热能的三分之一，其余的热量大部分为排气所带走，剩余的则被发动机零部件吸收。因此发动机的冷却必须适度。如果发动机冷却不足，由于气缸充气量减少和燃烧不正常，发动机功率下降，且发动机零件也会因润滑不良而加速磨损。但如果冷却过度，则一方面由于热量散失过多，使转变为有用功的热量减少，而另一方面由于混合气与冷气缸壁接触，使其中原已汽化的燃油又凝结并流到曲轴箱，使磨损加剧。

二、冷却系统的类型

汽车发动机常见的冷却方式有两种，即水冷却和风冷却。大多数发动机采用水冷却。

1．风冷却系统

风冷却系统利用高速流动的空气直接吹过气缸盖和气缸体表面，把热量散发到大气中去，保证发动机在最有利的范围内工作。

风冷却系统一般是由风扇、导流罩、散热片、气缸导流罩、分流板组成的，如图 6-1 所示。目前，风冷发动机气缸盖大多用导热性良好的铝合金铸造，气缸和气缸盖的表面均布了散热片，它与气缸体或气缸盖铸成一体，气缸盖和气缸体上部的散热片也比气缸体下部的长一些，这样可以加强冷却。在某些多缸发动机中，为了缩短发动机的总长度，将气缸上下部分的散热片都做成一样长，但需用加大流经气缸上部的空气流量的方法加强冷却。为了更有效地利用空气流加强冷却，安装有导流罩，为了保证各缸冷却均匀，安装有分流板，考虑到各气缸背风面冷却的需要，在有些发动机上还装有气缸导流罩。采用风冷系的发动机，铝材料的气缸壁的允许温度为 150℃～180℃，铝材料的气缸盖的允许温度为 160℃～200℃。

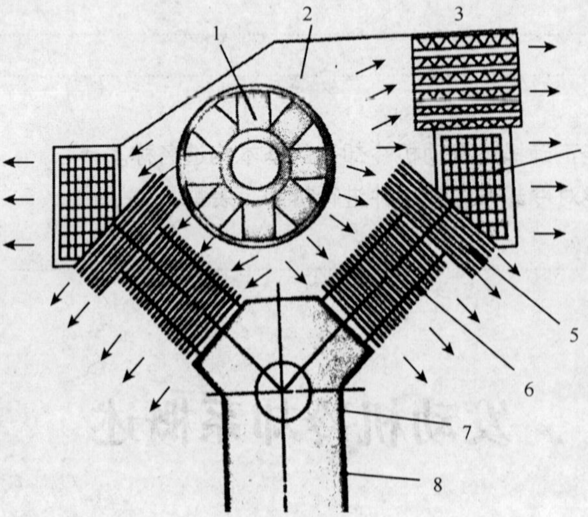

图 6-1　发动机风冷却系统

1—冷却风扇；2—风室；3—液力传动风冷却器；4—机油冷却器；5—气缸盖；6—气缸体；7—曲轴箱；8—油底壳

2．水冷却系统

水冷却系统具有冷却可靠、布置紧凑、噪声小、使用方便等优点，在汽车发动机上应用较为广泛。水冷却系统主要由水箱、风扇、水泵、水管、水套、节温器和水温监测、控制装置等组成，如图 6-2 所示。

水冷式冷却系统以冷却液为介质，热量由机件传给冷却液，靠冷却液的流动把热量带走，再散发到大气中去，使发动机的温度降低，散热后的冷却液再重新流回到受热机件处。适当的调节水路和冷却的强度，就能保证发动机的正常工作温度。目前汽车发动机上广泛采用的是水冷系。水冷系一般是由水泵强制给水（或冷却液）在冷却系中进行循环流动的，故称为强制循环式水冷系。水冷发动机的气缸盖和气缸体中都铸造出储水的、连通的夹层空间，称为水套，其作用是让水接近受热的高温零件，并可在其中循环流动。水泵将冷却液由机外吸入并加压，使之经分水管流入发动机缸体水套。这样，冷却液从气缸壁吸收热量，温度升高；流到气缸盖水套，再次受热升温后，沿水管进入散热器内。经风扇的强力抽吸，空气流由前向后高速通过散热器。最终使受热后的冷却液在流经散热器的过程中，将热量不断地通过散热器，散发到大气中去，使冷却液本身得到冷却。冷却了的冷却液流到散热器的底部后，又在水泵的加压下，经水管再压入水套。如此不断地循环，从而使得发动机在高温条件下工作的零件不断地得到冷却，保证发动机正常工作。

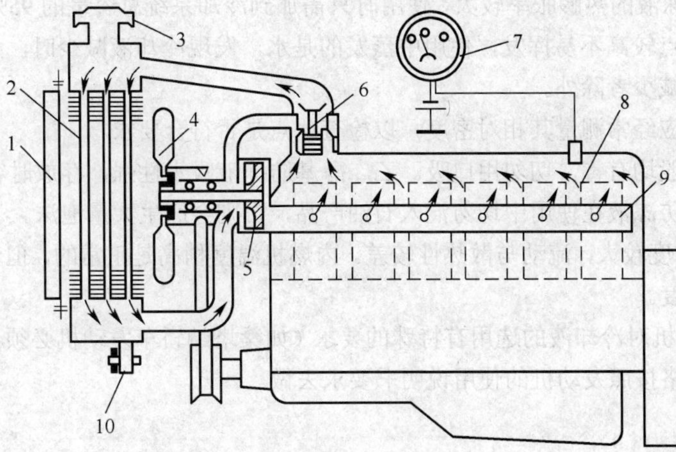

图 6-2　发动机水冷却系统

1—百叶窗；2—散热器；3—散热器盖；4—风扇；5—水泵；6—节温器；7—水温表；8—水套；9—分水管；10—放水阀

三、冷却液及其性能

1．冷却液性能要求

适宜的冷却液要求水中含有适量的防冻、防蚀化合物，以免因膨胀而冻裂有关元件，且能在低于水的冰点温度和高于水的沸点温度时自由流动，并防止在冷却系统中产生沉积和腐蚀。因此，对冷却液主要性能的要求如下。

（1）适当的冰点和沸点。冷却液的冰点应降到可能遇到的冬季工作温度的最低点以下，同时，冷却液应能够在炎热气候条件和高海拔地区以及强热负荷的工况下工作。

（2）防水垢能力。这主要取决于冷却液中含钙、镁的化合物等有害杂质的程度，通常须采用硬盐含量少的水（软水）或用以下方法对水进行处理。

① 将硬水煮开，使杂质沉淀，把上面的清洁水作冷却用。该方法能去掉部分矿物质，不能将硬水彻底软化。

② 在硬水中加入软化剂，如在 1L 水中加碳酸钠（纯碱）0.5～1.5g；或加入 0.5～0.8g 氢氧化钠（烧碱）；或加入 10g 的重铬酸钠（红矾）溶液 30～50mL，稍加搅拌，使杂质沉淀水即软化。

2．防冻液的使用与注意事项

在寒冷的季节，为了防止流过内燃机的部分冻裂，人们常选用防冻剂，这些防冻剂中由于添加了某些抗蚀化学品，因此还具有抗腐蚀作用。此外，像乙二醇基防冻剂在降低冰点的同时还提高了沸点。

任务实施

根据防冻液的性质、特点，在使用中必须注意如下几点。

（1）配制防冻液时切忌用硬水调配，以防产生水垢或使防冻液失效。

（2）防冻液应根据当地气候条件配制，一般应以其冰点比当地最低气温低 5℃～10℃为宜。

（3）内燃机防冻液如出现浮游物及颜色变化或发出臭味时，说明有不同程度的变质，必须及时清洗、更换。

（4）换用防冻液，应先检查并紧固冷却系统各支管、接头等易产生渗漏的部位，并及时修复。

（5）乙二醇防冻液的热膨胀率较大，使用时只需加到冷却系统总容量的95%即可，不能充满。

（6）乙二醇沸点较高不易挥发，使用中蒸发的是水，发现冷却液减少时，只需加软水，由于泄漏造成的冷却液减少者除外。

（7）使用中，应经常测量其相对密度，以检查冰点是否符合要求。

（8）防冻液一般均有毒，切勿用口吸。乙二醇基防冻液吸水性强，存放时容器要密封。

（9）乙二醇基防冻液在使用中切勿混入石油产品，否则会产生大量泡沫。

（10）防冻液黏度较大，流动与散热性较差。内燃机温度稍高是正常的，但若过热时，就要检查并适当调整其浓度。

（11）某些发动机对冷却液的选用有特殊的要求（如桑塔纳轿车发动机必须使用GII防冻液），因此，使用者须严格按照发动机的使用说明书要求去做。

思考与练习

一、填空题

1．汽车发动机常用的冷却方式有两种，即________和________。

2．水冷却式发动机工作时，冷却水温度应保持在________范围内，这样可保证发动机有较大的________和较好的________，且运动件的磨损正常。

二、简答题

1．冷却系作用是什么？由哪些部件组成的？

2．简述冷却系大循环与小循环的路线。

3．对冷却液性能有哪些要求？

4．冷却液的使用需要注意什么？

任务二 冷却系主要部件的构造与维修

相关知识

一、散热器（水箱）

散热器的作用是储存冷却水，增大散热面积，加速水的冷却。为了将散热器传出的热量尽快带走，在散热器上装有风扇与之配合工作。

散热器也称为水箱，由上、下水室和散热器芯组成，散热器上水室顶部有加水口和散热器盖。上、下水室的进、出水管，分别用橡胶软管与气缸盖的出水管和水泵的进水管相连。下水室上设有放水开关，供放水时使用。如图6-3所示。

1．散热器芯

为了增大散热器的散热面积和传热速率，散热器芯均由许多铜或铝制冷却管和散热片组成，常用的结构形式有管片式（见图6-4（a））和管带式（见图6-4（b））两种。管片式散热器芯的冷却管，其断面呈扁圆形。与圆形断面的冷却管相比，扁形管不但散热面积大，而且万一管内的冷却水结冰膨胀，扁形管可以借其横断面变形避免破裂。采用管片式散热器芯的散热器不但可以增加散热面积，还可增大散热器的刚度和强度。这种散热器芯强度和刚度都较好，耐高压，但制造工艺较复杂，成本高。

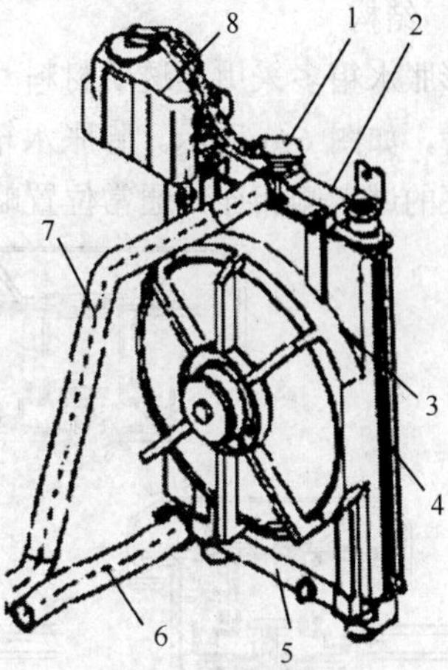

图6-3　散热水箱

1—散热器盖；2—上储水室；3—导风罩；4—散热器总成；5—下储水室；6—散热器出水管；7—散热器进水管；8—补偿水箱

2．散热器盖

强制循环式水冷系的散热器盖，是由空气（真空）阀与蒸汽（压力）阀组合而成的自动阀门，发动机正常状态时两个阀门均关闭，冷却系与大气隔开。当冷却系内的蒸汽因温度升高使其压力大于蒸汽阀弹簧弹力时，蒸气压力达到126～137kPa蒸汽阀打开，一部分冷却液由溢流管流回补偿水箱，冷却系内的压力下降，以防止散热器胀裂。熄火停车温度下降，致使冷却系内部压力小于空气阀弹簧弹力时，蒸气压力降到99～87kPa时空气阀开启，补偿水箱内的冷却液进入散热器，避免了散热器由于出现较大的真空度而被大气压力压坏，如图6-5所示。补偿水箱上方用一根软管通大气，另一根软管与散热器的溢流管相连。补偿水箱外部标有液面高度标记线，使用中应使液面高度位于最高与最低液面高度线之间。液面过低时，应向补偿水箱内补充冷却水。

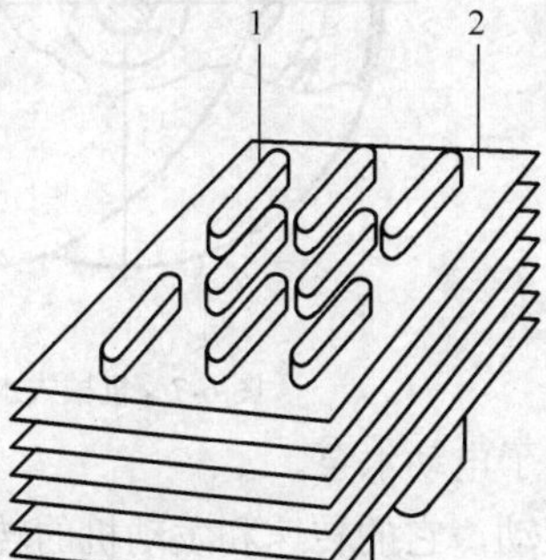

图6-4　散热器芯的结构

1—散热管；2—散热片；3—缝孔；4—冷却管

二、膨胀水箱

1．作用

加注防锈、防冻液的汽车发动机常采用膨胀水箱，其作用主要有：把冷却系变成永久性封闭系统，减少冷却水的损失；避免空气不断进入引起的机件氧化腐蚀，减少穴蚀，使冷却系中水、气分离；保持系统内压力稳定，提高水泵的泵水量。

2．结构

膨胀水箱多采用半透明材料（如塑料）制成，透过箱体可直接观察到液面高度，无需打开散热器盖，如图 6-6 所示。膨胀水箱的上部用一个较细的软管与水箱的加水管相连，底部通过水管与水泵的进水侧相连，通常位置略高于散热器。

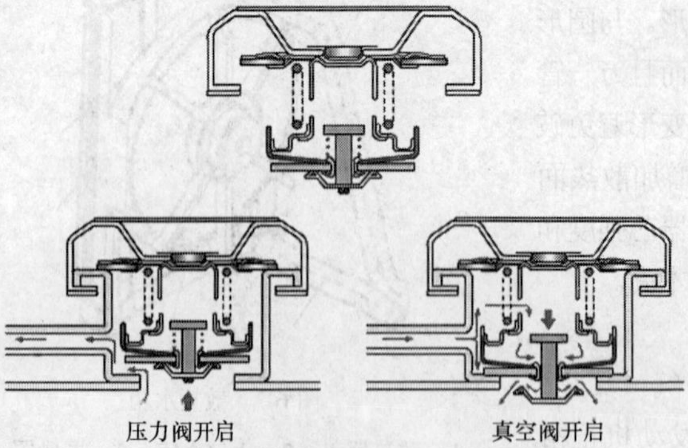

图 6-5 散热器盖结构及工作原理

图 6-6 膨胀水箱

3．膨胀水箱的工作原理

一般冷却系冷却水的流动是靠水泵的压力来实现的。水泵吸水的一侧压力低，易产生蒸汽泡，使水泵的出水量显著下降，并引起水泵的叶轮和水套的穴蚀，在其表面产生麻点，缩短了叶轮和水套的使用寿命。在加装膨胀水箱后，由于膨胀水箱和水泵进水口之间存在补充水管，使水泵产生了气泡，散热器中的蒸汽泡和水套中的蒸汽泡通过导管进入膨胀水箱。从而使水、气彻底分离。由于膨胀水箱温度较低，进入的气体得到冷凝，一部分变成液体，重新进入水泵，而积存在膨胀水箱液面上的气体起缓冲作用，使冷却系内压力保持稳定状态。

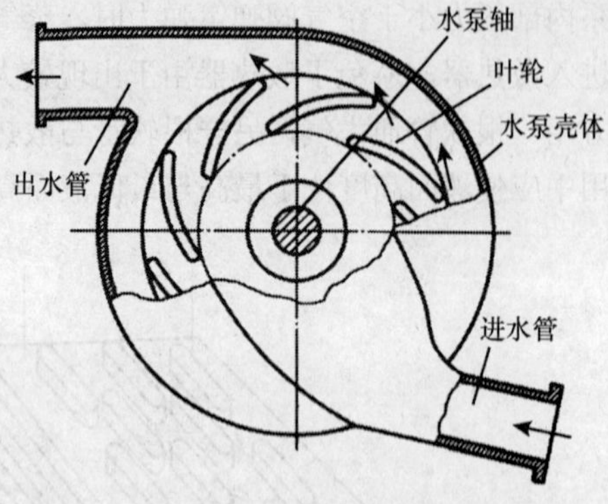

图 6-7 机械式水泵

三、水泵的构造与维修

根据驱动方式的不同，水泵一般分为机械水泵和电动水泵。目前大多数发动机采用机械水泵，如图 6-7 所示。在一些新开发的技术含量较高的发动机上已经使用了电动水泵。

机械水泵。机械水泵由发动机曲轴通过传动胶带驱动，它的转速和发动机的转速成正比。机械水泵的工作方式有优点也有缺点。优点是当发动机在高速大负荷工况下工作时，发动机产生的热量多，水泵的高转速使冷却液的循环流量增大，这样正好能够提高发动机的冷却能力。缺点是当发动机在低速大负荷工况下工作时，例如牵引其他车辆或开空调，此时发动机的转速低导致水泵的转速也低，这样就降低了发动机的冷却能力。

电动水泵。电动水泵由发动机控制单元通过电流控制，它不受当时发动机转速的影响，可以根据发动机的实际冷却需要灵活工作。由于电动水泵消耗的发动机功率非常少，因此采用电动水泵后，发动机的燃油消耗量可以有所降低。

四、散热风扇

1．散热风扇

散热风扇的工作原理是提高通过散热器芯的空气流速与流量，以增强散热器的散热能力。风扇与水泵同轴安装在散热器的后面，当风扇旋转时，对前方空气形成吸力，高速空气流由前向后通过散热器芯，带走散热器芯表面的热量，加速冷却水的冷却，如图 6-8 所示。风扇的扇风量主要与风扇的直径、转速、叶片形状、叶片安装角及叶片数量有关。

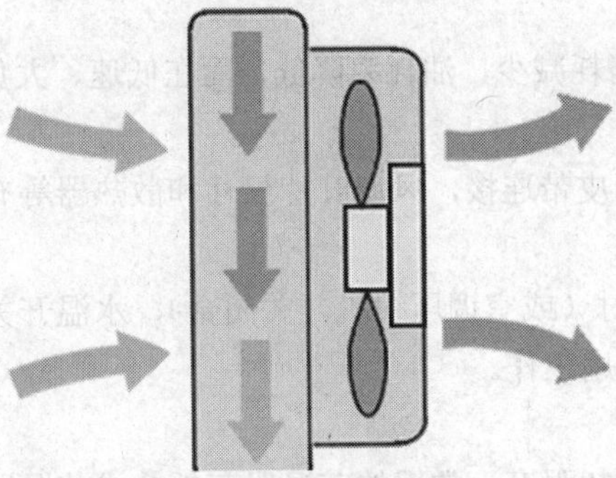

图 6-8 冷却风扇冷却原理

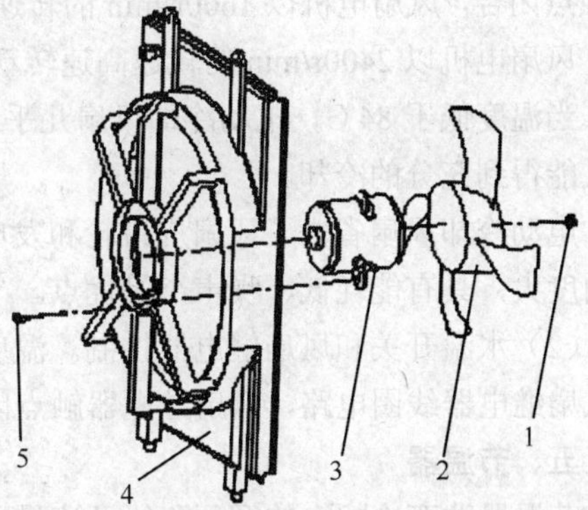

图 6-9 电动风扇

1—风扇安装螺母；2—风扇；3—电机；
4—导风罩；5—电动机安装螺钉

汽车用发动机的风扇，按其结构原理分为轴流式和离心式风扇；按驱动方式则分为机械驱动式和电机驱动式（见图 6-9）两种。轴流式风扇所产生的风的流向与风扇轴平行，具有效率高、风量大、结构简单、布置方便的特点，因而得到了广泛的应用。

风扇和发电机一起通过 V 带由曲轴带轮驱动。通常将发电机的支架做成可移动的，以便调节皮带的松紧度。风扇皮带必须松紧适宜，皮带过松，将造成打滑，使风扇风量减少，发动机过热；皮带过紧，将增加轴承的径向力，加速轴承磨损。

2. 风扇离合器

风扇离合器控制风扇的扇风量，以改变冷却强度。根据发动机的温度自动控制风扇的转速，以达到改变散热器的空气流量的目的。

风扇离合器的结构形式有硅油式、电磁式、机械式 3 种类型。

电磁风扇离合器：风扇离合器用螺母固定在水泵上。离合器由主动和从动两部分组成。主动部分包括电磁壳体、线圈、滑环和摩擦片；从动部分包括用球轴承装在电磁壳体上的风扇毂，以及可随导销做轴向移动的衔铁环等。线圈用环氧树脂固定在电磁壳体内。引线壳体装在防护罩上，其中心孔内的电刷靠弹簧压于滑环上。从水温感应开关引来的导线接于接线柱上。

当冷却水温度低于 92℃时，水温感应开关的电路不通，线圈不通电，离合器处于分离状态。当水温超过 92℃时，水温感应开关的电路自动接通，线圈通电，电磁壳体吸引衔铁环将摩擦片压紧，使离合器处于接合状态。

3. 电动风扇控制

（1）温控热敏电阻开关控制。电动冷却风扇系统一般由电动冷却风扇温度感应器、风扇、电动机、风扇和电动机控制开关组成。根据冷却水温度变化，使风扇断续工作，能提高整车的经济性。风扇的外径略小于散热器的宽度和高度，位置布置得尽可能对准散热器的中部，风扇通常安排在散热器后面，并与水泵同轴。这样，当风扇转动时，对空气产生轴向吸力，空气流从前到后通过散热器芯，从而使散热器芯中的冷却水加速冷却。桑塔纳系列轿车冷却风扇采用直流电机驱动，散热风扇电机的通、断电变速，有装在散热器一侧的温控（热敏）开关来控制的。

电动机的温控开关由散热器的冷却水温度控制，开关有高、低速 2 个挡位，低速挡在低于 1000℃时使用，高速挡在高于 100℃时使用，需要冷却时自动起作用。当温度高于 95℃，温控开关的低温触点闭合，风扇电机以 1600r/min 的转速低速转动；当温度高于 105℃，温控开关的高温触点闭合，风扇电机以 2400r/min 的转速高速转动。

当温度低于 84℃，电动冷却风扇几乎不转，功率消耗减少，油耗率降低，而在低速、大负荷时又能得到充分的冷却。

电动冷却风扇省去了风扇皮带轮和发电机轴的驱动皮带连接，风扇叶片尺寸和散热器等布置自由度大，具有能耗低、噪声小等优点。

（2）水温开关和风扇继电器控制。温度 91℃以上时（或空调压缩机开关闭合），水温开关接通风扇继电器线圈电路，风扇继电器触点闭合，电动风扇工作。

五、节温器

节温器改变冷却水的循环路线及流量，从而改变冷却强度。常用的节温器有折叠式节温器和蜡式节温器两种。

1．折叠式节温器

节温器一般装在气缸盖出水口处的冷却水循环通路中，主要由具有弹性的折叠式的密闭圆筒构成，用黄铜制成，密闭圆筒内装有易于挥发的乙醚。筒内乙醚的蒸汽压力随着周围温度的变化而变化，即圆筒高度随温度的变化而变化。圆筒的下端焊接在支架上，支架则固定在节温器的外壳上，因此圆筒下端位置是固定不变的。圆筒的上端焊有侧阀门和阀杆，阀杆上又焊有上阀门，这样，当折叠式圆筒高度改变时，侧阀门及上阀门随圆筒上端一起上下移动。节温器外壳上的旁通孔正对着气缸盖出水管的旁通管，旁通管与水泵进水口连接。当发动机在正常热状态情况下（温度高于 80℃），冷却水应全部流经散热器，冷却系形成大循环（经过散热器），如图 6-10（a）所示。此时节温器的上阀门完全开启，而侧阀门将旁通孔完全关闭，当冷却水温度大约低于 70℃时，折叠式密闭圆筒内的蒸汽压力很低，使圆筒收缩到最小高度。上阀门压在阀座上，即下阀门关闭，同时侧阀门打开。此时切断了由发动机水套通向散热器的水路，水套内的水只能由旁通孔流出经旁通管进入水泵，又被水泵压入发动机水套，此时冷却水并不流经散热器，只是在水套与水泵间循环，形成小循环（不经过散热器），如图 6-10（b）所示。从而防止了发动机过冷，并使冷发动机能迅速而均匀地预热。

当水温在 70℃～80℃范围内时，上阀门与侧阀门便处于与温度相适应的中间位置。此时只有部分冷却水流经散热器。

上阀门上面的通气孔用来将阀门上面的出水管的内腔与发动机水套相连通，使在加注冷却水时，水套内的空气可以通过通气孔排出，以保证水能充满水套。

（a）　（b）

图 6-10　发动机水循环路线

2．蜡式节温器

东风 EQ1090E 型汽车发动机所用的是蜡式节温器。推杆的上端固定于支架上端的中心处，另一端插入胶管的中心孔中，胶管与节温器外壳之间形成的腔体内装有精制石蜡。常温时，石蜡呈固态，弹簧将主阀门推向上方，使之压在阀座上，主阀门关闭；而副阀门随着主阀门上移离开阀座，小循环通路打开，来自发动机缸盖出水口的冷却水，经水泵又流回气缸体水套中，进行小循环，如图 6-11（a）所示。当发动机水温升高时，石蜡逐渐变成液态，其体积膨胀，迫使胶管收缩，而对推杆锥状端头施加向上的推力，而固定不动的推杆对胶管及节温器外壳产生向下的反推力。当发动机水温为 76℃时，推杆对节温器外壳的反推力可以克服弹簧预压力，使主阀门开始打开。当水温超过 86℃时，主阀门全开，而副阀门此时正好完全关闭了小循环通路。这时来自气缸盖出水口的冷却水沿出水管全部进入散热器冷却，进行大循环，如图 6-11（b）所示。国产轿车捷达、桑塔纳、奥迪 100 及 CA1091 型等汽车也都采用了蜡式节温器。

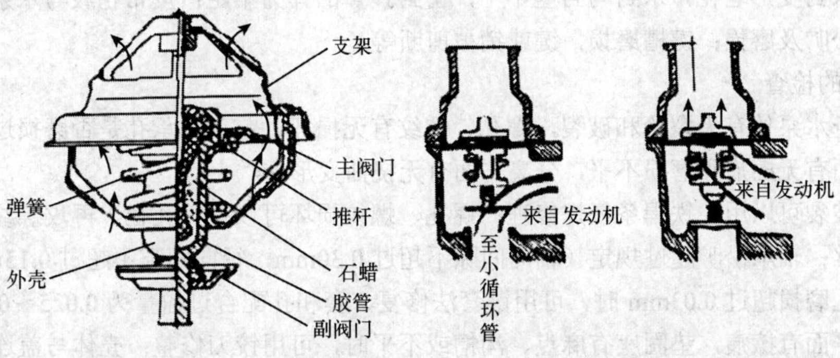

(a) 蜡式节温器结构（主阀门打开时）　　(b) 蜡式节温器工作原理

图 6-11　蜡式节温器

任务实施

一、散热器的检查

1．散热器的常见损伤

散热器常见的损伤现象有：散热器积聚水垢、铁锈等杂质，形成管道淤塞，阻碍水流；芯部冷却管与上、下水室焊接部位松脱漏水或冷却管破裂漏水；上、下水室出现腐蚀斑点、小孔或裂缝；因外伤损坏而漏水。

2．对散热器渗漏和淤塞的检查

（1）散热器渗漏的检验。散热器渗漏可用气压表来检验。先向散热器内注满水，盖上散热器盖，将试验器水管接至放水开关，并打开放水开关，捏动橡皮球，向散热器中的水加压，当散热器泄气管放出空气时，压力表上的读数应在 27～37kPa 的范围内变动。然后关闭放水开关，将试验器皮管接在泄气管上，加压至 50kPa，检查散热器有无渗漏现象。如压力表读数不能稳定地保持在 50kPa 的压力不下降时，则应查明散热器的漏水部位，而后进行修补。

（2）用压缩空气法检查散热器。对于清除水垢后的散热器的漏水检验，可以将散热器的进水管用膨胀式橡皮堵塞，然后放入清水池内，再向散热器注入压缩空气。如散热器各处冒气，形成气泡，则说明散热器已严重腐蚀。如冒气地点不多，说明不严重，应在冒气地点找出渗漏位置，做好记号准备修复。

（3）检查水容量。检查散热器中水的容量，可以分析水管是否淤塞或堵住（用新、旧散热器水容量对比）。

3．散热器盖的检查

用专用手动打压器给散热器盖加压，当打压器上的压力表读数突然下降时，说明蒸汽阀打开。蒸汽阀的开启压力应符合规定，如CA6110型柴油发动机为29.42kPa，EQ6100-1型发动机为25～38kPa。

二、水泵的检修

1．水泵的常见损伤

水泵损伤以后，将出现吸水不佳、压力不足、循环不良、漏水、高温等故障，影响发动机的正常运转。常见的损伤有：水泵体破裂；水泵轴磨损或弯曲；叶轮片破裂；胶木垫圈与垫圈座的磨损，橡皮水封变形老化，水封与封座不平，密封弹簧的弹力不足；皮带轮毂与水泵轴的松旷；水泵轴承的松旷及磨损；键槽磨损，键或销被剪断等。

2．水泵的检查

（1）检查水泵体有无裂缝和破裂，螺孔、螺纹有无损坏，前后轴承孔是否磨损过限，与止推垫圈的接触面有无擦痕和磨损不平，分离平面有无挠曲变形。

水泵体破裂可以用生铁焊条氧焊修理；螺孔、螺纹损坏可以扩大孔径，再攻螺纹，也可焊补后再钻孔攻丝；轴承松旷超过规定（轴向间隙不超过0.30mm，径向间隙不超过0.15mm）时应该更换；轴承孔磨损超过0.03mm时，可用镶套法修复，套和孔配合过盈量为0.025～0.050mm；止推垫圈接触平面有擦痕，垫圈座有麻点、沟槽或不平时，可用铰刀修整；壳体与盖连接平面如挠曲变形超过0.05mm时，应予以修平。

（2）检查水泵轴有无弯曲，轴颈磨损是否过限，轴端螺纹有无损伤。水泵轴的弯曲一般应在0.05mm以内，否则应予以冷压校正。轴颈磨损过限，可以磨光后镀铬修复。

（3）检查水泵叶轮上的叶片有无破裂，装水泵轴的孔径是否磨损过限。叶轮叶片破裂，可堆焊修复，孔径磨损过限可以镶套修复。

（4）检查水封、胶木垫圈的磨损程度，如超过磨损极限，则应换新件。

（5）检查皮带轮毂与水泵轴的松旷情况，装水泵轴的孔径若磨损过限，可镶套修理。

（6）检查水泵轴及皮带轮键槽的磨损情况，可以焊补后修整它的表面；也可以在与旧键槽相隔90°～180°的位置上铣出新的键槽。键和销已磨损不适用时应换新件。

3．水泵的装合

（1）将密封弹簧、水封皮碗、胶木垫圈装于叶轮孔内，再装上水封锁环。

（2）用压力机或铜锤轻轻将水泵轴压入或敲入水泵叶轮，其配合为-0.01～+0.02mm。

（3）装上后轴承锁环和后滚珠轴承的配合为-0.01～+0.012mm，用铜锤轻轻打入水泵壳体内，水泵壳体与轴承外圈的配合为-0.027～+0.031mm。

（4）装进轴承隔管、前滚珠轴承及前轴承锁环。将风扇皮带轮装在水泵轴上，垫上垫圈，紧固螺母。测试转水泵叶轮，叶轮转动应灵活。

（5）装上水泵盖及衬垫，用螺栓紧固，向弯颈油嘴注入润滑脂。

三、水冷却强度的调节装置

1．风扇的维修

风扇拆卸后，检查风扇叶片表面，若有裂纹或折断，应及时更换；连接风扇叶片的铆钉，如有松动，应予以修理；风扇叶片与旋转平面有 30～45°的倾斜角度，每片的倾斜度应相等。可用样板来检查其是否符合规定，否则会影响扇风量，叶片会摇摆晃动，应扳正或用锤子敲正。

2．电磁式风扇离合器的检修

电磁式风扇离合器常见的故障是电刷、主动摩擦片、衔铁环的磨损，线圈的损坏，温度传感器的损坏等。

四、蜡式节温器的检查

如图 6-12 所示为蜡式节温器的检查。把节温器放到盛有水的容器中，然后加热容器，检查主阀门开始开启和完全开启时的温度，以及全开时主阀门的升程。低温型节温器的温度在 80℃～84℃时，阀门开始开启，在达到 95℃时提升应大于 8mm；高温型节温器的温度在 86℃～90℃时，阀门开始开启，在温度达到 100℃时阀门的升程应大于 8mm。当阀门的升程衰减到 8mm 以下时就不能继续使用，应予以更换。

图 6-12　蜡式节温器的检查

思考与练习

一、填空题

1．冷却系大循环的水流路线：水泵→缸体水套→________→________→水泵。

2．冷却系小循环的水流路线：水泵→________→缸体水套→________→________→水泵。

3．风扇的主要作用是提高流经散热器的空气________和________。

4．当冷却水温度不高时，风扇离合器处于________状态，而当温度升高时，则处于________状态。

二、选择题

1．使冷却液在散热器和水套之间进行循环的水泵旋转部件是（　　）。

A．叶轮　　B．风扇　　C．壳体　　D．水封

2．冷却系的小循环不经过（　　）。

A．水套　　B．散热器　　C．水泵

3．水冷却系中，冷却水的大、小循环路线由（　）控制。

A．风扇　　B．百叶窗　　C．节温器　　D．分水管

4．在发动机上拆除原有节温器，则发动机工作时冷却水（　　）。

A．只有大循环　　B．只有小循环

C．大、小循环同时存在　　D．冷却水将不再循环

三、简答题

1．简述节温器的工作原理。

2．节温器是怎么样检查的？

3．水泵是怎么检修的？

4．膨胀水箱的作用是什么？

任务三　冷却系的技能操作

相关知识

1．清洗发动机水冷却系的方法及步骤

为了保证发动机能在正常温度下工作，应定期地清除冷却系中的水垢，否则，发动机会出现“开锅”的现象。

水套和散热器的清洗可在汽车使用中或在维护修理时进行。维护修理过程中进行水套水垢的清洗时，应先拆去节温器，将水从正常水循环相反的方向压入（即从出水管处压入），到流出的水清洁时为止。当水垢严重的积聚、沉淀或有固着在金属表面上的硫酸钙、碳酸钙等物质时，可加入水垢清洗液使其溶解，而后用清水洗净。

就车清洗水套和散热器水垢的方法简单，先将冷却系的冷却液放完，然后加入配有水垢清洗液的溶液，工作一个班次后放出清洗液，再换用清水让发动机运行一个班次后放出，至清洁无混浊即可。汽车服务市场有水垢清洗液出售，也可自行配置。

2．冷却液的使用

发动机冷却系使用的冷却液为冷却水或防冻液。

冷却系最好使用经过软化处理过的冷却水，这样可以减少水垢的产生。使用防冻液不仅可以防止冬季冷却系结冰，而且还具有防腐和不易产生水垢的优点。

3．冷却液的排放步骤

（1）打开冷却液膨胀罐热车时应注意，打开膨胀罐盖时会喷出炽热蒸汽，因此应用布包住盖子，慢慢开启。

（2）拆卸隔音罩（箭头），将集油器 VW1306 置于发动机下。

（3）拉下底部冷却液软管紧固卡箍（箭头），从散热器上拆下冷却液软管。

（4）从冷却液泵上拧下放液螺塞。

发动机热态时冷却系统有压力，如果需要进行维修，应先冷却车辆释放压力，以避免蒸汽喷出伤人。

任务实施

桑塔纳轿车冷却系统维护

1．冷却液液位的检查

检查膨胀水箱的冷却液液位，应在 LOW（低）和 FULL（高）之间，如图 6-13 所示。如果低于规定值，检查是否泄漏，并加专用冷却液至 FULL 线。

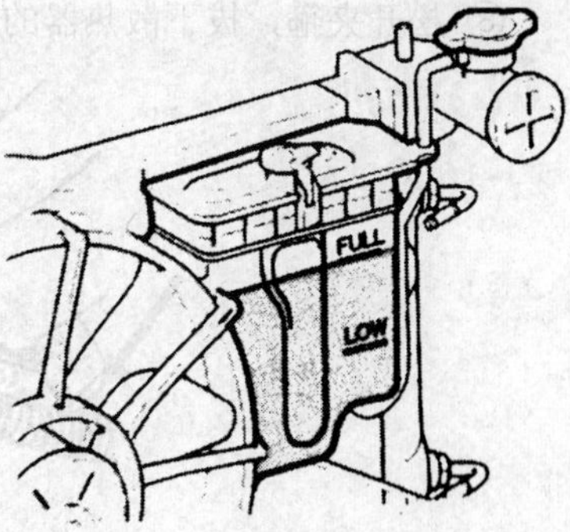

图 6-13 检查冷却液液位

2．冷却液质量检查（冰点检查）

用冰点检查仪（见图 6-14）检查冷却液的冰点时，首先用吸管从散热器或膨胀水箱中取一定冷却液，滴至冰点检查仪的检测窗口上，然后盖上压板，轻轻压平，调节螺钉，使得敏感分界线和零刻度线（见图 6-15）一致，即可从明暗分界线的刻度上读取其冰点值。

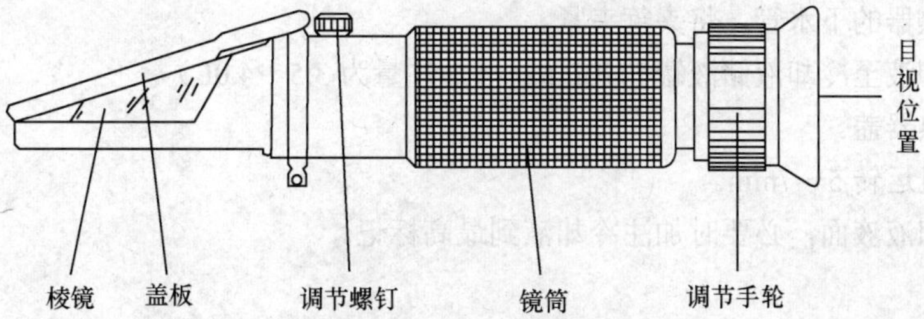

图 6-14 冰点检查仪

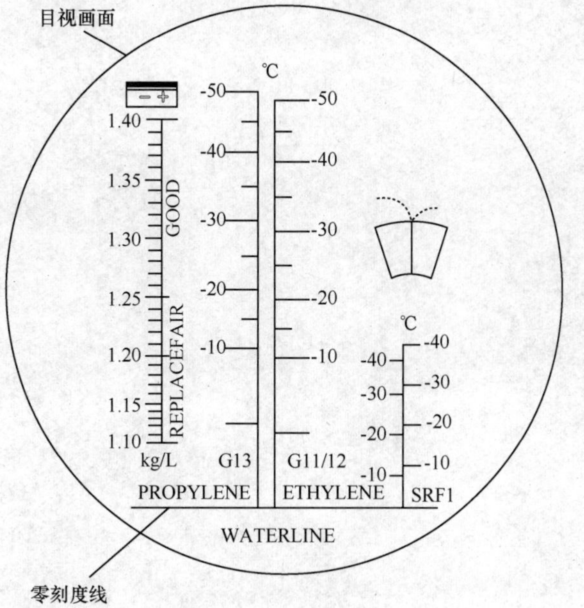

图 6-15 零刻度线

3．更换冷却液

（1）排放冷却液。

① 旋开散热器盖。在旋开散热器盖时，可能有蒸气喷出，所以应在盖子上盖一块抹布，小心地旋开盖子。

② 在发动机下放置一个干净的收集盘。

③ 松开夹箍，拔下散热器的下水管，如图 6-16 所示，放出冷却液。

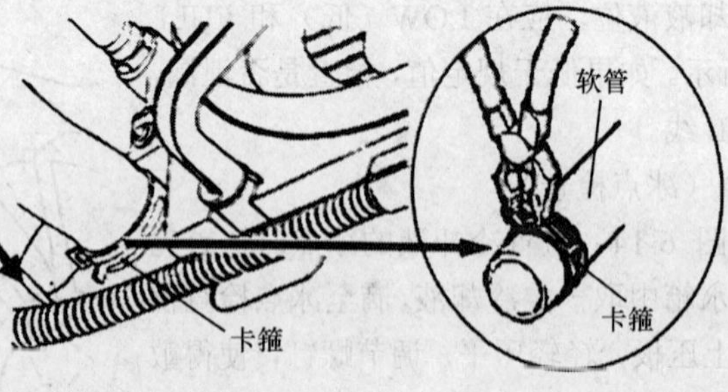

图 6-16 拔下的散热器的下水管

（2）加注冷却液。

① 插上散热器的下水管，将夹箍夹紧。

② 加注冷却液至冷却液储液罐 FULL 线。（加注量为 3.5～4.0L）

③ 旋紧散热器盖。

④ 使发动机运转 5～7min。

⑤ 检查冷却液液面，必要时加注冷却液到最高标记。

项目七 7 发动机润滑系

知识目标

◎ 掌握润滑系的作用、润滑方式、类型与组成。

◎ 了解发动机机油的选用。

◎ 掌握润滑系的润滑油路。

能力目标

◎ 掌握润滑系主要部件的结构与检修。

◎ 熟悉润滑系的维护。

任务一 润滑系的概述

相关知识

一、概述

发动机工作时，有许多相互配合的零件产生相对运动，如曲轴与轴承，活塞、活塞环与气缸壁，气门与导管，挺柱或摇臂与凸轮等。在这些相对运动零件表面之间，必然产生摩擦，对运动造成阻力，即摩擦阻力。摩擦阻力要消耗发动机功率，使零件表面磨损；摩擦还会产生热，使零件温度升高，机械性能下降，甚至烧坏或热膨胀卡滞，致使发动机无法运转。因此，为保证发动机正常工作，应尽量减少摩擦阻力。

二、润滑系的作用与润滑方式

按机油的储存方法，常把润滑系统分成湿式油底壳润滑系统和干式油底壳润滑系统。

所谓湿式油底壳润滑系统，就是将机油储存在位于发动机气缸体下面的油底壳内，机油泵直接从油底壳吸油，然后进入循环油路，而从各个润滑区域返回来的机油直接落入油底壳，绝大多数汽车发动机采用这种系统。而干式油底壳润滑系统就是指发动机气缸体下部只有一个很浅的接油盘，而机油是储存在发动机外的机油箱内。为了给发动机供油，需要两个机油泵：一个用来将机油箱中的机油吸出后加压供给发动机，另一个用来将流入接油盘中的机油回收到机油箱中去。尽管这种系统具有使发动机高度降低、供油稳定、搅油损失少等优点，但由于系统组成复杂，所以在汽车中极少应用。这里只介绍湿式油底壳润滑系统。

1．润滑系的作用

润滑系的作用就是不断地将清洁的、具有一定压力的润滑油输送到各零件的摩擦表面，以减小零件的摩擦和磨损。此外，由于循环流动，润滑油还具有对摩擦面清洁、冷却、密封、减振和防锈等作用。发动机润滑油，简称发动机油，俗称机油。

（1）润滑作用。润滑系将清洁的、压力和温度适宜的机油不断地供到各需要部件的摩擦表面，以起到减少零件摩擦和磨损的润滑作用，使运动部件实现液体摩擦。

（2）冷却作用。机油与发动机内部重要的运动部件直接接触，可以有效地带走产生的热量，并传递给冷却器、曲轴箱，最后传到大气中。如果发动机没有足够的机油，会让发动机发热。

（3）清洁作用。机油冲洗并带走磨屑，避免积炭和杂质，确保发动机正常运行。

（4）密封作用。发动机内的机油在运动部件上产生一层薄膜，这层薄膜在重要的活塞环区域可作为保护性密封剂，帮助气缸壁和活塞环之间密封。若没有这层油膜，压缩气体将漏入曲轴箱。

（5）防锈作用。机油可减少零件振动、降低噪声，防止零件生锈。

2．发动机的润滑方式

因为发动机各零件的载荷大小、运动速度及所处位置各不相同，所以各配合面所要求的润滑强度和润滑方式也不尽相同。现代汽车发动机多采用压力润滑和飞溅润滑的综合润滑方式。

（1）压力润滑。压力式润滑是用机油泵，将具有一定压力的润滑油源源不断地送到零件的摩擦面上，形成具有一定厚度并能承受一定机械负荷的油膜，尽量将两摩擦零件完全隔开，实现可靠的润滑。相对速度高、机械负荷大的零件，都采用这种润滑方式，如曲轴各轴颈与轴承之间、凸轮轴颈与轴承之间、摇臂轴与摇臂之间等部位。压力式润滑工作可靠，润滑效果好，具有一定的净化和冷却润滑油的作用，但须有泵油设备及专门的润滑油道。

（2）飞溅润滑。另一种润滑方式是利用发动机工作时运动零件飞溅起来的油滴或油雾润滑摩擦表面，称为飞溅润滑。这种方式可润滑裸露在外面的载荷较轻的气缸壁、相对滑动较小的活塞销，以及配气机构的凸轮轴表面等。近年来在发动机上有采用含有耐磨润滑材料（如尼龙、二硫化钼等）的轴承来代替加注润滑脂的轴承。

（3）定期润滑。

对一些不太重要、分散的部位，采用定期加入润滑脂的方式进行润滑，如发动机水泵轴承、发电机、起动机和分电器等总成的润滑均采用这种润滑方式。

三、润滑系的组成

为了保证发动机得到正常的润滑，发动机润滑系主要由油底壳、机油泵、集滤器、机油滤清器，各种阀、润滑油道、传感器和机油压力表、温度表等组成，如图 7-1 所示。

（1）油输送装置。它包括油底壳、机油泵、油管、油道等。其作用是储存润滑油，并使其具有一定压力在发动机中循环流动。

（2）油滤清装置。它用来过滤掉润滑油中的杂质、磨屑、油泥和水分等杂物，将干净清洁的机油送到各润滑部位。机油滤清器按其过滤能力分为机油集滤器、机油粗滤器和机油细滤器 3 种，分别设置在润滑系的不同部位。

机油集滤器多为滤网式，串联安装于机油泵进油口之前，能滤掉机油中粒度大的杂质。机油粗滤器串联安装于机油泵出口与主油道之间，用以滤除机油中粒度较大的杂质，机油细滤器能滤掉机油中细小的杂质，但流动阻力较大，故多与主油道并联，工作时只有少量机油通过机油细滤器过滤。

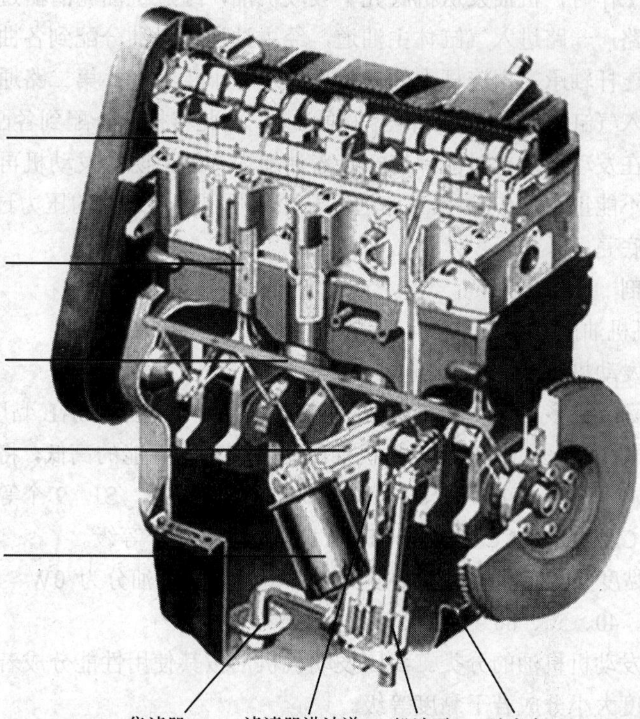

图 7-1 润滑系的组成

（3）检测报警装置。它主要包括机油压力表、机油量尺、机油温度表、报警器，用以检测发动机润滑系的工作情况，当油位（或油压）超过允许值时报警。

（4）辅助装置。包括机油冷却器（机油散热器）、限压阀、安全阀、回油阀。这些辅助装置可以使润滑系的使用性能更加完善。

发动机工作时，油底壳内的机油在机油泵的抽吸下，经机油集滤器过滤掉其中较大颗粒的杂质后，进入机油泵。经机油泵加压后的机油，再经机油滤清器过滤掉杂质后进入主油道。进入主油道的机油分五路送到曲轴各主轴承，对曲轴各道主轴颈进行润滑。同时，通过曲轴内部的油道，将油送到连杆轴颈，对连杆轴颈进行润滑。主油道内的机油还通过一条分油道进入凸轮轴的五个轴承处，对凸轮轴五道轴颈进行润滑。凸轮轴总油道还设有分油道与挺柱导向孔相通，以便对液力挺柱补充油液，如图 7-2 所示。

以上所述的润滑均为压力润滑，其他部位则采用飞溅润滑，润滑完毕的机油靠重力流回油底壳，以便继续循环使用。

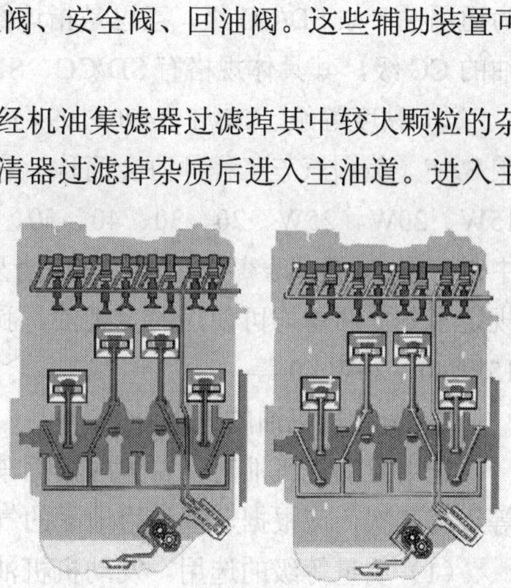
图 7-2 润滑油路走向

四、润滑系的油路

现代汽车发动机润滑油路的布置方案大致相似，只是由于润滑系的工作条件和具体结构的不同而稍有差别。桑塔纳 2000GSi 轿车 AJR 发动机润滑系采用压力润滑与飞溅润滑相结合的复合润滑。

当发动机工作时，机油泵从机底壳中吸取机油，经过机油滤清器过滤后的机油在机油滤清器支架内分为 3 路：一路进入气缸体主油道，经主油道将机油分配到各曲轴主轴承，再由曲轴上的斜油孔通往各连杆轴承，由连杆上的油孔通往连杆小头衬套；第二路通过安装在机油滤清器上的一个单向阀进入气缸体，通向气缸体上平面油道，由此将机油分配到各凸轮轴轴颈和液压挺柱（单向阀的作用是在发动机停机时能保持气缸盖油道内存油，防止发动机再次起动时缸盖供油不足，导致液压挺柱不能正常工作）；第三路通往一个减压阀，油道内的压力过大时该阀打开，使部分机油旁通流回油底壳。

五、润滑剂

1．发动机机油的分类

（1）国外发动机机油的分类。

目前，国际上许多国家发动机机油采用 API 质量分类法和 SAE 黏度分类法。

① API 质量分类法。根据发动机机油的用途和使用性能的高低，将机油分为汽油发动机机油的 S 系列，具体有 SA、SB、SC、SD、SE、SF、SG、SH、SJ，9 个等级；柴油发动机机油的 C 系列，具体有 CA、CB、CC、CD、CE、CF4、CG4，7 个等级。

② SAE 黏度分类法。按机油黏度大小，将发动机机油分为 0W、5W、10W、15W、20W、25W、20、30、40、50、60 共 11 个等级。

（2）我国发动机机油的分类。我国发动机机油按其使用性能分成若干质量等级，每个质量等级又按机油黏度大小分成若干黏度等级。

① 质量等级。参照美国 API（美国石油协会简称）质量分类法，国家标准 GB/T 7631—1995 内燃机机油分类规定，汽油发动机机油分为 SC、SD、SE、SF、SG、SH，6 个等级；柴油发动机油分为 CC、CD、CD—Ⅱ、CE、CF—4，5 个等级。质量等级越靠后，其使用性能越优良。除上述分类外，国家标准还规定了汽油发动机与柴油发动机上均可通用的机油质量等级，这类机油称为通用油。如 SD/CC 级，意思是指该级别机油的质量等级相当于汽油机机油的 SD 级和柴油机机油的 CC 级，其具体规格有 SD/CC、SE/CC、SF/CD 级等。

② 黏度等级。GB/T 149061994 内燃机油黏度分类确定了发动机油的黏度等级，它是参照美国 SAF（美国汽车工程师协会简称）黏度分类法制定的。我国发动机机油分为 0W、5W、10W、15W、20W、25W、20、30、40、50、60 共 11 个黏度等级，等级越往后，适应的气温越高，其中带字母 W 的代表冬季用油，其余为夏季用油。此外，为增宽机油对季节和气温的适应范围，还规定了冬夏两季均可使用的多级油。我国目前该等级机油有 5W/20、5W/30、5W/40、10W/40、15W/40、20W/40 等。

2．发动机机油的选用原则

选用发动机机油时，首先应根据车辆使用说明书或发动机的工作条件确定发动机机油的质量等级；其次，应根据车辆使用地区的气温情况选择合适的发动机机油黏度等级。

（1）质量等级的选用。发动机机油质量等级的选用必须严格按照汽车使用说明书的规定。在无车辆使用说明书的情况下，可根据发动机工作条件的苛刻程度，选用合适质量等级的润滑油。具体方法如下。

① 气油发动机机油质量等级的选用。汽油发动机工作条件的苛刻程度与发动机进、排气系统

中有无附加装置及其类型有关。由此，可按附加装置选用机油质量等级，如装有PCV装置的汽车可选用SD级，解放CA1091型汽车和红旗轿车等就要求使用该级别润滑油。装有EGR装置的汽车可选用SE级润滑油。装有废气催化转换装置的汽车可选用SF级润滑油。采用电喷燃油系统的汽车要求使用SF级以上的润滑油，如桑塔纳2000型轿车等。

② 柴油发动机油质量等级的选用。柴油发动机工作条件的苛刻程度可用柴油发动机强化系数来表示。强化系数越高，表示润滑油工作条件越苛刻，要求选用的润滑油质量等级越高。强化系数小于50的柴油发动机应选用CC级，如黄河柴油发动机等；强化系数大于50的柴油发动机应选用CD级以上的润滑油，如南京依维柯等。

（2）黏度等级的选用。黏度等级的选用是根据车辆使用地区和季节气温来选择的，我国发动机润滑油黏度等级与适用温度范围可查表7-1。由于单级油不可能同时满足低温及高温的要求，因此只能根据当地季节气温适当选用；而多级油的优越性是它的黏温性能好、适用温度范围宽，特别是在严寒地区、短途运输、低温起动较多时，其优越性更为明显，故应尽量选用多级油。

表7-1 润滑油黏度等级与适用温度范围

SAE 黏度级别	适用气温（℃）
5W/30	−30～30
10W/30	−25～30
15W/30	−20～30
15W/30	−20～40 以上
20/20W	−15～20
30	−10～30
40	−5～40 以上

任务实施

机油的更换

更换机油时，应按汽车制造厂家推荐的换油周期并考虑车辆的使用条件等因素进行。不同车型的换油周期是不同的，如桑塔纳、富康轿车厂家推荐的换油周期为7500km，东风载货车厂家推荐的换油周期为4000km，沃尔沃B10M大客车厂家推荐的换油周期为2000～4000km。

更换机油的具体操作步骤如下。

（1）将汽车停放在平坦的地面上，起动发动机并使其处于热机状态，然后熄火。

（2）拆下油底壳放油螺塞，趁热将旧机油排入合适的机油容器内。

（3）拆下机油滤清器并排净其内部的旧机油。

（4）在确保所有旧机油都已被排出的前提下，将油底壳放油螺塞装回到油底壳。

（5）将符合规定（规格和油量）的新机油从注油口加入到曲轴箱中。

（6）安装新滤清器前，在机油滤清器油封上涂上机油，向新滤清器中注满符合规定要求的机油。这一步骤将消除初次起动过程中润滑系统中的空气。

（7）起动发动机并检查机油压力，还要检查滤清器周围是否漏油，停熄发动机并检查机油标尺上的机油油位是否合适。

更换机油时，必须预先查明该型发动机额定的机油油量。当机油滤清器被更换时，一般还要添加额外量的机油。部分发动机规定的机油油量见表 7-2。

表 7-2 部分发动机规定的机油油量

发动机型号	容量（L）
AJR	3.0
ANQ（帕萨特 B5 轿车用）	3.8
ATX/APS	5.7
L46W	4.25
K20A7/K24A4/J30A	4.7
EQ6100-1	10.5
CA6102	12
CA6110	19

（8）润滑油换油期的确定。合理使用润滑油的关键是正确选择换油期，换油周期过长，会增加发动机的磨损；换油周期过短，则会造成经济上的浪费。

思考与练习

一、填空题

1．在发动机润滑系统中，凸轮轴轴颈采用________润滑。

2．汽车发动机采用的润滑剂有________和________润滑。

3．机油集滤器有________和________两种类型。

二、简答题

1．发动机润滑油的特点有哪些？

2．简述润滑系的组成及作用。

3．发动机润滑的方式有哪些？

4．简述桑塔纳 2000 的润滑油流动线路。

5．机油是如何分类的？

6．机油的选用原则是什么？

7．如何更换机油？

8．润滑油换油周期是如何确定的？

任务二　润滑系主要部件的构造与维修

相关知识

一、机油泵的构造与检修

机油泵的作用是把一定量的机油压力升高，强制性地将机油压送到发动机各摩擦表面。

机油泵根据结构形式的不同分为齿轮式机油泵（见图7-3）、转子式机油泵（见图7-4）两种。现代汽车发动机多采用转子式机油泵。

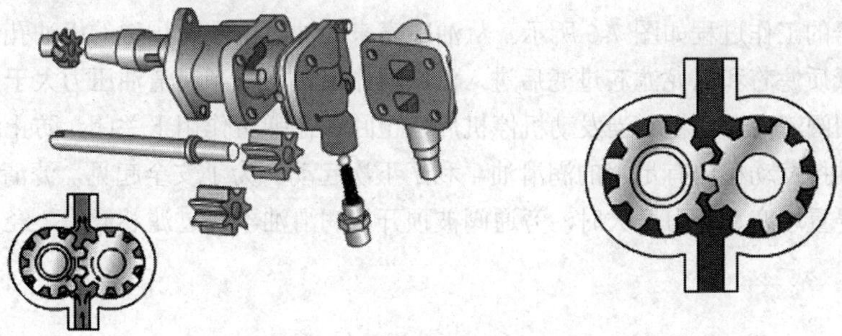

图7-3　齿轮式机油泵

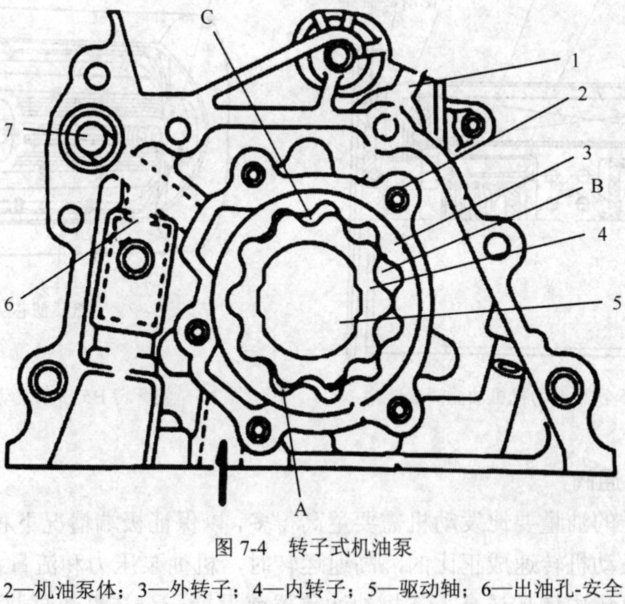

图7-4　转子式机油泵

1—发动机体；2—机油泵体；3—外转子；4—内转子；5—驱动轴；6—出油孔-安全阀；7—出油孔

A—进油腔；B—过渡油腔；C—出油腔

1．转子式机油泵结构

转子式机油泵由泵体、主动轴、内转子、外转子、泵盖、限压阀等组成。桑塔纳2000GSi轿车发动机润滑系机油泵采用转子式机油泵，其直接由曲轴前端的链轮通过链条驱动。

2．转子式机油泵的工作原理

发动机润滑系转子式机油泵的内转子与泵壳偏心安装，由主动轴驱动。外转子与内转子的轮齿啮合，外转子在油泵壳体内可自由转动，内、外转子齿数不同、转速不等。桑塔纳 2000GSi 轿车 AJR 发动机转子式机油泵内转子为 7 个齿，外转子 6 个齿，内、外转子传动比为 7∶6。由于在结构设计上保证了内、外转子在任何位置各齿之间总有接触点且内、外转子的转速不同和内转子的偏心，使内、外转子之间工作腔的容积大小总在发生变化，便产生了吸油和送油作用。与齿轮式机油泵相似，在转子式机油泵上也装有限压阀，以保证稳定的送油压力。

转子式机油泵结构紧凑、体积小、重量轻、流量大，且供油均匀，使其应用日趋广泛。

二、滤清器

帕萨特 B5 轿车发动机的机油滤清器采用细滤芯与粗滤芯串联为一体的复合式结构，如图 7-5 所示。

机油滤清器的工作过程如图 7-6 所示。从油底壳来的油，由端盖周边的机油孔进入滤清器内，从外向内流过纸质滤芯和尼龙滤芯过滤后进入滤清器中心油腔。当润滑油压力大于止回阀的弹簧弹力时，推开止回阀流向发动机。当发动机停机后，止回阀在弹簧作用下关闭，防止滤清器润滑油流回油底壳，以维持发动机内有足够的润滑油，利于下次起动。为了安全起见，滤清器设有旁通阀，当滤芯被杂质严重堵塞、压力增大时，旁通阀被顶开，润滑油不经过滤芯滤清，经旁通阀直接进入主油道。

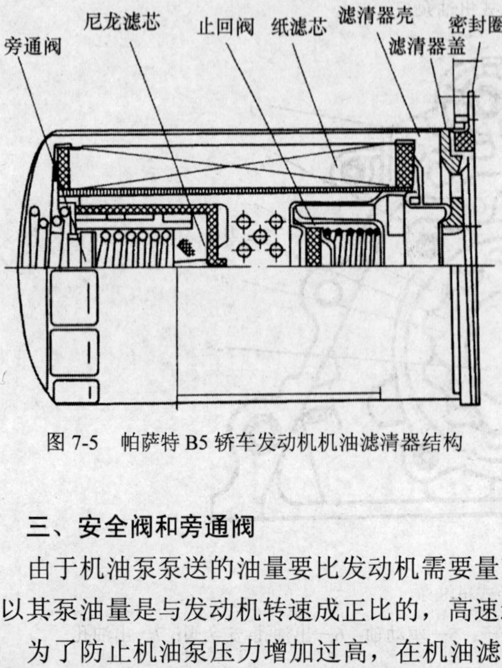

图 7-5 帕萨特 B5 轿车发动机机油滤清器结构

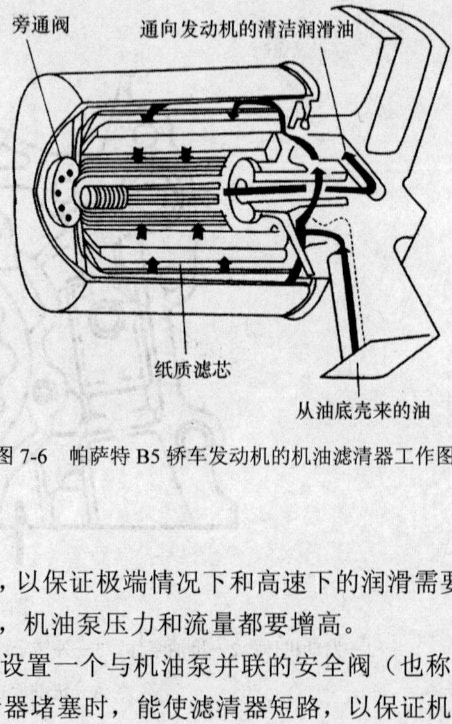

图 7-6 帕萨特 B5 轿车发动机的机油滤清器工作图

三、安全阀和旁通阀

由于机油泵泵送的油量要比发动机需要量高得多，以保证极端情况下和高速下的润滑需要，所以其泵油量是与发动机转速成正比的，高速运转时，机油泵压力和流量都要增高。

为了防止机油泵压力增加过高，在机油滤清器前设置一个与机油泵并联的安全阀（也称限压阀），如图 7-7 所示。它与机油滤清器并联，当滤清器堵塞时，能使滤清器短路，以保证机油供油不致中断。安全阀有一个受弹簧作用的钢球或柱塞，当压力达到规定值时，钢球或柱塞就压缩弹簧使出油孔打开，过量的机油就可流回油底壳，以防止形成过大的压力，维持机油压力的稳定，如图 7-8 所示。

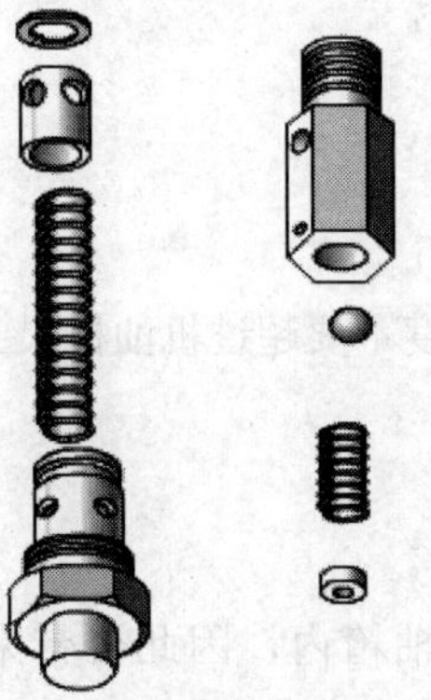

图 7-7　安全阀的结构图

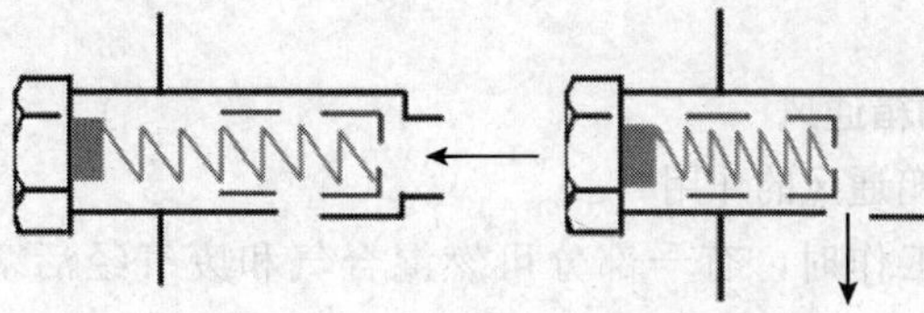

图 7-8　限压阀的工作过程

旁通阀的结构和安全阀基本相同，它是与机油滤清器并联的。当滤清器堵塞时，能使滤清器短路，以保证机油供油不致中断。

安全阀和旁通阀打开的压力都是在出厂时调整好的。

有些发动机在滤清器处还设有止回阀，当发动机停机后，止回阀可关闭进油口，防止机油倒流回去，使机油充满机油滤清器，以便在下次起动发动机时，能很快建立油压。

四、报警系统

有两个报警开关——低压油压开关和高压油压开关，均装在机油滤清器支架上。发动机在机油温度为 353K，转速为 800r/min 时，机油压力大于或等于 0.03MPa；在 200r/min 时，机油压力大于或等于 0.20MPa。

打开点火开关，仪表板上的机油压力警告灯开始闪烁。发动机起动后，当机油压力大于 0.30MPa 时，限压阀打开，警报灯熄灭；发动机低速运转时，机油压力低于 0.30MPa，则低压油压开关触点闭合，机油压力警告灯闪烁。当发动机转速超过 2150r/min 时，机油压力未达到 0.18MPa，高压油压开关的触点断开，机油压力警告灯闪烁，报警蜂鸣器也同时报警。

五、机油标尺

机油标尺用来检查油底壳中机油的存量。它是一根标尺，插在气缸体油平面检查孔内。标尺的一端刻有 2/4、4/4（有的为“min”“max”）的刻线，机油的液面应处于 2/4 与 4/4 之间（有的处于“a”与“c”之间），如图 7-9 所示。油面太低，影响润滑效果，甚至可能引起烧瓦等机械事故，应及时补充；油面过高，将造成发动机运转时，运转阻力增加，机油激溅加剧，引起发动机烧机油、燃烧室积炭等严重后果。发动机油液面应定期进行检查，检查时汽车应停在水平路面上，发动机熄火数分钟，以便让机油全部流回油底壳。然后，拉出油尺，用干净的布擦净后重新插入，再拉出油尺观察液面应在“min”与“max”之间。

图 7-9　机油标尺

a—不可添加　b—可以添加　c—必须添加

发动机机油液面高度应经常检查。桑塔纳轿车发动机机油液面高度应位于机油标尺最高与最低标记之间，机油量约为3.8L。具体检查方法如下。

（1）车辆必须处于水平位置，发动机必须预热。

（2）发动机熄火后等待几分钟，其目的是让机油流回到油底壳中。

（3）拔出机油标尺，用干净的抹布擦干，然后再将其插入到底。

（4）拔出机油标尺，读取机油液面高度数值。注意：机油液面高度不要超过机油标尺上的标记a位置。

六、曲轴箱通风

1．曲轴箱通风的作用

发动机工作时，有一部分可燃混合气和废气经活塞环漏到曲轴箱内，因此会带来以下影响。

（1）窜入曲轴箱内的汽油蒸气凝结后将使机油变稀，性能变坏。

（2）废气中的水蒸汽结在机油中形成泡沫，破坏机油的供给，这种现象在冬季尤为严重。

（3）废气中的二氧化硫遇水生成业硫酸，亚硫酸遇到空气中的氧生成硫酸。这些酸性物质出现在润滑系中，即使是少量也会使零件受到腐蚀。

（4）由于混合气和废气进入曲轴箱内，曲轴箱内的压力便增大，从而破坏曲轴箱的密封性，机油将从油封、衬垫等处渗出而流失。

因此，必须对发动机的曲轴箱进行通风，抽出曲轴箱内的混合气、废气。

2．曲轴箱的通风方式

曲轴箱通风装置可分为自然通网式和强制通风式。

（1）自然通风方式。柴油机曲轴箱一般采用自然通风方式。它利用一根出气管接通曲轴箱，出气管的另一端制成斜切口，切口背向汽车行驶方向。由于汽车行驶和冷却系风扇所鼓起的气流，使曲轴箱出气管口处形成一定的负压，产生吸力，从而使曲轴箱的气体抽出，并直接导入大气中。新鲜空气则从空气滤清器经加机油管进入，以形成对流。

（2）强制通风方式。它为大多数汽油机所采用。它依靠进气管真空度的吸力，将曲轴箱内的气体经挺柱室、气门、推杆与缸体之间的间隙，由进气管吸入气缸燃烧。

当发动机工作时，漏入曲轴箱内的可燃混合气和废气在进气管真空度的作用下，经挺杆阀进入进气歧管室、挡油板、曲轴箱通风出气口滤清器、通风管路和单向阀PCV进入进气歧管后与新鲜混合气混合，进入气缸中燃烧。新鲜混合气经气缸盖前罩上的曲轴箱通风进气口空气滤清器进入曲轴箱内。在该通风管路中设置挡油板和油气分离器的目的是挡住随曲轴箱通风抽出的机油，以减少曲轴箱内机油的消耗。为此，在解放CA6102型汽车发动机的曲轴箱通风的管路中也装有单向阀，其构造如图7-10所示。当发动机在小负荷低转速情况下，由于进气管真空度大，阀克服弹簧的压紧力被吸靠在阀座上，曲轴箱内的废气经阀中心的小孔进入进气管。由于节流作用大时，进气管真空度降低，阀在弹簧伸长力的作用下离开阀座，逐渐打开，通风量逐渐加大。当发动机在大

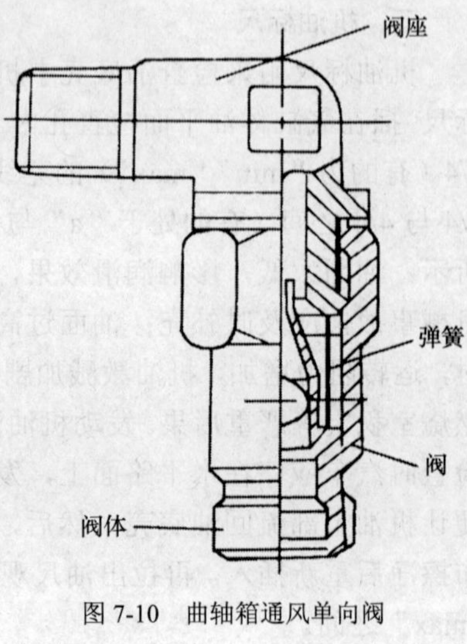

图7-10 曲轴箱通风单向阀

负荷时，阀全开，通风量最大。因此既更新了曲轴箱内的气体，又使机油消耗降低至最低限度。

任务实施

1．转子式机油泵的检修

润滑系统维护良好，会使机油泵的耗损速率远小于其他总成。因此，将其送检修之前，可以先运用经验法检查机油泵主动轴与承孔的配合间隙以及轴向间隙，简易试验机油泵的泵油能力。

将集滤器浸入清洁的机油中，按机油泵的工作转向，用手转动机油泵主动轴。机油应从出油口流出。用手指堵紧出油口，继续转动机油泵，手指应有压力感，同时可感到主动轴的转动阻力明显增大，甚至转不动或机油被压出。

径向和轴向推拉、晃动主动轴时，应感到有间隙但不松旷。通过经验法检查，可判断是否应更换机油泵或拆检修理。

一般机油泵的主动轴与承孔的配合间隙为 0.03～0.08mm，使用极限为 0.16mm。机油泵主动轴的轴向间隙为 0.03～0.08mm，使用极限为 0.12mm。机油泵盖平面的平面度误差要求不大于 0.05mm。而转子式机油泵的零件一般配合间隙值为：转子顶间隙小于 0.15mm，极限值为 0.25mm；转子与泵体间隙为 0.10～0.16mm，极限值为 0.30mm；端面间隙为 0.03～0.09mm，极限值为 0.30mm。

机油泵主动轴与承孔磨损可通过电镀轴颈、更换承孔衬套或镶套修理。

机油泵齿轮或转子与泵盖的端面间隙对泵油量及泵油压力影响较大。端面间隙磨损程度超过了规定的极限，可通过研磨泵体、泵盖的结合面修理。

2．PCV 装置的清洗与检修

拆下曲轴箱通风装置软管，检查 PCV 装置软管，若有老化或损坏现象，应更换新的软管。

（1）如图 7-11 所示，拆下 PCV 阀，借助一清洁的软管从曲轴箱侧吹气应畅通，从进气歧管侧吹气应不通，否则应更换 PCV 阀。

（2）清洗通风装置软管和 PCV 阀，并用压缩空气吹净上面的杂质，不合格件应更换。

（3）按拆卸时的相反顺序装回通风装置和软管。

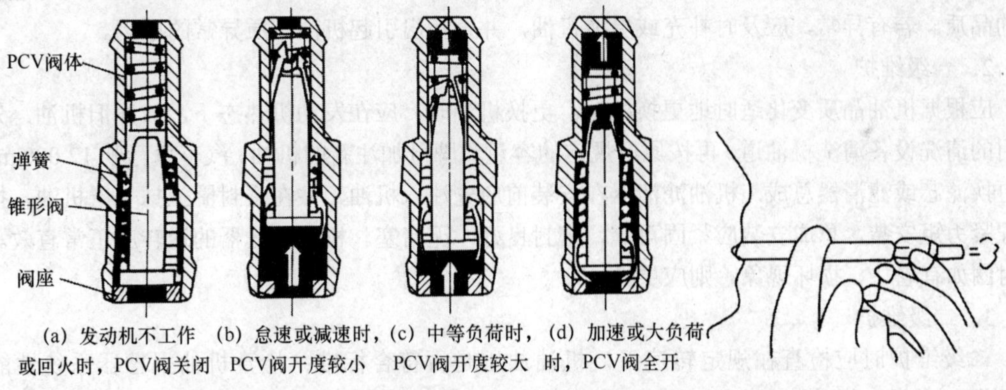

图 7-11 PCV 阀的检查

思考与练习

一、判断题

1. 由于机油粗滤器串联在主油道中，所以一旦粗滤器堵塞，主油道的机油压力便会大大下降，甚至降为零。（ ）

2. 润滑系统主油道中压力越高越好。（ ）

3. 润滑系统中，旁通阀一般都安装在粗滤器中，用于限制主油道的最高压力。（ ）

二、简答题

1. 简述转子机油泵的工作原理与检修步骤。

2. 简述曲轴箱通风的作用及方式。

任务三 润滑系技能操作

相关知识

润滑系的维护

润滑系的维护是保持发动机处于良好技术状况的基础，是汽车在行驶过程中实现高效率、低油耗、低污染、安全运行的基本技术保障，也是延长汽车使用寿命、减少故障的重要措施。

润滑系的维护包括日常维护、一级维护和二级维护。

1. 日常维护

驾驶员应在出车前、行车中、收车后，坚持检查机油品质，视情况补充或更换机油。检查时，应将车辆停放于水平路面上，待发动机停止运转几分钟后抽出机油标尺。擦净油尺油迹后重新将油尺插回原处，再抽出油尺，查看机油液面是否位于最低油位线与最高油位线之间，同时注意机油的品质。若有异常，应及时补充或更换机油，并查找出引起机油品质异常的原因。

2. 一级维护

应根据机油品质变化适时地更换机油。更换机油时，应在发动机热态下，放净旧机油，先用专用的清洗设备清洗机油道，再按原厂规定的容量和牌号加注新的机油。汽车每行驶 12 000km 时应更换滤芯或滤清器总成。机油滤清器在安装前应先注入机油，并在密封圈上抹一层机油，按规定拧紧力矩安装，总成安装应紧固可靠，密封良好，无堵塞。机油细滤器的运转应正常有效。各密封圈如有老化、损坏现象，则应更换。

3. 二级维护

二级维护时应检查在规定转速下，机油油压是否符合标准；检查机油报警器系统性能是否良好、可靠；拆检机油细滤器，回复过滤能力；定期拆卸曲轴箱和机油集滤器；清洗机油散热器。

任务实施

1．帕萨特 B5 轿车机油压力开关检测

断开机油压力连接导线，拧下机油压力开关，并拧上机油压力检测仪 V.A.G1342，如图 7-16 所示。将机油压力开关 2 拧到 V.A.G1342 上，使检测仪棕色导线 1 接地（−）。将二极管测试灯 V.A.G1527 连接到机油压力开关及蓄电池正极（+），测试灯应不亮。若测试灯亮，则须更换机油压力开关。起动发动机，压力达 $1.2×10^2$ ～$1.6×10^2$ kPa 时测试灯应亮。若测试灯不亮，则须更换机油压力开关。

当起动机电机带动发动机时，机油压力开关可能到达开启点，因此起动发动机时必须注意观察测试仪和测试灯。

2．帕萨特 B5 检查机油压力

断开机油压力开关连接导线，拧下机油压力开关，并拧上机油压力测试仪 V.G.A1342，如图 7-12 所示。将机油压力开关拧到 V.A.G1342 上，起动发动机（机油温度约为 80℃），怠速时机油压力为 $1.0×10^2$ ～$2.5×10^2$ kPa，3000r/min 时机油压力为 $3.0×10^2$ ～$5.0×10^2$ kPa。若未达到上述规定值应更换限压阀滤清器支座或更换机油泵。

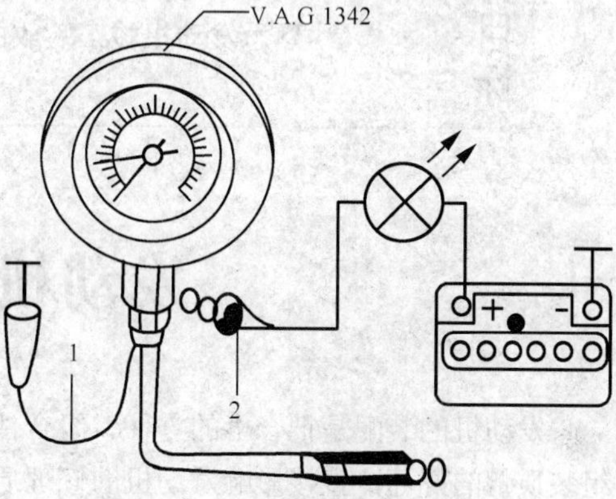

图 7-12　机油压力检测仪

3．帕萨特机油质量的检查

出厂时汽车厂商在发动机内已经加注优质稠化机油，该机油除极端寒冷的气候环境外，可全年通用。

4．帕萨特机油泵的拆装

（1）机油泵的拆卸。

① 拆卸油底壳。

② 用车间起重机 1202A 支起副车架。

③ 拆下副车架前端紧固螺栓（左侧、右侧），然后拧下螺栓。注意螺栓在拆卸油底壳时已拆下，为避免检查车轮定位，只可松开前悬置并降低副车架前端。

④ 将变速器右侧悬置的后侧螺栓拧松几圈，拧下变速器右侧悬置的前端螺栓。拧下变速器左侧悬置的前端螺栓。

⑤ 拧松变速器左侧悬置的螺母（箭头），直至其与螺栓端部齐平。

⑥ 用车间起重机慢慢降下副车架。

⑦ 拆除车间起重机，向下摆动防侧倾稳定杆。松开螺栓，向下压副车架，拆下机油泵。

（2）机油泵的安装。机油泵的安装按与拆卸相反的顺序进行，安装时注意机油泵安装后应安装油底壳和副车架（行走系统，副车架的拆装）。机油泵与缸体连接螺栓的拧紧力矩为 25N·m。

项目八 8 发动机的装配与调试

知识目标

◎ 掌握发动机装配的一般原则。
◎ 熟悉发动机的磨合工艺。
◎ 熟悉发动机竣工验收的内容。

能力目标

◎ 掌握典型发动机的装配工艺。
◎ 熟悉发动机竣工验收的内容。

任务一 发动机的装配与调试

发动机的装配是把合格的零件、组合件、总成按一定的技术要求和工艺顺序组装成发动机。组装质量的好坏，直接影响发动机的修理质量。大修后的发动机需进行磨合，磨合包括冷磨合和热磨合两个阶段。

发动机大修后经装合、调整和试验，技术部门根据有关标准进行验收，签发合格证，并提供用户必要的技术资料，给予质量保证。

相关知识

一、发动机装配的一般原则

1. 发动机装配前的准备工作

（1）发动机装配前必须认真清洗零件和工具，保持装配场所的清洁。

（2）待装零件、组合件、总成件应备齐全。

（3）工作台、机件应摆放有序，并按规定配齐衬垫、螺栓、螺母、垫圈、开口销，并准备适量的密封胶及机油、润滑脂等常用润滑材料。

2. 发动机装配的一般原则和要求

（1）发动机装配的一般原则是以气缸体为基础，分别进行安装。

（2）装配过程中，应尽量多使用专用工具。

（3）有装配记号的零件，必须按记号装配，不得互换。

（4）配合的零件表面，在装配时必须涂上润滑油。

（5）配合零件装配时，应使用压床或专用的压入工具。如需在零件表面施以压力或锤击时，必须垫以软金属块或使用铜锤头。

（6）各部位的密封衬垫和油封装配时必须换用新件。

（7）拧紧螺栓、螺母时，应使用合适的扳手按一定顺序和力矩拧紧，对称的螺栓在拧紧时应交错分 2～3 次拧紧。对有规定力矩的螺栓、螺母，应用扭力扳手按规定力矩拧紧。

（8）各锁止装置要安装牢靠。

（9）保证各密封部位的严密性，无漏油、漏水、漏气现象。

（10）零件的清洗。汽车和总成拆散以后，应进行清洗。零件表面的污垢有油污、积炭、水垢和锈蚀等，对于不同的零件和不同的污垢要采用不同的方法清除。所以，把零件清洗工作分为清除油污、清除积炭、清除水垢和清除锈蚀等。零件清洗后，采用检视法、测量法和探伤法等方法，按照维修技术标准要求，将零件分为可用零件、需修零件和报废零件三类，然后把具有修复价值的需修零件修理好，备好需用新零件，为发动机总装做好准备。

二、油污的清除

汽车用润滑油主要是矿物油，其油污在酸液中是不可溶的，只能形成乳浊液，且又是不可皂化的，故一般采用碱溶液进行清洗。

1．钢铁零件的清洗

钢铁零件的清洗对象主要是矿物油类的油污，属非水溶性的，可采用碱溶液中加入少量乳化剂，经加温后清洗零件。油污对金属的附着力很大，当油污接触碱溶液后生成乳浊液，降低了附着能力。当零件加温后，这种乳浊液内分子运动加快，容易在金属表面分解，达到清除油污的目的。溶液的循环流动也加快除油过程，如采用压力喷射可增加运动能量，除油效果更佳。

为了防止和减少碱溶液对金属零件的腐蚀，还需用加热的清水喷射，以冲洗金属表面残留的碱溶液。

使用碱溶液的清洗设备一般有煮水池和喷洗机两种。

（1）煮水池。煮水池是用耐腐蚀钢板焊接而成的。碱液一般用蒸汽或炉火加热。

零件清洗时，大型零件可以吊入；小零件可置于网栅栏中，便于清洗后提取。为了清洗零件表面的有害液体，从碱水池中提出的零件必须用清水冲洗一遍，然后吹干。为了保证操作工人的安全，在碱水池的上方应有起重设备、通风装置，还应考虑废水污物处理等问题。

（2）清洗机。为了提高清洗效果和减少清洗时间，大、中型企业都采用喷洗方法。如单室旋转式清洗机就是一种常用的清洗机。这种清洗机的喷嘴是固定不动的，而清洗的零件盛放在旋转盘上，随旋转盘一起转动。钢铁零件还可以用有机溶剂清洗，清洗的效果比碱溶液强，它可以除去零件表面的各种油污。常用的有机溶剂有工业汽油、煤油和柴油等。其优点是使用简便，对金属无蚀损，但清洗成本高且易燃，一般用于较精密零件的清洗，如高压油泵喷油器和液压挺柱等。

2．铝合金零件的清洗

现代汽车为了减轻车辆的自重而广泛采用铝合金零件。油污对铝合金的黏附力比钢铁件要小，相对来说铝合金零件较易清洗。目前，碱溶液的主要成分是苛性钠，它对铝合金有强烈的腐蚀作用。汽车零件中，如汽油泵、活塞和铝合金气缸盖等均不得在碱溶液中清洗。这些零件，一般可采用有机溶液，如煤油、柴油、工业汽油或工业清洗剂来清洗。对于修理铝合金零件较多的企业，应专门配制铝合金清洗液。一般可以采用硅酸钠或碳酸钠溶液加少量重铬酸钾来配制。清洗时，同样也应加温到60℃～70℃，以便获得最佳效果。

3．其他零件的清洗

（1）橡胶类零件的清洗。如制动皮碗、皮圈等橡胶类零件，应用酒精或制动液清洗，不得用煤油、汽油、柴油等有机溶剂或碱溶液清洗，以防发胀变形。

（2）离合器摩擦片和制动蹄摩擦片，不能用碱溶液煮洗，应用少许汽油擦洗后，再用砂纸擦干净。

（3）皮质零件一般先用肥皂水擦洗，再用清水冲洗，最后用干布擦干。亦可用皮件清洁剂清除污物。

三、积炭的清除

积炭是燃料和润滑油在高温和氧的作用下形成的产物。在发动机工作时，燃油和窜入燃烧室中的润滑油，以及未燃烧部分在氧和高温的作用下，形成树脂状胶质黏附在零件表面，又经过高温的作用，进一步缩聚成沥青质、油焦质和炭青质的复杂混合物，即积炭。

发动机的气缸盖、活塞顶、活塞环、气门头部和火花塞等零件表面，在发动机工作中，会牢固地黏着一层积炭。积炭减少了燃烧室的容积，并在燃烧过程中形成许多炽热点，易发生早燃现象，破坏发动机的正常工作。此外，积炭可以黏结在活塞顶形成新的磨料，影响润滑作用。

积炭的清除通常用机械方法和化学方法，或二者并用。

（1）机械法清除积炭。根据零件的形状和部位，利用专用的金属丝刷装在手电钻上进行刷洗，或用刮刀直接刮除。

（2）化学法清除积炭。利用化学溶剂与积炭发生化学和物理作用，使积炭层结构逐渐松弛变软，软化的积炭容易用擦洗或刷洗方法清除掉。清洗用的化学溶液与除油所用的碱溶液作用原理基本相同。

四、水垢的清除

大多采用酸洗法或碱洗法清除水垢，因为酸性或碱性溶液对水垢均有溶解作用。

五、发动机的装配程序和主要技术要求

发动机的装配程序和技术要求随发动机结构不同而有所差异，现将其共性的内容叙述如下。

1．曲轴与轴承的安装

（1）将气缸体倒置在工作台或装配架上，用压缩空气将气缸体和曲轴上的油道反复吹通。

（2）把轴承按编号装入轴承座中，轴承应与轴承座和轴承盖密合，定位凸榫完整。轴承两端面应高出轴承座及盖的接合面0.03～0.06mm。在轴承内表面上稍涂润滑油。

（3）将曲轴置于气缸体轴承座孔内，轴承盖按原来的位置装在气缸体上。各道轴承盖螺栓分2～3次由中间向两端拧紧，最后一次按规定力矩拧紧，待全部轴承盖螺栓拧紧后，用一只手扳动曲轴，曲轴应以能转动为宜，否则应查明原因并予修复。

（4）检查曲轴轴向间隙，看其是否符合规定。如不符合规定，应予以调整。

（5）安装飞轮时，应对准定位孔。曲轴凸缘与飞轮的配合应符合规定，应交叉均匀地拧紧紧固螺栓。紧固后检查飞轮工作表面的端面跳动，在最外端测量时，其值应不超过0.20mm。

（6）正确安装曲轴油封，对整体式后油封，应装入曲轴后端油封座内；对分开式后油封，应装入后轴承座槽内。曲轴前端一般采用整体油封，应将油封装入发动机前端的正时齿轮盖内，保证油封与曲轴同心且松紧度适宜。

2．活塞连杆组件的安装

（1）将不带活塞环的活塞连杆组件按缸号装入相应的气缸内，活塞顶的装配标记朝向发动机前方，按规定力矩拧紧连杆螺栓。转动曲轴，活塞在上、下止点和气缸中部3个位置上，活塞头部前、后两方向与气缸的间隙值之差应不大于 0.10mm，可用厚薄规进行测量。超过时，应查明原因予以消除。

当活塞在运动中始终偏向一方时，多为连杆弯曲所致，应予以校正。当活塞在运动中的偏斜方向变化时，应重新磨光连杆轴颈，并校正连杆扭曲，重新选配连杆轴承予以纠正。

连杆大头两侧面在连杆轴颈上的端隙，轿车发动机为 0.15～0.30mm，载货汽车发动机为0.20～0.25mm。

上述项目检查合格后，拆下活塞连杆组。

（2）用专用工具将活塞环装到活塞上。安装活塞环时要注意活塞环的安装方向。

（3）在活塞、活塞环及连杆轴承上涂上适量润滑油，使活塞环开口错开。将活塞连杆组装入气缸内，连杆螺栓用规定力矩拧紧。

3．凸轮轴的安装

（1）下置式凸轮轴的安装。

① 在凸轮轴轴颈和轴承处涂上少许润滑油，将凸轮轴插入凸轮轴轴承中，安装时不要将轴承碰坏。对用止推凸缘来定位的凸轮轴，凸缘面应朝前。

② 转动曲轴，使第1缸活塞处于上止点，转动凸轮轴至合适位置。对准标记，将正时齿轮或链条、链轮按正确的位置装入。

③ 气门挺柱涂上润滑油后，按记号顺序插入导管内，用拇指轻轻推入导孔后应能转动自如，径向推拉挺柱无明显间隙感。

④ 复查凸轮轴轴向间隙，如不符合规定，应予以调整。

⑤ 安装正时齿轮盖。将正时齿轮盖的衬垫贴在缸体上，套上正时齿轮盖，压上皮带轮，再均匀对称地拧紧正时齿轮盖的固定螺栓，以保证油封与油封轴颈的配合。

（2）上置式凸轮轴的安装

① 挺柱式：将传动件挺柱装入后再装凸轮轴。

② 摇臂式：先装凸轮轴，再装摇臂。

③ 齿形带的张紧：转动张紧轮，调整齿形带的松紧度，在凸轮轴正时皮带轮和曲轴正时带轮之间用拇指和食指捏住齿形带刚好能扭转90°，其张紧度即合适。

4．气门组件的安装

（1）将气门油封压装于气门导管上，安装时油封一定要压到位，防止油封变形与损坏。

（2）装上气门及气门弹簧和弹簧座。

5．气缸盖、推杆、气门摇臂组件的安装

（1）安装气缸盖衬垫时，有标记一面应朝向气缸盖。拧紧气缸盖螺栓（母）时，应从中央向两边按规定顺序和力矩分数次拧紧。

（2）将推杆插入挺柱内定位，再装摇臂组件，按规定的顺序和力矩固定摇臂组件。

（3）按规定数据调整各缸气门间隙。

6．油底壳及附件的安装

（1）安装机油泵和机油集滤器。

（2）安装油底壳。装上密封垫，涂上密封胶后再装上油底壳，对称均匀地拧紧油底壳紧固螺栓。

（3）安装分电器。对触点式分电器，先将触点间隙调到 0.35～0.45mm，再按规定位置把分电器轴准确地装入传动轴槽内，旋紧分电器外壳固定螺钉。

（4）安装进、排气歧管。

（5）安装机油滤清器、机油管、曲轴箱通风管、水泵、发电机、起动机、化油器及汽油泵等，如有空调压缩机也应装上．并加注合适的润滑油及冷却液等。

任务实施

一、发动机型号

发动机型号是：桑塔纳 AJR 型发动机。

二、发动机的安装

（一）安装时的注意事项

AJR 型发动机的安装，要特别注意以下几点。

1．在安装时，应检查发动机和变速器之间的定位销是否安装好。

2．更换所有的锁紧螺母。

3．更换所有已经按照拧紧力矩紧固过的螺栓。

4．更换所有密封圈和衬垫。

5．在变速器输入轴上涂薄薄的一层 G000100 润滑脂。分离轴承的导向套不必润滑。

6．必要时检查离合器膜片各分离杠杆的同轴度。

7．检查曲轴后部滚针轴承是否安装上。

8．如果气缸盖和气缸体都没有更换，则可以使用原来排出的冷却液。

9．安装发动机支架时，摇动发动机使其安装到位。

10．调整节气门拉索，使其活动灵活。

11．在不拧紧螺栓的情况下，调整排气管。

12．查询故障存储代码。当拔下电气元件接头时，会导致故障代码被存储。查询故障存储代码，必要时删除故障存储代码。

13．AJR 型发动机主要螺栓螺母拧紧力矩，见表 8-1。

表 8-1　AJR 型发动机主要螺栓螺母拧紧力矩

部　位	螺栓螺母型号	拧紧力矩/N·m
一般螺栓螺母	M6	10
	M8	20
	M10	45
	M12	65
发动机支承与副梁螺栓		40±5
发动机支架与发动机支架螺栓		40±5
发动机扭力臂		23±3
前排气管与排气歧管连接螺栓		25±2.5
管子支承与车头连接螺栓		65±6

（二）主要部件的安装

1．更换曲轴 V 形带轮端油封

（1）曲轴 V 形带轮端油封的拆卸。

① 拆下发电机 V 形带，拆下正时齿带。

② 拆下正时齿带轮，如图 8-1 所示。用专用工具 3099 固定正时齿带轮，旋上专用工具时在正时齿带轮和工具之间放入两个垫片。将正时齿带轮的中间螺栓旋入到曲轴以提供支撑。拉出器 3203 的内件旋出外件约 2 圈（约 3mm），然后用滚花螺钉拧紧。

③ 在拉出器 3203 的螺纹头上涂机油，并将其尽可能深地打入到油封内，如图 8-2 所示。

④ 松开滚花螺钉，将内件对着曲轴转动，直到拉出油封为止。

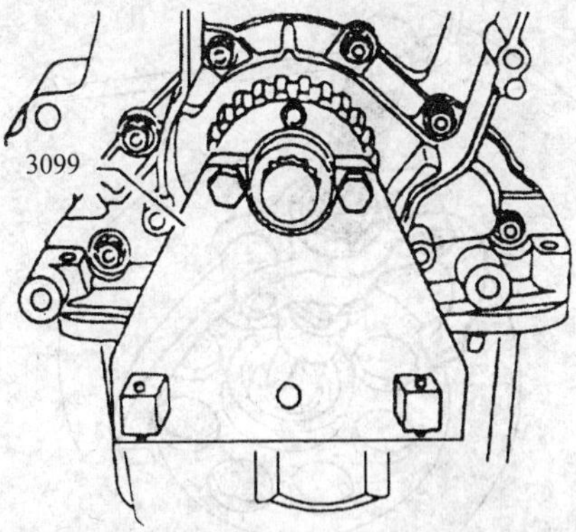

图 8-1　用专用工具固定正时齿带轮

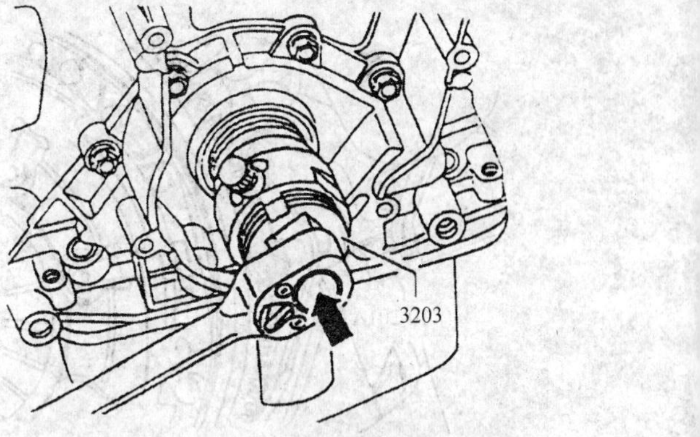

图 8-2　将拉出器拧入油封内

（2）曲轴 V 形带轮端油封的安装。

① 在油封的密封唇上涂上少量机油。

② 将导向套筒 2080A 定位在曲轴轴颈上，如图 8-3 所示。

③ 将油封导入导向衬套内。用正时齿带轮中间螺栓将油封压入，如图 8-4 所示。

④ 安装曲轴正时齿带轮，并用 3099 锁定。

⑤ 更换正时齿带轮与曲轴的连接螺栓，拧紧力矩为 90N · m+90°（1/4 圈）。安装正时齿带。

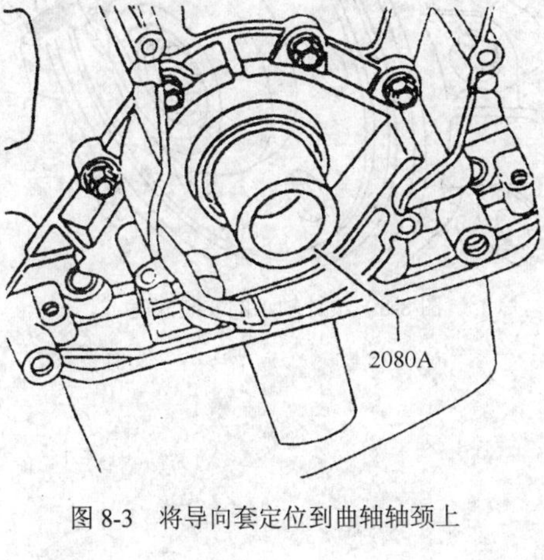

图 8-3　将导向套定位到曲轴轴颈上

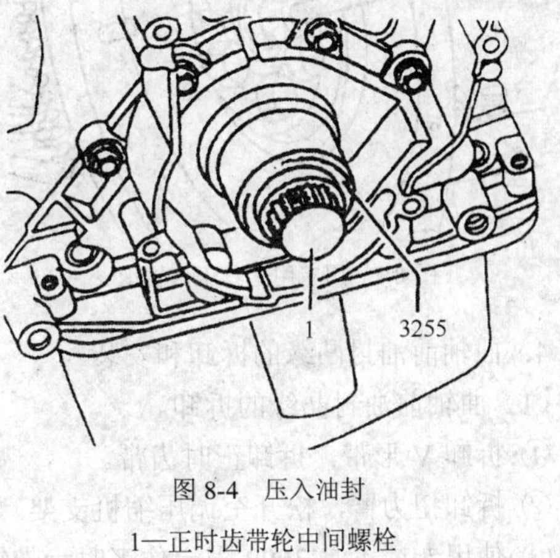

图 8-4　压入油封

1—正时齿带轮中间螺栓

2．飞轮的拆卸和安装

（1）用专用工具 10-201A 固定飞轮，以旋松和拧紧飞轮固定螺栓，如图 8-5 所示。

（2）做好飞轮与发动机的位置的标记。

（3）拆卸后更换所有固定螺栓。

（4）飞轮安装时，飞轮与曲轴的固定螺栓拧紧力矩为 60N・m+90°。

3．曲轴滚针轴承的拆卸和安装

在安装发电机之前，应检查曲轴上的滚针轴承是否已安装上。

（1）拆卸。拆卸曲轴滚针轴承时，使用专用拉具 A（如 Kukko21/2 及 Kukko22/1 或 10-202），如图 8-6 所示。

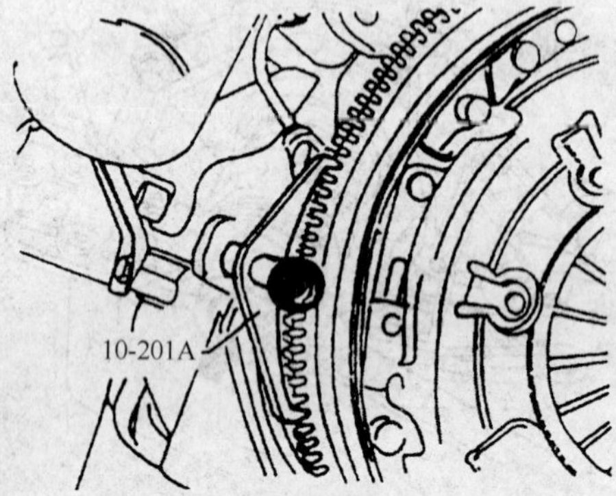

图 8-5 用专用工具固定飞轮

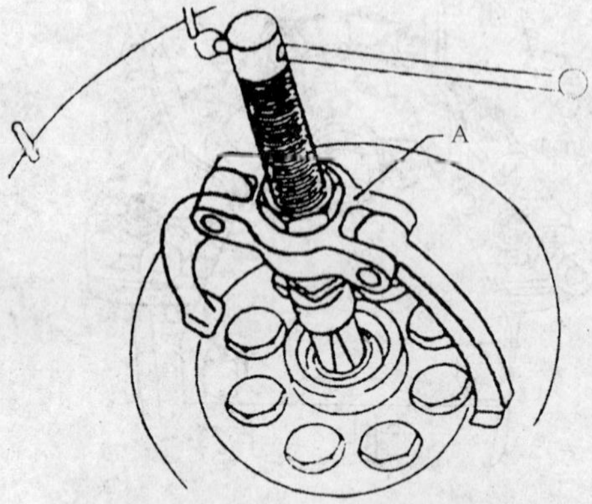

图 8-6 用专用工具拆卸曲轴滚针轴承

（2）安装。用芯棒 VW207C 或 3176 将轴承压入，如图 8-7 所示。滚针轴承的安装深度应为 a=1.5mm，如图 8-8 所示。

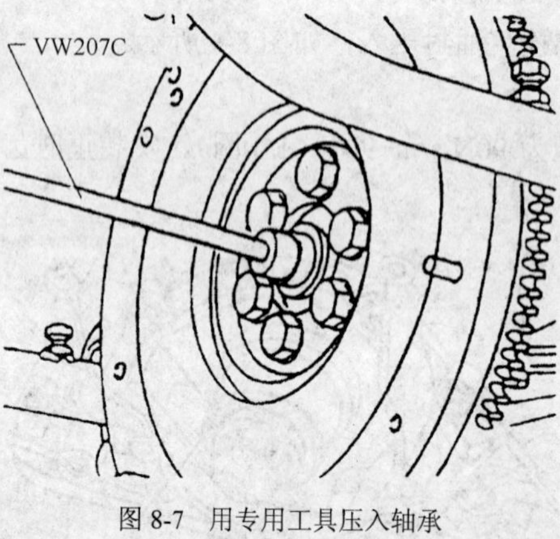

图 8-7 用专用工具压入轴承

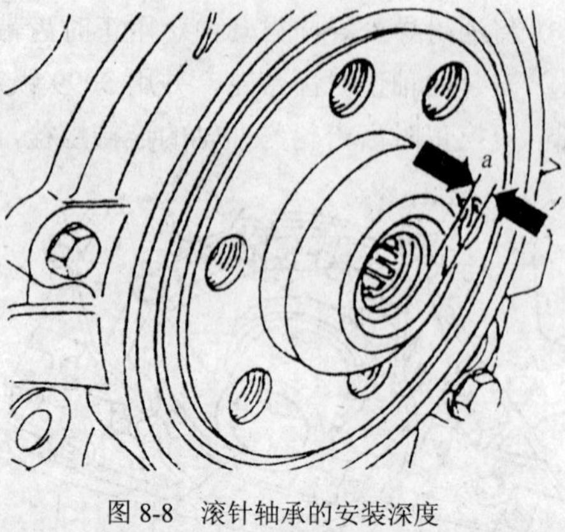

图 8-8 滚针轴承的安装深度

4．曲轴前油封凸缘的拆卸和安装

（1）曲轴前油封凸缘的拆卸。

① 拆卸 V 形带，拆卸正时齿带。

② 拆卸扭力臂，松开空调压缩机支架。

③ 使用专用工具 3099 固定住正时齿带轮，拆卸曲轴正时齿带轮（见图 8-7）。在旋入固定工

具时，在正时齿带轮和固定工具之间放置两个垫片。

④ 抽出发动机机油，拆卸油底壳。

⑤ 旋下密封凸缘固定螺栓，撬下密封凸缘。

⑥ 仔细地去除气缸体上密封垫的剩余物。去除密封凸缘上的密封胶残余物，如图 8-9 所示。清洁密封表面，必须使其完全无油脂。

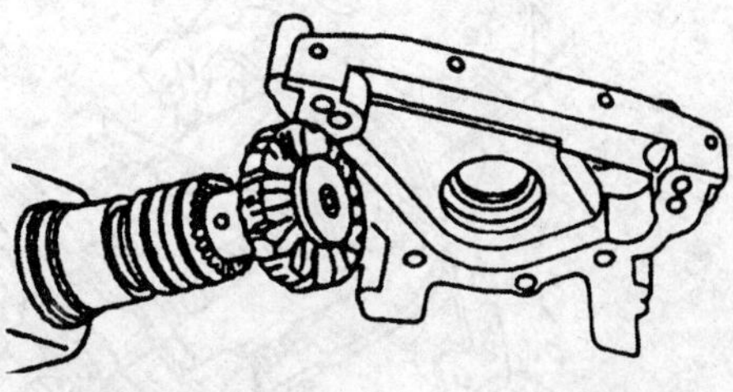

图 8-9 去除密封凸缘上的密封胶残余物

（2）曲轴前油封凸缘的安装。

① 剪下硅密封胶罐喷管头部，使得喷管直径约为 3mm 左右，如图 8-10 所示。

② 在曲轴前油封凸缘上涂上密封胶，如图 8-11 所示。密封胶的厚度为 2～3mm。密封胶的厚度不能超过 3mm，否则多余的密封胶将进入油底壳从而阻塞机油管路。

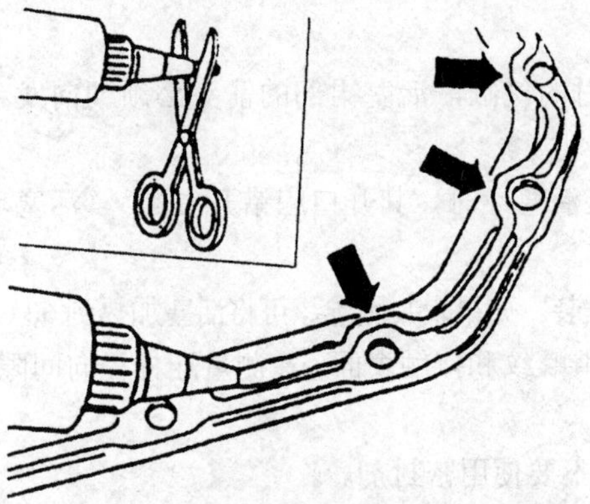

图 8-10 剪下密封胶罐喷管头部

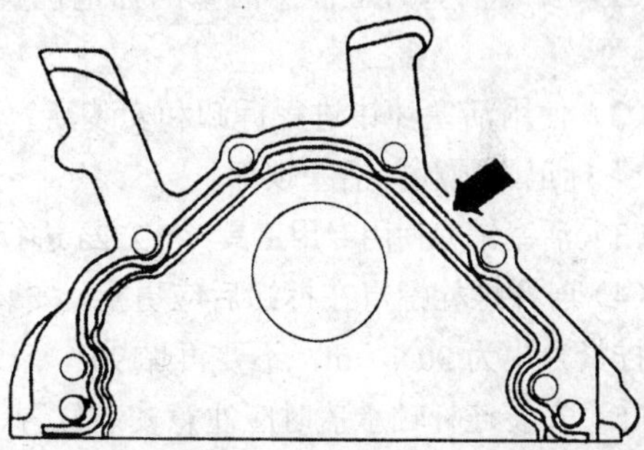

图 8-11 涂密封胶

③ 立即安装上密封凸缘并稍微拧紧固定螺栓。在密封凸缘上涂硅密封胶，必须在 5min 之内安装。

④ 更换螺栓。对角交替密封凸缘螺栓，拧紧力矩为 16N·m。

⑤ 安装机油泵。安装后，先使密封胶干燥约 30min 后倒入机油。

⑥ 更换正时齿带轮螺栓，安装曲轴正时齿带轮，安装正时齿带。正时齿带轮与曲轴的固定螺栓拧紧力矩为 90N·m+90°。

5．曲轴机油泵链轮的拆卸和安装

（1）曲轴机油泵链轮的拆卸。

① 拆下发电机，使发动机前端位于维修工作台上。

② 拆卸油底壳。

③ 拆卸前油封凸缘。

④ 拆卸链条张紧器、机油泵链轮和链条。

⑤ 如图 8-12 所示，用垫圈 1 保护曲轴末端，使用拉出器 2 拉出曲轴链轮。

（2）曲轴机油泵链轮的安装。

① 将链轮加热至 220℃。

② 使用钳子将链轮定位在曲轴末端上，然后用专用工具 30-100 将链轮尽可能深地压入到曲轴上，如图 8-13 所示。

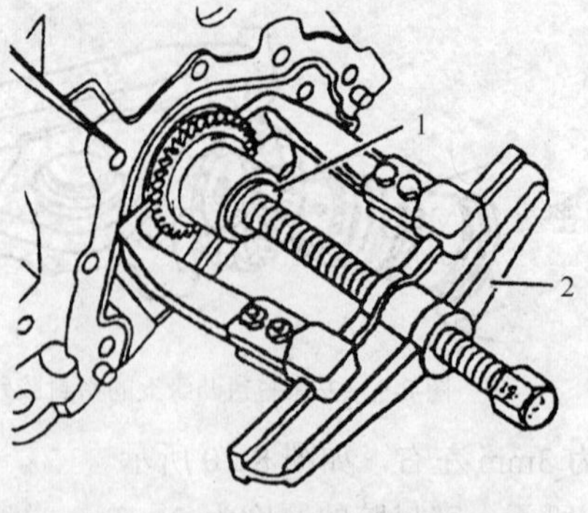

图 8-12 用拉出器拉出曲轴链轮

1—垫圈；2—拉出器

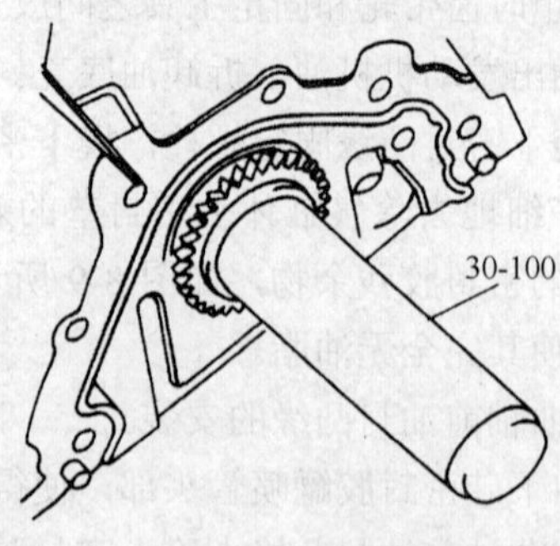

图 8-13 安装链轮

6．活塞连杆组的安装

（1）安装活塞时应注意活塞的标记位置和所配对的气缸，活塞裙部的箭头必须朝向发动机前方。

（2）使用活塞环钳进行拆卸和安装活塞环。安装活塞环时，其开口应错开 120°。活塞环上“TOP”标记必须朝向活塞顶部。

（3）活塞销应使用专用工具 VW222a 进行拆卸和安装。如果安装困难，可将活塞加热到 60℃。

（4）连杆螺栓螺母在拆卸后应更换，安装时先润滑螺纹和接触表面。在测量连杆径向间隙时，螺栓拧紧力矩为 30N・m，不要再加 90°。

（5）安装连杆轴承盖时应注意安装位置，安装时不要使用密封剂。

（6）连杆的轴向间隙为 0.10～0.35mm，磨损极限值为 0.40mm；连杆的径向间隙为 0.10～0.05mm，磨损极限值为 0.12mm。在测量连杆径向间隙时不要转动曲轴。

任务二 发动机的磨合规范

相关知识

一、发动机磨合的意义

总成修理后的发动机使用的零件有新有旧，零件的技术状况相差较大，修理工艺装备和企业生产技术水平又存在着很大的差异。有些总成修理发动机在磨合中就出现拉缸、烧瓦等严重故障。因此，总成修理的发动机进行科学的磨合就更为必要。

1．形成适应工作条件的配合性质

（1）扩大配合表面的实际接触面积。新零件和经过修理的零件，由于表面微观粗糙和各种误差，装配后配合副的实际接触面积仅为设计面积的 0.001～0.01，配合表面上单位实际接触面积的载荷就会超过设计值的百倍乃至千倍。微观接触面在高应力、高摩擦热作用下就容易产生塑性变形和黏着磨损，引起咬黏等破坏性故障。因此，应使新零件在特定的磨合规范下运动，在短期内形成适应正常工作条件的配合表面。

（2）改善配合性质。磨合磨损形成了适应工作条件的实际接触面积和表面粗糙度以及配合间隙，不但显著地提高了零件综合抗磨损性能，也减少了其摩擦阻力与摩擦热，故障率降低，提高了大修发动机的可靠性与耐久性。

2．改善配合副的润滑效能

磨合使配合间隙增大到适喧正常工作条件的配合间隙，改善了润滑油的泵送性能，增大了配合副润滑油流量，不但改善了配合副的润滑效能，也有利于保持正常的工作温度和配合表面的清洁。

3．提高发动机的可靠性与耐久性

金属在低于或近于疲劳极限下，磨合一定的时间，“实现次负荷锻炼”，可以明显的提高金属零件的抗磨损能力和抗疲劳破坏能力，从而提高机械的可靠性与耐久性。

二、磨合规范

发动机大修后的磨合包括冷磨合和热磨合两个阶段。

发动机的冷磨合，是依靠外力带动发动机在一定时间内做不同转速的运转过程。通过冷磨合可使零件表面的微小不平得到改善，表面金属被强化，逐渐形成一个适合实际摩擦条件的工作表面，有利于延长零件的使用寿命。

1．磨合用润滑油的选用

冷磨合应采用低黏度润滑油，如 2 号锭子油，或在原机油中加入一定量的柴油。

2．发动机冷磨合规范

（1）冷磨合规范。

① 冷磨合转速。冷磨合起始转速为 400～500r/min，终止转速为 1200～1400r/min。起始转速过低，尤其是发动机自润滑磨合时，曲轴溅油能力不足，机油泵输油压力过低，不能满足配合副很大摩擦阻力和摩擦热对润滑、冷却、清洁能力的需求，势必引起配合副的破坏性耗损。由于高摩擦阻力和高摩擦热的限制，起始转速亦不能过高。发动机磨合的关键是气缸、活塞环、活塞和曲轴与轴承等配合副的磨合，配合面上的载荷主要是由连杆活塞组的质量和离心力形成的。资料介绍，在 1200～1400r/min 内单位面积上的载荷最大，超过或低于此转速，反而减小，影响磨合效率，如图 8-14 所示。

磨合转速采取四级调速。在每级转速下，随着表面质量的改善，磨损率逐渐下降至平衡状态。无级调速磨合效率低，为了提高磨合效率，故采用有级调速，如图 8-15 所示。

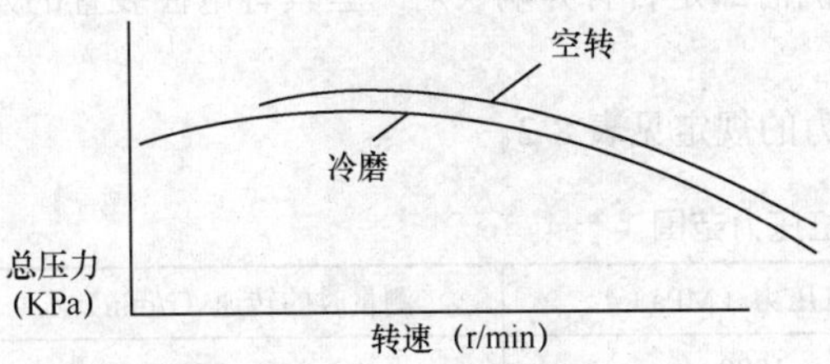

图 8-14 连杆轴颈上的总压力与转速的关系图

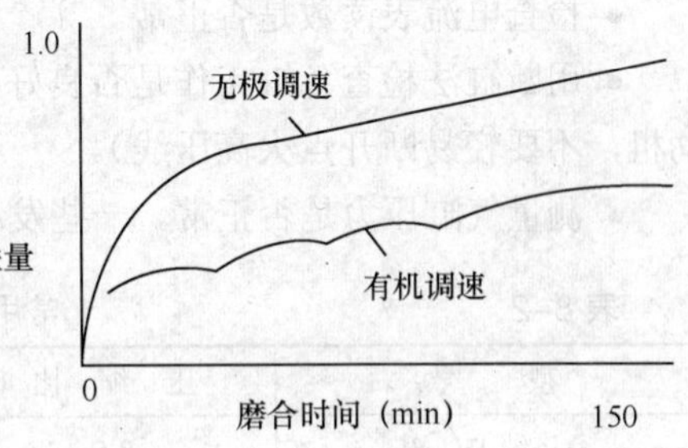

图 8-15 冷磨合规范

② 冷磨合载荷。单靠活塞连杆组所产生的载荷显然不够，磨合效率低。实践证明，装好气缸盖，堵死火花塞螺塞孔，借助气缸的压缩压力来增加冷磨载荷是极为有益的。

③ 冷磨合的润滑。现行的润滑方式有自润滑、油浴式润滑和机外润滑。实践证明，机外润滑方式效果最佳，对提高磨合效率极为有利。所谓机外润滑是指由专门的泵送系统，将专门配制的

黏度较低、硫化极性添加剂含量高的专用发动机润滑油，以较大的流量送入发动机进行润滑的润滑方式。它不但使摩擦表面松软，加速磨合过程，而且润滑、散热以及清洁能力很强，还可以提高磨合过程的可靠性。

④ 磨合时间。各级转速的冷磨合时间约 15min，共 60min。

（2）发动机冷磨合时的检查。

① 冷磨合时要注意机油压力表指示情况，如发生异常，应立即停机检查，排除故障后再磨合。

② 观察各机件工作是否正常，如摩擦表面附件过热或有异响等异常情况时，应立即停机，查明原因并予以排除。

（3）发动机冷磨合后的拆检

冷磨后，应将发动机分解，检查活塞、活塞环与气缸壁的接触情况，检查曲轴、凸轮轴与其轴承的磨合情况。排除发现的故障，然后将发动机的全部零件清洗干净，按要求装配发动机，准备进行热磨合。

3．发动机的热磨合

热磨合是指发动机利用自身产生的动力进行磨合。热磨合分为无负荷热磨合和有负荷热磨合两个阶段。

（1）发动机的无负荷热磨合。发动机无负荷热磨合的目的在于进一步使摩擦副磨合，对发动机油路和电路作必要的调整，检查和排除发动机故障。

① 无负荷热磨合规范。无负荷热磨合规范是按规定程序起动发动机，以 600～1000r/min 的转速运转 1h。

② 热磨合中的检查。

- 检查机油压力，应符合各机型要求。
- 检查发动机的水温、机油温度是否正常。
- 检查并校正点火提前角。
- 检查发动机有无异响。如有异响，应立即停机检查并予以排除。
- 检查发动机有无漏油、漏水，漏气和漏电现象。
- 检查电流表读数是否正常。
- 用断缸法检查各缸工作是否良好，测听发动机内部是否有异响（对一些具有电控装置的发动机，不要轻易断开点火高压线）。
- 测量气缸压力是否正常。一些发动机气缸压力的规定见表 8-2。

表 8-2 常用发动机的气缸压力范围

型　号	压 缩 比	气缸压力（MPa）	测量时的转速（r/min）
桑塔纳 JV1.8L	8.5	1090	200～250
奥迪 100JW1.8	8.5	1250	200～250
康明斯 6BTA5.9	17.5	2412	

（2）发动机的有负荷热磨合

发动机经过无负荷热磨合之后，还须进行有负荷热磨合。有负荷热磨合必须在有加载设备的专用试验台上进行。有负荷热磨合分为一般磨合和完全磨合两种。对于大修的发动机，进行一般磨合就可以了。

① 有负荷一般磨合规范。磨合起始转速一般为800～1000r/min，终止转速为额定转速的60%（一般载货汽车发动机）或50%（轻型汽车发动机），其级间转速差为200～400r/min。起始负荷为额定功率的10%～20%，终止负荷为额定功率的80%，其级间负荷的额定功率差为3.68kW，每级磨合时间30～45min，总磨合时间不少于3h。

② 有负荷热磨合时的检查

a．检查水温、机油压力和机油温度应符合规定。

b．发动机在各种工况下运转平稳，应无异响。否则，应停机排除。

c．校准点火正时。

（3）发动机热磨合后的拆检。为保证发动机的修理质量，热磨合后应拆检主要机件。一般拆检项目如下。

① 活塞接触面是否正常，有无拉毛、起槽等现象。

② 气缸应无拉痕及起槽等现象。

③ 活塞环接触面应不小于90%，开口间隙不大于原间隙的125%。

④ 主轴承和连杆轴承接触面应比磨合前有所增加，但无起槽和烧结现象。

⑤ 气缸衬垫无漏水、漏气现象。

三、桑塔纳2000GSi轿车AJR发动机磨合规范

表8-3所示为桑塔纳2000GSi轿车AJR发动机的冷磨合规范。

表8-3　桑塔纳2000GSi轿车AJR发动机冷磨合规范

磨合阶段		曲轴转速（r/min）	冷磨时间（min）
冷磨合	1	400	45
	2	600	45
	3	800	45

表8-4所示为桑塔纳2000GSi轿车AJR发动机的热磨合规范。

表8-4　桑塔纳2000GSi轿车AJR发动机热磨合规范

磨合阶段		曲轴转速（r/min）	冷磨时间（min）
热磨合	1	700～900	45
	2	1000～1200	45
	3	1400～1500	45

思考与练习

1．发动机磨合的意义是什么？

2．冷磨合的规范有哪些？

3．热磨合的规范有哪些？

任务三 发动机竣工验收

相关知识

大修后的发动机经装合调整和试验后，要进行验收。技术部门根据 GB/T 15764.2—1995《汽车修理质量检查评定标准—发动机大修》GB/T 3799.1—2005《商用汽车发动机大修竣工出厂技术条件第二部分：汽油发动机》GH/T 3799.2—2005《商用汽车发动机大修竣工出厂技术条件第二部分：柴油发动机》进行发动机性能测试，判定其是否符合出厂合格要求，签发合格证，给予质量保证。

发动机竣工验收的具体内容如下。

（1）检查并加足冷却液、机油、燃油。

（2）用检视方法检验发动机装备状况，要求装备齐全，有效，各零部件及附件应符合规定的技术条件。

（3）起动发动机，检查其起动性能。

① 冷车起动。要求在环境温度大于等于−5℃时顺利起动，允许连续起动小于等于 3 次，每次起动小于等于 5s。

② 热车起动。要求在发动机正常工作温度下 5 s 内能起动。

（4）检查发动机运转工况，起动发动机运转至正常工作温度。

① 检查怠速工况。用转速表进行运转试验或发动机综合仪测量，要求发动机怠速运转稳定，转速符合原设计规定，转速波动小于等于 50r/min。

② 检查转速变化工况。用转速表检查发动机改变转速时应过渡圆滑，突然加速或减速时，不得有爆燃声、断火、回火、放炮等现象。

（5）检查发动机运转时有无异响。用检视法或发动机异响分析仪检查，要求发动机在正常工况下，运转时不得有异常响声。

（6）检视发动机机油压力、冷却液温度、机油温度。在发动机正常运转工况下，应符合原厂设计规定。

（7）检查气缸压力。

① 检查压力值。用转速表测速，气缸压力表测量各缸压力，气缸压力应符合原设计规定。

② 检查各缸压力差。用转速表、气缸压力表或发动机分析仪测量各缸压力。汽油机要求每缸压力与各缸平均压力差不大于各缸平均压力的 8%，柴油机不大于 10%。

（8）检查发动机进气歧管真空度。用转速表、真空表检查，要求汽车发动机怠速时，进气歧管真空度应在 57～70kPa。

（9）检查发动机功率和转矩。将发动机运转到正常工作温度，用测功仪或发动机综合测试仪进行测量，要求发动机最大功率、最大转矩不小于原设计规定值的 90%。

（10）检查发动机燃料消耗。用油耗计、测功仪按有关规定测量，要求发动机最低燃料消耗不大于原设计要求。

（11）检查发动机排放。发动机排放应符合原厂规定要求。

（12）检查润滑油质量。用检视或润滑油质量分析仪检查，要求发动机润滑油规格、数量、质量应符合原设计规定。

（13）检视发动机泄漏情况。用检视方法检查，要求发动机应无漏水、漏油、漏气、漏电现象，润滑油、冷却液密封接合面处不允许形成油渍。

（14）检查柴油发动机停机装置。用检视方法检查，要求柴油发动机停机装置应灵活有效。

（15）检查加装限速装置。用检视方法检查，要求发动机应按规定加装限速片或对限速装置作相应调整，并加铅封。

（16）检视发动机涂漆。要求发动机外表按规定涂漆，漆层均匀，不得有漏涂现象。

（17）填写发动机修理竣工检验表。

参考文献

[1] 解云. 汽车构造［M］. 北京：中国劳动社会保障出版社，2004.7
[2] 汤定国. 汽车发动机构造与维修（第二版）［M］. 北京：人民交通出版社，2011.5
[3] 孙长录. 汽车发动机构造与维修［M］. 天津：天津科学技术出版社，2010.1
[4] 陈广伟. 汽车发动机构造与维修［M］. 长春：东北师范大学出版社，2011.12